D1724021

Yecheskiel Cohen

Das mißhandelte Kind

Zentrale Aspekte des psychoanalytischen Verständnisses mißhandelter Kinder und die theoretische wie praktische Umsetzung in ein Behandlungskonzept durch Yecheskiel Cohen spiegeln sich auch in der Gestaltung des konkreten Alltags dieser Kinder wider, die in dieser Art nur in einem Heim wie das Residential Treatment Center in Jerusalem gegeben sind.

Ausgehend von der zerstörerischen Macht, den der Mangel eines *potential space* – d.h. eines Raumes, in dem das Kind sich von Geburt an in seinen Potentialitäten erst entfalten kann – auf die frühe psychische Entwicklung hat, legt der Autor anhand zahlreicher, in ihrer Dramatik erschütternder Beispiele auf unterschiedliche Weise mißhandelter Kinder vor, eingebettet in das entwicklungstheoretische Verständnis und die klinische Empirie der Psychoanalyse, die durch ihre Einfühlsamkeit und Parteinahme für die Not des Kindes und späteren Jugendlichen beeindrucken.

Mögen die Lebensbedingungen dieser Patienten zum Teil auch Spiegel der einmalig schwierigen Geschichte Israels, der Einwanderungsprobleme und dem bedrohten Leben dort sein, auch wir kennen katastrophale Lebensbedingungen und schwer beeinträchtigte psychische Entwicklungen von Kindern und Jugendlichen von traumatisch beschädigten Eltern, die selbst Opfer von Mißhandlungen, zerrüttete Ehen, Drogenabhängigkeit, Verwahrlosung etc. und all die damit verbundenen Folgen sind.

Da diese Bedingungen sich in allen Industrienationen in zunehmendem Maß bedrohlich verschärfen, möchte dieses Buch auf die Notwendigkeit aufmerksam machen, Institutionen nach diesem Modell auch hier einzurichten und zu fördern.

Der Autor:
Dr. Yecheskiel Cohen, geb. in Bernburg an der Saale, 1938 nach Palästina emigriert, ist Lehranalytiker der Israelischen Psychoanalytischen Gesellschaft, deren Präsident er von 1988-1990 war und dort zahlreiche Funktionen innehatte, und der Internationalen Psychoanalytischen Vereinigung, lehrte als Gastdozent an der Hebräischen Universität im Department of Psychology, ist Mitglied verschiedener Komitees des Staates Israel zu Fragen der Adoption, Delinquenz von Jugendlichen und Heimen für psychisch schwer beeinträchtigte Kinder und Jugendliche und war 40 Jahre lang Direktor des B'nai B'rith Residential Treatment Centre in Jerusalem.

Die Herausgeberin:
Dipl.-Psych. Sibylle Drews, 1975-1992 wissenschaftliche Mitarbeiterin am Sigmund-Freud-Institut Frankfurt, Psychoanalytikerin (DPV/IPV), seit 1992 in eigener Praxis tätig, Lehranalytikerin und Dozentin am Frankfurter Psychoanalytischen Institut, Mitbegründerin und von 1985-2000 Mitherausgeberin der *Zeitschrift für psychoanalytische Theorie und Praxis*, Autorin, Herausgeberin und Übersetzerin psychoanalytischer Publikationen, seit 1999 Vorsitzende der Sigmund-Freud-Stiftung.

Yecheskiel Cohen

Das mißhandelte Kind

Ein psychoanalytisches Konzept
zur integrierten Behandlung
von Kindern und Jugendlichen

Herausgegeben
und mit einem Vorwort
versehen von Sibylle Drews

Brandes & Apsel

Auf Wunsch informieren wir regelmäßig über das Verlagsprogramm.
Eine Postkarte an den Brandes & Apsel Verlag, Scheidswaldstr. 33,
D–60385 Frankfurt am Main, genügt.
E-Mail: brandes-apsel@t-online.de oder im
Internet: www.brandes-apsel-verlag.de

Die Reihe *Schriften zur Psychotherapie und Psychoanalyse von Kindern und Jugendlichen* dient der Veröffentlichung und Verbreitung von herausragenden wissenschaftlichen Werken und wird betreut von Gustav Bovensiepen, Köln, Suzanne Maiello, Rom, Erika Mertens, Köln, Angelika Wolff, Frankfurt a. M.

Schriften zur Psychotherapie und Psychoanalyse von Kindern und Jugendlichen,
Band 6.

1. Auflage 2004
© Brandes & Apsel Verlag GmbH, Frankfurt am Main

Umschlagbild: Kinderzeichnung aus dem Fundus des Autors
Druck: Tiskarna Ljubljana d. d., Ljubljana, Printed in Slovenia
Gedruckt auf säurefreiem, alterungsbeständigem und
chlorfrei gebleichtem Papier.

Bibliografische Information *Der Deutschen Bibliothek:*
Die Deutsche Bibliothek verzeichnet diese Publikation in der
Deutschen Nationalbibliografie; detaillierte bibliografische
Daten sind im Internet über http://dnb.ddb.de abrufbar

ISBN 3-86099-792-0

Dieses Buch ist dem Andenken an meine Eltern
Marga und Erich Cohn gewidmet.
Sie haben mich gelehrt,
den anderen zu ehren und zu achten.

Der Brandes & Apsel Verlag bedankt sich bei der
SIGMUND-FREUD-STIFTUNG
zur Förderung der Psychoanalyse e. V.
für die Unterstützung bei der Publikation dieses Buches.

Inhalt

Danksagung

Ich möchte meinem Lehrer, dem verstorbenen Professor *Carl Frankenstein,* danken, vom dem ich gelernt habe, daß Ich und Nicht-Ich sich unterscheiden und dennoch identisch sind. Ich danke ihm für das Vertrauen, das er mir entgegen gebracht hat, als er vorschlug, mich zum Direktor des B'nai B'rith Residential Treatment Center zu ernennen, obwohl ich damals noch sehr jung war.

Ich danke *Shalom P. Doron,* der viele Jahre lang den Vorsitz im Vorstand des Centers innehatte. Seine Klugheit und sein Vertrauen in mich sowie die Sympathie, die er mir entgegenbrachte, ermöglichten es mir, die Methode der Behandlung im Rahmen einer Institution zu entwickeln, die in diesem Buch vorgestellt wird.

Mein Dank gilt ebenso *Eliezer Ilan,* dem großen Psychoanalytiker, der mich an die Psychoanalyse heranführte und mich zur psychoanalytischen Ausbildung ermutigte.

Mein Dank geht auch an Hunderte von *Mitarbeitern des B'nai B'rith Residential Treatment Centers* in Jerusalem, die mich vierzig Jahre lang begleiteten und wirkliche Partner bei der Entwicklung unserer Ideen waren. Hier ist nicht genug Raum, um all diese lieben Weggenossen zu nennen. Ich räume jedem von ihnen einen besonderen Platz in meinem Herzen ein, möchte aber diejenigen erwähnen, die direkt aus ihrer Arbeit im Zentrum jene klinischen Beispiele beigetragen haben, die in den verschiedenen Kapiteln dieses Buches geschildert werden. Ich denke vor allem an folgende mir teuren Menschen: an die *verstorbene Yael Ofarim,* an *Sara Moses, Irit ben-Ezer, Idit Dori, Ahuva Shul, Dana Sacks, Itzik Dvir, Noa Haas, Shlomit Haber-Moshaiof, Essti Dinur, Yehuda Levy* und *Ruti Flesh,* die während der ganzen Zeit meiner Tätigkeit im Residential Treatment Center Vorsitzende der Abteilung für Sozialarbeit war.

Besonders danke ich auch *Ilan Bar-Av* und *Leny Bergstein,* die über dreißig Jahre das Center mit mir zusammen leiteten, und *Gerard Pulver,* der bereit war, mein Nachfolger zu werden, als der er sehr erfolgreich ist und bereits einige Verbesserungen eingeführt hat.

Ich bin auch meinem engen Freund *Raanan Kulka* sehr dankbar – er war

9

mir eine enorme Hilfe bei der Erarbeitung verschiedener Ideen, die in diesem Buch ausgeführt werden.

Bedanken möchte ich mich auch bei der *Sigmund-Freud-Stiftung zur Förderung der Psychoanalyse e.V.*, die mit ihrer Unterstützung die Publikation des Buches ermöglicht hat.

Mein besonderer Dank gilt meiner Freundin und Kollegin *Sibylle Drews*, denn nur dank ihrer Initiative, Ermutigung und Bereitschaft, die Texte zu edieren, kann dieses Buch veröffentlicht werden. Und Sibylle Drews war es, die mich mit jenen Kollegen in Deutschland zusammengebracht hat, die später meine Freunde wurden.

Schließlich aber möchte ich aus tiefstem Herzen *meiner Gefährtin, Freundin und Frau, Talma,* danken – ohne ihre immer während Ermutigung, Unterstützung, vor allem aber ohne ihre Liebe hätte ich kaum etwas erreicht.

Yecheskiel Cohen
Jerusalem, den 31. Dezember 2003

Vorwort

Dieses Buch ist Kindern und Jugendlichen gewidmet, die unter Borderline-Störungen und anderen schweren psychischen Beeinträchtigungen leiden. Einen Publikationszeitraum von fünfzehn Jahren umfassend, gewähren die hier zusammengestellten und zum Teil überarbeiteten Aufsätze des Psychoanalytikers Dr. Yecheskiel Cohen einen Einblick in die Entwicklung und in die Ergebnisse seiner vierzig Jahre währenden Arbeit im B'nai B'rith Residential Treatment Center, das ein Heim für siebzig Jungen im Alter von sieben bis zwölf Jahren, als auch das Institut Beit Hanna, ein Heim für zwanzig Jugendliche im Alter von dreizehn bis achtzehn Jahren, in Jerusalem beherbergt.

Wie die ersten Kinder dieses Heims während des Holocaust, hatte auch Yecheskiel Cohen, 1932 in Deutschland geboren, als Kind vor der nationalsozialistischen Verfolgung fliehen müssen. Seiner Ausbildung zum Erzieher im damaligen Palästina folgten das Studium der Pädagogik und Soziologie an der Hebräischen Universität in Jerusalem und die Tätigkeit am Residential Treatment Center, dessen Leiter er dann vierzig Jahre lang sein sollte. Ergänzt wurde dieses Studium durch die Ausbildung zum Diplom-Psychologen und zum Psychoanalytiker in der Israelischen Psychoanalytischen Gesellschaft, deren Präsident er von 1988 bis 1990 war. Als Direktor des Residential Treatment Center wurde er als Berater staatlicher Kommissionen für Adoptionsfragen, für gefährdete Kinder und für die Erarbeitung von Standards für Heime hinzugezogen. Er lehrt als Dozent an der Hebräischen Universität in der School of Education und im Fachbereich Psychologie sowie am Psychoanalytischen Institut in Jerusalem und arbeitet dort als niedergelassener Lehranalytiker und als Supervisor auch in Deutschland.

Ausgehend von der Konfrontation mit den zerstörerischen Auswirkungen, die der Mangel eines *potential space* – das heißt eines Raumes, in dem das Kind sich von Geburt an in seinen Potentialitäten erst entfalten kann –, auf die frühe psychische Entwicklung hat, beschreibt er seine Erfahrungen mit den verschiedenen Ausdrucksformen dieser Störungen und die Erkenntnisse über ihre Psychodynamik im Wechselspiel mit dramatischen, oft traumatischen Lebensbedingungen dieser Kinder und Jugendlichen. Zusammen mit seinen Mitarbeitern hat er sie im Laufe vieler Jahre in ein eigenständiges Behandlungskonzept integriert. Zentrale Aspekte des Verständnisses dieser Störungen und deren theoretische wie praktische Umsetzung in dieses Behandlungskonzept stimmen – wie der Autor während seiner Ausbildung zum Psychoanalytiker entdeckte – mit denen des Psychoanalytikers Donald W. Winnicott überein und spiegeln sich in der Gestaltung des konkreten Alltags dieser Kinder wider, die in dieser Art nur in einem Heim wie dem Residential Treatment Center in Jerusalem gegeben sind: Es stellt diesen Kindern einen Raum mit einer intensiven, hochspezialisierten und integrierten Betreuung, Erziehung und psychotherapeutischen Behandlung zur Verfügung. Dieser Raum soll es ihnen ermöglichen, ihre schweren Beeinträchtigungen durch ihre primären Beziehungskonstellationen in neuen, ihre entwicklungsgemäßen Bedürfnisse, ihre Begabungen und ihre Einzigartigkeit respektierenden und fördernden Objektbeziehungen aufzuarbeiten und in einem kreativen Prozeß ihre Subjektivität zu entwickeln, ihrer gewahr und sicher zu werden. In diesen Prozeß werden die Eltern dieser Kinder mit einbezogen, in ihren Schwierigkeiten anerkannt und in ihrer Eigenart respektiert und unterstützt.

Die zahlreichen, in ihrer Dramatik erschütternden Beispiele, die der Autor in das entwicklungstheoretische Verständnis und die klinische Empirie der Psychoanalyse einbettet, beeindrucken durch ihre Einfühlsamkeit und Parteinahme für die Not des Kindes und späteren Jugendlichen. Yecheskiel Cohens präzise und unparteiische Differenzierung zwischen Innen- und Außenwelt und ihre Wechselwirkungen sowie seine Abgrenzung der primären Störungen dieser Kinder vom neurotischen Elend schlagen sich in der zwangsläufigen Modifikation der Behandlungstechnik der klassischen Psychoanalyse nieder, die der Aufdeckung verdrängter Triebwünsche gilt, was aber eine Entwicklung voraussetzt, die den in Rede stehenden Kindern und Jugendlichen gar nicht möglich war, sondern zerstört wurde. Der Autor erschafft diese Modifikation mit der Souveränität eines zutiefst psychoanalytisch identifizierten Therapeuten, der anders diesen Kindern nicht helfen könnte.

Über die Einblicke in das ganze Spektrum von Gewalt, Mißbrauch und Mißhandlung und deren desaströse Folgen hinaus gewähren die Erfahrungen Cohens und seiner Mitarbeiter auch Einblicke in verstörte Familienverhältnisse und historisch und sozial bedingt schreckliche Schicksale, die die Bewältigungsmöglichkeiten nicht nur von Kindern, sondern auch ihrer Eltern, die oft selbst Opfer waren, übersteigen, sowie Einblicke in die Auswirkungen gesellschaftlicher Verfassungen, die Gleichgültigkeit und Ignoranz gegenüber psychisch gefährdeten Kindern und Jugendlichen mit sich bringen.

Mögen die Lebensbedingungen dieser Patienten zum Teil auch Spiegel der einmalig schwierigen Geschichte Israels, der Einwanderungsprobleme und des bedrohten Lebens dort sein: Auch wir kennen katastrophale Lebensbedingungen und schwer beeinträchtigte psychische Entwicklungen von Kindern und Jugendlichen durch traumatisch beschädigte Eltern – häufig selbst Opfer von Mißhandlungen –, durch zerrüttete Ehen, Drogenabhängigkeit, Verwahrlosung etc. und all die damit verbundenen Folgen. Es sind Bedingungen, die sich in zunehmendem Maße durch wirtschaftliche Krisensituationen und die damit einhergehenden finanziellen Einschränkungen, die gerade jene Institutionen treffen, deren diese Kinder dringend bedürfen, verschärfen. Sie verleihen diesem Buch seine Brisanz und machen auf die Notwendigkeit aufmerksam, Institutionen nach diesem Modell auch in Europa einzurichten und zu fördern und dazu beizutragen, die Weitergabe von Mißbrauch und Gewalt von Generation zu Generation einzudämmen. Entsprechend richtet es sich nicht nur an Psychoanalytiker, sondern vor allem an Kinder- und Jugendlichen-Psychotherapeuten, Kinder- und Jugendpsychiater, Traumaforscher, Sozialarbeiter, Lehrer, Erzieher, Jugendämter, interessierte Laien und Förderer.

Die Ausführungen zum Behandlungskonzept des Residential Treatment Center beschließt die Sigmund Freud-Vorlesung, die Yecheskiel Cohen 1993 in der Aula der Johann Wolfgang Goethe-Universität Frankfurt gehalten hat – mit dem Titel *Die Angst zu lieben*.

Sibylle Drews
Frankfurt am Main, den 31. Januar 2004

I. Psychoanalytische Prinzipien der integrierten Behandlung von Kindern und Jugendlichen

Einführung

Die Psychoanalyse dient bereits seit vielen Jahren nicht nur zur Therapie von Menschen, die unter unterschiedlichen Problemen leiden, sie dient auch als fruchtbare Quelle zum Verständnis vieler Bereiche unseres Lebens, sei es dem Bereich der Kunst, der Dramaturgie, der Philosophie oder gar dem Marketing und der Werbung. In Israel leistete seinerzeit Shmuel Golan (1961) Beachtliches in der Gruppenerziehung des Shomer Ha'Tzair,[1] und viele seiner Schriften basieren auf der klassischen psychoanalytischen Theorie. In dem speziellen Bereich, auf den ich mich hier beziehe – die psychotherapeutische Behandlung im Setting eines Heims –, gab es nicht wenige interessante und faszinierende Ansätze. Der Pionier auf diesem Gebiet war August Aichhorn, dessen Vortragsreihen die Grundlage zu seinem Buch *Verwahrloste Jugend* (1925) bildeten, in dem er sich bei der psychotherapeutischen Behandlung in dem Heim, das er leitete, ausschließlich auf klassische psychoanalytische Konzepte bezog. Nach ihm ist Bruno Bettelheim (1950) zu nennen, der eine Institution zur Behandlung von Kindern im Rahmen eines Heims in Chicago aufbaute, sowie Fritz Redl und David Wineman (1957), deren Institution allerdings nur achtzehn Monate lang bestand. Die Bücher jedoch, die sie als Resumee dieses Versuchs schrieben, wurden zu Lehrbüchern für alle, die sich mit problematischen Kindern beschäftigen. Ein interessanter Versuch ist auch die Arbeit von Trieschman et al. (1969), die ihr Buch *Die übrigen 23 Stunden* nannten.

Es wäre sicher interessant, die Konzeptualisierungen und Zielsetzungen von Heimen genauer zu erörtern, im Folgenden werde ich mich aber darauf beschränken, die Prinzipien der Behandlung von Kindern und Jugendlichen zu schildern, wie sie sich in meiner Arbeit mit meinen Kollegen im B'nai B'rith Women Children's Home, dem heutigen B'nai B'rith Residential Treat-

---

[1] Das heißt des *Jungen Wächters*, einer sozialistischen Jugendbewegung – Anm. d. Übers.

14

ment Center (RTC)[1] in Jerusalem seit mehr als vierzig Jahren herausgebildet haben. Sie stellen die Umsetzung eines ganzheitlichen Verständnisses dar, das sich in einer spezifischen, eigenständigen therapeutischen Methode niederschlägt. Potentiell gibt es in jeder Institution dieser Art therapeutische Faktoren, vorausgesetzt, man setzt diese auch ein. Dazu bedarf es bestimmter Schritte, um sie zu aktivieren. Man muß sich ihrer bewußt sein und ihre heilende und rehabilitierende Wirkung akzeptieren, um mit ihrer Betätigung im Reinen zu sein. Es gibt Institutionen, die versuchen, gerade diese Faktoren zu umgehen, ihre Existenz zu leugnen oder sie gar zu bekämpfen – bewußt oder unbewußt. Mit anderen Worten: die im RTC stattfindende Behandlung ist in keiner Weise eine Wohn-Alternative für »schwere Kinder«, sondern eine therapeutische Methode, die solcherart gestörte Kinder brauchen, um ein normales Selbst entwickeln zu können. Zuvor aber einige Worte zur Vorgeschichte dieses Heims.[2]

Während des Zweiten Weltkrieges wurden vom damaligen Palästina aus große Anstrengungen unternommen, so viele Kinder wie möglich vor dem Holocaust zu retten. Zu ihnen gehörten auch die »Teheran-Kinder«, so genannt, weil nahezu achthundert jüdische Jungen und Mädchen auf dramatischen Umwegen aus Polen über Rußland und eben Teheran nach Palästina in Sicherheit gebracht werden konnten. Viele dieser Kinder waren durch die erlittenen Verluste und die Verfolgung psychisch so schwer beeinträchtigt, daß sie ganz besonderer Fürsorge bedurften. 1943 wurde in Jerusalem ein Heim, das B'nai B'rith Children's Home, gegründet, das zwanzig dieser »Teheran-Kinder« aufnahm, um ihnen eine Heimat zu geben und ihnen zu helfen, mit ihren schweren Traumatisierungen umzugehen – sofern das überhaupt möglich ist. Zur Erinnerung: Freud selbst war seit 1897 »Bruder« des 1895 in Wien gegründeten »israelitischen Humanitätsvereines« B'nai B'rith. Die B'nai B'rith Women, eine jüdische Frauenorganisation [...] in Amerika und Kanada, übernahm 1950 die volle Verantwortung für dieses Heim. Nachdem die »Teheran-Kinder« es nach und nach verlassen konnten, wurden nun Kinder in das Zentrum aufgenommen, deren bisheriges Leben unter extrem schwierigen, oft traumatisierenden Konstellationen verlief und sie psychisch schwer schädigte. Es sind insbesondere auch Kinder, die Anfang der fünfziger Jahre mit ihren Eltern aus Nordafrika und in den letzten Jahren aus Rußland eingewandert sind.

---

[1] Sofern in den folgenden Aufsätzen vom Residential Treatment Center in Jerusalem die Rede ist, gebrauche ich die Abkürzung RTC oder Zentrum, andernfalls jeweils Heim oder Internat.

[2] Entnommen aus Drews (1994, S. 3).

Die Prinzipien, die der Konzeptualisierung des RTC zugrunde liegen, entwickelte ich mit meinen Mitarbeitern aus der praktischen Erfahrung mit den Kindern. Erst später – in meiner psychoanalytischen Ausbildung – entdeckte ich, wie sehr sie mit zentralen Vorstellungen Winnicotts übereinstimmten und durch die sie ihre weitere theoretische Fundierung erhielten.

Eine für mich wegweisende Begebenheit ereignete sich im ersten Jahr meiner Betreuertätigkeit im damaligen Heim, und seitdem diente mir diese Begebenheit als zentrales Hilfsmittel bei der Ausbildung von Mitarbeitern und der Erklärung der Prinzipien:

Mit meinen ersten Zöglingen pflanzte ich eine Anzahl Bäume, von denen einige jedoch nach kurzer Zeit eingingen. Ein Baum jedoch schlug kräftige Wurzeln und wuchs und gedieh zu unser aller Freude. Nach einem Jahr kamen neue Kinder hinzu, und nach kurzer Zeit liefen sie überall auf dem Gelände herum. Eines Morgens sah ich, wie ein Junge auf diesen besonderen Baum zulief, seine Äste abbrach, gegen ihn trat und weiter rannte. Ich lief hinterher, hielt ihn fest und schrie ihn an: »Wieso machst du den Baum kaputt, hast *du* ihn gepflanzt? Hast *du* ihn gegossen? Hast *du* ihn gepflegt? Weißt du, wie viel *wir* in diesen Baum investiert haben? Und du machst ihn mit einem Schlag kaputt« usw. Dann dachte ich kurz über den Vorfall nach, und die Erleuchtung kam sehr rasch in Form der Fragen: Was will *ich* von diesem Jungen? Weiß er überhaupt, was er vor sich hatte und ist er überhaupt zu solchen Überlegungen fähig? Ist er sich überhaupt bewußt, was er getan hat?

Ich erinnerte mich später auch an ein Buch, mit dem viele von uns aufgewachsen sind: *Der Weg ins Leben. Ein pädagogisches Poem* von Anton S. Makarenko (1933). Er beschreibt darin den Prozeß des Aufbaus einer Institution für jugendliche Delinquenten in der Sowjetunion. Er eröffnete das Institut mit einer Gruppe von sieben Jugendlichen (Knaben und Mädchen) und beschreibt die sehr schwierigen Erfahrungen, die er in der ersten Zeit mit ihnen machte. Was mich an seinen Schilderungen so verwunderte, war die Tatsache, daß Makarenko diese sieben Jugendlichen bei ihren Vornamen nannte, alle späteren jedoch nicht mehr. Das bedeutet, daß die persönliche Identität nur der Gruppe der Gründer zuerkannt wurde, also nur denen, die die ersten Bäume gepflanzt hatten, die später hinzukommenden Kinder mußten sich an bestehende Strukturen, Gewohnheiten, Normen, die etabliert worden waren, und die dem Heim eigene Sprache anpassen.

Der geschilderte Vorfall beeindruckte mich zutiefst, und ich spürte sofort, daß ich von dem kleinen Jungen, dessen Schicksal und Vergangenheit ich ja gar nicht kannte, die Fähigkeit der Anpassung an eine *bereits bestehende* Welt erwartete, an deren *Erschaffung* und Aufbau er keinen Anteil hatte und deshalb auch nicht Teil von ihr war. Ich begriff damals, daß mir der Baum und nicht der Junge wichtig und daß es meine Pflicht war, jedem Kind, das ins Heim kommt, die Erfahrung zu gewähren, es gehöre zu den Gründern, es hätte mit mir gemeinsam den Baum gepflanzt, es hätte die Welt neu erschaffen, in die es hineingekommen war, selbst wenn diese Welt bereits vor seiner Ankunft bestanden hatte. Ich verstand auch, daß der Junge, den ich da vor mir sah, in meinen Augen äußerlich zwar vollständig wirkte, daß er selbst seine Vollständigkeit jedoch nicht spürte, nicht seine physische und erst recht nicht seine psychische. Er begriff sich nicht als eigenes, integriertes und festgefügtes Wesen, das anderen Wesen *gegenüber* steht. Und ich verstand, noch ohne dies für mich formulieren zu können, daß der Junge zwar einen »Lebenstrieb« hat, dieser jedoch nichts als ein *Überleben*strieb ist, das heißt, daß er über kein existentielles Gefühl als subjektives Selbst und kein Gefühl für eine Kontinuität von Vergangenheit, Gegenwart und Zukunft verfügte, die seine subjektive Identität bildet. Dieses Kind fühlte sich als winziges Teilchen, das durch die Welt treibt so wie all die anderen Teilchen, die die Welt ausmachen, aber nicht als ihnen gegenüberstehend. Daraus zog ich den Schluß, daß unsere *gesamte* therapeutische Arbeit auf das Selbst des Kindes gerichtet sein muß und nicht auf die Äste des Baumes, die Tür seines Wohnraums oder die Fensterscheibe meines Büros.

Als ich Winnicotts Schriften kennenlernte, traf ich selbstverständlich auf diese Idee, wenngleich er sie in verschiedenen Variationen und in poetischerer Sprache auszudrücken vermochte, die Idee nämlich, daß der Säugling fühle, er habe die Welt erschaffen, die Brust, und daß dieses Gefühl notwendig ist für die Entwicklung seines Selbst (Winnicott, 1986). Diese Erfahrung ist jedoch nur möglich, wenn die Brust zur Stelle ist, wenn der Säugling sie braucht. Und so scheint mir, daß der Vorfall mit dem Baum diese Idee Winnicotts ausschöpft und der gesamten Therapie zugrunde liegen sollte, auch der Therapie in einem Heim. Es sollte nicht gelten, »bei uns muß man dies und jenes tun« oder »bei uns sind die Regeln so und so, dies und jenes ist verboten, dies und jenes ist erlaubt und du mußt dich daran anpassen und alles tun, was man von dir erwartet«, sondern daß es eine Welt gibt, die vorhanden ist, damit das Kind, das sich in seiner seelischen Entwicklung noch im ersten Stadium seines Lebens befindet, alles bekommt, was es braucht, und das Gefühl hat, all dies selbst zu erschaffen. Die Verwirklichung der subjektiven Möglichkeiten, die Entfaltung des einmaligen Selbst des Kindes, müssen das Ziel sein, nicht aber seine Anpassung an seine gesellschaftliche Umwelt, die von Heimen oft in erster Linie angestrebt wird (vgl. Polsky, 1962; Grupper & Eisikovits, 1986).

Indikationen für die Behandlung im RTC

Welche Kinder werden in das RTC eingewiesen? Welches sind ihre seelischen Nöte und ihre Mängel? Ich habe die Indikationen in einer Arbeit von 1998 wie folgt zusammengefaßt:

1. Kinder, die große Schwierigkeiten haben, sich aus einer objektiv gestörten Beziehung zu den primären Objekten oder jenen Figuren und Werten zu lösen, die erstere repräsentieren;
2. Kinder, die sich sehr schwer tun, enge Beziehungen herzustellen, was darin zum Ausdruck kommt, daß sie jeglichen körperlichen und zwischenmenschlichen Kontakt zurückweisen und zu Gegenseitigkeit, d.h., sich in den andern hineinversetzen zu können, nicht in der Lage sind;
3. Kinder, die sich selbst und andere nicht angemessen wahrnehmen und nur geringe Möglichkeiten der Selbstreflexion und der ›Einsicht‹ haben – ein komplexes Phänomen, das sich in vielen groben symbolischen Fehlwahrnehmungen äußert, wie etwa das unterschiedslose Schmusen mit Erwachsenen, aber genauso mit Gegenständen, denen sie auf ihren Wegen begegnen, und die überdies körperliche Sensationen und Gefühle sowie die Zeitdimensionen, in denen sie leben, nicht integrieren können;
4. Kinder, die zur Impulskontrolle, insbesondere ihrer verbalen und motorischen Aggressivität nicht in der Lage sind, [einschließlich jener] Kinder, die aus verschiedenen Gründen (wie die Unfähigkeit, zeitliche Dimensionen zu verstehen) Befriedigung nicht aufschieben und mit Verweigerung oder dem Aufschieben von sofortiger Befriedigung plötzlich auftretender Impulse oder Wünsche nicht umgehen können (S. 373f.).

Um ein allgemeineres Bild solcher Kinder zu geben, schildere ich einige Beispiele der Entwicklungs- und Familienhintergründe zweier Jungen, wie sie bei ihrer Einweisung beschrieben wurden.

Aron

Aron wurde im Alter von acht Jahren ins RTC eingewiesen. Der Einweisungsbericht lautet:

Der Vater von Aron wirkt älter als er ist. Seine Persönlichkeit ist kindisch, seine Urteilsfähigkeit mangelhaft, sein impulsives Verhalten hat eine asoziale Färbung. Er saß in der Vergangenheit mehrmals für kurze Zeit im Gefängnis und arbeitet nur unregelmäßig. Die Frustrationsschwelle der Mutter ist äußerst niedrig, ihr Verhalten ungeduldig. Wenn sich die Funktionstüchtigkeit ihres Mannes verschlechtert, er zum Beispiel seine Arbeitsstelle

*aufgibt, verfällt sie in Depressionen, hat Selbstmordgedanken, beruhigt sich
aber wieder. Sie respektiert keine Grenzen zwischen sich und Aron. Wenn ihr
Mann Nachtschicht hat, schläft sie mit Aron in einem Bett und ist nicht
bereit, sich von ihm zu lösen, obgleich sie weiß, daß dies nicht gut für ihn ist.
Aron ist körperlich normal entwickelt, aber seine äußere Erscheinung ist
unordentlich und unsauber. Er ist ein verständiges Kind und lebenserfahren
in ihm vertrauten Situationen, jedoch unwissend in Bereichen, in denen seine
Altersgenossen bereits Bescheid wissen. Er ist unruhig und unkonzentriert,
verbringt die meiste Zeit des Tages am liebsten außer Haus und raucht die
weggeworfenen Zigarettenkippen seiner Mutter. Von Zeit zu Zeit befindet er
sich in Gesellschaft von Kriminellen, die sich in der Nähe des Hauses
herumtreiben – er will erwachsen sein und spielt mit ihnen, dann wiederum
läuft er mit einem Schnuller im Mund herum. In letzter Zeit hat sich sein
Zustand verschlimmert, und er näßt wieder ein. Er ist des öfteren Zeuge
hysterischer, depressiver Szenen der Mutter, in deren Verlauf sie droht,
ihrem Leben mit einem Messer ein Ende zu setzen. In einer anderen Situation, in der sie Aro für eine Dummheit brutal geschlagen hatte, drohte er
seinerseits, sich umzubringen, indem er nach einem Messer griff. In der
Schule ist eine Verschlechterung eingetreten, seine Konzentration läßt immer
mehr nach, und er starrt während des Unterrichts oft in die Luft. Er wird
seiner Lehrerin gegenüber häufig ausfallend und erkennt keine Autorität an.
Auch hat er angefangen, in der Schule zu onanieren, wobei er dafür sorgt,
daß seine Klassenkameraden ihn bei seinem Tun beobachten.*

Josua

Josua wurde im Alter von neun Jahren eingewiesen. Der Bericht schildert
folgende Situation:

*Josuas Familie besteht heute aus einem Elternpaar und vier Kindern, die
Mutter ist im achten Monat schwanger. Der Vater ist 1962 eingewandert und
hat eine geregelte Arbeit. Die Mutter ist drei Jahre jünger als der Vater.
Josua wurde außerehelich geboren, seine Mutter heiratete, als er drei Jahre
alt war, ihr Ehemann ist also Josuas Stiefvater. Das Paar hat noch drei ge-
meinsame Kinder. Vor etwa zwei Jahren kam Josua in die Familie der
Schwester der Mutter, die als Pflegefamilie fungierte, nachdem der Vater
Josua brutal geschlagen hatte. Zu Anfang schien es, als lebte sich Josua gut
in die Pflegefamilie, die er bestens kannte, ein. Als er jedoch in die erste
Klasse kam, tauchten Probleme auf: Er begann zu stehlen und sich auf den
Straßen herumzutreiben. Er ließ in der Schule stark nach, störte den Unter-*

richt, war seinen Mitschülern gegenüber gewalttätig und kapselte sich vom Geschehen in der Klasse ab. Er zerstörte Gegenstände und verrichtete sein Geschäft in aller Öffentlichkeit. Die Tante ist seinem Verhalten gegenüber hilflos, sie hat jetzt aufgegeben und ist nicht mehr an der Fortführung des Arrangements interessiert. Der Stiefvater ist der alleinige Ernährer, er sorgt für die Bedürfnisse der Mutter und der Kinder, ist aber gleichwohl kindisch in seiner Persönlichkeit und weist psychopathische Züge auf, schlägt seine Frau oft und kann sich – obwohl er dies abstreitet – auch nicht zurückhalten, seine Kinder zu schlagen. Die Mutter ist nicht intelligent und reagiert mit ›Verständnis‹ auf seine Ausbrüche und verheimlicht sie vor den zuständigen Institutionen. Während der zwei Jahre, in denen wir intervenierten, hat sich am Verhaltensmuster der Familie nichts geändert, und daher kommt es nicht in Frage, Josua in seine Familie zurückzugeben, dies auch im Hinblick auf die Verschlechterung seines psychischen Zustandes.

Offensichtlich haben die Aron und Josua ins RTC einweisenden Stellen die psychopathologische Umgebung dieser Kinder vor Augen gehabt, und um einer zusätzlichen Verschlimmerung vorzubeugen, entschieden sie, sie aus ihrer natürlichen Umgebung zu entfernen. In der Einweisung geht es diesen Stellen nicht um ein Verständnis der Art der Störung und erst recht nicht um eine Vorstellung von der Art und Weise der Heilung der Kinder – das Heim gilt schlicht als Alternative zu Elternhaus und Familie und hat einen pejorativen Beigeschmack.[1]

Im Folgenden versuche ich, näher auf diese Faktoren einzugehen, die einem Heim de facto seinen therapeutischen Charakter verleihen. Um das Wesen der Problematik der Kinder besser zu verstehen, möchte ich aber zunächst einige Zitate aus dem Beobachtungsbericht eines anderen Kindes vorlegen.[2]

Jacov

Jacov ist ein niedlicher Junge, dessen Wesen schwer zu fassen ist. Manchmal nähert er sich der Welt der Phantasie an und führt einen Dialog mit Worten, bei anderen Gelegenheiten weist er jede verbale Kommunikation zurück. Er kann in Gedanken versunken dasitzen, traurig und verschlossen sein, und

---

[1] Es hat mich immer erstaunt, wenn einweisende Stellen schreiben: »Angesichts des Zustandes des Kinder haben wir keine andere Wahl, als es in ein gutes Heim einzuweisen, in dem an ihm helfen kann« – ob es wohl jemanden gibt, der auch ein »schlechtes Heim« empfehlen würde?

[2] Im ersten Jahr des Aufenthaltes eines Kindes im RTC führen wir etwa fünf Beobachtungssitzungen durch, um uns ein etwas klareres Bild über seine Bedürfnisse und Probleme zu machen.

dann wiederum ist er fröhlich, lebhaft und aufgeweckt. Die Übergänge zwischen diesen Zuständen sind sehr rasch. Zu Beginn der ersten Sitzung erscheint Jacov in sich selbst versunken und etwas deprimiert. Er äußert den Wunsch, seine Mutter möge mit im Zimmer sein und sehen, was er tut. In der Stunde widmet er sich mit Begeisterung einem Spiel mit Tieren. Er bittet mich, einen Zaun zu bauen, stellt darin große Tiere auf, innen die Jungen, und um den Zaun herum baut er gefährliche Tiere auf (einen Gorilla, eine Hyäne etc.) und sagt, daß diese die anderen Tiere vor den bösen Menschen beschützen werden, die sie entführen könnten. Dieses Spiel spiegelt auf gewisse Weise sein Seelenleben wider, das unter anderem in der Furcht vor Entführung gründet, ein Vorfall, den er wirklich erlebt hat. Seine innere Welt ist zwar in Gute und Böse, in Gefährliche und Retter unterteilt, aber es ist überhaupt nicht klar, wer wen repräsentiert, da die Raubtiere auch retten und schützen.

Zur nächsten Sitzung weigert er sich zu kommen, dreht den Kopf von mir weg und schreit: »Ich will nicht, ich will nicht!« Er gab mir das Gefühl, daß er uns mit seinen Entführern identifiziert, und deshalb bediente er sich seit der ersten Beobachtungssitzung eines bestimmten Verhaltensmusters, sobald er mich erblickte: Er stieß Schreckensschreie aus, als hätte er eine verhaßte, gefährliche Gestalt vor sich, die ihn gewaltsam in das Zimmer entführen könnte. Diese Gegenwehr entwickelte sich zu einem Verführungsspiel, in dem Jacov mich anblickte, und sobald unsere Blicke sich trafen, drehte er den Kopf zur Seite, während die Spur eines Lächelns auf seinem Gesicht erschien. Während dieses Spiels sagte er, daß er mich hasse, war jedoch nicht bereit, mir den Grund dafür zu sagen. Mein Gefühl sagte mir, daß er mich dazu verführen will, ihn tatsächlich ins Zimmer zu »entführen«, was das Komplement zur Furcht vor Entführung darstellt, das heißt, den Wunsch, entführt zu werden. Meine Assoziation ist verbunden mit der Familiengeschichte, denn es gab ja einen Entführungsversuch, und derjenige, der ihn aus den Händen seiner Entführer rettete, ist derselbe Stiefvater, der ihn auf brutale Weise schlug,[1] weshalb Jacov aus der Familie genommen wurde, während der Stiefvater für einige Monate ins Gefängnis kam.

Offensichtlich besteht in Jacovs innerer Welt große Verwirrung: die Furcht vor bösen Menschen, aber auch die Vorstellung, daß die Entführung die Verkörperung der Liebe in ihrer extremsten Form ist, daher der Wunsch, von dem Menschen, von dem er sich geliebt fühlt, verschlungen und gefressen zu

---

[1] Im Hebräischen haben die Worte ›entführen‹ und ›(Schläge) verabreichen‹ dieselbe Wurzel – Anm. d. Übers.

werden, aber auch große Angst davor. Die Verwirrung zwischen den Guten und den Bösen, den Hassern und den Liebenden ist daher sehr groß.

Nach ungefähr zwei Wochen dieser Verführungsspiele hielt es Jacov für angemessen, wieder ins Zimmer zu den Treffen zu kommen. Bei diesen Sitzungen klagte er vermehrt darüber, daß sein Bauch leer sei, und verließ häufig das Zimmer. Jedes Mal, wenn er wieder hereinkam, wandte er sich solchen Spielen zu, bei denen er Punkte sammelte, wie zum Beispiel Korbball. Oft spielte er an meiner Stelle, so daß überhaupt nicht klar war, wer wann spielte, wer in den Korb traf und wer nicht.

Es scheint, daß das zentrale Charakteristikum von Jacov das Fehlen einer festgefügten Persönlichkeit ist. Aus dem Wenigen, das wir erfahren haben, können wir schließen, daß er von der Welt verwirrt ist, ein Gefühl der Leere empfindet und sich im Grunde als ein Wesen sieht, das ausschließlich in der Gegenwart lebt und unmittelbar auf das reagiert, was ihm widerfährt, ohne daß er selbst auszumachen in der Lage wäre, wen er vor sich hat. Dieses Phänomen wurde auch detailliert von den Betreuern beschrieben, die ihn in seinem alltäglichen Leben begleiten:

Beim Aufstehen verhält sich Jacov genau wie ein Roboter. Er hat schnell die Handlungen gelernt, die er ausführen muß, und tut dies pedantisch genau. Er ist äußerst verwirrt, was Zeit und Orientierung betrifft, ein Umstand, der aus einer seiner Geschichten deutlich wurde, die er an einem Samstag Abend erzählte: ›Gestern, am Donnerstag, ging ich mit meinem Vater am Montag...‹ Die Erwachsenen behandelt er ohne jegliche Differenzierung, er erzählt jedem, der ihm begegnet, Geschichten und kümmert sich überhaupt nicht darum, wer die Erwachsenen um ihn herum sind. Er selbst übernimmt jedoch auch unterschiedliche Rollen. Oft sieht man ihn sich im Ton eines Betreuers mit den ihm zugeschriebenen Forderungen an die Kinder wenden, und dieser Auftritt ist für ihn kein Spiel, sondern es ist offensichtlich, daß er in diesem Moment der Betreuer diesen oder jenen Namens i s t.

Mit anderen Worten, es gibt kein seinem Alter gemäß entwickeltes Selbst mit einem sich über die Zeit erstreckenden Gefühl der Kontinuität, das zwischen den ihn umgebenden Gestalten unterscheidet.

Ein weiterer Beobachtungsbericht schildert folgenden Fall.

Gideon

Gideon kam freiwillig mit mir zur Beobachtungssitzung. Als wir miteinander bekannt gemacht wurden, schien es, als hörte er überhaupt nicht zu und sehe mich gar nicht, und deshalb war ich überrascht zu entdecken, daß er sich genau an den Termin unseres Treffens erinnerte und mich aufgeregt in der Klasse erwartete. Er hatte kein Problem, mit mir zum Beobachtungsraum zu kommen, obwohl ich ihm doch absolut fremd war. Bereits von der ersten Sitzung an war deutlich, daß er mit seinem Umzug von zu Hause ins RTC beschäftigt war. Er suchte gewissermaßen nach Wegen, sich einzurichten und mit der neuen Realität zurechtzukommen. Zu Anfang fiel seine Neigung auf, sich für einen Ort zu entscheiden – für das Zentrum – und sein Zuhause auszulöschen. So sagte er, daß er zu Hause alle möglichen Spielsachen gehabt, daß er sie jedoch alle in eine Kiste getan und verkauft habe. Er fügte hinzu, daß es einen Jungen in der Gruppe gebe, der, wenn er in dieses Zimmer käme, hier bleiben und nie wieder hinausgehen wollte. Andererseits bewältigte er den Umzug mit Hilfe der Verleugnung jeglichen Unterschieds zwischen seinem Zuhause und dem Zentrum.

Zu jedem Spielzeug, das er auswählt, sagt er, er habe genau das gleiche zu Hause. Dann sagt er plötzlich: »Was ist hier los, ich verstehe das nicht, bin ich zu Hause oder was?«, *und ist sehr verwirrt. Er erzählt zum Beispiel von einem Basketballspiel, kann jedoch nicht erklären, wer gegen wen spielt. Er sucht auch nach Mitteln, mit deren Hilfe er sich stark fühlen kann, und berichtet von einem Jungen aus der Gruppe, der ihm immer und überall hin folgt. Einmal bildet er sich sogar ein, seine Stimme von außerhalb des Beobachtungsraums zu hören. Er findet eine beschädigte Uhr im Zimmer und besteht darauf, sie zu reparieren, und kommt bei jeder Sitzung darauf zurück. Er hört dem Ticken zu, das von Zeit zu Zeit aussetzt, und versucht, die Uhr mit Arztwerkzeugen zu reparieren, danach lauscht er seinem Herzschlag und fängt an, die Teddybären zu behandeln: Jeder bekommt eine Spritze und wird dann zu den anderen geworfen, nach einiger Zeit jedoch wieder aufgenommen, und die Einspritzstelle wird mit einem Pflaster bedeckt. Dann fliegt er wieder in sein Eck, also eine offenkundig entfremdete, kalte und empathielose Behandlung.*

In den folgenden Sitzungen wird er immer aggressiver, schießt mit einem Revolver um sich, unter anderem auch auf mich. Die Spielezeuge mit denen er spielt, gehen immer öfter entzwei.

Abb. 1: Die Zeichnung eines Kindes, das zu Beginn der Behandlung zwischen verschiedenen Personen nicht unterscheiden kann.

Die Frage, wie Kinder, die unserer Behandlung bedürfen, diagnostisch einzuordnen sind, ist schwer zu beantworten. Allgemein werden sie als Borderline-Störung diagnostiziert. Aber das ist ein zu umfassender Begriff, wie aus der Liste von Symptomen, wie sie von Paz und Paz (1992) spezifiziert wurden, klar hervorgehen dürfte. Ich bevorzuge eine Diagnose, der zufolge diese Kinder vor allem unter Entwicklungsstörungen leiden, die sich hauptsächlich in einem noch nicht kohäsiven Selbst und folglich in Problemen äußern, differenzieren und integrieren zu können (vgl. Cohen, Y.,1998).

1. Differenzierung zwischen den Grenzen des Selbst und des Anderen

Diesen Kindern ist es nicht gelungen, ein normales Selbstgefühl zu entwickeln. Sie haben Schwierigkeiten, sich eine Vorstellung über sich, das heißt ein ›Selbstkonzept‹, zu bilden und eine Vorstellung darüber, wer, wie und wo sie sind als dieses eine Subjekt. Sie sind nahezu außerstande, sich selbst als das Zentrum ihres Denkens und Handelns zu begreifen. Sie erleben alles so, als widerfahre es ihnen, weswegen sie sich auch schwertun, den Anderen – das Objekt – als eine getrennte Einheit über die Zeit hinweg zu erleben. Hierzu ein Beispiel:

24

Dani hatte eine ansteckende Krankheit, so daß wir ein Zimmer zu einem Isolierraum machen mußten. Während der drei Tage der Isolierung wurde ihm eine Betreuerin zugeteilt, die ihn aufopfernd pflegte, bei Tag und bei Nacht. Nachdem er das Zimmer wieder verlassen konnte, vergingen keine zwei Stunden, da er auf dem Hof seine Betreuerin traf und sich mit der energischen, ja ganz aggressiven Forderung an sie wandte, sie solle ihm gefälligst sofort neue Hosen geben anstelle derjenigen, die er gerade anhatte. Die Betreuerin antwortete ihm behutsam, daß sie seiner Bitte nicht gleich nachkommen, sie die Hosen ihm aber in zwei Stunden geben könne. Dani reagierte sehr aggressiv und schrie sie an, sie würde ihm ja nie helfen, ihm nie etwas geben, wenn er sie darum bitte, sie sei die schlechteste Betreuerin und ähnliches.

Es ist offenkundig, daß Dani in diesem Moment keine Verbindung zwischen der Person, die drei Tage und Nächte bei ihm war, und derjenigen, die sich ›weigert‹, ihm sofort neue Hosen zu geben, zu sehen vermag – so als handele es sich hier um zwei Personen: eine, die ihn gepflegt hat und eine andere, die ihm keine Hosen gibt. Er ist nicht in der Lage, sie als *eine* Person zu erkennen. Ich möchte jedoch anmerken, daß das Symptom typisch für einen »Grenzfall« und nicht etwa psychotisch ist, denn wenn ich vorbeigekommen wäre und ihn nach der Frau, die vor ihm stand, gefragt hätte, wäre er durchaus in der Lage gewesen, sie mir als seine Betreuerin zu beschreiben, die ihn drei Tage und Nächte lang gepflegt hat. Ein weiteres Beispiel:

Ronnie wurde im Speisesaal sehr wütend und behauptete, ein anderes Kind habe ihm irgendeinen Gegenstand weggenommen. Er fing an zu toben, Geschirr um sich zu werfen und zu schreien. Ich hielt ihn in meinen Armen fest – und Ronnie wurde still. Die anderen Kinder konnten nun in relativer Ruhe weiteressen, er begann jedoch, in meine Hand zu beißen. Ich reagierte nicht darauf, und Ronnie machte weiter, bis sein Mund seine eigene Hand erreichte und auch dort hineinbiß. Es war offensichtlich – jedenfalls meiner Empfindung nach –, daß er sich nicht zur Selbstbestrafung biß, sondern weil er nicht zwischen den Grenzen seines Selbst und den meinen unterschied. Das heißt, das Beißen in meine und in seine Hand war ohne Übergang, als handele es sich um ein und dieselbe Hand.

2. Differenzierung zwischen den drei Zeitbegriffen

Borderline- und ähnlich gestörte Kinder haben Schwierigkeiten, die drei Zeitdimensionen Vergangenheit, Gegenwart und Zukunft zu unterscheiden, und sind deshalb nicht in der Lage, sich als eine getrennte Einheit zu begreifen, die ihre Wurzeln in der Vergangenheit hat, und können nicht sehen, daß ihr gegenwärtiges Dasein Bestandteil dieser Vergangenheit ist und es eine Zukunft hat, sowie daß bestimmte Ereignisse der Vergangenheit angehören und andere erst in der Zukunft eintreffen werden. Das ist, wie das folgende Beispiel zeigen wird, unter anderem der Grund dafür, Bedürfnisse und Befriedigungen nicht aufschieben zu können.

Beim Rechnenlernen wird die Klasse aufgeteilt, und in einer Untereinheit sind fünf Kinder mit ihrer Lehrerin. Jedes Kind hat eine ihm angemessene Aufgabe bekommen, und die Lehrerin hilft einem der Kinder. Plötzlich schreit Haim die Lehrerin an, sie solle ihm helfen kommen. Sie sagt zu ihm, er sehe doch sicher, daß sie gerade Moshe hilft, verspricht jedoch, in zwei Minuten bei ihm zu sein. Als Reaktion darauf zerreißt Haim das Blatt, auf das er gerade schreibt, tritt schnell vor den Tisch, wirft im Aufstehen den Stuhl um, beschimpft die Lehrerin und rennt aus dem Klassenzimmer, wobei er gegen die Tür tritt und verschwindet.

Ich sehe in diesem Beispiel einen Beleg für die genannten Schwierigkeiten: Haim ist noch nicht in der Lage, die Bedeutung von Vergangenheit, Gegenwart und Zukunft zu erkennen, und deshalb ist ihm die Bedeutung von »in zwei Minuten« nicht klar. Das Einzige, das er begreift oder – genauer – fühlt, ist die Zurückweisung, und nach seinem Verständnis ist diese total und endgültig. Mit anderen Worten, Haim spürt die Gefahr der vollständigen Vernichtung, und daher ist das, was er unter Aufbietung all seiner Kräfte tut, die Abwendung der schrecklichen Gefahr, die seinem Gefühl nach auf ihn lauert. Das tut jeder Mensch – jede Gruppe oder jedes Volk –, der sich der Gefahr der Vernichtung gegenübersieht. Es ist nicht richtig zu sagen, daß Haims Reaktionen nicht im richtigen Verhältnis zum Reiz stehen, denn man muß die Qualität des Reizes aus *seiner* Perspektive und nicht aus der des Betrachters sehen.

3. Differenzierung zwischen Phantasie und Wirklichkeit

Die Fähigkeit, zwischen Phantasie und Realität zu unterscheiden, hängt von der oben erwähnten Fähigkeit ab, die drei Zeitdimensionen identifizieren zu können. Die Fähigkeit zu phantasieren ist wiederum an die zum abstrakten Denken gebunden, das seinerseits impliziert, sich vorstellen zu können, daß etwas sich erst in der Zukunft ereignen wird; dies gründet allerdings auch in der Fähigkeit, Teile der Realität auszublenden. Wenn wir zum Beispiel sagen, das und das sei ein Tisch, dann abstrahieren wir von den konkreten Merkmalen eines bestimmten Tisches und sehen nur das, was allen Tischen gemeinsam ist. Dieses Ausblenden-Können steht dem Borderline-Kind nicht zur Verfügung, und deshalb kann es zwischen Phantasie und Realität nicht zuverlässig unterscheiden, so daß eine unwirkliche, Angst einflößende Phantasie – etwa verschlungen zu werden – als Wirklichkeit erlebt wird. Das folgende Beispiel ist einer Passage aus einem Aufnahmegespräch entnommen:

Ich hole eine kleine Geldbörse aus meiner Tasche und frage Isaac, ob er wisse, was die Börse enthält. Er zuckt mit den Schultern, und ich sage, daß ein Elefant darin sei. Er lacht und sagt, daß ich ihn verrückt mache. Ich spiele weiter mit der Börse und versuche, den Reißverschluß zu öffnen, worauf Isaac mit seinem Gesicht etwas zurückweicht. Ich mache sie langsam weiter auf und sage, daß wir zusammen zugucken wollen, wie der Elefant aus der Börse kommt. Isaac verzieht das Gesicht, und als die Börse ganz auf ist und er einige Münzen darin sieht, ist er wütend auf mich, daß ich ihn hereingelegt habe, ich hätte ihm einen Elefanten versprochen, und er jetzt sehe, daß gar keiner drin ist.

Ich vermute, daß es sich hier um die Verwechslung von Phantasie und Wirklichkeit handelt, denn einerseits ist seine Realitätsbeurteilung korrekt, aber andererseits ist offensichtlich, daß sie durcheinander zu geraten droht, denn in einem bestimmten Moment war er ja tatsächlich von der Existenz des Elefanten in der Geldbörse überzeugt.

4. Integration von Bestandteilen eines Geschehens versus totale Dominanz eines Geschehens

Normalerweise erleben wir uns als den einen Pol, während das Objekt den anderen Pol bildet. Jedes Objekt wird also als aus vielen Details zusammengesetzt wahrgenommen, die es als Ganzes ausmachen. Das Objekt kann ein Mensch, ein Ding oder ein Tier, es kann auch ein Gebäude, ein Ereignis, ein Unfall oder ein Konzert sein. Die Kinder, von denen hier die Rede ist, haben große Schwierigkeiten, ein Objekt oder ein Erlebnis in seiner ganzen Komplexität zu erfassen. Welches Objekt auch immer, für diese Kinder ist seine Wahrnehmung an ein Ereignis gebunden, wie Fast sagt (1985), ein Ereignis, das, obwohl es ganz unbedeutend sein mag, für das Kind stellvertretend das ganze Objekt repräsentiert.

So fährt Dov im Autobus und möchte auf einer Bank Platz nehmen, auf der ein junger Mann sitzt. Er möchte, daß dieser ein wenig aufrückt, damit er sich setzen kann, und sagt zu ihm in sehr aggressivem Ton: »Machen Sie

Platz! Der Mann sagt, daß er, wenn Dov ihn nett bitte, aufrücken würde. Patzig wiederholt er seine Aufforderung, ein ›bitte‹ einfügend, und beklagt sich bei seinem Betreuer: »*Was will denn der von mir, ich habe doch ›bitte‹ gesagt!*«

Dov ist nicht in der Lage, alle diese Situation ausmachenden Faktoren zu integrieren. Seine Worte und sein Tonfall sind nicht Teile der Gesamtsituation, sondern stehen als getrennte Elemente im Raum, die nicht zueinander gehören.

Das Residential Treatment als ›potential space‹

Das leitende Prinzip der integrierten Behandlung im Residential Treatment Center ist abgeleitet vom Beispiel des Baums, das ich oben anführte, und von Winnicotts paradoxer These, der zufolge der Säugling die Welt erschafft unter der Bedingung, daß die Welt für ihn bereits vorhanden ist.

Der Schlüsselbegriff ist Winnicotts Konzept des *potential space, einem potentiellen Raum* zwischen Mutter und Säugling, aus dem heraus sich ein eigenständiges,» wahres« und organisiertes Selbst ihres Kindes entwickeln kann. Seine Definition lautet:

»Ich stelle als mögliches Konzept die These zur Diskussion, daß der Ort, an dem sich kreatives Spiel und Kulturerfahrung einschließlich ihrer differenziertesten Erscheinungsformen ereignen, *das Spannungsfeld* zwischen Kleinkind und Mutter ist. Damit meine ich den hypothetischen Bereich, der zwischen dem Kleinkind und dem Objekt (d. h. der Mutter oder einem Teil von ihr) während der Phase besteht (aber dennoch nicht bestehen kann), in der das Kind erstmals das Objekt als ›Nicht-Ich‹ ablehnt, d.h. also am Ende der Phase der Verschmelzung mit dem Objekt. Nach der völligen Verschmelzung mit der Mutter tritt das Kleinkind in eine Phase, in der es die Mutter vom eigenen Selbst trennt und in der die Mutter das Ausmaß ihrer Anpassung an die Bedürfnisse des Kindes einschränkt, um sich selbst nach weitestgehender Identifizierung mit dem Kind wiederzufinden und weil sie auf das veränderte Bedürfnis des Kindes, sie jetzt als unabhängiges Wesen zu erleben, eingeht.« (1971, S. 124f.; kursiv im Orig.)

»Es ist die Besonderheit dieses Ortes, an dem Spiel und Kulturerleben sich ereignen, daß er *existentiell von der lebendigen Erfahrung abhängt* und nicht von Anlagefaktoren. Wird ein Kleinkind liebevoll umsorgt, so kann sich die Mutter von ihm lösen, und es entsteht ein riesiger Bereich für das Spiel. Macht ein Kleinkind in dieser Phase seiner Entwicklung dagegen ungünstige Erfahrungen, so hat es – außer in bezug auf Introversion und Extraversion – nur geringe Entwicklungsmöglichkeiten. In diesem Fall kommt dem potentiellen Raum keine Bedeutung zu, weil sich nie ein tragfähiges Gefühl für Vertrauen und Zuverlässigkeit und damit keine zwanglose, uneingeschränkte Selbstverwirklichung ergeben hat. Im ersten Fall, in dem das Kind (der Jugendliche, der Erwachsene) sich unter günstigen Voraussetzungen entwickelt, entsteht die Frage nach der Trennung im Verlauf des Trennungsprozesses gar nicht erst, weil sich im Spannungsbereich zwischen Kleinkind und Mutter das Spiel entwickelt, das sich aus einer gelösten inneren Haltung ganz natürlich ergibt; das Kind kann dann beginnen, Symbole zu verwenden, die in gleicher Weise für Phänomene der äußeren Welt wie für die des einzelnen Menschen, um den es hier geht, stehen.« (a. a. O., S. 126; kursiv im Orig.)

Von dieser Definition ausgehend, können wir einige Prinzipien dieses wichtigen Bereichs beschreiben. Im *potential space* stehen die Objekte nicht für sich, sie werden nicht getrennt als eigenständige Wesen wahrgenommen. Das heißt, jedes Objekt erhält seine Bedeutung und seinen existenziellen Wert durch ein anderes Objekt. Nehmen wir zum Beispiel die Mutter, die ihren Säugling stillt. Es gibt dabei ein System von Objekten: den Säugling, seinen Mund, das Saugen, die Mutter, die Brust, die Milch. Aus der Sicht der objektiven Realität sind diese Objekte voneinander getrennt und lassen sich beschreiben und definieren, nicht jedoch im Erleben des Säuglings, das ja das Ergebnis sich ergänzender Vorgänge zwischen all diesen Objekten ist, denen Eigenschaften zugeschrieben werden, die in dieser einen Interaktion einzigartig für diesen bestimmten Säugling und diese bestimmte Mutter sind. Zu diesen Eigenschaften kommen die emotionalen Erlebnisse hinzu, wie etwa Behaglichkeit, geistige Anregung und Hochgefühl, ästhetische Erregung und Verschmelzung oder, im Gegensatz dazu, Gefühle der Entfremdung, Niedergeschlagenheit etc.

Ein weiteres Merkmal des *potential space* liegt in der fehlenden Differenzierung zwischen den Dimensionen der Zeit, also wer vor wem existiert und warum. Der Säugling erlebt in seiner Undifferenziertheit und dank des *potential space*, der durch die Mutter ermöglicht wird, nicht, daß sie vor ihm da war, sondern er empfindet noch undifferenziert sich selbst als Erschaffenden und Erschaffenen, als allmächtig und abhängig zugleich. Nur eine solche Erfahrung über lange Zeit kann in ihm das Gefühl für die Grenzen seines Könnens und seines Wesens etablieren, eine Erfahrung, die in ihm die Fähigkeit zum Geben und Nehmen, zur Liebe und zur Beziehung zu Anderen erwecken wird, ohne daß er dabei sein Gefühl für sich selbst und seine Potenz einbüßt. Es sind komplexe, kognitive und emotionale Erlebensräume, die die allmähliche Entwicklung zur realen und objektiven Differenzierung ermöglichen.

Kinder, die die Erfahrungen des *potential space* nicht gemacht haben, sind in ihrem tatsächlichen Verhalten Anderen und der Realität gegenüber eingeschränkt. Daher müssen wir, wenn wir dieser Art geschädigte Kinder behandeln, insbesondere dann, wenn auf sie die Diagnose »Borderline« zutrifft, uns zurückversetzen und sozusagen die erste Phase ihres Lebens wiederherstellen, die Phase, in der die Differenzierungen noch nicht klar getroffen werden konnten. Das bedeutet, daß einem Kind mit diesen Problemen *nicht* durch die Förderung seiner Anpassungsfähigkeit an die Umwelt zu helfen ist, das heißt durch Lehren, Erziehen, Anpassung etc., sondern dadurch, daß sich die Behandlung auf die Entwicklung von *potential spaces* konzentriert, damit es sich später subjektiv wie objektiv auf adäquatere Weise der Realität gegenüber verhalten kann.

»Ein Heim muß das Leben dieses Kindes, das kein abgegrenztes Selbst hat, durch einen ›potential space‹ noch einmal einfangen. [...] Das Kind fühlt sich dann als Schöpfer (dieses Raumes), in dem es zugleich die Realität vorfindet.«

Das RTC ist die optimale Grundlage, einen derartigen *potential space* herzustellen, in etwa der vergleichbar Pflegefamilie. [Es ist] also keine Kopie der normalen, üblichen Umgebung, sondern ein besonderer Raum, in dem es Realität und Nicht-Realität zugleich gibt, so wie es sich mit dem Übergangsobjekt, etwa dem Teddy, verhält. Beispiele für die Erschaffung eines *potential space*:

Der Behandler, sei es ein Erzieher, sei es ein Psychotherapeut etc., ist der Schöpfer eines ›potential space‹. Innerhalb dieses Raums werden die Bedeutungen, die Menschen und Dinge haben, gemeinsam erschaffen und erlebt. Jeder Gegenstand, jeder Mensch, jede Regelung usw. bekommen durch den ›potential space‹ eine besondere bzw. überhaupt erst eine subjektive Bedeutung, und je mehr Bedeutungen, desto reicher wird die Persönlichkeit, das Selbst. Die Straße, in der ich als Kind wohnte, das Haus, die Freunde, der Baum, das Essen usw. sind nicht einfach Objekte, sondern integrale Bestandteile meines Selbst. Essen war nicht nur ein physiologisches Ereignis, wie dies so oft bei Borderline-Kindern der Fall ist, für die alle Objekte (Menschen, Regelungen oder Gegenstände) gleich sind bzw. keine besondere Bedeutung haben und nur nützlich oder notwendig für verschiedene Bedürfnisse sind. So können die Erzieher wechseln, ohne daß das eine besondere Wirkung auf das Kind hat, solange seine grundlegenden Bedürfnisse befriedigt werden.

[Das RTC] muß also Wege, mit deren Hilfe das Kind erst einmal Bedeutungen erschafft, und zwar für alles. Wenn es zum Beispiel morgens aufstehen soll – und das ist die Regelung –, dann müssen wir diese Aktivität nicht nur als eine objektive Regelung einführen, sondern als eine Aktivität, durch die wir einen ›potential space‹ bauen und dadurch eine Bedeutung erschaffen können.« (Cohen, 1997, S. 39f.)

Ich möchte dies an einigen Beispielen detaillierter erörtern, die ich auch in der eben zitierten Arbeit ausgeführt habe:

»Ich wende mich an ein Kind und sage zu ihm: ›Guck mal, wie ich Dein Bett mache.‹ Diese Aktivität – das Zuschauen – ist eine Gesamtaktivität, und zwar eine sehr wichtige, denn ich kann dieses Kind später treffen und zum Beispiel sagen: ›Erinnerst Du Dich, wie wir Dein Bett gemacht haben?‹ Am nächsten Tag kann ich dann zu demselben Kind sagen: ›Hör mal, halt mal die Decke an dieser Seite, und ich halte sie da.‹ Und vielleicht gucke ich es in einer sehr individuellen Art an, die anders ist, wie ich seinen Freund oder ein drittes Kind angucke. Und vielleicht singe ich dazu oder sage irgend etwas, das sehr persönlich zwischen mir und diesem Kind ist. Das ist der *potential space*! Genau wie die Mutter mit ihrem Baby umgeht: Die Mutter spricht zu ihrem Baby, auch wenn es erst eine Stunde oder einen Tag alt ist. Und keiner sagt: ›Aber was redest du denn da? Das versteht doch noch gar nichts!‹ [...]

Nach dem Bettenmachen geht derselbe Erzieher mit dem Kind frühstücken, nicht nur, damit das Kind sein Essen bekommt, weil es hungrig ist, sondern als ein Mittel zur Herstellung von Bedeutungen in der Beziehung. Jede Aktivität ist nur ein Mittel, damit das Selbst wächst, und nicht, damit die Zimmer sauber oder die Betten gemacht sind, wenn die Behörden kommen. Und je mehr es solche intimen Erlebnisse gibt, um so mehr wird das Kind sich als Individuum mit eigenem Selbst fühlen. Das Kind ist hier ein Subjekt – nicht nur eines, das die Realität vorfindet, sondern gleichzeitig der *Schöpfer dieser Realität*. Das Kind findet die Realität, also sagen wir einmal die Decke oder den Teddybär; aber in derselben Minute, in der es die Realität vorfindet, fühlt es auch, daß es die Realität erschaffen hat [...]. Es ist nicht nur der Schöpfer, und die Realität ist nicht nur die Realität. Und das ist eine Erfahrung, die wir ihm zu ermöglichen versuchen durch jede kleinste Aktivität.« (a. a. O., S. 40f.)

Die Borderline-Kinder sind nicht als Subjekte aufgewachsen, sondern waren nur Objekte, die verschiedene Rollen für ihre Eltern spielen sollten, Rollen wie Partner für die Mutter, also schon wie ein Erwachsener sein; oder Mutter der Mutter, als wäre *sie* ein kleines Kind. Ein Beispiel:

»Ein Kind hatte große Fortschritte in der Schule gemacht, und wir sagten zu seiner Mutter: ›(Ihr) Kind kann schon lesen und schreiben!‹ Da sagte sie: ›Das ist doch Stuß, das Kind ist total doof.‹ Wir merkten, daß sie ihr Gefühl, daß *sie* doof ist, in das Kind hineingestopft hatte. Und das Kind mußte nun der Doofe sein, und daran sollte sich nichts ändern.« (a. a. O., S. 41)

Es gibt viele Rollen, die die Kinder spielen müssen, damit sie ein Minimum an Sicherheitsgefühl retten. Sandler hat das treffend mit dem Terminus ›safety‹ benannt: Es ist das grundlegende Gefühl der Sicherheit in der Beziehung, die Voraussetzung zum Leben ist. In dieser Sicherheit dürfen »unsere«

Kinder die abnormalsten Dinge tun, die man sich vorstellen kann. Denn es ist unsere Rolle, unsere Hauptaufgabe, daß sie sich selbst als Subjekte entdecken und erschaffen.

Wenn ein Kind zum Beispiel am gemeinsamen Essen mit den anderen Kindern im Speisesaal teilnehmen soll, dann besteht dieser Vorgang wiederum aus einem System von Objekten oder Faktoren: dem Kind, der Essenszeit, dem Ort des Essens, der dargereichten Speise, den Erwachsenen, zum Beispiel dem Betreuer, der das Kind bittet, sich zu den anderen Kindern zu gesellen, den Gerüchen, dem Geschirr etc. Dieser Vorgang ist normalerweise eine Art Test für die Anpassungsfähigkeit des Kindes an eine neue Umgebung, im RTC jedoch muß dieser Vorgang für das Kind etwas Einzigartiges sein. Der Erwachsene läßt die Situation zu einer exklusiven Erfahrung zwischen sich und dem Kind werden, und obwohl derselbe Erwachsene dafür sorgt, daß noch andere Kinder zur gleichen Zeit in den Speisesaal kommen, tut er dies mit diesem einen Kind auf einzigartige Weise – vielleicht singt er auf dem Weg zum Speisesaal ein Lied mit ihm, das dann zu einem einzigartigen Bindeglied zwischen dem Betreuer, dem Kind und diesem jeweils stattfindenden Vorgang wird. Dadurch wird er zu etwas, das nur dem Betreuer und dem Kind gehört. Zahlreiche *potential spaces* solcher Art bilden den Boden, auf dem die Differenzierungsfähigkeit des Kindes zwischen der ihn umgebenden Welt und sich selbst wächst.

Der *potential space* ermöglicht und garantiert *Kontinuität* und schafft ein Gefühl der *Zugehörigkeit*. Diese beiden Faktoren sind kritische Punkte für die menschliche Entwicklung. Jedes Neugeborene braucht das Gefühl der Kontinuität, in dem es keine scharfe Trennung zwischen einer Situation und einer anderen gibt, sondern langsame und glatte Übergänge von einer in die andere Situation. Jedes Kind – jeder Mensch – braucht und sucht nach Zugehörigkeit zu einer physischen und psychischen Umgebung.

Unsere Erinnerungen an unsere Kindheit bestehen aus Erlebnissen, die nebensächlich zu sein scheinen, untersucht man sie jedoch genauer, so zeigt sich, daß sie nicht an bestimmte, objektive Gegenstände – Menschen, Erlebnisse, Gefühle – gebunden sind, sondern an alles, was mit diesem Gegenstand zu tun hat, das uns mit ihm verbindet und ihn mit uns, das heißt, er bildet auf die eine oder andere Weise einen Teil unserer Identität. Die Schaffung von Kontinuität und Zugehörigkeit ist somit unabdingbar, wenn wir Kinder behandeln, deren Selbstidentität und Kohäsionskraft beschädigt ist, wie dies insbesondere für Borderline-Kinder zutrifft.

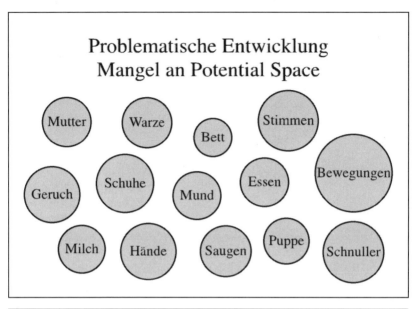

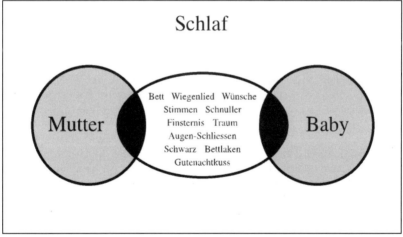

Der Unterschied zwischen einer Entwicklung aus dem potential space heraus und einer Entwicklung, der dieser Raum nicht zur Verfügung stand. Abb. 2 zeigt, daß das Individuum sich nur als ein unbedeutendes Element unter vielen Elementen erlebt, was zu chaotischen inneren Verhältnissen führen kann. Jegliche Aktivität im potential space, zum Beispiel die des Schlafengehens, vereint, wie Abb. 3 zeigt, Mutter und Kind und ermöglicht die Entwicklung sowohl der eigenen Identität als auch die Unterscheidung zwischen Subjekt und Objekt. Zudem erlebt das Kind diese Aktivitäten nicht als Chaos, sondern eher als sichere Ausgangsbasis.

Die Organisationsstruktur des RTC

Wir arbeiten in einem ›unit‹-System, das heißt in einem System von Einheiten. Zwölf oder dreizehn Kinder bilden je eine von insgesamt fünf Einheiten, in denen sie fünf Jahre zusammen verbringen. Sie schlafen in »ihrem« kleinen Haus. Auch in der Schule gehen sie in dieselbe Klasse. Dort kann es zwar sein, daß sie getrennt sitzen, aber sie sind zusammen in einem Raum, und natürlich können sie alle anderen Kinder im Garten treffen.

Während der Woche kommen die acht Mitarbeiter zu verschiedenen Versammlungen und einmal pro Woche zu einer halben Stunde Diskussion mit den Kindern. Besprechungen von zwei Stunden über ein einzelnes Kind finden einmal in der Woche für jede Einheit statt, also fünf solcher Konferenzen während der Woche. Daran nehmen alle acht Mitarbeiter teil, zudem der Leiter der Schule und der Leiter des RTC, der verantwortlich für die Erzieher ist. Jedes Kind wird etwa dreimal im Jahr von allen acht Mitarbeitern und den drei Direktoren evaluiert. Alle Lehrer, Sozialarbeiter, Psychologe und Erzieher gehen zudem in Supervision. Die Arbeitswoche hat – rein formal – 45 Stunden!

In den Konferenzen kann jeder Teilnehmer einfach sagen, was er wirklich empfindet, zum Beispiel:

> »›Ja, am liebsten hätte ich dieses Kind vom Dach runtergeschmissen.‹ Und er hat dabei nicht das Gefühl, ›ein Erzieher sagt so was nicht‹, sondern [wird ermutigt]: ›Sehr schön, daß du das sagen kannst, und das ist dein Gefühl.‹ Und dann hören wir von den anderen ungefähr dasselbe. Aber plötzlich sagt einer: ›Aber ich liebe das Kind sehr!‹ Und keiner denkt dann, daß derjenige, der das Kind (liebt), der bessere Therapeut oder Lehrer oder Erzieher sei als dieser Erzieher, der das Kind am liebsten runterschmeißen wollte. Wir arbeiten an der Übertragung und Gegenübertragung, damit der Erzieher sich vollkommen frei fühlt, seine negativen Gefühle über die Kinder auszusprechen, und mit diesen Gefühlen dann umgehen kann. Die Behandlung von aggressiven Ausbrüchen soll also hauptsächlich durch Zusammen-Setzen und nicht durch Auseinander-Setzen erreicht werden.« (Cohen, Y., a.a.O., S. 46f.)

Das Personal und die Anleitung und Supervision

Die Achse Kind–Teammitglied ist die zentrale Achse, um die sich das Leben im RTC dreht. Die direkte Begegnung zwischen dem Kind und der Gruppe des Personals (Betreuer, Lehrer, Sozialarbeiter, Psychologe und Leiter der Gruppe) ist die wichtigste Begegnung überhaupt, und daher wird angestrebt, daß diese acht Personen die zwölf Kinder jeder Gruppe über die ganzen fünf Jahre ihres Aufenthalts im Zentrum begleiten. Die zentrale Bedeutung der direkten Begegnung in der therapeutischen Arbeit führt dazu, daß möglichst wenige Freiwillige angestellt und auch keine »chemischen Mittel«, also Medikamente, eingesetzt werden. Die Gabe von Ritalin etwa erfolgt nach gründlicher Überlegung – normalerweise setzen wir beim Eintritt des Kindes ins Zentrum Medikamente einschließlich Ritalin ab, weil die primären und direkten Beziehungen zwischen dem unmittelbar betreuenden Personal und dem Kind die Grundsteine für unser Behandlungskonzept sind.

Die Verpflichtung des Personals, für die gesamte Zeit des Aufenthaltes eines Kindes im RTC zu arbeiten, also fünf Jahre lang, und seine Bereitschaft und Fähigkeit, die Übertragungs- und Projektionsprozesse dieser Kinder zu verstehen und zu bewältigen, sind die Prinzipien, ohne die diese Behandlung nicht möglich ist.

Eine Folgerung aus dieser Organisationsstruktur ist eine primäre und grundlegende Notwendigkeit: die Anleitung des gesamten Personals in regelmäßigen Supervisionen. Das Personal, und vor allem diejenigen Mitglieder, die im alltäglichen, direkten Kontakt mit dem Kind stehen – Betreuer und Lehrer –, sind die natürlichen Primärobjekte für sämtliche Projektionen des Kindes. Das Kind, das vor seiner Aufnahme ins RTC zahlreichen Mißhandlungen ausgesetzt war, wird die ›Pfeile‹ seiner seelischen Bedrängnis geradewegs auf seine Betreuer und Lehrer richten, als wären sie die Mißhandelnden, wogegen seine Eltern in idyllischen und idealen Farben gemalt werden. Deshalb brauchen alle Mitarbeiter ständige Unterstützung mit Hilfe kontinuierlicher Supervisionen, um nicht auf die projektive Identifikation »hereinzufallen« (vgl. hierzu das Kapitel: Die »goldenen Phantasie« und die Gegenübertragung).

Im Fall von Jacov zum Beispiel wurde in der Supervision mit dem Betreuer deutlich, daß dieser Junge sich beim Aufstehen genau wie ein Roboter verhält, und erörtert, ob dies dem Betreuer gefallen könnte, weil dies ihn von der Beschäftigung mit ihm befreien und er sich deshalb anderen Kindern zuwenden könnte, die Schwierigkeiten mit der Aufstehensprozedur haben. In der Supervision wurde diesem Betreuer deshalb vermittelt, daß nicht die Aufsteh-Regeln das Ziel sind, sondern die Persönlichkeit des Kindes, und daß er gerade Jacov beim Aufstehen besonders betreuen muß, indem er ein einzigartiges System schafft, das die spezifische Bindung zwischen ihm und dem Jungen ausmacht, bis der Vorgang des Aufstehens seine Zentralität verliert und diese Bindung zwischen den beiden an seine Stelle tritt, denn sie ist die Basis dafür, daß Jacov allmählich zwischen seinem Betreuer und den bislang undifferenziert wahrgenommenen Mitgliedern des Teams zu unterscheiden lernt.

Eltern sind unabdingbarer Bestandteil der Behandlung

Neben der Anleitung des Personals gibt es einen weiteren Bereich, ohne den es diese *potential spaces* nicht geben kann: die Arbeit mit den Eltern und das Erreichen des Wendepunkts.

Wir wissen genau, daß die geographische Entfernung des Kindes von seinen Eltern es nicht von ihnen bzw. den verinnerlichten Repräsentanzen loslöst, selbst wenn es nur Teile dieser Objekte verinnerlicht hat. Daher kann man nicht ohne die intensive Einbeziehung der Eltern behandeln. Es wäre nicht nur unangebracht zu versuchen, die Loslösung von den Eltern zu betreiben, vielmehr ist diese Beziehung zu erhalten, wer und wie auch immer die Eltern sind. Darüber hinaus ist zu bedenken, daß ein nicht unbedeutender Teil der Ätiologie kindlicher Störungen in dem »Gebrauch« liegt, den die Eltern von ihren Kindern machen, das heißt in den Projektionen, die sich auf die Kinder richten. Viele Eltern fürchten den Verlust dieses bequemen Objekts ihrer Projektionen und können deshalb das Kind nicht loslassen. Dies wird oft an den Reaktionen der Eltern gerade auf eine Besserung des Zustands ihres Kindes hin deutlich, denn sie wird ja unbewußt als Entfernung vom Elternteil und als Nichterfüllung der dem Kind zugewiesenen Aufgabe interpretiert. Deshalb verlangen wir, wie gesagt, von den Eltern, einmal pro Woche ins RTC zu kommen, um ihnen vermitteln zu können, daß wir sie nicht nur in ihrer Rolle als Eltern, sondern als Menschen sehen mit all ihren Schwierigkeiten und Grenzen, über die wir sprechen können, eine Erfahrung, die ihnen oft ein verändertes Verständnis auch ihrer selbst ermöglicht: nicht nur Eltern zu sein, die aufgrund dieser Rolle zu erscheinen haben, sondern sich als Menschen zu verstehen mit Eigenarten, Bedürfnissen, Leidenschaften, Bedrängnissen und Begierden. Diese Arbeit konzentriert sich also nicht auf die Verbesserung der Beziehung zwischen dem Kind und den Eltern, denn der Wendepunkt in der Behandlung des Kindes findet in der Regel erst dann statt, wenn sie begreifen, fühlen und verstehen, daß wir sie als Menschen wahrnehmen und nicht als Elternteile, die kommen sollen, um einen Bericht über ihr Kind anzuhören. Je mehr diese Erfahrung bei ihnen greift, desto eher können sie ihre Grenzen und die Einzigartigkeit und Eigenständigkeit ihres Kindes anerkennen und ihm bei der Entwicklung seines Selbst helfen.

Die Prinzipien der Behandlung des RTC

Die Prinzipien unserer Behandlung beruhen auf den folgenden vier Paradoxa:

1. Der Ausschaltung der Zeit steht ein fester Zeitplan gegenüber.
2. Das Zentrum ist von der Realität abgetrennt und zugleich fest in ihr verankert.
3. Der Prozeß ist das Ziel.
4. Verschiedene Gruppenstrukturen: Zugehörigkeit und Eigenständigkeit.

1. Der Ausschaltung der Zeit steht ein fester Zeitplan gegenüber

Der Säugling wird in eine Realität hineingeboren, die auf einem Zeitplan aufgebaut ist: die Nacht ist dem Schlaf, der Tag ist dem Wach- und Aktiv-Sein vorbehalten. Es gibt Essenszeiten, und verschiedene Aktivitäten werden verschiedenen zeitlichen Rhythmen angepaßt. Der Säugling aber lebt nicht nach diesem Zeitplan. Und so ist es auch im RTC, das sich dem Kind gegenüber wie zu einem Neugeborenen verhält, das sein Leben hier quasi von Neuem beginnt: die Zeit wird aufgehoben, es gibt keinen Zeitplan für seinen Aufenthalt; es gibt keinen Zeitplan für seine in der Realität von Alter und Leistung abhängige Entwicklung, nur allmähliche Übergänge. Der soziale Rahmen, in dem das Kind lebt, ist nicht streng nach Alter gegliedert, das heißt, das Alter der Kinder bestimmt nicht streng ihre soziale oder schulische Zugehörigkeit. Es ist klar, daß auch dieses Prinzip gewisse Grenzen hat, die wir jedoch sehr flexibel gestalten, denn der Leitgedanke ist, wie gesagt, daß wir die Zeit berücksichtigen und zugleich außer Acht lassen.

Die klare und unbedingte Einteilung der Zeit verstärkt normalerweise das Gefühl der Trennung, der Differenzierung zwischen verschiedenen Situationen, aber auch zwischen verschiedenen Menschen. Bei der Gestaltung des *potential space* versuchen wir, die Trennungslinien nicht scharf, nicht völlig klar zu ziehen und es so dem Kind zu ermöglichen, in einem Gefühl von Vereint- und Getrenntsein zu leben. Selbstverständlich schafft die Verwischung der zeitlichen Grenzen nicht per se einen *potential space*, aber sie trägt dazu bei. Dies ist nicht einfach. Mitarbeiter (in der Regel neue Mitarbeiter), die nur schwer mit den verschiedenen Verhaltensweisen der Kinder zurecht kommen, äußern sich spontan oft etwa so: ›Was wird aus diesem Kind, wenn es eines Tages das Heim verläßt, wenn wir ihm all das durchgehen lassen, was es jetzt tut oder sagt?‹ Die neuen Mitarbeiter müssen sich demnach neu auf ihren gewohnten Zeitbegriff besinnen und eine gewisse Erschütterung ihres Sicherheitsgefühls zulassen. Wir müssen bedenken, daß die in Rede stehenden Kinder noch nicht zu Trennung und Differenzierung fähig sind, wenngleich sie dies längst können müßten.

Der Ausschaltung der Zeit steht ein geregelter Zeitplan gegenüber, zum Beispiel um sieben Uhr morgens aufstehen und bis zum Frühstück bestimmte Dinge verrichten. Innerhalb dieses Zeitrahmens bestehen jedoch große Variationen – je nach dem *potential space,* den der Betreuer mit jeweils »seinem« Kind geschaffen hat: das eine Kind bleibt noch unter seiner Decke, während ein anderes seine Schuhe anzieht und der Betreuer die Schnürsenkel zubindet und zugleich ein drittes nach seinem Traum fragt.

2. Das RTC ist von der Realität getrennt und zugleich fest in ihr verankert

In unserer Konzeptualisierung bildet das Zentrum, wie gesagt, einen *potential space* und ist daher von der Realität losgelöst und zugleich fest in ihr verankert. Wie kann das sein? Mit dem Eintritt des Kindes in das Zentrum gibt es keine Ziele, die es während seines Aufenthalts hier erreichen muß, das heißt, es werden ihm keine Pflichten auferlegt und es gibt keine Regeln, aufgrund derer es nicht länger im Heim bleiben könnte. Wenn zum Beispiel ein achtjähriges Kind noch nicht lesen und schreiben kann, wird nicht verlangt, das Lesen in einem festgelegten Zeitraum zu erlernen – im Gegenteil: wenn seine Eltern oder das Kind selbst danach fragen, wird ihnen gesagt, daß das Lesen überhaupt kein Ziel seines Aufenthaltes darstellt; wenn der Hauptgrund für seine Einweisung die Diagnose Verhaltensstörung oder ADHD[1] ist, wird keine Aktivierung von Mechanismen zur Änderung des Verhaltens als Bedingung für seinen Verbleib im Zentrum gefordert. Die Schule funktioniert hier nicht nach dem gestuften Klassensystem, so daß das Kind gar nicht weiß, ob es in der zweiten oder fünften Klasse ist, es muß sich nur zu festgelegten Zeiten in der Klasse aufhalten. Wenn es sich dort zum Beispiel regelmäßig in einer Ecke wie in einer Art Nische versteckt, wird es nicht sofort aufgefordert, sich ordentlich hinzusetzen, vielmehr versucht das gesamte Team der Mitarbeiter zu verstehen, was sich hinter diesem Verhalten verbirgt: Vielleicht ist es Ausdruck eines Bedürfnisses des Kindes, dem in seiner frühen Entwicklung nicht entsprochen wurde? Dann kann es sein, daß sich eine Lehrerin zu ihm in seine Ecke gesellt und es dort unterrichtet. Dies geschieht, da nicht die schulische Leistung das Ziel ist, sondern die normale Entwicklung seines Selbst und seiner persönlichen Identität. Es wird also nicht mit der Struktur der Realität konfrontiert – seinen Normen,

---

[1] Aufmerksamkeits-Defizit-Hyperaktivitäts-Syndrom

Regelungen etc. –, sondern die Realität wird zusammen mit ihm und seiner Gruppe, der es von Anfang an angehört, aufgebaut, so als sei seine Ankunft bei uns ein Neubeginn seines Lebens. Natürlich ignorieren wir nicht, daß es sich um ein Kind mit anderer Motorik als der eines Säuglings handelt, und auch nicht, daß es bereits sprechen kann und eine Vergangenheit von sieben Jahren hat, die einen Teil seiner seelischen Realität bildet. Das Paradox liegt darin, daß *neben* einem solchen Aufbau von Realität eine Realität mit ganz klaren Grenzen existiert und wirksam ist.

3. Der Prozeß ist das Ziel

Wie ich bereits erwähnt habe, bilden die Prozeduren des Aufstehens – um nur dies Beispiel zu nennen – kein Ziel an sich. Die Behandlung dient nicht der Erziehung zur Sauberkeit oder zur Einhaltung von Lebensregeln, zur Hygiene oder zu intellektuellen Leistungen. Diese Handlungen sind nichts weiter als Mittel zum Aufbau von *potential spaces*, die zur Bildung der eigenen Identität führen sollen. Deshalb ist dieser Prozeß das Ziel. Diese Konzeptualisierung ist notwendig, hat sie doch Konsequenzen für andere Bereiche des Lebens im Zentrum wie Zeremonien, Feste oder Theateraufführungen. Auch hier gilt: nicht die Qualität der Aufführung nach all ihren Vorbereitungen steht im Zentrum der Aufmerksamkeit der Betreuer, sie gilt dem Prozeß, der kreativen Arbeit und den Phantasien zwischen dem Kind und den Betreuern während dieser Vorbereitungen. Die wichtigsten Phasen in diesem Prozeß sind jene, in denen das Kind allmählich zwischen sich und den Anderen differenziert, zwischen sich und dem Therapeuten, zwischen seiner eigenen Schöpfung und der seiner Therapeuten, Betreuer, Lehrer und Kameraden.

4. Verschiedene Gruppenstrukturen: Zugehörigkeit und Eigenständigkeit

In der Aussage, »wir gehen jetzt alle in den Speisesaal«, liegt etwas, das die Eigenständigkeit des Kindes momentan aufhebt, gleichzeitig sind die Betreuer jedoch angehalten, auf ihrem Weg in den Speisesaal seine Eigenständigkeit zu betonen. Dieses Prinzip wird in allen Aktivitäten angewendet. So findet man zum Beispiel in jeder Wohneinheit einer Gruppe persönliche Identifizierungsmerkmale, sei es auf Bildern oder in einigen Worten über das Kind oder auf andere Weise. Die eigenständige Identität wird bei vielen anderen Gelegenheiten betont, wie zum Beispiel bei Geburtstagen oder Bar-Mitzvah-Feiern, bei denen das Kind von sich, seiner Vergangenheit und den Veränderungen, die es in sich spürt, erzählt.

Zugehörigkeit und Eigenständigkeit kommen auch in der Art und Weise zum Ausdruck, wie die Gruppen aufgebaut sind und wie ihr Verhältnis zueinander sowie das des Personals untereinander beschaffen ist. Das Kind wächst in der Struktur einer Gruppe auf, die aus Kindern und Personal zugleich besteht. So ist zum Beispiel die Sitzordnung im Speisesaal nach den Gruppen gegliedert. Jeder Gruppe sind zwei bis drei Tische zugeteilt, an denen die Kinder und das Personal der Gruppe sitzen. Das heißt, es gibt keine getrennten Tische für das Personal. Gleichzeitig erlebt das Kind auch Dreiecksbeziehungen – ödipale Beziehungen –, denn es spürt die Beziehungen zwischen den Erwachsenen, an denen es keinen Anteil hat. Einerseits gibt es gemeinsame Auftritte der Kinder und der Mitglieder des Teams bei verschiedenen Feierlichkeiten oder bei Sportwettkämpfen, bei denen eine Gruppe gegen die andere antritt (Gruppe bedeutet hier Kinder und Personal), andererseits pflegt das Personal untereinander Beziehungen, aus denen die Kinder ausgeschlossen sind, hat Arbeitssitzungen, persönliche Veranstaltungen etc. Unsere Kinder fühlen also, daß sie verschiedenen Gruppen und die Erwachsenen auch noch einer anderen Gruppe zugehören – genau wie in der ödipalen Situation, wo das Kind fühlt, daß es mit seinen Eltern und Geschwistern eine Gruppe bildet und doch plötzlich merkt, daß es auch Situationen gibt, aus denen es ausgeschlossen ist; daß es eine besondere Beziehung zu seiner Mutter hat, die anders ist als die zum Vater oder zu seinen Geschwistern, aber auch, daß es Situationen gibt, an denen es nicht teilhaben kann – nämlich die Beziehungen zwischen den beiden Elternteilen – und dennoch zu einer Gruppe gehört. Das ist eine Erfahrung, die das Kind braucht. Normalerweise gibt es in Heimen zwei Gruppen: Kinder versus Erwachsene. Wir finden aber, daß die Verteilung anders sein sollte: Kinder möchten verschiedene Zugehörigkeiten erleben.

Die psychotherapeutische Behandlung

Die Entwicklung der Individualität als oberstes Ziel der Behandlung steht natürlich im Mittelpunkt der individuellen psychotherapeutischen und psychoanalytischen Behandlung, die *jedes* Kind im RTC erhält. Zunächst hielten wir es für angebracht, nur jene Kinder der psychotherapeutischen Behandlung anzuvertrauen, mit denen es nicht möglich war, überhaupt Kontakt herzustellen und deren schwere Störung nicht durch das alltägliche Leben allein geändert werden konnte. Dieses Prinzip veränderte sich mit den Jahren, da sich bei uns der Gedanke verfestigte, daß jedes Kind individuelle psychotherapeutische oder -analytische Behandlung benötigt. Auch die Häufigkeit der Sitzungen änderte sich im Laufe der Zeit. Anfangs fanden wir eine Therapiestunde in der Woche angemessen, aber es stellte sich schnell heraus, daß es richtiger ist, das Kind mehrmals in der Woche, wenn auch kürzer als eine normale Therapiestunde, zu sehen. Deshalb gibt es Kinder, die mindestens zwei Mal pro Woche in individuelle Psychotherapie gehen, und solche, die sich drei, vier oder fünf Mal pro Woche einer Behandlung unterziehen (vgl. hierzu Haber-Mosheiov, 2000).

Psychotherapie oder Analyse werden nun als integraler Bestandteil der Behandlung im RTC und als gleichwertig mit allen anderen Aktivitäten und Bereichen verstanden. Da aber das gesamte Zentrum einen *potential space* bildet, ist das Therapiezimmer nicht so separiert wie in anderen therapeutischen Institutionen und »erweitert« sich manchmal auf andere Bereiche. Da die individuelle Therapie ein derart integraler Bestandteil des Lebens der Kinder hier ist, bilden auch die verschiedenen Therapeuten einen integralen Bestandteil des gesamten Personals. So nehmen sie an allen Aktivitäten teil, ob es sich nun um Ausflüge, Feierlichkeiten – Geburtstage, Bar oder Bat-Mitzvah – oder allgemeine Feste – Hanukkah, Purim etc. – handelt. Schließlich ist es klar, daß das gesamte Personal mithilft, die individuellen Therapiesitzungen zu ermöglichen, denn deren Notwendigkeit wird dem gesamten Personal vermittelt, das ebenfalls von der Behandlung der Kinder profitiert. Wir erhalten auf diese Weise ein tieferes Verständnis und klareres Bild der Innenwelt des Kindes und wie es diese Welt erlebt, und all dies dient auch als wichtige Information im Austausch der Therapeuten mit dem Personal, die das Verständnis der psychischen Bedürfnisse des Kindes seitens des unmittelbar betreuenden Personals verbessern und stärken.

Falldarstellungen

Zur Illustration der bisherigen Erörterungen mögen nun zwei kurze Fallskizzen und eine dritte ausführliche klinische Darstellung dienen, die – leicht verändert und gekürzt – meiner Arbeit von 1997 entnommen sind. Zwar sind die drei geschilderten Jungen sehr verschieden, dennoch eignen sie sich zur Beschreibung, wie die Behandlung im Zentrum ihnen zur Entwicklung einer eigenständigen Identiät verhalf und ihnen ermöglichte, sich als eigenständiges Subjekt zu erleben und anzuerkennen. Im dritten Bericht über Alon wird diese Entwicklung deutlich ablesbar an seinem veränderten Umgang mit seinen Geburtstagen nach drei Jahren Einzeltherapie.

Yossi

*Yossis Vater wuchs in einem Internat auf und ging später zur Armee. Als ihn
das angesehene Fallschirmjäger-Corps nicht annahm, war er außerstande,
sich an die Gegebenheiten in der Armee anzupassen, und wurde schließlich
entlassen. Zwei Jahre danach beging sein älterer Bruder Selbstmord, und
noch ein Jahr später kam ein anderer Bruder bei einem Autounfall ums
Leben. Seine Familie lastete ihm den Selbstmord seines Bruders an. Er
flüchtete sich, so sagte er, in Ehe und Vaterschaft, um der Welt ein leben-
diges Andenken an seinen Bruder zu bescheren, einen Sohn, der seines
Bruders Namen trug. Es fiel ihm schwer, eine Beziehung zu diesem Kind herzustellen, weil er in ihm seinen Bruder sah – als sei dieser wieder lebendig
geworden.*

*Die Ehe ging bald in die Brüche, das Paar hatte mit schweren Problemen
zu kämpfen, einschließlich Gewalttätigkeit und Drogenmißbrauch. Yossis
Mutter klagte, ihre Familie sei gegen diese Ehe gewesen. Es hatte den Anschein, als nehme sie die Realität verzerrt wahr. Das zeigte sich etwa darin,
wie sie ihre Verpflichtungen als Hausfrau beschrieb. Tatsächlich war der
Haushalt sehr vernachlässigt, und sie konnte ihre Kinder nicht versorgen.
Oder sie versicherte, daß sie sich der Pflege ihres kranken Vaters, sollte er
ins Krankenhaus müssen, selbst widmen würde, komme, was da wolle. In
Wirklichkeit aber beklagte sie sich, als ihr Vater tatsächlich ins Krankenhaus
kam, daß ihre Schwestern sie vernachlässigten: sie holten sie nicht ab, um
den Vater in der Klinik zu besuchen! Alle behandelten sie, als wäre sie verrückt. Sie war völlig von ihren Krankheiten in Anspruch genommen, und als
sie nach Yossi wieder schwanger wurde, verbrachte sie lange Zeit in der
Klinik, um ihre Schwangerschaft zu überwachen.*

*Als Yossi acht Jahre alt war, wurde er an unser Zentrum überwiesen. Das
Erste, was er in der Beobachtungsstunde tat, war, zum Spielzeugschrank zu
gehen und ein Gewehr herauszunehmen. Er »erschoß« sich selbst und gab
vor, tot zu sein. Danach griff er sich ein Spielzeugmesser, »erstach« sich
selbst und spielte wieder Totsein. In der zweiten Stunde beschäftigte er sich
mit Soldaten, teilte sie zu gleichen Teilen zwischen sich und der Psychologin
auf und erschoß dann sofort alle ihre Soldaten. Er entfernte ohne Erlaubnis
Dinge aus dem Raum und schrie die Psychologin an: »Glaubst Du denn, alle
die Eßsachen gehören Dir?« Am Ende der Sitzung bat er sie, ihm was zu
geben, und sagte: »Sie haben so viel, und ich habe nichts!«*

*Es zeigte sich bald, daß er in eine komplexe Beziehung zu seinen Eltern
verstrickt war. Vor allem steckte er in einer Rolle, die ihm sein Vater aufgebürdet hatte: die Rolle seines älteren Bruders, der Selbstmord begangen*

hatte. Yossi identifizierte sich völlig mit der ihm aufgezwungenen Rolle, weil sie ihm die Nähe und Liebe seines Vaters und so emotionale Sicherheit geben sollte.

Während des ersten Jahres verhielt sich Yossi auf unterschiedliche Weise selbstschädigend und neigte zu Selbstbestrafungen. Wenn er zum Beispiel vergessen hatte, die Tische im Speisesaal zu decken, sagte er sofort: »Okay, ich habe es nicht verdient, was zu essen.« Zudem versuchte er, Gegenstände zu verschlucken, etwa Zahnstocher, und zerkratzte sich die Hände mit einem Messer. Er verschenkte alles, was ihm ganz zu Recht gehörte, und gab alle seine Süßigkeiten anderen Kindern.

Nach drei Jahren machte sich eine grundlegende Veränderung bemerkbar: Zunächst einmal war Yossi nicht mehr mit Selbstbestrafung oder -schädigung beschäftigt. Seine Ausbrüche hörten praktisch ganz auf. Wenn es Hinweise auf noch zu kindliches Verhalten gab, das er nun aber verbalisieren konnte, wie »Ich kann das nicht«, so konnte er Erwachsene um Hilfe bitten. Die Mitarbeiter hatten das Gefühl, daß Yossi endlich zu seinem innersten Kern vorstieß und sich um all das bemühte, was ihm vorenthalten worden war. Obwohl er bereits elf Jahre alt war, begannen wir, seine »wahre« Persönlichkeit zu entdecken, eben jene Aspekte, die ihm selbst und seinen Eltern verborgen geblieben waren. Sein kindliches Verhalten war von Passivität, aber auch von Einfalt, Langsamkeit und Problemen, sich selbst zu organisieren, geprägt. Trotz alledem funktionierte er in der Schule ganz normal. Zu dem kindlichen Verhalten kamen zudem zahlreiche Äußerungen, die einem geringen Selbstwertgefühl und seiner Kritik an seiner äußeren Erscheinung und seiner Kleidung zuzuschreiben waren. In der Psychotherapie sagte er ganz offen: »Es macht so Spaß, ein Baby zu sein – ein Baby kriegt alles.«

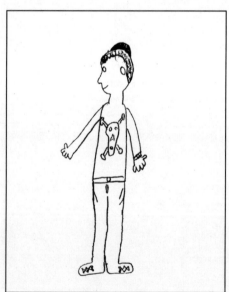

Abb. 4 und 5: Selbstdarstellungen eines Kindes vor und nach seiner Behandlung

Yaron

Yaron war in die Beziehung zu einer Mutter verwickelt, die auf ihn alle ihre eigenen negativen Selbstaspekte übertrug. Es gab keine Vaterfigur, die ihn vor den verschlingenden Tendenzen der Mutter hätte schützen können, so daß er tatsächlich dem Ansturm ihrer negativen Seiten ausgesetzt war, also denjenigen, die alles »durcheinanderbringen«. Yaron konnte sich natürlich nicht aus eigener Kraft von seiner Mutter trennen, so daß alle Grenzen zwischen ihr und ihm sich verwischten.

Yarons Eltern ließen sich während der Schwangerschaft der Mutter mit Yaron scheiden. Der Vater brach alle Beziehungen zu Yarons Mutter, eine Tochter von Holocaust-Überlebenden, ab. Sie entwickelte nun eine komplexe und gestörte Beziehung zu Yaron. Einerseits beschrieb sie ihn als »ihren Mann«, andererseits kleidete sie ihn wie ein Mädchen. Sie behauptete, sie bringe nur deshalb Männer nach Hause, um Yaron den Kontakt mit männlichen Bezugspersonen zu ermöglichen. Bei einem ihrer Besuche brachte sie ihm ein Photo zur Erinnerung an sie mit, auf dem sie in den Armen eines Mannes auf dem Bett liegt. Ihr ganzes Auftreten war provokant und verführerisch. Sie warf Yaron vor, an all ihrem Unglück schuld zu sein. So behauptete sie zum Beispiel, »fast« einen reichen Amerikaner geheiratet zu haben, das aber sei wegen Yaron schiefgegangen; und zudem hätte sie »fast« sehr gute Jobs gekriegt, aber seinetwegen habe sie diese nicht annehmen können. Sie beschreibt alles als »fast«, so auch Yaron – tatsächlich ist er ein schöner Junge. Sein adrettes Äußeres und seine Schönheit rufen immer Bewunderung hervor, bis er »plötzlich in die Hosen macht«. In der Tat litt er, bevor er mit acht Jahren ins Zentrum eingewiesen wurde und während der ersten beiden Jahre dort, unter Enkopresis. Er neigte, so wurde uns berichtet, nicht nur dazu, sich selbst zu beschmutzen, sondern war auch in viele Diebstähle verwickelt, griff andere Kinder an und wurde in der Schule zurückgestuft.

Während der Beobachtungsstunden mit Yaron in den ersten beiden Monaten gab es viele Anzeichen von Verwirrung und Unklarheit, die sich auch darin niederschlugen, wie er an Spiele heranging. Von jedem Spielzeug oder Spiel, das er im Heim sah, behauptete er, genau so eines habe er zu Hause auch; andererseits sagte er, er habe sie alle verkauft, und eines Tages meinte er: »Ich versteh nicht, wo ich bin: zu Hause oder im Heim?« Während einer der Beobachtungsstunden, an der auch seine Mutter teilnahm, sprach diese in seiner Anwesenheit von ihm als »der Junge« und faßte ihn nicht an, weil seine Hände mit Schokolade verschmiert waren. Trotz ihres Ekels vor ihm betonte sie, wie besorgt sie um Yaron sei, und sagte, sie habe ihm für Purim einen sehr teuren Anzug gekauft. Während sie sprach, nahm Yaron sein Gewehr heraus und erschoß zuerst sie, dann die Psychologin und schließlich sich selbst.

Während der ersten beiden Jahre war er sehr aggressiv, was er jedoch meist hinter einem unschuldigen, engelhaften Gesichtsausdruck verbarg. Was immer er tat, er tat es sehr langsam – Aufstehen, Essen, Lernen etc. Einmal urinierte er auf einen anderen Jungen, der gerade schlief. Seine Verwirrung über sich selbst und andere, zwischen Teilen seiner selbst und von ihm unabhängigen Identitäten war besonders eklatant. Manchmal sprach er im Tonfall eines verwöhnten kleinen Mädchens, manchmal in dem eines erwachsenen flirtenden Mannes. Auch war er in Unfälle bei sexuellen Spielen der Kinder verwickelt und irrte viel umher. Seine Verwirrung drückte sich auf ungewöhnliche Weise aus, zum Beispiel wenn er seiner Lehrerin vorschlug, sie zu heiraten, und dann wütend eifersüchtig auf sie war.

Unserer Meinung nach war leicht zu erkennen, daß da ein überaus komplexes und verzerrtes Netzwerk von Beziehungen vorlag. Yaron konnte sich weder daraus befreien, noch sein wirkliches Selbst ausdrücken, das tief unter einer Schicht von Verwirrung und Verwischung von Grenzen vergraben und hinter seinen Versuchen versteckt lag, in seiner Beziehung zu seiner Mutter irgendwie Sicherheit zu gewinnen. Es lag auf der Hand, daß die Trennung Hand in Hand mit einer Umbildung seiner Persönlichkeit gehen mußte. In der Tat zeigte er nach drei Jahren keine derartigen Symptome wie Enkopresis, Aggressivität und delinquentes Verhalten mehr. Seine Persönlichkeit war nun viel differenzierter, organisierter und realitätszugewandter. Er hatte normalere soziale Bindungen und eine einheitlichere Identität ohne die vielfältigen Fluktuationen, mit denen wir anfangs konfrontiert waren.

Alon

Alon kam im Alter von acht Jahren zu uns. Bis dahin hatte er drei Jahre bei seiner alleinstehenden Mutter gelebt, nachdem sein Vater und sein Bruder bei einem Verkehrsunfall ums Leben gekommen waren. Alon, das zweite Kind, entwickelte sich langsam. Erst mit drei Jahren begann er zu sprechen. Die Mutter, von Beruf Krankenschwester, kann ihren Gefühlen kaum Ausdruck verleihen. Für gewöhnlich wirkt sie starr und trägt fast immer dunkle Brillengläser. Man sieht sie kaum je lachen oder gar weinen. Ihr körperlicher Kontakt mit Alon beschränkt sich auf ein Minimum, ganz selten sahen wir sie und Alon einander umarmen. (Ich möchte hier anmerken, daß wir die Kinder umarmen und küssen, wir sind ihnen physisch sehr nahe.) Zugleich aber erfüllt sie gewissenhaft ihren Besuchsplan, kommt nie zu spät und geht pünktlich wieder. Aus dem wenigen, was über ihre Beziehung zu Alon aus dessen Säuglings- und Kinderzeit bekannt ist, geht hervor, daß diese nach dem gleichen Muster geprägt war, wie wir es nun sehen konnten. Während seiner ersten Lebensjahre erhielt Alon die beste Fürsorge, der aber jegliches wirkliche Eingehen auf seine Bedürfnisse fehlte. Die Mutter nahm ihn nicht so wahr, wie er war, und ließ ihm keinen Raum, sich gemäß seinem eigenen Tempo zu entwickeln. Mit anderen Worten: es fehlte ihm der ›potential space‹, der von so zentraler Bedeutung für die Entwicklung seiner Persönlichkeit gewesen wäre.

Die Diagnose, die im RTC gestellt wurde, besagte, daß Alon an einer Borderline-Persönlichkeitsstörung litt. Es schien, als sei die Grenze zwischen ihm und den äußeren Objekten verwischt und als habe er kein eindeutiges Selbstbild entwickelt. So ging er zum Beispiel auf dem Campus des Heims auf eine Gruppe von ihm völlig fremden Besuchern zu, begann ein Gespräch mit ihnen und erzählte unaufgefordert, was er wenige Minuten zuvor getan hatte und wie sein körperliches Befinden war, etwa: »Hallo, ich bin Alon, ich gehe jetzt in meine Klasse. Ich war gerade im Bad. Ich habe eine wunde Stelle am Po und gehe dann später zur Krankenschwester.«

Alon war einer Gruppe von zwölf neuen Kindern zugeteilt worden. Wie in unserem Zentrum üblich, hatte die Gruppe zwei Kinder-Sozialarbeiter, einen Mann und eine Frau. In der Schule war er zusammen mit diesen Kindern in einer Klasse und hatte drei Lehrer. Die Klasse war gemäß dem Lehrstoff in kleine Arbeitsgruppen eingeteilt. Eine Lehrerin war für Alon zuständig, an sie konnte er sich in der Schule mit Problemen, Schwierigkeiten und Erfreulichem wenden.

Alon gehörte also einer Gruppe an und war so eines unter anderen Kindern und Mitarbeitern. Zugleich aber gab es innerhalb der Gruppe eine Differenzierung zwischen den Kindern und den Mitarbeitern der Gruppe. Zu einer Gruppe zu gehören schien zu einem unabdingbaren Bestandteil von Alons Identität zu werden. So war er darauf bedacht, wann immer er seinen Namen schrieb, denjenigen seiner Gruppe hinzuzufügen: Alon K., Ayalim-Gruppe. Andererseits schien er die feineren Unterschiede innerhalb der Gruppe nicht wahrzunehmen. Er verhielt sich den Erwachsenen gegenüber nicht anders als gegenüber den Kindern, begegnete allen mit demselben freundlichen Gesicht. Wann immer er auf einem seiner Wege einem Mitarbeiter begegnete, grüßte er ihn mit liebevollen Spitznamen, die aber alle immer ähnlich, fast identisch waren, so daß das Grüßen recht unpersönlich wirkte. Auch schien er nicht zwischen den Kindern unterscheiden zu können; mit keinem einzigen ging er eine Beziehung ein und verbrachte seine freie Zeit lieber alleine.

47

Ganz allgemein machte er den Eindruck, als wandere er ziellos im Areal des Zentrums herum. Die für ihn zuständigen Mitarbeiter nannten ihn, wenn sie unter sich waren, den »Astronauten«. Er schien nicht richtig zu verstehen oder aufzunehmen, was um ihn herum vor sich ging. Die Mitarbeiter gaben sich große Mühe und waren mit vielerlei Schwierigkeiten dabei konfrontiert, ihm zu helfen, sich selbst zu finden und seine Identität zu stabilisieren. So halfen ihm die Erzieher der Gruppe, in der bereits geschilderten Weise sein Bett zu machen und seine persönlichen Sachen in Ordnung zu halten, indem sie auf jeden Gegenstand zeigten und ihn als Alon gehörend identifizierten: »Diese Schuhe da gehören Alon«, oder: »Wir legen Alons Tasche dahin«, oder: »Hier ist Dein Heft, Alon, da ist es ...,« etc. Zudem versuchten sie, ihn nach und nach in seine Gruppe zu integrieren, insbesondere bei gemeinsamen Aktivitäten mit den Erziehern.

In der Schule bemühte man sich gleichermaßen darum, einen ›potential space‹ zu schaffen. Alon hatte zur Schule zu gehen und am Unterricht teilzunehmen. Zudem hatte er die Möglichkeit, sich auf seine ganz individuelle Art und Weise zu äußern, besonders aber gemäß seinem Tempo. Die Hausaufgaben, die in kleinen Gruppen gemacht werden, erlaubten eine individuellere Arbeit mit ihm (wie auch mit den anderen Kindern), und die Lehrer suchten nach passenden didaktischen Methoden, um über den Lernstoff in einen Dialog mit Alon zu kommen. Eine Lehrerin dachte sich in Mathematik ein besonderes Spiel für ihn aus, eine andere Lehrerin etablierte in den Hebräisch-Stunden einen dauernden schriftlichen Dialog mit ihm, und zwar mit Hilfe eines Extra-Heftes, das sie ihm zu diesem Zweck gab, was sich übrigens als ein wirksames Mittel herausstellte. Diese indirekte Kommunikation paßte offenkundig am besten zu der Art und Weise, wie Alon mit Menschen zusammensein konnte.

Alons Psychotherapie begann am Anfang seines zweiten Jahres im RTC. Die Hauptaufmerksamkeit richtete sich auch hier auf die Schaffung eines einzigartigen Dialogs zwischen Alon und seiner Therapeutin. Am Verlauf des therapeutischen Prozesses ließen sich seine Entwicklung hin zu einem Konzept über sich selbst und hin zu seiner Selbstorganisation sowie auch seine sich allmählich entfaltende Fähigkeit zur Differenzierung zwischen Selbst und Objekt beobachten. Dieser Fortschritt kommt am besten in der Beschreibung zum Ausdruck, die seine Therapeutin über Alons Einstellung zu seinen Geburtstagen in seiner drei Jahre währenden Behandlung gab. Sie schrieb:

»Zwei Monate, nachdem Alon die Therapie begonnen hat, war sein neunter Geburtstag. Er spricht nicht darüber, und er scheint ihm nichts zu bedeuten. Er lädt mich nicht zu einer Party in seiner Gruppe ein und fragt mich

auch nicht, ob wir während seiner Behandlungsstunde feiern könnten. Er malt ein Bild und schreibt darauf: Alon gratuliert Alon. Ich sage zu ihm: ›Du hast Dir selbst ein Bild zu Deinem Geburtstag gemalt.‹ Er antwortet: ›Ich danke Dir.‹ Man spürt ganz deutlich, daß jegliche Unterscheidung zwischen ihm und mir fehlt.

Ein Jahr später, an seinem zehnten Geburtstag, zeigt er größeres Interesse an diesem Ereignis. Er bittet, daß wir in der Therapiestunde zusammen feiern, und lädt mich zu seinem Geburtstagsfest mit seiner Gruppe in ihrem Haus ein. Als sich der Termin unserer Feier nähert – wir hatten ihn zeitlich nahe dem tatsächlichen Geburtstag festgelegt –, bittet er mich, ihm Süßigkeiten mitzubringen, und legt eine lange Liste mit allen möglichen Dingen an, mit denen er sich, zunehmend gierig werdend, vollstopft. Er bittet um ein Geschenk, ein Tagebuch, genau so eines, wie er es im Behandlungszimmer gesehen hat, so eines will er auch in seinem Schlafzimmer haben. Auch diesmal schreibt er sich selbst Geburtstagsgrüße, gibt sie dann aber mir – er möchte nämlich, daß ich sie ihm zu seiner Party in seinen Räumen mitbringe. Auch bittet er mich, ihm eine Geburtstagsgratulation zu schreiben und sie ebenfalls zur Party mitzubringen. Ich spüre einen ersten Anfang, zwischen sich und mir unterscheiden zu können – wir sind zwei Personen. Zugleich aber sucht er noch nach absoluter Gleichheit zwischen uns, d. h. Eins- und Getrenntsein tauchen gleichzeitig auf.

Um seinen 11. Geburtstag herum findet eine deutliche Veränderung statt. Lange vor dem Termin ist Alon mit seinem Geburtstag beschäftigt, nennt das genaue Datum seiner Geburt (der 15. des Monats Sh'vat, das ist der Frühlingsbeginn, der Tag der Bäume) und nimmt die Bedeutung seines Namens, den ihm seine Eltern bei seiner Geburt gaben, zur Kenntnis (Alon = Baum). Diesmal schreibt er sich seine Geburtstagsgrüße nicht mehr selbst, statt dessen verbringt er eine ganze Stunde damit, herauszufinden und zu entscheiden, was ich ihm als Geburtstagsgeschenk kaufen soll. Seine Forderungen sind noch immer grandios und ›gierig‹ (eine sechs Fuß lange Gitarre, ein riesiges Auto etc.), aber er fragt sich und mich ständig, was wohl wert sei, es geschenkt zu bekommen. Er sagt, daß er sich schwertut, zu wählen und sich zu entscheiden. Und ich habe das Gefühl, daß der Junge, der da vor mir steht, ein Junge mit einer eigenen Identität, mit eigenem Willen ist, der versucht, sich zu entscheiden. Seine Geburtstagsfeier ist sehr bewegend. Alon kommt aufgeregt und glücklich zu unserer Therapiestunde, gespannt auf seinen Gabentisch. Er macht sein Geschenk auf und ist auch glücklich damit. Er spielt mit den Figuren (das Geschenk war ein Auto mit zwei Figürchen drin), setzt sie für eine Tour ins Auto und macht ein Picknick für sie. Er ißt von den Süßigkeiten, aber in auffallendem Unterschied zu letztem Jahr stopft er sich nicht gierig damit voll. Am Ende der Stunde sind noch Süßigkeiten übrig, und er beschließt, sie auf seinem Regal zu deponieren und in der nächsten Stunde zu essen.

Eine weitere bemerkenswerte Veränderung: Alon nimmt mich wahr und bietet mir Süßigkeiten an; er wählt verschiedene für mich aus. Er schaut mich an und sagt, ich solle mich nicht scheuen zu essen – auch wenn er mir dabei zuschaut. Ich habe das starke Gefühl, daß er verstanden hat, eine von mir getrennte Person zu sein. Wir hatten einen Dialog zwischen zwei Menschen, die etwas gemeinsam haben, sich aber zugleich unterscheiden und voneinander getrennt sind.

Alons Entwicklung ist ganz gewiß das Ergebnis der Integration aller Komponenten in diesem »residential treatment«, da die individuelle Psychotherapie allein solche grundlegenden Veränderungen kaum erreicht haben würde. Was Alon gebraucht hatte, war eine andere Umgebung, die völlig auf die notwendige Veränderung ausgerichtet war, und mit Hilfe all dieser Aktivitäten wie Schlafen, Mahlzeiten, Unterricht, Spielen etc. konnte er Erfahrungen machen, die die Basis des *potential space* und nichts anderes als die Wiege seiner eigenen unabhängigen Identität sind.

II. Die »goldene Phantasie«
und die Gegenübertragung

Nun will ich eine bestimmte Beziehung, die sich bisweilen zwischen mißhandelten, ins RTC überwiesenen Kindern und den Mitgliedern unseres
Teams entwickelt, untersuchen und erklären. Wenn man diese Beziehung mit
ihren verschiedenen Stadien und Phasen versteht, lassen sich weitere Traumatisierungen in der Entwicklung des mißhandelten Kindes verhindern.

Daß die Objektbeziehungen, die sich zwischen Therapeuten und Patienten
entfalten, äußerst komplex sind, auf vielen, teilweise widersprüchlichen Prozessen beruhen und eine Reihe von Transformationen durchlaufen, ist bekannt. In dieser Untersuchung will ich nur einen einzigen dieser Prozesse
veranschaulichen – nämlich die »goldene Phantasie« – und nachzeichnen,
wie sie sich äußert, wandelt und im Laufe der unterschiedlichen Behand-
lungsstadien einerseits bei den mißhandelten Kindern und andererseits bei
den Mitgliedern des Behandlungsteams manifestiert.

Die »goldene Phantasie« erwacht bei beiden Beteiligten gleich zu Beginn
des therapeutischen Prozesses. Sowie dieser fortschreitet, kommt es jedoch
zu einem scharfen Bruch in dieser Phantasie, der nicht selten auf die Vorzeitige Beendigung des therapeutischen Prozesses hinausläuft. Ich verwende
den Ausdruck »goldene Phantasie« im wesentlichen so, wie ihn Sydney
Smith erläutert hat:

> »Es handelt sich bei ihr um den Wunsch, daß in einer durch Vollkommenheit
> geheilten Beziehung allen Bedürfnissen entsprochen werden möge ... sie ist
> stets passiv, stets mit der Überzeugung verbunden, daß es irgendwo in dieser
> großen, grenzenlosen Weite namens Welt eine Person gebe, die imstande ist,
> die eigenen Bedürfnisse voll und ganz zu befriedigen. Der Wunsch zielt auf
> ein so vollständiges Umsorgtwerden, daß vom Patienten nichts als seine Fäh-
> igkeit, passiv aufzunehmen, gefordert ist.« (1977, S. 311)

Alle Menschen teilen diese Phantasie, doch fügt sie deren Persönlichkeits-
integration keinen Schaden zu. Diejenigen jedoch, deren Persönlichkeit auf
die eine oder andere Weise beeinträchtigt ist, sind für den negativen Einfluß
anfällig, der von dieser Phantasie ausgeht, denn bei diesen Individuen kann
sie einen dermaßen zentralen Stellenwert einnehmen, daß sie sämtliche Moti-

vationen, zwischenmenschlichen Beziehungen, schicksalhaften Entscheidungen und bisweilen sogar ihre sexuellen Beziehungen prägt.

Die Unterbringung des mißhandelten Kindes in einem Heim beschwört mit aller Macht seine »goldene Phantasie« herauf. Es fühlt sich für das Kind so an, als sei es nun im Paradies, in dem es nur Gutes gibt; als würden all seine Wünsche in Erfüllung gehen und es nicht länger der Gewalt zum Opfer fallen; und als müsse es irgendwo in diesem Paradies jemanden geben, der uneingeschränkt zu seiner Verfügung steht und seine Bedürfnisse befriedigt, während es selbst in völliger Passivität verharrt.

Diesem Kind steht nun ein Betreuer bzw. Therapeut gegenüber, der es ganz annimmt. Er widmet sich vollständig dessen Bedürfnissen bis hin zu dem Punkt, an dem seine eigene »goldene Phantasie« erwacht. Durch Gegenübertragung und projektive Identifizierung erfüllt er sie sich durch das Kind. Mit Hilfe unterschiedlicher Prozesse, insbesondere des Mechanismus der Spaltung, werden die Eltern – im Gegensatz zu den wohlwollenden und omnipotenten Betreuern und Therapeuten – nun zu üblen Kreaturen, denen man besser nicht traut. Nach einer Weile tritt der Prozeß in sein zweites Stadium ein, das ich »Enttäuschung und Verzweiflung« nenne. Das Kind nimmt nun – auch hier kommt der Mechanismus der Spaltung ins Spiel – seinen Betreuer oder Therapeuten als bösen Menschen wahr, der seine »goldene Phantasie« (die ja auf einer »Alles-oder-nichts«-Grundlage funktioniert) nicht erfüllt. Also wendet es sich wieder an seine Eltern und schreibt ihnen die Kompetenz zu, seine Phantasie Wirklichkeit werden zu lassen. Der Therapeut, der bislang sein ganzes Selbst in den Dienst des mißhandelten Kindes gestellt hat, reagiert enttäuscht und verzweifelt. Schließlich gelingt es dem Kind auf dem Wege der projektiven Identifizierung, den Therapeuten dahin zu bringen, daß er die Rolle des mißhandelnden Elternteils übernimmt, auch dann, wenn er vor jedweder körperlichen Mißhandlung zurückschreckt.

Wenn ein mißhandeltes Kind aus seinem Zuhause und seiner Familie entfernt und in einem Behandlungszentrum untergebracht wird, kann dies sowohl bei ihm und seiner Familie als auch beim Therapeuten enorm komplexe emotionale Reaktionen heraufbeschwören. Möglicherweise entwickelt das Kind Schuldgefühle, die seiner Überzeugung entspringen, nur weil es selbst »böse« sei, habe man es geschlagen und »ins Heim gesteckt«. Es bedient sich des Mechanismus der Verleugnung, um vor den Tatsachen seiner Mißhandlung, der es doch so lange ausgesetzt war, die Augen zu verschließen; es projiziert bisweilen alles »Schlechte« auf das Zentrum und seine Mitarbeiter, oder sie kommen ihm wie seine mißhandelnden Eltern vor.

Die verschiedenen emotionalen Reaktionen bei Eltern und Therapeuten auf die Unterbringung eines mißhandelten Kindes in einem Heim sind wohlbekannt. Ich habe mir vorgenommen, mich hier auf nur ein Phänomen aus der stattlichen Zahl möglicher emotionaler Reaktionen zu konzentrieren. Den Prozeß, den ich im folgenden ausführlicher beschreiben werde, sollte man aber nicht als etwas Isoliertes ansehen oder erwarten, daß er sich bei jedem Zusammentreffen zwischen dem mißhandelten Kind und dem Behandlungszentrum und seinen Mitarbeitern einstellt.

Ein mißhandeltes Kind ist über einen langen Zeitraum hinweg das Opfer des gewalttätigen Verhaltens eines Elternteils gewesen. Es kann sein, daß es infolge der ihm hierbei zugefügten Verletzungen ins Krankenhaus eingewiesen werden mußte. Zur Unterbringung in einem Heim kommt es, nachdem die für das Kindeswohl zuständigen Behörden eingeschritten sind. Das Zentrum bietet auch Gelegenheit, die emotionalen Probleme des Kindes zu behandeln, die bereits *vor* seiner Unterbringung diagnostiziert wurden. Es hat die Funktion, das Kind durch die Trennung von seinem gewalttätigen sozialen Umfeld körperlich zu beschützen und ihm eine angemessenere Entwicklungsmöglichkeit zu bieten.

Im folgenden will ich diese Prozesse, wie sie sich in unserem Zentrum für emotional gestörte Kinder in der Latenzperiode abspielen, detaillierter beschreiben.

Das Erwachen der »goldenen Phantasie«

Zunächst sieht das mißhandelte Kind im Zentrum einen geschützten Ort, eine Zufluchtsstätte. Im ersten Stadium seiner Therapie versteht es nicht, daß die Behandlung seiner emotionalen Probleme beabsichtigt ist; alles, was es zu Beginn wahrnimmt, bezieht sich auf den körperlichen Schutz, unterscheidet sich doch der Rahmen so sehr von dem seiner Vergangenheit. Es kommt ja nicht in einer anderen Familie oder Pflegefamilie unter; vielmehr tut sich vor ihm ein gänzlich anderer Lebensraum auf. Seine anfänglichen Erwartungen bündeln sich deshalb um jenen eng begrenzten Aspekt des Traumas, dem es ausgesetzt war: die Schläge, die Gewalt, die Ablehnung und Mißachtung seiner elementaren Bedürfnisse.

Das Kind verhält sich gegenüber der Institution und ihren Mitarbeitern – entweder offen und verbal oder verborgener – in einer generalisierenden und unspezifischen, nicht fest umrissenen Weise. Die Teammitglieder sehen darin einen Hilferuf, der ihrerseits Omnipotenzgefühle heraufbeschwört, Gefühle, die angesichts des Zustands des Kindes, seines Leidens und Kummers an Intensität gewinnen. Übertragungs- und Gegenübertragungsgefühle entstehen in jeder therapeutischen und mit Sicherheit in jeder Erziehungssituation, doch im Fall eines mißhandelten Kindes, das sich offen darauf einläßt, entwickeln sich diese Gefühle umgehend und bis ins Extrem gesteigert.

Ich untersuche im folgenden, wie sich diese Gefühle im Laufe der Therapie verändern. Bleiben diese Veränderungen unverstanden und die jeweiligen Therapiephasen unberücksichtigt, kann es geschehen, daß die Behandlung vorzeitig endet. Ich stelle zwei Beispiele vor, wie Kinder bei der ersten Zusammenkunft, das heißt beim Untersuchungs- und Beurteilungsinterview, reagieren.

Ein achtjähriger Junge betrat den Interviewraum nach einem kurzen Rundgang durchs Zentrum und wandte sich mit den folgenden Worten umgehend an den Interviewer: »*Kann ich hierbleiben? Hier ist es richtig angenehm, alles ist grün, und das Schwimmbecken ist klasse. Ich habe zwei Kinder gesehen, sie haben mich gefragt, ob ich ein Neuer bin. Sie waren gerade unterwegs zum Schwimmbad.*« *Später, als der Interviewer das Kind mit seinem unmittelbaren Wunsch, im Zentrum bleiben zu dürfen, konfrontierte, rollte es seinen Ärmel hoch, zeigte auf Verbrennungsmale und Narben auf seinem Arm, schickte sich zu einer langen Schilderung an, wie sein Vater es verletzt hatte, und fügte am Ende hinzu:* »*Meiner Schwester tut er nie etwas, aber mich prügelt er noch zu Tode. Wenn ich ihn bitte, er soll mir ein Eis kaufen, sagt er nein; und wenn ich noch einmal bitte, schlägt er mich und sagt, daß er von mir die Nase voll hat. Deshalb – da bin ich mir sicher – möchte ich lieber hier im Zentrum sein.*«

Ein siebenjähriger Junge setzte sich im Interviewraum in einen Sessel und verschränkte seine Arme, so als warte er darauf, daß irgend etwas passiert und sagte: »*Es wird mir gutgehen. Wenn ich erst mal hier zur Schule gehe, kriege ich mich in den Griff und lerne lesen. Ich versprech's dir: Sobald ich hier bin, reiße ich mich zusammen.*« *Der Untersucher reagierte auf diese unerwartete Bemerkung mit den Worten, sein Vater ermahne ihn sicher oft, daß er sich zusammenreißen solle. Der Junge erwiderte:* »*Oh, er sagt das ständig, und wenn ich dann zu heulen anfange, nimmt er den Gürtel und drischt auf mich ein; da, guck mal selbst, was er mit meinem Rücken angestellt hat.*«

In diesen Beispielen drückt sich die »goldene Phantasie« mit Hilfe des Mechanismus der Spaltung und Verleugnung aus. Die beiden Kinder nehmen von der Realität, auch wenn sie direkt mit ihr konfrontiert werden, einfach keine Notiz. Sollten wir ihnen erklären, daß die Kinder in einem Heim nicht bei ihren Vätern und Müttern schlafen, daß die Besuchszeiten für die Eltern begrenzt sind, daß es leicht passieren kann, daß ältere Jungs ihnen eine Tracht Prügel verpassen, daß die Essensportionen zugeteilt werden? In allen diesen Fällen beruhen die Reaktionen der Kinder auf einer massiven Verleugnung und nehmen etwa folgende Form an:»Was macht das schon. Ich möchte hierbleiben, hier ist's gut, alles ist toll hier. Ich hab's doch schon gesehen und kenne alles.«

Auch nach seiner endgültigen Aufnahme ins RTC bringt das Kind seine »goldene Phantasie« den Mitarbeitern gegenüber zum Ausdruck. Es geht zum Beispiel vom einen Teammitglied zum anderen, zeigt auf Narben und andere Verletzungen auf seinem Körper und lobt gleichzeitig das Heim und die Art, wie verschiedene Mitarbeiter sich Gedanken um es machen, es umsorgen und lieben. Vielleicht nennt es den Namen eines ganz bestimmten Mitarbeiters mit der Bemerkung:»Der liebt mich mehr als sonst jemand, und ich will in den Ferien überhaupt nicht nach Hause gehen. Hier macht es so großen Spaß.«

Diese unverholen ausgedrückte Wertschätzung für das Zentrum und seine Mitarbeiter deutet auf Objektbeziehungen eines besonderen Gepräges hin. Das Kind nimmt das Objekt als überlegen, als omnipotenten Verteidiger und omnipotent seine Bedürfnisse befriedigende Person wahr, die für es sorgt und es beschützt: Und in der Tat, es dauert nicht lange, und das Objekt – die Mitarbeiter – reagiert auf diese Art von Vorstellungen. Eine Lehrerin hat sich in der Besprechung des Falls eines mißhandelten Kindes darüber so geäußert:»Ich bin bereit, jeden Tag nur wegen dieses Kindes zur Arbeit zu kommen.« In einer Supervisionsstunde erklärte sie, das Kind entlocke ihr das Gefühl, daß es selbst ein leeres Gefäß sei, sie dagegen voller Dinge, die sie ihm geben könnte: Von Anfang an habe es ihr Blicke voller Sehnsucht nach Wärme, Liebkosungen und Umarmungen zugeworfen. Sie habe den Vater des Kindes in Gedanken scharf verurteilt:»Wie konnte er zu einem so goldigen Jungen derart grausam sein?«

In den Aussagen der Lehrerin spiegeln sich mehrere Facetten ihrer eigenen emotionalen Wesensart wider, deshalb sollte man sie nicht nur unter dem Aspekt ihres Einfühlungsvermögens zur Kenntnis nehmen. Lieberman und Pawl (1984) stellen fest:

> »Es ist, als ob wir jetzt auf eine magische Weise die Wirklichkeit ungeschehen und sie im Einklang mit unseren Träumen noch einmal machen könnten. Unser bescheidenes Maß an Macht, Veränderungen herbeizuführen, macht uns in dem langen Prozeß, in dem wir ein Kind zu beschützen suchen, auch für die Illusion empfänglich, wir könnten die harten Tatsachen der Situation des Kindes auslöschen.« (S. 546)

55

Was die Lehrerin antreibt, scheinen also diejenigen ihrer eigenen Neigungen zu sein, die die Gegenübertragung charakterisieren. Ich halte mich bei der Betrachtung dieses Phänomens an Ogdens Definition (1983), der einen Begriff von Racker (1957) weiter klärte. Racker behauptet, bei der Gegenübertragung handle es sich um die unbewußte Identifizierung des Therapeuten mit jeweils einem der beiden Aspekte des Ichs des Patienten: also entweder um eine komplementäre Identifizierung, das heißt mit demjenigen Aspekt des Ich, der mit dem Objekt identifiziert ist, oder um eine konkordante, das heißt eine Identifizierung mit der Selbst-Komponente der inneren Objektbeziehungen des Patienten. Diese Unterscheidung ist deshalb so wichtig, weil die Identifizierung mit dem mißhandelten Kind – wie jeder Identifizierungsprozeß – wahrscheinlich wechselt: manchmal macht sie sich am Selbst-Anteil des mißhandelten Kindes und manchmal am internalisierten Objekt fest. Die internalisierte, zu einem Teil des Ichs gewordene Objektrepräsentanz ist nicht notwendig ein realitätsgetreues Abbild des äußeren Objekts, vielmehr die Vorstellung desselben, so wie der Internalisierende es wahrnimmt oder wie er es gerne sehen und spüren würde. Der Therapeut seinerseits identifiziert sich mit dem Selbst-Anteil des mißhandelten Kindes (konkordante Gegenübertragung) und erfüllt sich damit gleichzeitig seine eigene »goldene Phantasie«, deren Objekt – der Nutznießer dieser Erfüllung – in diesem Fall das mißhandelte Kind ist, mit dem er sich identifiziert.

Bei den ersten Treffen zwischen dem Therapeuten und dem mißhandelten Kind bildet sich eine komplementäre Gegenübertragung aus, das heißt eine Identifizierung des Therapeuten mit dem internalisierten Objekt, das die »goldene Phantasie« des Kindes in die Tat umsetzen wird. Außerdem projiziert er die Komponente seines Selbst, die die Erfüllung seiner eigenen »goldenen Phantasie« anstrebt, auf das Kind. Er möchte ihm also das geben, was er sich selbst wünscht. Da das Kind so positiv auf alles anspricht, »ergänzen« sich beide gegenseitig: der Therapeut das Kind und das Kind den Therapeuten. Ich bin jedoch davon überzeugt, daß dem Kind hier auch der Mechanismus der projektiven Identifizierung entgegenkommt, mit dessen Hilfe es dem Therapeuten eine Identifizierung mit dem Objekt, das es auf ihn projiziert, aufdrängt. Die Gegenübertragung des Therapeuten hängt dann eng mit dem Mechanismus der projektiven Identifizierung auf seiten des Kindes zusammen.

Man muß hier auch beachten, daß sich der Therapeut den Eltern des Kindes um Längen voraus fühlt: »Ich bin ihnen überlegen, und wo sie versagt haben, wird es mir gelingen, das Kind zu bessern.«

Es kann natürlich sein, daß der Prozeß der projektiven Identifizierung im

Kind und der der Gegenübertragung im Therapeuten oder Betreuer durch die besondere Persönlichkeit derjenigen erleichtert wird, die die Kinderbetreuung oder Kindertherapie zu ihrem Beruf wählen. Ilan (1963) hat Persönlichkeitszüge beobachtet, die für solche Personen charakteristisch sind und diese Prozesse begünstigen:

> »Die Kindererziehung stellt ein für bestimmte Triebkonstellationen besonders attraktives Betätigungsfeld dar. Es weist eine Affinität für Menschen auf, die dem Kind gegenüber besondere Liebe oder Haß empfinden, Menschen, die noch nicht ganz erwachsen geworden sind, die bestimmte konflikthafte Situationen nicht bewältigt haben und deshalb dazu getrieben werden, sie in der einen oder anderen Form im Prozeß des Erziehens zu wiederholen.« (S. 272)

Das Schicksal der goldenen Phantasie in der Therapie

Die beiden folgenden Beispiele dienen zur Beschreibung dessen, was sich zu Beginn der Therapie eines mißhandelten Kindes ereignet, und zeigen, wie die »goldenen Phantasien« von Kind und Therapeut einander in die Hände spielen. Sie verdeutlichen auch die Funktionsweise der projektiven Identifizierung beim Kind und der Gegenübertragung beim Therapeuten.

Adam kam aufgrund einer behördlichen Intervention in einem Heim unter, nachdem ihn die gewalttätigen Übergriffe seines Vaters ins Krankenhaus gebracht hatten. Adams Eltern waren beide geschieden und hatten jeweils zwei Kinder aus ihrer ersten Ehe; jeder behielt eines der beiden und überließ das andere der Fürsorge des ehemaligen Partners. Bald nachdem sie sich kennengelernt hatten, heirateten Adams Eltern. Die Ehe begann aber binnen kurzem zu scheitern, und bei ihren hitzigen Streitigkeiten schlug der Vater auf Adams Mutter ein. In dem Maße, in dem die Ehe sich verschlechterte, versank die Mutter immer tiefer in sich selbst und ihren eigenen Problemen und war zusehends immer weniger in der Lage, sich um Adam zu kümmern. Schließlich verließ sie ihr gemeinsames Zuhause und ließ Adam bei seinem Vater zurück. Die Probleme zwischen Vater und Sohn verschlimmerten sich und arteten in gewalttätiges Schlagen aus, so daß der Junge ins Krankenhaus kam. Zum Schluß mußte sich das Gericht einschalten, und so erhielt das Kind – sowohl wegen seiner bedenklichen emotionalen Verfassung als auch zu seinem Schutz und seiner Beaufsichtigung – einen Platz in unserem Zentrum.

In Behandlung, beschwor Adam die goldene Phantasie in seiner Therapeutin herauf. Letztere faßte die Anfangsphase der Therapie so zusammen:

»Adam löste am Anfang seiner Therapie in mir das Gefühl aus, daß ich der wichtigste Mensch auf der ganzen Welt für ihn sei. Auf dem Weg zur ersten Stunde erzählte er mir, daß die Therapiestunde, in der er alles tun könne, was er wolle, ein unübertreffliches Vergnügen sei.

Zur zweiten Zusammenkunft brachte er seine Bücher und eine Schallplatte mit und gab mir das Gefühl, sein Zuhause und sein Zufluchtsort seien von jetzt an hier. Ich empfand es tatsächlich so, daß er sich mir rückhaltlos überantwortete. Er ließ mich spüren, daß ich die einzige Person sei, die er auf der Welt habe, die einzige, die ihm bedingungslos gab, die einzige, der er vertraute. Ich hatte in der Tat eine Menge Sympathie für ihn übrig, den starken Wunsch, ihm alles in meiner Macht Stehende zu geben, und er tat mir auch leid. In dieser Anfangsphase der Behandlung spürte ich, daß mich die Frage beschäftigte, wie ich ihm noch mehr geben könnte.«

Adam nahm die Therapeutin – als Objekt – nicht als etwas Beständiges, als ein Ganzes wahr, das über ein eigenes Selbst verfügt. In diesem Stadium sah er sie als eine Person, die seine Bedürfnisse befriedigt, als Gebende und – wie es bei Kohut (1971) heißt – als Spiegel und Ideal.

Die Therapeutin notierte, daß es sich bei »Adams Aufführung um Soli« handle, »denn er füllt den ganzen Raum und die ganze Behandlungsstunde damit aus, und ich muß die Rolle des Zuschauers übernehmen, der an diesen Auftritten Freude hat und seine Rollen bewundert, wie den Superman, den Judas Makkabäus und andere«.

Die Therapeutin hatte gegen die ihr zugewiesene Rolle nichts einzuwenden; sie fühlte sich nicht unbehaglich mit ihr. Im Gegenteil, sie spürte, daß sie so ganz und gar verfügbar war für das Kind, das sie als passives Gefäß wahrnahm. Selbst dann, wenn es in aktive Rollen schlüpft, etwa den Superman, nahm sie es in dem Sinne als passiv wahr, als es Lob, Unterstützung, Bewunderung, Zuneigung und Liebe bekommen mußte. In diesem Stadium der Behandlung kam es für beide, das Kind und die Therapeutin, zur Verwirklichung der »goldenen Phantasie«. Das Kind spürte, daß die Therapeutin seine Phantasie für es in die Tat umsetzte, und die Therapeutin realisierte ihre Phantasie mit Hilfe ihrer Gegenübertragung, wobei sie zwei Rollen zugleich diente: zum einen derjenigen, die Bedürfnisbefriedigung gewährt, und zum anderen derjenigen, die via Gegenübertragung befriedigt wurde. Der Fall David wird diesen Punkt weiter veranschaulichen.

David war acht Jahre alt, als er in einem Heim untergebracht wurde. Er war das zweite Kind und der erste Sohn in einer Familie mit insgesamt sechs

Kindern, in der beide, Vater und Mutter, anwesend waren. Von der Mutter hieß es, sie leide unter einer gravierenden Persönlichkeitsstörung. Sie konnte ihren alltäglichen Pflichten nicht mehr nachkommen, war depressiv und neigte zu häufigen Zornesausbrüchen. Ihren Sohn David lehnte sie offen ab und gab dabei an, es falle ihr schwer, ihn zu berühren, da sie »Jungen anekeln«. Sie übertrieb es mit ihren Forderungen hinsichtlich Ordentlichkeit und Reinlichkeit, war stark mit sich selbst beschäftigt und in Erinnerungen an ihre eigene schwierige Vergangenheit versunken, Erinnerungen, die sie jedem, der zuhören wollte, bereitwillig mitteilte. Es war nicht zu übersehen, daß sie ihre drei Töchter den drei Söhnen vorzog; zwar war sie auch den Mädchen gegenüber anspruchsvoll und fordernd, was Ordnung und Sauberkeit betraf, doch körperliche Maßregelungen – wie es auf folgenschwere Weise bei den Jungen, insbesondere aber David, der Fall war – hat sie nicht ergriffen. Sie ließ David sogar hungern und äußerte frei heraus, wie sehr er sie abstoße. Aus diesem Grunde vermied sie es, ihn anzufassen. Gleich nach seiner Geburt übernahm sie eine bestimmte Methode, ihm das Fläschchen zu geben, mit der sie die Notwendigkeit, das Baby direkt zu berühren, umging. Der Vater behauptete, daß sie die Schuld für alles, was im Haus passierte, David in die Schuhe schiebe und ihn schwer einschränkte: »In den Händen meiner Frau wird David zur Geisel.«

Im Erstgespräch stellte David verschiedene Fragen zum Leben im Zentrum: »Wie viele Kinder sind in jedem Raum? Kriegen sie auch mal ein Eis zum Essen? Was für Spiele spielen sie?« Es fiel ihm leicht, über die Zornesausbrüche seiner Mutter, ihre Schläge und darüber, daß er an allem schuld sein solle, zu reden. Gleich nach seiner Aufnahme ins Zentrum bemerkten die für ihn zuständigen Mitarbeiter, wie »süß und hinreißend« er doch sei. Wenn er sich im Speisesaal blicken ließ, wurde er gewöhnlich von einer Betreuerin getragen, die hinzufügte, das Kind habe in der Nähe ihrer Wohnung auf dem Heimgelände auf sie gewartet, sei, als sie aus der Tür trat, auf sie zugesprungen, und da habe sie es in ihre Arme geschlossen und es in den Speisesaal getragen. Die übrigen Mitarbeiter sagten dazu, David sei rasch akzeptiert und integriert worden und habe bei jedermann Zuneigung und Liebe erregt.

In der ersten Behandlungsphase beobachtete die Therapeutin, daß David bei jeder Zusammenkunft Angst hatte, er könne etwas verkehrt machen oder etwas beschädigen. »Ich bleibe lieber wie ein Roboter hier sitzen, sonst richte ich bestimmt noch was an und mache irgendein Spielzeug kaputt.« Die Therapeutin erwähnte, daß die Furcht und Ängstlichkeit des Jungen bei ihr einen derartigen Eindruck hinterlassen hätten, daß es ihr schwerfiel, ihm in

die Augen zu blicken – Augen, die, wie sie behauptete, zu flehen schienen:
»Tu mir bitte nichts.« Sie verspürte das Bedürfnis, mit dem Kind zusammen-
zusein, und die Stunden zur festgelegten Zeit zu beenden war nicht leicht. Als
sie beobachtete, wie die Betreuerin David herumtrug und ihn umarmte, wurde
sie eifersüchtig auf sie. Sie verstand, daß ihre Therapeutenrolle ein solches
Verhalten wie das der Betreuerin nicht zuließ; doch in diesem Stadium war
sie bereit, diese Rolle an den Nagel zu hängen und zur Pflegemutter des
Jungen zu werden.

Enttäuschung und Verzweiflung

Smith (a. a. O.) zufolge ist der zweite Aspekt der »goldenen Phantasie« ihre
Dauer; es sei, als ob die bloße Existenz des Kindes von ihrer Bewahrung
abhänge. Genau dies zeigt sich deutlich in den folgenden Therapiestadien
und in der Beziehungsgestaltung zwischen dem Kind und seinen Betreuern
oder anderen Teammitgliedern, in denen die »goldene Phantasie« auf dem
Wege der Gegenübertragung wachgerufen wird. Mit anderen Worten, die
Verwirklichung dieser Phantasie kommt in der Regel nur allzu bald an ihr
Ende, in erster Linie bedingt durch das Kind selbst, das nicht imstande ist,
diese Verwirklichung anzunehmen. Je mehr die Phantasie in die Tat umge-
setzt wurde, desto stärker wirken zwei Faktoren in ihm auf die Beendigung
dieses »Abenteuers« hin: erstens seine Unfähigkeit, seinen ersten Wunsch
aufzugeben – daß seine »goldene Phantasie« in seinen Eltern und insbesondere im mißhandelnden Elternteil zur Erfüllung käme; und zweitens die
Tatsache, daß die Verwirklichung der »goldenen Phantasie« illusorisch war,
denn es bleibt sich der Lücken darin stets bewußt. Mit Hilfe der Spaltung
lehnt das Kind deshalb jeden weiteren Versuch der Therapeuten und der
anderen Mitarbeiter ab, die Phantasie wahr zu machen.

Der erste Faktor – die Unfähigkeit, von dem mißhandelnden Elternteil zu
lassen – steht als zentrale Kraft hinter den Veränderungen, die sich in diesem
Behandlungsstadium ergeben. Die Anerkennung des Heims im allgemeinen
und seiner Mitarbeiter im besonderen als derjenigen Personen, die der »goldenen Phantasie« zur Verwirklichung verhelfen, läuft darauf hinaus, daß das
Kind die Möglichkeit verwirft, im mißhandelnden zugleich den wohlwollende, Befriedigung gewährende, beschützende, omnipotente Elternteil zu
sehen. Der Mechanismus der Spaltung ist hier mächtig am Werk, und jedwede Anerkennung der Therapeuten und Betreuer als ideale Bedürfnisbefriedigung Gewährende käme der Auslöschung und äußersten Ablehnung des

mißhandelnden Elternteils gleich. Gibt das Kind indes seine Eltern als potentiell seine Phantasie erfüllende Figuren nicht auf, so wurzelt dies ebenfalls in seiner intrapsychischen Konstellation, stellt doch der Verzicht auf einen Elternteil einen Verzicht auf das internalisierte Objekt, das Introjekt, dar; und das ist, als müsse das Kind einen Teil seiner selbst preisgeben. Cath und Cath haben folgendes festgestellt:

> »Wenn Kinder eine schmerzliche Beziehung besetzt haben, ›ziehen‹ sie paradoxerweise den mißhandelnden Elternteil einem freundlich gesonnenen Fremden oder nicht verschwisterten Gleichaltrigen vor. Außerdem kann sich ein mißhandeltes Kind später mit dieser aggressiven Seite des Elternteils identifizieren. [...] Wenn es nun ein solches Introjekt, wie negativ es auch sei, aufgeben soll, käme dies der Aufgabe eines integralen, ›beschützenden Teils‹ des Selbst gleich, denn das negative Introjekt ist zu einer Komponente des kohäsiven Selbst (Ich und Überich) geworden.« (1978, S. 629)

Galdston (1981) hat sich mit der Komplexität der Beziehung zwischen dem mißhandelten Kind und dem mißhandelnden Elternteil beschäftigt, und zwar sowohl vom Standpunkt des Elternteils gegenüber dem Kind als auch dem des Kindes gegenüber dem betreffenden Elternteil. Diese Beziehungen sind nichts ein für allemal Festgelegtes und von Zeit zu Zeit großen Widersprüchen ausgesetzt. Man hat beobachtet, daß das Kind nach einer Weile – manchmal Wochen, manchmal Monaten – all seine Sehnsüchte auf die Eltern richtet. Es beginnt, seine Familie und sein Zuhause in rosigen Farben zu schildern, als ob es die beste aller Welten zurückgelassen habe. Immer häufiger äußert es Vorbehalte gegen das Heim und seine Mitarbeiter, die es »mit Gewalt« aus der Fürsorge seiner Eltern gerissen und diesen dabei »Leid zugefügt« hätten. Es beklagt sich zunehmend über sein Leben hier und richtet erste Bitten an seine Eltern, doch nichts unversucht zu lassen, damit es zu ihnen zurückkehren könne, zu all den »guten Dingen«, deren es nur wegen eines »miesen Richters, üblen Sozialarbeiters, schlechten Schuldirektors« beraubt worden sei. Man kann dieses Stadium mit der von Rinsley (1974) so genannten »Widerstandsphase« bei Therapien in Institutionen vergleichen.

Zu diesem Zeitpunkt macht das Kind vom Mechanismus der Projektion auf seinen Therapeuten Gebrauch, projiziert aber jetzt nicht mehr die Verwirklichung der »goldenen Phantasie« auf ihn; vielmehr wird dieser nun zur Zielscheibe von Aggression und Gewalt. Plötzlich nimmt es ihn als Mißhandelnden wahr, als böse, ablehnende Person, die es auf das Kind »abgesehen« hat; und jede seiner Handlungen (oder die eines anderen Mitarbeiters) interpretiert es so, als stecke eine üble Absicht dahinter. Es umwirbt seine Eltern, bittet sie, es aus der Gewalt und Aggression in diesem Heim und seiner Mitarbeiter zu retten. Mit anderen Worten, gerade diejenigen, deren Verhalten ursprünglich zur Trennung des Kindes von seinem Elternhaus führte, stehen nun als seine Retter da. Jetzt, da das Kind seine Aggression – sein gewalttätiges und aggressives internalisiertes Objekt – auf den Therapeuten projiziert, verändert sich auch etwas in den Objektbeziehungen zwischen beiden. Durch projektive Identifizierung aktiviert und kontrolliert das Kind den Therapeuten, so daß dieser die auf ihn projizierte Rolle schließlich übernimmt. Dadurch verändert sich natürlich die Gegenübertragung des Therapeuten. Er hat aufgehört, sich im mißhandelten Kind zu sehen, und kann seine »goldene Phantasie« nun nicht länger mit Hilfe der konkordanten Gegenübertragung verwirklichen. Jetzt kommt unbewußt die komplementäre Gegenübertragung ins Spiel, das heißt, der Therapeut beginnt sich mit dem gewalttätigen inneren Objekt des Kindes zu identifizieren. Von diesem Augenblick an hören wir die Therapeuten immer öfter ihre Ablehnung eben jener Kinder äußern, um deretwillen sie in der ersten Behandlungsphase »bereit waren, jeden Tag zur Arbeit zu kommen« und sich ganz und gar einzusetzen. Adams Therapeutin sagte zum Beispiel nach einigen Monaten Therapie:

Adam schien in zunehmendem Maße ungehalten, wütend und enttäuscht zu sein. In einer der Stunden beschloß er, eine Kiste zu zimmern, die ihm zu Hause Dienste leisten sollte. Er machte sich an der Kiste zu schaffen, sägte, nahm Maß, leimte und hämmerte. Im Gegensatz zu meinem Gefühl in der ersten Zeit der Therapie spürte ich jetzt, daß ich hier total überflüssig war, als sei ich bloß ein weiterer Gegenstand im Raum, den er benutzte. Am Ende der Stunde öffnete Adam sein Fach im Behandlungszimmer und holte die Bücher heraus, die er damals zur zweiten Stunde mitgebracht hatte, um sie für immer hier zu aufzubewahren, und nahm sie mit – raus aus dem Fach, raus aus dem Raum. Ich fühlte mich beleidigt, gekränkt und verraten. Mir war, als ob ich sagen würde: ›Wie konntest du mir das bloß antun?‹

Zur selben Zeit fand eine Konferenz statt, an der Adams Betreuerin, seine Therapeutin und weitere Personen teilnahmen. Eine Betreuerin eröffnete die Diskussion wie folgt:

»Man kann es kaum glauben, daß es sich um ein und dasselbe Kind handelt, das vor vier Monaten hierher gekommen ist. Sicherlich erinnern Sie sich an meine Worte, wie süß und hinreißend ich ihn fand; wie ich mich Abend für Abend neben sein Bett setzte, bevor er schlafen ging. Im Ernst, ich kann mir keinen Reim darauf machen, was in ihm vorgegangen ist und wie er sich

verändert hat. Jetzt ist ein richtiger Quälgeist aus ihm geworden. Er weicht mir nicht von den Fersen und beklagt sich ständig über das, was sich gerade abspielt. Den lieben langen Tag belästigt er mich mit dummem Zeug und Zankereien mit den anderen Jungen. Ich muß gestehen, daß ich mich gestern, als er sich mit einem andern stritt, ein Gefühl überkam, daß ich einfach daneben stehenbleiben und mich nicht sofort einmischen wollte, als würde ich zu mir selbst sagen: Er hat's verdient, ein bißchen durch die Mangel gedreht zu werden. Aber ich verstehe wirklich nicht, was mit ihm los ist. Ich möchte es gerne begreifen, wie er sich so sehr ändern konnte. Ihn habe ich von allen am meisten gemocht, ihm habe ich mich wirklich voll und ganz gewidmet. Und was mich noch mehr auf die Palme bringt, ist, daß Adam jeden Tag mehrmals damit droht, er werde seinen Vater dazu bringen, daß er hierherkommt und ›Klarheit schafft‹ – denselben Vater, der, wie wir zur Genüge wissen, Adam in all den Jahren so viel Leid zugefügt hat.«

Es sieht ganz danach aus, als sei diese Betreuerin bereits im Stadium der komplementären Gegenübertragung, das heißt, sie hatte sich schon mit dem internalisierten Objekt, dem mißhandelnden und ablehnenden Elternteil, identifiziert; sie bediente sich tatsächlich derselben Methode, nämlich physischer Gewalt, wenn auch in Form ihres hinausgezögerten Einschreitens bei einer Zankerei, bei der Adam Schläge einstecken mußte. Die Therapeutin wiederum hat dieses Stadium noch nicht erreicht, das heißt, die projektive Identifizierung hat bei ihr noch nicht ihre volle Wirkung entfaltet; sie ist noch immer im Stadium des »Gekränktseins«, wenngleich sich gerade darin die komplementäre Gegenübertragung bereits ankündigt – ist doch der mißhandelnde Elternteil als Introjekt des Kindes nicht nur das mißhandelnde, sondern auch das mißhandelte Objekt.

Der zweite Faktor, von dem oben die Rede war, ist die Tatsache, daß die »goldene Phantasie« niemals Wirklichkeit werden *kann*. Das Kind kann niemals völlig passiv bleiben, denn ohne irgendein Zutun, irgendein aktives Eingreifen seinerseits findet die Befriedigung seiner Bedürfnisse nicht statt; es klappt einfach nicht, daß all seine Wünsche und Bedürfnisse befriedigt werden, ohne daß es darum bittet oder aktiv wird. Diese Phantasie läßt sich nicht einmal teilweise realisieren, ein Umstand, der im Kind mehrere Reaktionen hervorruft: Zuerst ist es nicht länger bereit, von einem Therapeuten, den es als enttäuschend erlebt, irgend etwas anzunehmen. Auch der Mechanismus der Spaltung ist hier am Werk: »entweder alles oder nichts«. Das Kind weist den Therapeuten in Bausch und Bogen zurück und legt dabei eine enorme Aggressivität an den Tag. Da ein mißhandeltes Kind sie mit Gewalt gleichsetzt und nicht erkennt, daß es durchaus auch andere Formen von

Aggression gibt, drückt es seine eigene auf eine gewalttätige Weise aus, hat aber hinterher das Gefühl,»schlecht« zu sein. Ich gebe ein paar Beispiele eines solchen Verhaltens:

»Ich bin böse, ich bin ein gefährlicher Verbrecher. In meiner ersten Schule habe ich sogar den Lehrer ins Schwimmbecken gestoßen. Wenn mich irgendeiner beschimpft hat, habe ich ihn halbtot geprügelt. Einer der Jungs mußte meinetwegen ins Krankenhaus.«

In seiner Therapie spielte ein Junge mit einer Baby-Puppe und sagte: »Die muß operiert werden. Sie muß sich ihr Herz und ihr ganzes Blut austauschen lassen. All die Pillen, die wir ihr gegeben haben, haben nichts genützt, und jetzt müssen wir sie für länger ins Krankenhaus bringen, bis alles ersetzt worden ist.«

»Meinem Bruder kaufen sie alles, wirklich alles, was er will, aber mir kaufen sie nie was, weil ich alles zerstöre. Ich habe alle möglichen Spielsachen zertrümmert. Ich kann mich dran erinnern, wie ich mal irgendein Gefäß zerbrochen und alles auf dem Boden verschüttet habe, und meine Schwester habe ich auch angezündet. Sie schrie fürchterlich. Da hat mich meine Mutter windelweich geschlagen.«

Wann immer die Mitarbeiter im RTC dem Kind ihre Aufmerksamkeit oder ein anderes Zeichen, daß sie sich um es kümmern, entgegenbringen, kommt seine Unfähigkeit zum Vorschein, darin etwas zu sehen, das ihm – weil es ein Mensch ist – zusteht. Galdston stellt fest:

>»Diese Kinder können nichts in dem Gefühl, es wirklich zu verdienen, entgegennehmen. Nichts reicht jemals aus – aber nicht, weil nicht genug davon vorhanden wäre, sondern weil es die Qualität von etwas Gestohlenem besitzt. Diesen Kindern wurde das Erleben von Zufriedenheit, die billige Befriedigung ihrer eigenen Wünsche aufgrund eigenen Bemühens vorenthalten [...]. Erhalten sie, was sie haben wollen, kommt es ihnen entweder wie ein Glücksfall vor, den ein ebenso zufälliger Verlust wieder zunichte machen kann, oder so, als hätten sie jemanden vergewaltigt und müßten dafür nun mit einem schuldigen Gewissen bezahlen.« (a.a.O., S. 399f.)

Schlußfolgerungen

Zu den Entlassungen von im Zentrum untergebrachten mißhandelten Kindern kommt es – noch bevor ihre Therapie regelrecht abgeschlossen wurde – am ehesten im zweiten Stadium der Behandlung, dem ich den Namen »Enttäuschung und Verzweiflung« gegeben habe. In diesem Stadium üben diejenigen Mitarbeiter des Heims, deren Gegenübertragung in die Identifizierung mit dem mißhandelnden Elternteil umgeschlagen ist, starken Druck aus. Je heftiger diese Gegenübertragung und je weniger Kontrolle und Supervision angeboten werden – Verfahren, die die Funktionen der Gegenübertragung zu diagnostizieren erlauben –, desto größer ist die Gefahr, daß das Kind vorzeitig entlassen wird. Deshalb ist es eine der Hauptaufgaben, dieses zweite Stadium der Enttäuschung und Verzweiflung unbeschadet zu bestehen. Die Qualität eines Heims läßt sich daran ablesen, inwieweit es geeignete Ressourcen zur Verfügung stellen und damit seine Problemlösungskapazität begünstigen und fördern kann, deren es im zweiten Behandlungsstadium dringend bedarf. Diese Ressourcen sind erstens: Das gesamte Personal muß bereit und entsprechend ausgebildet sein, um mit den negativistischen Äußerungen des mißhandelten Kindes zurechtzukommen. Diese Äußerungen können auf der verbalen oder Verhaltensebene liegen oder darin, daß das Kind die Mitarbeiter schlechthin ignoriert. Zweitens: Mit den Mitteln der Kontrolle und Supervision muß das Zentrum sein Augenmerk auf die Gegenübertragung derjenigen Mitarbeiter richten, die in direktem therapeutischen Kontakt mit dem mißhandelten Kind stehen. Da die Prozesse der Identifizierung mit dem mißhandelnden Elternteil unbewußt sind, bedarf es einer Vorkehrung, mit deren Hilfe sie sich »einfangen« lassen, bevor sie direkt am Kind ausgetragen werden und womöglich den Abbruch der Behandlung und seine vorzeitige Entlassung zur Folge haben. Fehlen derartige Ressourcen, verliert das Behandlungszentrum seinen therapeutischen Charakter, und es bleibt von ihm nicht mehr als ein Rahmen für »Heim«-Kinder und die Funktion eines Zufluchtsortes übrig. Ich bin überzeugt, daß Bettelheim (a.a.O.), als er behauptete: »Liebe allein genügt nicht«, unter anderem den Behandlungsprozeß in einem Heim im Sinn hatte. Entließe man ein mißhandeltes Kind nach der Verschlechterung seines Zustandes nach einer Phase, in der es doch gut ansprach« verschärfte man lediglich seine Probleme und minderte die Chancen seiner Rehabilitation.

III. Größenphantasien bei Kindern
mit narzißtischen und Borderline-Störungen
Eine vergleichende Analyse

In diesem Kapitel beschäftige ich mich mit zwei gravierenden Störungen, die gewöhnlich unter der Rubrik »Persönlichkeitsstörungen bei Kindern« zusammengefaßt werden: narzißtische und Borderline-Störungen. Dabei soll der Versuch unternommen werden, ein spezifisches Phänomen – die Größenphantasien – zu erhellen, mit denen normalerweise die zentralen Probleme, die diese Störung charakterisieren, abgewehrt werden.

Die Fachliteratur behandelt das Borderline-Syndrom bei Kindern sehr umfassend und weitreichend, ihre narzißtischen Störungen jedoch nur begrenzt. Bleiberg (1988) versuchte, diese Diskrepanz einerseits mit der fehlenden Übereinstimmung bei der Definition von narzißtischen Störungen zu erklären und andererseits auch mit dem mangelnden Material bezüglich der entwicklungsbedingten Komponenten von solchen Störungen bei Kindern.

Einige Autoren haben die geringe Menge an Daten über narzißtische Störungen bei Kindern auf das Phänomen des normalen Narzißmus bei Kindern zurückgeführt. Kernberg (1975) vergleicht normalen und pathologischen Narzißmus bei Kindern, desgleichen Egan und Kernberg (1984). Sie kommen zu dem Schluß, daß narzißtische Störungen bei ihnen auf der Grundlage derselben Merkmale diagnostiziert werden können wie bei Erwachsenen.

Nach Bleiberg (1984) hat die narzißtische Persönlichkeit folgende Charakterzüge: mangelhafte zwischenmenschliche Beziehungen, Kälte, ausbeuterisches und manipulatives Verhalten, das Bedürfnis, andere zu kontrollieren, Impulsivität und eine niedrige Frustrationstoleranz, Lernprobleme, rapide Stimmungswechsel und Labilität im Selbstwertgefühl, Lügen, Stehlen und ständige Gesetzesverstöße, Exhibitionismus, anmaßendes Verhalten, Arroganz und wiederholte Äußerungen des Bedürfnisses nach Bewunderung und Aufmerksamkeit, starke Äußerungen von Eifersucht.

Colarusso (1984) beschreibt folgende Charakteristika bei »Borderline-Kindern«: vielfältige Störungen der Ich-Funktionen, insbesondere der Wahrnehmung, der motorischen Entwicklung, der Realitätsanpassung, der Organisation von Denkfunktionen und der Sprache; ein Gefühl der Hilflosigkeit;

fehlende Unterscheidung von Ich und Objekt; eine präödipale Fixierung, die im Nicht-Erreichen der ödipalen Phase und in der mangelnden Integration der Sexualität in die Persönlichkeit kulminiert; überwältigende Angstzustände, insbesondere die Angst vor Vernichtung und Zerstörung, die zu unkontrollierten Ausbrüchen führt; relativ unbeeinträchtigte Realitätsprüfung.

Kernberg (1984) kritisiert die Diagnose aufgrund von Symptomen und befürwortet statt dessen ein Herangehen, das sich einer Strukturanalyse der Persönlichkeit bedient. Er untersucht sie unter dem Gesichtspunkt der Qualität der Ichstruktur, der Abwehrmechanismen und der Fähigkeit zur Realitätsprüfung. Er betrachtet diese beiden Störungen als Anzeichen ernsthafter Schädigung der Ichstruktur und schlußfolgert, daß die beiden in der Tat einen Typus von emotionaler Störung darstellen. Sie können nicht auf einem Kontinuum dargestellt werden, und sie unterscheiden sich strukturell nicht voneinander.

Es gibt etliche Versuche, zwischen narzißtischen und Borderline-Störungen bei Kindern zu unterscheiden. Rinsley (1988) und Adler (1985) sehen die beiden Störungen als Teil eines Kontinuums:

»Bei beiden Störungen – dem Borderline-Syndrom und der narzißtischen Störung – ist die immer präsente Angst vor Verlassenheit das zentrale Problem. Im Fall der Borderline-Persönlichkeit betrifft die Bedrohung durch die Trennung von der symbiotischen Mutterbeziehung das Gesamtwachstum, im Fall der narzißtisch gestörten Persönlichkeit die Leistungen und die Beziehungen.« (Rinsley, a.a.O., S. 393)

Während der narzißtische Patient das Selbstobjekt benutzt, um sein schwaches Selbstwertgefühl aufrechtzuerhalten, benutzt es der Borderline-Patient vorwiegend, um sich Formen von »holding-soothing-security« zu verschaffen (Streicheleinheiten), ohne die er unweigerlich in eine Regression gerät, mit den verschiedenen Stadien des Verlustes der Selbst-Kohäsion, kulminierend in der Gefahr der Selbstauflösung.

Der größere Verlust der Selbst-Kohäsion bei regredierten Borderline-Patienten könnte der Tatsache zugeschrieben werden, daß ein Versagen im »holding-soothing«-Bereich entwicklungsmäßig vor einem Versagen im Bereich des Selbstwertes liegt (Adler, a.a.O., S. 89). Adler trifft eine Unterscheidung, die für das Thema dieser Untersuchung sehr relevant ist: Das Ich der Borderline-Persönlichkeit sei weniger strukturiert als das des narzißtischen Patienten und häufig dem Gefühl ausgesetzt, durch Vernichtung und vollständige Zerstörung bedroht zu sein. Er hebt hervor, daß das zentrale Gefühl der Borderline-Persönlichkeit das Gefühl des Alleinseins ist und sie deshalb für diese Ängste sehr anfällig ist. Das Ich der narzißtischen Persönlichkeit dagegen sei etwas weiter entwickelt; es fühle sich nicht von Vernichtung bedroht, sein zentrales Problem sei vielmehr ein fehlendes Selbstwertgefühl. Mit anderen Worten: Die Borderline-Persönlichkeit fühlt sich allein, während sich die narzißtische wertlos fühlt.

Bene (1979), die narzißtische Störungen bei Kindern analysierte, stellt fest, daß beide Krankheitsbilder mit einer Ichstörung verbunden sind, daß aber narzißtische Kinder zu einer unbeeinträchtigteren Realitätsprüfung fähig sind als Borderline-Kinder und daß sie zu einem besseren sekundärprozeßhaften Denken fähig sind, das heißt, sie können besser abstrahieren und logisch denken. Bene unterscheidet jedoch zwischen den beiden bezüglich Qualität und Art ihrer Objektbeziehungen, und in dieser Hinsicht ist ihre Unterscheidung derjenigen von Adler sehr ähnlich. Sie argumentiert, daß die Borderline-Persönlichkeit dazu tendiere, mit dem Objekt zu verschmelzen, die narzißtische Persönlichkeit dagegen, das Objekt als Ergänzung ihres Ichs zu sehen. Wie bei Adler kann also der Wunsch der Borderline-Persönlichkeit nach Verschmelzung von dem Gefühl der Verlassenheit hergeleitet werden, während der Wunsch der narzißtischen Persönlichkeit nach Vervollkommnung als Ergebnis ihres inneren Gefühls der Wertlosigkeit gesehen werden kann. In beiden Fällen sind die Befürchtungen und Ängste bereits in der Erfüllung dieser Wünsche enthalten: Hinter dem Wunsch nach Verschmelzung steht die Furcht vor der Vernichtung, die im Akt der Verschmelzung impliziert ist, hinter der Erfüllung des Wunsches nach Vervollkommnung dagegen steht das Wissen um die Unverzichtbarkeit des Objekts für den Wert des Ichs.

Fast und Chethik (1972) erklären Borderline-Störungen bei Kindern in erster Linie als Ausdruck gestörter Objektbeziehungen. Die Ich- und Objektvorstellungen sind nicht integriert, was zu einer Verschmelzung des Ichs und des Objekts führen könne. Die verschiedenen Arten einer solchen Verschmelzung äußerten sich in einer ernstzunehmenden Unfähigkeit zu differenzieren oder in der Suche des Kindes nach größerer Identität zwischen Ich und Objekt trotz ihrer deutlichen Unterschiede, deren Anzeichen das Kind ignoriere.

Gabbard (1989) behauptet, daß zwei Arten narzißtischer Störungen zu unterscheiden seien: »blinder« und »höchst bewußter« Narzißmus. Im Fall des »blinden« Narzißmus wird das Objekt ignoriert: Das Kind ist blind für die Reaktionen des Objekts, mit sich selbst beschäftigt, arrogant und aggressiv. Es muß ständig im Mittelpunkt der Aufmerksamkeit stehen, reagiert nicht auf und ist nicht sensibel für die Verletzbarkeit des Objekts. Höchst bewußter Narzißmus zeige sich in Form von Hypersensitivität gegenüber dem Objekt und seinen Reaktionen. Das Kind vermeide es, im Mittelpunkt der Aufmerksamkeit zu stehen, und sei außergewöhnlich verletzlich und empfindlich bei Kritik. Im ersten Fall sei es damit beschäftigt, sich selbst zu hegen und zu pflegen, während es seine Umgebung ignoriert; in letzterem pflege es seine Beziehung zum Objekt und deren Bedeutung für es selbst. Diese Unterscheidung erinnert an die Unterscheidung zwischen narzißtischen und Borderline-Persönlichkeiten, je nachdem, ob das Grundgefühl Wertlosigkeit oder Hilflosigkeit ist: Jemand, der sich hilflos fühlt, ist abhängiger vom Objekt, während jemand, der sich wertlos fühlt, abhängiger vom Selbst ist.

In Anbetracht der großen Konfusion in der Diagnose dieser beiden Störungen dienen weitere Unterscheidungen und Unterkategorien nur dazu, die Sache noch zu komplizieren. Kernbergs Methode, die auch Rinsley und andere übernahmen, ist viel praktischer und klinischer. Rinsley (1980) faßt sie zusammen:

»Stimmt man mit dieser Sicht – narzißtische Persönlichkeit als Unterkategorie der Borderline-Persönlichkeit – überein, kann die These aufgestellt werden, daß das grundlegende krankheitsauslösende Double-bind-Muster der Mutter-Kind-Interaktion, das ursächlich bei der Borderline-Persönlichkeit ist, ebenfalls ursächlich bei der narzißtischen Persönlichkeit ist. In der Tat wird dies durch die klinische Erfahrung bestätigt. Bei den narzißtischen Fällen belohnt, unterstützt und akzeptiert die Mutter jedoch die Entwicklungsschritte des Kindes in Hinsicht auf den Trennungs- und Individuationsprozeß, aber einzig in bezug auf sich selbst. Dadurch werden die sich entwickelnden kindlichen Größenphantasien auf Dinge fixiert, die in Zusammenhang mit den noch teilweise verschmolzenen Selbst- und Objektbildern stehen.« (S. 131)

Bei der narzißtischen Persönlichkeitsstörung fühlt sich das Kind durch die Forderung bedroht, eine bestimmte Rolle, die ihm von der Mutter aufgebürdet wird, zu erfüllen, während im Fall der Borderline-Störung das Verlassenwerden die Bedrohung darstellt. Die Borderline-Persönlichkeit fühlt sich durch die Separation und Individuation von der Mutter verlassen, das heißt alleine und hilflos. Bei der narzißtischen Persönlichkeit sind Trennung und Individuation nur um den Preis des Verzichts auf ein gutes Selbstwertgefühl möglich. Daher schreibt die Literatur der narzißtischen Persönlichkeit eine bessere Fähigkeit, zwischen dem Ich und dem Objekt zu differenzieren, und stabilere Objektkonstanz zu.

Die fehlende Klarheit in Bezug auf die Unterscheidung zwischen diesen beiden Störungen und die Möglichkeit, sie als Untergruppen einer Störung zu sehen, spiegelt sich in der Kontroverse über die Frage nach dem Anfang der Störungen aus entwicklungspsychologischer Sicht. Die meisten Autoren set-

zen einen früheren Anfang für die Borderline-Störungen fest, weil die narzißtische Persönlichkeit in der Unterscheidungsfähigkeit zwischen Ich und Objekt sowie in den Ich-Funktionen und der Realitätsprüfung weiter entwickelt
zu sein scheint.

Größenphantasien

Ich möchte anhand der Beschreibung und Erklärung der Größenphantasien
versuchen zu beleuchten, was diese beiden Störungen gemeinsam haben und
wodurch sie sich unterscheiden. Auf die Kontroverse über den Anfang der
Störungen werde ich nicht eingehen, da sie zu dieser Diskussion nichts beiträgt. Zudem werde ich die Kontroverse, ob Größenphantasien auf eine
Fixierung schließen lassen, wie Masterson (1975) glaubt, oder ob es sich um
einen klaren Abwehrmechanismus handelt, wie Kernberg und andere behaupten, nicht berücksichtigen. Das Phänomen Größenphantasien gibt es
meiner Auffassung nach bei narzißtischen und bei Borderline-Störungen. Es
spielt bei beiden Störungen eine zentrale Rolle, hat aber ein unterschiedliches
Erscheinungsbild, dessen Untersuchung dazu beitragen wird, die Unterschiede zwischen den Störungen festzustellen und die unterschiedlichen
Ätiologien zu klären.

Bei der klinischen Arbeit mit Kindern mit narzißtischen und Borderline-
Störungen kann man zwei Erscheinungsbilder von Größenphantasien sehen,
die sich durch folgende Merkmale voneinander unterscheiden: (1) Ausrichtung und Inhalt; (2) die zugrundeliegende emotionale Erfahrung; (3) Spaltung als Vorbedingung und (4) Differenzierung von Ich und Objekt-Grenzen
unterscheiden.

(1) Ausrichtung und Inhalt
Wir können zwei Ausrichtungen von Größenphantasien und also auch zwei
inhaltliche Bereiche unterscheiden. In einigen Fällen richten sich die Größenphantasien auf verschiedene Objekte, real oder imaginiert, in der unmittelbaren oder weniger unmittelbaren Umgebung und sind dann entweder Ausdruck der Kontrolle über das Objekt, seiner Vernichtung oder – manchmal –
seiner Rettung. Das Kind schreibt sich selbst Merkmale von Stärke zu, die es
in die Lage versetzen, mit dem Objekt zu machen, was immer es will. Bemerkenswert ist hier das Ausmaß von phantasierter physischer Stärke und die
Ausschließlichkeit solcher Phantasien. Größenphantasien sind jedoch auf ein
Objekt oder Objekte gerichtet. Ein deutlich ausgeprägtes Gefühl der All-

macht, im engeren Wortsinn, also im Bereich der physischen Kraft, Stärke und Gewalt, ist unverkennbar. Ein Beispiel für diese Art von Größenphantasien sind die Ausführungen eines Achtjährigen, der über sich selbst sagt:

»Als ich – sagen wir mal – zwei Jahre alt war, war ich im Zikaron Kindergarten. Als ich vier Jahre alt war, wohnte ich bei meinem Vater, und mein Vater wurde festgenommen, weil man glaubte, er hätte zehn Gewehre gestohlen. Also brachte man ihn für zwei Jahre und zwanzig Tage ins Gefängnis. Ich blieb allein zurück. Also ging ich zu jemandem, einem Polizisten ... einem guten Freund von mir. Ich kannte ihn schon, seit ich wirklich noch ziemlich klein war, ich kannte ihn wirklich gut. Ich sagte ihm, er solle meinen Vater gehen lassen. Weil er der Captain da war, der höchste Chef. Ich bat ihn, meinen Vater freizulassen. Er sagte: ›In Ordnung‹ und ließ meinen Vater gehen. Wenn mir irgend etwas passiert, kommt er sofort. Jeder mag mich. Sie mögen mich auch, richtig?«

In anderen Fällen richten sich die Größenphantasien ganz klar auf ein anderes Ziel: das Ich. In diesen Beispielen sieht das Kind in erster Linie sich selbst und schreibt sich überlegene Merkmale in unterschiedlichen – nicht notwendigerweise körperlichen – Bereichen zu: ein übersteigertes Selbstwertgefühl in bezug auf seine geistige Überlegenheit oder sein Wissen, seine List, seinen Reichtum, Besitz, seine Fähigkeiten, seine Errungenschaften und so weiter; das Objekt ist fast nebensächlich, ein anonymes Publikum ohne eigene Bedeutung, vielleicht nicht mehr als ein Gegengewicht, das es dem Kind erlaubt, sich noch intensiver seines eigenen Wertes bewußt zu werden.

Der achtjährige Tal stürzte im wahrsten Sinne des Wortes zu seiner Sitzung in den Raum und bellte einige Befehle, etwa daß er einen Ball wolle, die Anwesenheit der Therapeutin völlig vergessend. Obwohl die Befehle an die Therapeutin gerichtet waren, war es offensichtlich, daß Tal zu sich selbst sprach oder zum ihn umgebenden Raum, der Therapeutin das Gefühl gebend, sie existiere nicht. Er befahl ihr, sich an eine bestimmte Stelle im Raum zu stellen, und begann ein Spiel: Körbe werfen. Nach ein paar Würfen nahm er einige Puppen, setzte sie auf den Tisch und ernannte sie zu Zuschauern des Spiels. Nach jedem Wurf klatschte er und schrie oder murmelte zu sich selbst. Wenn die Therapeutin einen Korb warf, argumentierte Tal, daß sie von der falschen Stelle aus geworfen habe und deshalb keine Punkte bekomme. Seine Punkte addierte er zum Spielstand der vorhergehenden Therapiesitzung, zählte bei der Therapeutin aber nur, was sie während dieser Sitzung an Körben geworfen hatte. Hin und wieder imitierte er die Stimme eines Fernsehreporters, wurde aufgeregt und versuchte, seine

Stimme erwachsen klingen zu lassen. Im Verlauf der Sitzung wurde eine undichte Stelle an der Zimmerdecke entdeckt. Tal murmelte zu sich selbst, daß er sich sofort des Problems annehmen würde. Er nahm einen Lappen, einige Nägel und einen Hammer und stellte, ohne jede Erklärung, einen Stuhl auf den Tisch, kletterte darauf und versuchte, den Lappen an die Decke zu nageln, um die undichte Stelle zu stopfen. Als ihm dies nicht gelang, ließ er alles stehen und liegen und entschloß sich, ein neues Spiel zu beginnen. Es kam fast zum Gleichstand; er erfand andere Regeln und lud die Puppen, also die Zuschauer, ein zuzuschauen, wie er gegen die Therapeutin gewinne.

Es besteht zwischen diesen so gegensätzlich erscheinenden Fällen eine Beziehung: Obwohl hauptsächlich mit dem Objekt beschäftigt, besteht auch beim ersten Fall eine Beziehung zum Ich; genauso wie wir auch im zweiten Fall – überwiegend beschäftigt mit dem Ich – eine Beziehung zum Objekt feststellen können. Ich möchte hervorheben, daß es um die Unterschiedlichkeit der Ausrichtung der Größenphantasien geht.

(2) Die zugrundeliegende emotionale Erfahrung
Wie zuvor ausgeführt, behauptet Adler (a.a.O.), daß das zentrale emotionale Gefühl der Borderline-Persönlichkeit die Erfahrung des Alleinseins sei. Ich habe dies durch das Gefühl der Hilflosigkeit ergänzt. Im Mittelpunkt der emotionalen Erfahrung des narzißtischen Patienten stehe das Gefühl der Wertlosigkeit. Diesen Kriterien zufolge sollte man in der Lage sein, zwischen Größenphantasien, die vor der Hilflosigkeit schützen sollen, die aus dem Gefühl des Verlassenwerdens herrührt, und den Größenphantasien, die vor dem Gefühl der Wertlosigkeit schützen sollen, zu unterscheiden. Um das Gefühl des Unvermögens, das dem Sich-allein-Fühlen entspringt, zu bekämpfen, aktiviert das Kind Allmachtsphantasien, die ihm unbegrenzte Macht verleihen (ein Gedanke, der auch von Symington, 1985, entwickelt wurde). Mit diesen Mitteln kann das Kind Feinde – und wen auch immer es als »schlecht« wahrnimmt – vernichten; genauso wie es auch, wen immer es als der Rettung für würdig erachtet, schützen kann; damit einhergehend mag es Kameradschaftsgefühle entwickeln, mit denen es seinem Gefühl des Alleinseins entgegenwirkt. Dieser Mechanismus erlaubt es ihm, jedes gewünschte Objekt auf seine Seite zu ziehen, genauso wie es jedes unerwünschte Objekt entfernen und zerstören kann. Umgekehrt aktiviert das Kind, das sich wertlos und herabgesetzt fühlt, den Mechanismus der Größenphantasien, um seinen Wert in seinen eigenen Augen und, wie es glaubt, auch in den Augen der anderen zu steigern. Es entwertet das Objekt, denn Selbstwert ist nur meßbar im Vergleich mit dem Objekt. Der siebenjährige

Asher ist ein gutes Fallbeispiel für Größenphantasien, die Hilflosigkeit kaschieren. Im Aufnahmeinterview sagte er:

»Meine Mutter kommt nicht mit mir zurecht, wegen meiner zwei Brüder, die sie nervös machen, und dann stehe ich auf und stürze mich auf sie, bis sie auf den Boden fallen. Einmal war ich richtig wütend auf sie, und wir standen in der Nähe des Fensters. Meine Schwester ist schlecht, sie haßt mich wie den Tod. Also an jenem Tag, als ich aus dem Fenster fiel, aus dem zweiten Stock, stand unten ein Traktor, auf den ich fiel, und von dem Traktor fiel ich auf einen Zaun und wurde verletzt. Meine Schwester wußte dies alles, aber sie sagte niemandem was, und mein Vater suchte mich – er kam vom Markt nach Hause –, und er und meine Mutter suchten im Haus nach mir, konnten mich aber nicht finden. Und dann kam ich plötzlich herein, über und über mit Blut bedeckt, und meine Mutter brachte mich zum Arzt. Und einmal, da kam der erste Ehemann meiner Mutter, und er war betrunken und wollte meine Schwester kidnappen, und meine Mutter stritt mit ihm, und ich wurde wütend, packte ihn am Hemd und boxte auf ihn ein, und er kam nie wieder, und mein Vater kaufte mir ein Fahrrad für zwei Millionen (Schekel).«

Dagegen hat der neunjährige Jehuda eine Form von Größenphantasie, die vor dem Gefühl der Wertlosigkeit schützt:

Er kam zu der Sitzung, hielt eine Armbanduhr in der Hand und zählte die Minuten, dann erzählte er der Therapeutin, wieviele Minuten noch blieben bis zum Ende der Sitzung. Er plante jede Minute und spielte einen Arzt, der seinen Patienten untersucht (die Therapeutin), oder einen Lehrer, während die Therapeutin die versagende, blöde Schülerin war. Als nächstes entschied er sich für einen Schießwettbewerb, aber als die Therapeutin mehr Punkte als er erreichte, ging er zur Tafel und zählte zu seinen Punkten hundert dazu, der Therapeutin jedoch gab er null und lachte laut. Nach der Sitzung kamen seine Eltern, um ihn zu besuchen. Er bat seinen Vater, einen Kurs in Pädagogik an der Universität zu belegen, und überreichte seiner Mutter eine Liste mit Drogen, die sie für ihn kaufen sollte. Darüber hinaus gab er beiden einen vollständigen Plan mit Aktivitäten für die kommenden Ferien, wenn er zu Hause sein würde.

In diesen beiden Fällen dienen die Größenphantasien als ein Mittel der Abwehr (das macht meine zuvor gestellte Frage, ob es sich um eine Fixierung oder einen Abwehrmechanismus handelt, überflüssig). Ohne diesen Mechanismus ist das Kind einer unerträglichen Angst ausgesetzt. Im ersten Fall (eincm Borderline-Fall) wird es die Gefahr einer drohenden Vernichtung und Fragmentierung fühlen; hier schützen die Größenphantasien das Kind vor Zerstörung, und diese Größenphantasien sind aus seiner Sicht ein vitales Bedürfnis. Im zweiten (narzißtischen) Fall ist es nicht die Angst vor Vernichtung, daher repräsentieren die Größenphantasien hier kein vitales Bedürfnis; es ist die Angst vor Entwertung, Herabsetzung und Erniedrigung.

(3) Spaltung als Vorbedingung
Größenphantasien basieren auf Ich- und Objekt-Spaltung, was zu einseitigen und extremen Sichtweisen führt. Obwohl sie bei beiden Störungen auftreten, haben sie ein unterschiedliches Ausmaß bei den Größenphantasien. Die Gruppe, die eine Spaltung im Objekt vornimmt, unterscheidet klar zwischen dem guten Objekt, das bewahrt, und dem bösen Objekt, das eliminiert und zerstört werden soll. Manchmal ist dies fast fühlbar wie im Fall des achtjährigen Victor, einem Borderline-Kind. In seinem Aufnahmeinterview beschwerte er sich über die Kinder in seiner Klasse. Gefragt, ob denn nie jemand für ihn eingetreten sei, antwortete er:

Niemand tritt für mich ein. Einmal warf ich einen Stein und traf Leor, einen kurdischen Jungen, vielleicht kennen Sie ihn nicht. Er nahm einen Pfahl und stieß ihn mir in den Bauch, hier. Ich ließ mich nicht unterkriegen. Ich nahm einen großen Stein und schlug ihm damit auf den Kopf. Ich spaltete seinen Kopf in zwei Hälften. Jetzt ist er im Krankenhaus und sein ganzer Kopf ist in einem Verband. Ich spiele nicht gern den Dummkopf für ihn. Ich wurde ohnmächtig, ich konnte nicht mehr atmen, erst als meine Mutter und der Direktor mir Wasser gaben, wurde es langsam besser. Ich hatte solch einen riesigen Stein, schlug ihm den auf den Kopf, brach seinen Kopf in zwei Hälften, und jetzt hat er den halben Kopf in Gips. Ich bin mit ihm befreundet, und er hat mir versprochen, er wird so etwas nicht wieder tun.

In der zweiten Gruppe ist die Spaltung des Ichs ganz augenfällig. Das Kind stellt seine Überlegenheit nur heraus, um das entgegengesetzte Gefühl, seine Wertlosigkeit, auszugleichen. Durch den Vorgang des Spaltens kann es sich selbst nur extrem und gespalten wahrnehmen, es sieht nur seine Überlegenheit und ist blind für alles, was es als weniger wertvoll ansieht.
Der neunjährige Beni lebte in einem Heim für psychisch gestörte Kinder. Dieser Bericht wurde drei Monate, nachdem er in das Zentrum aufgenommen worden war, geschrieben:

Von Anfang an war Beni bemerkenswert gründlich in allem, was den Tagesablauf betraf, er mußte nie von den Erziehern erinnert werden, was zu tun war, und bat, anders als die anderen Kinder, auch nie um Hilfe. Er ist übertrieben genau mit seinen Sachen, kümmert sich sehr um sie und läßt es nicht zu, daß jemand sie berührt. Zusätzlich zu seinem eigenen Schrank hat Beni noch eine Kiste, die er abschließt und verriegelt und in die niemand einen Blick werfen darf, auch nicht, wenn er sie öffnet. Wenn andere Kinder Süßigkeiten von ihren Familien bekommen, entwertet er diese, gleichgültig, was es ist, während er Qualität und Menge seiner eigenen Sachen lobt. In Gruppensitzungen fällt er auf, weil er immer die Nachrichten erzählen will oder weil er der erste ist, der seine Hand hebt, wenn der Erzieher eine Frage gestellt hat, deren Beantwortung Wissen oder Nachdenken verlangt. Seine soziale Isolation ist auffallend, und er hat keine Freunde. Beni erklärt seine Situation damit, daß die anderen Kinder eifersüchtig werden würden, wenn er ihnen die Geschenke zeige, die er bekomme. Er verhält sich seiner Umgebung gegenüber ziemlich kalt, beklagt sich aber bitter bei den Erziehern darüber, daß er benachteiligt werde.

Man kann natürlich einwenden, daß auch diese Unterscheidung nicht so klar ist. In der Tat geht die Objektspaltung im ersten Fall mit einer Ich-Spaltung einher, denn das Kind schreibt sich selbst unbegrenzte und uneingeschränkte Omnipotenz zu. Dies trifft genauso im zweiten Fall zu, in dem die Ich-Spaltung mit einer Spaltung des Objekts einhergeht, das das Kind nur eindimensional wahrnimmt: als wertlos, entwertet und verachtet. Gleichzeitig unterscheiden sich Besetzung und Dominanz der Spaltung bei diesen beiden Formen der Größenphantasien stark voneinander. Wenn die Größenphantasien sich auf das Objekt richten, ist die Spaltung hauptsächlich im Objekt; sind sie auf das Ich gerichtet, ist die Spaltung hauptsächlich im Ich.

(4) Differenzierung zwischen Ich und Objekt – Grenzen unterscheiden
Kinder mit Größenphantasien unterscheiden sich in der Fähigkeit, zwischen Ich und Objekt zu differenzieren, die Grenzen zwischen beiden sind oft undeutlich. Die Größenphantasien sollen vor Einsamkeit und Hilflosigkeit schützen, und aus diesem Grund benutzt es auch einen Mechanismus, der zugleich die Vernichtung und Zerstörung und aber auch die vollkommene Identifizierung mit Figuren, die Macht haben und stark sind, bewirkt. In den Größenphantasien kann es mit dem Objekt verschmelzen, und der vorübergehende Verlust der Grenzen mag dann das Gefühl hervorrufen, verschlungen zu werden; paradoxerweise können die Größenphantasien dann eine Katastrophe verursachen, die der gleicht, der es mit Hilfe der Größenphantasien entkommen wollte. Ein Beispiel:

Der elfjährige Noam zerbrach während einer Therapiesitzung verschiedene Holzteller, rannte dann los, um einen Schraubenzieher zu holen, und versuchte, das Schließfach der Therapeutin zu öffnen. Diese versuchte ihn zu stoppen und sagte, daß er dabei sei, in ihre Privatsphäre einzudringen. Noam nahm dann sein Tagebuch, in das er auf der ersten Seite geschrieben hatte, eine Frau sei eine Hure. Er zerriß die Seiten und sagte: ›Ich glaube nicht, daß ich ein Sexbesessener bin. Wenn du eine Sexbesessene bist, dann geh da hin, wo all die Prostituierten herumstehen, zieh dich aus und geh zum Direktor (des Heims), du Hurensohn, du Hure.‹ Plötzlich sagte er: ›Aber warum sagt deine Mutter, sie will nicht, daß du nach Hause kommst?‹

Die zweite Art von Größenphantasien verhindert sehr effektiv das Verschwimmen der Grenzen zwischen Ich und Objekt. Indem das Ich und sein Wert betont werden und das Objekt herabgesetzt und entwertet wird, kann das Kind die Grenzen aufrechterhalten, wenn auch um den Preis von Starrheit, Entfremdung, Distanziertheit, Vergeßlichkeit, Beziehungslosigkeit und so weiter. Dies wird illustriert durch den achtjährigen Matti, der die Therapeutin erfolgreich daran hinderte, in seinen Raum einzudringen. Er hielt ein Kriegsspielzeug vor sich auf den Knien und versicherte sich so seiner unsicheren und unbeständigen Grenzen.

Matti war zur Einzeltherapie überwiesen worden. Zunächst wollte er vorher wissen, was in den Sitzungen passieren könnte. Deren Beginn verschob er dann, weil er Zeit brauchte, um sich fertig zu machen. In den Stunden selbst fiel sein ständiges Bedürfnis, zu bestimmen und die Entscheidung immer ohne die Beteiligung des anderen zu treffen, ins Auge. Er bat die Therapeutin, ihn zu den Sitzungen abzuholen, aber er hatte immer wieder andere Entschuldigungen, um sie zu verschieben. Das Ende der Sitzungen rief dieselbe Reaktion hervor. Er schaute prüfend auf seine Uhr, während er der Therapeutin folgende Berechnung mitteilte: »Ich brauche zwei Minuten bis zur Klasse, was bedeutet, daß ich in elf Minuten gehen muß, und Ihre Uhr geht zwei Minuten nach.« In jeder dieser Sitzungen spielte Matti mit Spielzeugsoldaten und mit Kriegsspielzeug. Auf einem Stuhl sitzend legte er das Spielzeug und die Soldaten in einen Korb, den er auf den Knien hielt. Er leitete alle Kämpfe und kontrollierte die Armee über den Korb geduckt, hielt die Therapeutin davon ab näherzukommen und ließ sie nicht auf sein Schlachtfeld gucken.

In einer Sitzung bat Matti die Therapeutin, mit ihm Karten zu spielen. Er teilte die Karten einzeln aus, gab ihr mehr Karten als sich selbst. Dann bat er sie, ihre Karten zu zählen und ihm einige zurückzugeben. Obwohl er gut in

Arithmetik war und obwohl er ausgerechnet hatte, wieviele Karten sie zurückgeben mußte, änderte er die Anzahl immer wieder. Es war offensichtlich, daß er den Gleichstand nicht zulassen konnte. Sein Bedürfnis, eine Situation zu schaffen, in der er sich vom Objekt unterscheidet, war deutlich und unverkennbar.

Therapeuten, die mit Kindern arbeiten, die diese Art von Größenphantasien haben, berichten, daß diese Kinder ihnen das Gefühl gaben, sie verdienten die Aufmerksamkeit der Kinder nicht, daß sie Luft für sie seien und daß sie keinen Sinn darin sahen, mit den Kindern zu sprechen. Mit anderen Worten, die Grenzen werden wahrgenommen, aber das geht in gewissem Sinn mit einer Einengung und einem Rückzug einher. Doch gibt es Fälle, bei denen die Grenzen paradoxerweise durch Entwertung des Objekts gezogen werden – und das ist zugleich eine Entwertung der Grenzen. In diesen Fällen wird das Ich als so allumfassend wahrgenommen, als ob jegliche Berührung mit undeutlichen Grenzen verhindert werden müßte. In meinen Beispielen jedoch sind Rigidität, Einengung und Rückzug auffallend.

Nachdem ich zwischen zwei Arten von Größenphantasien unterschieden habe, ziehe ich den Schluß, daß Größenphantasien der einen Art vorwiegend mit einer Borderline-Persönlichkeit einhergehen, die der anderen vorwiegend mit einer narzißtischen Störung. Wenn wir die vier Charakteristika, nach denen wir die beiden Arten von Größenphantasien unterschieden haben, kombinieren, können wir sehen, daß jede eine eigene Form ergibt, obwohl bei diesen Formen Überschneidungen vorkommen.

Zwei Formen von Größenphantasien

Bei den Borderline-Größenphantasien wird das Grundbedürfnis nach Vertrauen und Sicherheit, nach Schutz und Liebe durch zwei entgegengesetzte Mechanismen erfüllt: durch die Zerstörung aller »bösen« Objekte, die der Erfüllung dieser anaklitischen Bedürfnisse im Weg stehen einerseits, und durch den Schutz der Objekte – eine Art Verkehrung ins Gegenteil – andererseits. Ein Kind, das an diese Art von Größenphantasien gebunden ist, phantasiert nur Objekte, die es schützen, in deren Schoß es sich kuscheln kann, bei denen es Nähe, Wärme, Liebe und Geborgenheit fühlen kann. Alle Objekte oder Partialobjekte, die als Hindernis für die Erreichung des gewünschten Zustandes wahrgenommen werden, werden zerstört.

Auch die narzißtischen Größenphantasien bedienen sich zweier Mechanismen. Erstens versucht das Kind, das eigene Selbst zu erhöhen und die Objekte herabzusetzen. Zweitens versucht es, zwei Ziele zu erreichen: die Differenzierung zwischen Selbst und Objekt – also das Setzen und Wahren der Grenzen – und die Stärkung des Selbstwertgefühls durch Entwertung und Herabsetzung des Objekts. Ein Kind, das in solchen narzißtischen Größenphantasien gefangen ist – Blatt und Shichmann (1983) sprechen von personifizierten Größenphantasien –, benötigt keine Objekte zur Verteidigung, zum Schutz, als Quelle von Sicherheit und Liebe; im Gegenteil, es scheint zu sagen:»Ich brauche niemanden«, ein Gefühl, das es durch die Größenphantasien erreicht, denn es betrachtet die Objekte, mit denen es sich konfrontiert sieht, als inkonsequent, verachtenswert und für ganz und gar unnütz; im Vergleich zu ihnen fühlt es sich allwissend und allmächtig, was wiederum ihre Nutzlosigkeit für es verstärkt. Es schafft eine Art»Befreiung der Kräfte«. Diese soll die Unverletzbarkeit seiner Grenzen sichern und zeigt zugleich, welches Ausmaß an Identitätsstörung vorliegt.

Diagnose und Ätiologie

Ich komme jetzt auf das Problem der Diagnose von Borderline- und narzißtischen Störungen sowie auf Fragen ihrer Ätiologie zurück. Ich glaube immer noch, daß die Fragen nach dem Beginn dieser jeweiligen Störungen überflüssig sind, da es zwei Krankheitsbilder sind, bei denen unterschiedliche Konfigurationen vorliegen. Wir müssen daher akzeptieren, daß beide auf derselben Entwicklungsstufe oder Unterstufe beginnen können; auch ist es nicht undenkbar, daß beide sowohl in einem sehr frühen wie auch in einem späteren Entwicklungsstadium auftreten können. Was das eine vom anderen Krankheitsbild unterscheidet, ist nicht die Entwicklungsstufe, in welcher sich die Störung einstellt oder herauskristallisiert, sondern ihr Erscheinungsbild. Haben die Größenphantasien eher Borderline-Niveau oder ist die Struktur überwiegend narzißtisch? Wenn ich zwei Störungen diskutiere, die sich hauptsächlich dadurch unterscheiden, daß es in deren beiden Entwicklungsverläufen unterschiedliche Schwerpunkte gibt, soll ich dann von Borderline und Narzißmus als von zwei völlig verschiedenen Konzepten sprechen? In der Tat glaube ich, daß alle Versuche jüngeren Datums, Untergruppen bei den Borderline- und narzißtischen Störungen zu unterscheiden, theoretisch und klinisch unrealistisch sind.

Es ist in dieser Studie nicht mein Ziel, die Ätiologie dieser Störungen eingehend zu klären, daher werde ich mich auf einige kurze Bemerkungen beschränken. Wenn diese Störungen in einem sehr frühen Alter beginnen, führen wir dies gewöhnlich auf Probleme zurück, die in der Beziehung zwischen Kind und erster Beziehungsperson wurzeln. Offensichtlich sind emotionale Störungen – und ganz sicher ernsthafte Persönlichkeitsstörungen – nicht das Ergebnis irgendeines Umweltfaktors, sondern vieler komplexer und miteinander in Beziehung stehender Elemente. Sie können zu biologischen Prädispositionen, spezifischen Umweltursachen wie auch zu kulturellen, familiären und sogar auch mit Wertvorstellungen zusammenhängenden Faktoren hinzukommen. Gleichzeitig kann aber auch die Untersuchung der Art der Größenphantasien erhellend für die Frage nach der Kausalität, insbesondere aber für die frühkindlichen Beziehungen sein.

Bei den meisten Kindern mit Größenphantasien, die primär mit einer narzißtischen Persönlichkeitsstörung verbunden sind, werden wir wahrscheinlich entdecken, daß in der frühkindlichen Beziehung die Mutter (oder der Mutterersatz) extrem eindringend war und das Kind mit vielen Anforderungen belastete, die die Loslösung – oder man könnte auch sagen: die frühzeitige Reifung – forcierten, und zwar in unterschiedlichen Bereichen: im intellektuellen oder kreativen oder gar körperlichen. Intrusives Verhalten kann auch heißen, daß das Kind zur Übernahme von Rollen genötigt wird: zum Beispiel als Ersatz für oder als Puffer gegen den Gatten der Mutter. Die Rollen, die vom Kind erwartet werden, können väterliche und mütterliche sein, was dann sowohl zu Konflikten im Bereich der geschlechtlichen Identität als auch im Bereich der Identität insgesamt führen kann.

Bei Kindern mit Borderline-Störungen nehmen die primären Bezugspersonen nicht ihre schutz- und haltgebenden Funktionen wahr. Verlassen oder offene Ablehnung der Kinder kommen häufig vor, es kann jedoch auch sein, daß die Objekte zu behütend waren und das Kind übertrieben, aber völlig willkürlich verwöhnten. Rinsley (1980) vertrat eine ähnliche Ansicht, als er behauptete, daß die Mutter eines Borderline-Kindes dieses nur solange mit libidinöser Befriedigung belohnt, wie es Abhängigkeit und demonstratives Klammern zeigt; jedem Ausdruck von Unabhängigkeit oder jeder Tendenz in Richtung Separation-Individuation wird mit der Drohung, es zu verlassen, begegnet. Die Mutter eines Kindes mit narzißtischen Störungen dagegen erlaubt die Entwicklung von Separation und Individuation, solange das Kind sich in diesen Prozessen auf sie bezieht.

Falldarstellungen

Ich werde zwei Kinder aus dem Behandlungszentrum vorstellen, von denen ich denke, daß sie unterschiedliche Krankheitsbilder haben. Das erste zeigt Größenphantasien im Kontext einer Borderline-Störung und das zweite im Kontekt einer narzißtischen Persönlichkeit.

Yoram

Der zehnjährige Yoram war dünn und klein für sein Alter. Beim erstmaligen Zusammentreffen mit ihm war man beeindruckt von seinen dunklen großen Augen, die immer in Bewegung waren. Sein Gesichtsausdruck wechselte schnell von einem gewinnenden Lächeln zu einer traurigen, introvertierten Miene. Er bewegte sich ständig, war sehr lebhaft und zugänglich. Seine Hyperaktivität hörte auf, wenn er auf den Knien eines Erwachsenen saß.

Yoram war das jüngste von drei Kindern. Seine Mutter war eine instabile, unreife und impulsive Frau, damit beschäftigt, ihre eigenen Grundbedürfnisse zu stillen. Bis zu ihrer Heirat hatte sie mit Drogen und Prostitution zu tun gehabt. Sie weigerte sich, ihre Kinder zu Hause zu erziehen, wollte sie aber nicht aufgeben und blieb in Kontakt mit ihnen. Der Vater war alkohol- und drogenabhängig und hatte jeden Kontakt zu seiner Familie abgebrochen, als Yoram drei Jahre alt war. Danach wurde entdeckt, daß der Vater ein Bigamist war, und das Paar wurde geschieden.

Yoram wurde zu früh geboren, im achten Monat der von seiner Mutter ungewollten Schwangerschaft. Einen Tag nach seiner Geburt wurde er in ein Kinderheim gegeben, und seitdem hat er verschiedene Institutionen durchlaufen. Er konnte bis zum Alter von drei Jahren nicht sprechen, abgesehen von ein paar Wörtern. Er wurde als jemand beschrieben, der nicht verstand, was man von ihm wollte. Er interessierte sich für nichts als Essen und das Attackieren von anderen. Er kam in das Behandlungszentrum, als er neun Jahre war und ein Heim wegen seiner Probleme, besonders wegen seiner Aggressivität und fehlender Konzentration, verlassen mußte.

Yorams Aufnahmeinterview war aufschlußreich. Der Unterschied zwischen dem emotionalen Ausdruck, wenn er erschrocken, ängstlich und isoliert war und wenn er sich geschützt und geborgen fühlte, war auffallend. Während des ersten Teils des Interviews zog er es vor, weit entfernt vom Interviewer auf einem Stuhl zu sitzen, und sprach über seine Untaten in früheren Umgebungen. Währenddessen, driftete er in seine Phantasiewelt ab und erzählte unwahrscheinliche Geschichten, etwa wie er seinen Lehrern Tausende von Schekeln gestohlen hatte, ohne erwischt zu werden, »denn mich kann niemand kriegen«, oder daß er in Streitigkeiten zwischen Kindern und Erwachsenen mutig den Streik gegen die Erwachsenen angeführt hatte unter den anfeuernden Rufen von allen und wie sie ihn dann auf ihren Schultern getragen hatten.

Während des zweiten Teils des Interviews, nachdem er ein paar Spiele mit dem Interviewer gespielt hatte, setzte sich Yoram dem Interviewer auf die Knie, kuschelte sich langsam in dessen Schoß und streichelte gleichzeitig seine eigene Hand und die des Interviewers. Es war offensichtlich, daß er nicht länger zwischen sich und dem Interviewer unterschied. Er wurde zunehmend passiv, seine Mutgeschichten hörten auf, und er sprach mehr über praktische Belange, zum Beispiel wie das Essen sei, was die Kinder machten, wie sie seien, ob sie ihn schlagen würden und an wen er sich wenden solle, wenn sie ihn schlügen.

Yoram begann eine psychotherapeutische Einzeltherapie, drei halbstündige Sitzungen pro Woche. Sein Therapeut faßte das erste halbe Jahr der Behandlung zusammen:

»Während der ersten Wochen traf ich Yoram an allen möglichen Plätzen an, und er rief mir Befehle zu wie: ›Bring Süßigkeiten mit. Nimm meinen Mantel. Geh schneller‹ und so weiter. Er erwartete, daß ich erriet, was er wollte. Er brachte Süßigkeiten mit zur Sitzung und sagte: ›Ich bin hungrig‹, stopfte Süßigkeiten in meinen Mund, ich mußte sie essen. Oder er schmierte sich mit Vaseline ein und bestand darauf, mich auch einzuschmieren. Einmal, als es unklar war, mit wem er sprach, fragte ich ihn, ob er mit mir oder mit sich selbst spreche. ›Mit dir selbst‹, war seine Antwort. Ich fühlte ganz klar, daß ich oft als sein Anhängsel diente und daß er versuchte, mich zu kontrollieren, als sei ich ein Teil seines Körpers. Er pflegte den Kindern wie auch einigen Erwachsenen zu erzählen, ich sei sein Sklave, während er mir in den Sitzungen von besagten Heldentaten mit Erwachsenen erzählte.

Yoram kam gewöhnlich wie ein Wirbelwind in den Raum, knallte die Tür zu, rannte von einer Ecke in die andere, begann eine Aktivität nach der anderen, assoziativ, d. h., wenn er ein Stück Papier auf dem Tisch liegen sah, fing er an zu malen, wenn er ein Geräusch von draußen hörte, hörte er auf mit dem, was er gerade tat, und rannte ans Fenster. Viele seiner Beschäftigungen waren sehr aggressiv; so versuchte er, im Zimmer ein Feuer zu machen, was ich verhinderte. Er beschädigte auch verschiedene Figuren wie Puppen und Soldaten, nahm sie auseinander, stach Nadeln in sie und zerstörte sie, immer seine Allmacht und Herrschaft über alles erklärend. Anzeichen von Angst traten auf, wenn er Menschen in der Nähe des Behandlungsraumes sah oder wenn jemand an die Tür klopfte, während er drinnen war. In diesen

Situationen verhielt er sich feindselig, fluchte über diese Leute und drohte, sie sofort zu töten. Er verlangte, daß ich die Tür von innen abschloß. Wenn ihm auffiel, daß irgend etwas im Behandlungsraum kaputt war, war er ärgerlich und aufgebracht darüber, daß es mir nicht gelang, die Dinge sicher aufzubewahren.«

Yoram zeigte Angst, wenn er seine Existenz bedroht fühlte; er zeigte einen raschen Verlust der Fähigkeit zwischen Selbst- und Objekt zu differenzieren; er äußerte dann Größenphantasien, die physische Stärke, Zerstörung und Vernichtung zum Inhalt hatten und mit einer Beeinträchtigung der Realitätsprüfung einhergingen – ein Verhalten, das typisch ist für die Diagnose einer Borderline-Störung mit Manifestationen von Größenphantasien in verschiedenen Situationen.

Or

Der neunjährige Or war das einzige Kind von Eltern, die einen psychiatrischen Klinikaufenthalt hinter sich hatten und noch ambulant medizinisch betreut wurden. Beide, Vater und Mutter, schienen älter zu sein, als sie waren. Der Vater war als Techniker angestellt. Er wurde das erste Mal im Alter von zwanzig Jahren in die Klinik eingeliefert, dann wieder nach Ors Geburt. Or wurde wegen emotionaler Störungen zur Behandlung ins Zentrum überwiesen. Die Mutter war nicht berufstätig und wurde von ihrer eigenen Mutter als »Fehler« bezeichnet. Ors Mutter wurde eingewiesen, als er drei Monate alt war, damals wurde er in einem Heim für Kleinkinder untergebracht. Die Mutter beschrieb vielfältige Ängste und Phantasien drohender Katastrophen, die sich vor Or auftaten. Ihre Ängste dauerten an und begleiteten ihn ins Behandlungszentrum, bis hin zu der Tatsache, daß sie versuchte zu verhindern, daß er zum Zahnarzt geschickt wurde, damit er nicht während der zahnärztlichen Behandlung sterbe. Beide Eltern beschrieben Or als den Mittelpunkt ihrer Welt, ein Wunderkind und ihnen mehr wert als alles andere auf der Welt. Die Mutter trug seine Zeugnisse in ihrer Handtasche, um jedem zu zeigen, wie klug er war.

Im Aufnahmeinterview war Or sehr aufgeregt, änderte ständig den Ton seiner Stimme, so als sei er alle paar Minuten jemand anderes. Auf die Fragen des Interviewers antwortete er: »Befragen Sie mich nicht, ich bin Magnum, der Privatdetektiv.« Er fragte, wie alt der Interviewer sei, und verglich sein Alter mit dem einer Firma, das in der Tageszeitung erwähnt worden war. Während des Interviews hatte er die meiste Zeit die Hände in den Hosentaschen. Sein Verhalten war sehr wechselhaft: Einmal war er der kleine Junge, der alles weiß, bat aber auch immer wieder darum, den Raum verlassen zu dürfen, um seine Eltern zu sehen. Im Verlauf des Interviews beschrieb er seine Überweisung ins Behandlungszentrum: Eine Sozialarbeiterin hatte ihn gefragt, ob er lieber zu Hause bleiben oder im Zentrum leben wolle. Er antwortete, daß er lieber zu Hause bleiben wolle, aber nachdem die Sozialarbeiterin diese Antwort an ihre Vorgesetzte weitergegeben hatte, ging alles schief, denn die Vorgesetzte war eine böse Frau. Später sagte Or, sein Vater schlage ihn, und bat den Interviewer, mit dem Vater zu sprechen und zu unterbinden, daß er ihn weiter schlage. Zum Interviewer sagte er, daß, obwohl er (Or) wisse, daß er der Direktor sei, er nicht wie einer aussehe.

Nachdem Or ins Behandlungszentrum aufgenommen worden war, begann er eine Einzeltherapie. In seinen ersten Sitzungen machte er einen Stundenplan, bis auf die Minute genau, und schrieb die Fernsehprogramme ab, einschließlich der Showkritiken. Er übernahm der Therapeutin gegenüber alle möglichen Autoritätsrollen: Er war der Arzt, sie die Patientin; er der Lehrer, sie die Schülerin usw. und gab schimpfend Befehle und betonte – in welcher Rolle auch immer –, wie überlegen er war. Während dieser ganzen ersten Behandlungsperiode war Or sorgsam darauf bedacht, sich klar von der Therapeutin abzugrenzen. Er legte Zeitungen, Kalender, Karten zwischen sich und die Therapeutin – als eine Art »Waffenstillstandslinie«. Er machte sie oft zur Zuhörerin und sagte zu ihr, daß sie ihm aufmerksam zuzuhören habe. Einmal sollte sie ihm zusehen, wie er einen Plan für seine Ferienaktivitäten zu Hause machte.

Ors Verhalten hatte zwei Hauptmerkmale: Das erste war das Bedürfnis, die Grenze zwischen sich selbst und dem Objekt zu verstärken und abzusichern – das heißt, sich selbst zu schützen, seine Identität, sein Verschiedensein von anderen Objekten. Zweitens kämpfte er unablässig darum, seinen Wert zu beweisen, was nur möglich war, wenn er den Wert des Objekts aufhob und sich selbst auf eine Ebene hob, wo er für niemanden zu erreichen war. Or schien also zu illustrieren, was ich über narzißtische Größenphantasien sagte.

Es sollte herausgestellt werden, daß sich dieser Bericht idealtypisch jeweils auf eine Form der Größenphantasien konzentriert, ohne daß das implizieren soll, daß die andere dann gar nicht auftritt. Es ist eher so, daß es eine Vorherrschaft der einen Art von Größenphantasien gibt, die die anderen überschattet. Also haben Kinder, die hier als narzißtisch beschrieben worden sind, Anzeichen von Sehnsucht nach dem Objekt, nach aufgelösten Grenzen, und den Wunsch, Hilfe, Unterstützung und Trost vom Objekt zu bekommen, während sie zeit- und teilweise darauf verzichten, ständig ihre Fähigkeit, unabhängig existieren zu können, zu beweisen. Genauso gut können Kinder, die als Borderline-Persönlichkeiten diagnostiziert werden, klare Grenze wahrnehmen und ohne Hilfe und ohne Schutz von außen existieren.

Diese beiden Krankheitsbilder belegen, daß die Behauptung, die ich zu Beginn dieser Studie aufgestellt habe, richtig ist, daß das Kind mit einer narzißtischen Persönlichkeitsstörung eher in der Lage ist, zwischen Ich und Objekt zu unterscheiden als das »Borderline-Kind«. Ich nehme an, daß in der Tat beide Störungen Schädigungen der Fähigkeit sind, diese Unterscheidung zu treffen, von außen gesehen jedoch scheint die Fähigkeit im ersten Fall wegen der massiven Abwehrmechanismen der narzißtischen Persönlichkeitsstörung besser entwickelt zu sein – ein Eindruck, der vielleicht durch eindrucksvollere Ichfunktionen wie ihrer Intelligenz verstärkt wird. Während einer Krise scheinen die Grenzen zwischen Ich und Objekt auch bei der narzißtischen Persönlichkeit zu verschwimmen, ein Problem, das eine intensivere Erforschung verdient.

IV. Kindesmißhandlung und ihre »Verheimlichung«

Dieses Kapitel beschäftigt sich mit der Frage, mit der sich Therapeuten ständig konfrontiert sehen, die Kinder behandeln, die Opfer physischer Mißhandlung oder sexuellen Mißbrauchs ihrer Eltern oder eines Elternteils sind. Unsere Ausführungen beschränken sich auf eine spezielle Gruppe von Kindern, solche nämlich, bei denen eine Borderline-Persönlichkeitsstörung diagnostiziert und die zur Behandlung in ein Heim überwiesen worden waren.

Die erwähnte Frage bezieht sich auf die Tatsache, daß diese Kinder diese Mißhandlung, die in vielen Fällen so brutal war, daß das betreffende Kind sowohl im Krankenhaus als auch in der Psychiatrie behandelt werden mußte, zu verheimlichen [scheinen]. Sie machen oft keineswegs den Eindruck, solche Opfer zu sein; tatsächlich vermitteln sie oft das Gegenteil: Sie beschreiben ihre Beziehung zu ihren Eltern mit idyllischen, warmen Worten. Die Diskrepanz zwischen den bekannten Fakten aus der Vergangenheit eines Kindes und seiner scheinbaren totalen Verleugnung verwirrt die Therapeuten besonders dann, wenn sie ihm eine wohlwollende Umgebung anbieten, um es aus seiner mißhandelnden Familie herauszuholen, dieses Kind dann aber das Heim und dessen Mitarbeiter dem Bösen gleichsetzt und seine Eltern weiterhin in einem höchst positiven Licht beschreibt (vgl. hierzu Kap. 3).

Wir vermuten jedoch, daß es zu einer therapeutisch wirkungsvolleren Arbeit beitragen kann, wenn wir dieses Phänomen *verstehen,* statt – wie es Therapeuten unserer Meinung nach in erster Linie versuchen – das verzerrte Weltbild des Kindes zu »korrigieren«, das heißt, es ist ihnen oft eher daran gelegen, die Realitätsprüfung des Kindes zu verbessern, als ihm die Entwicklung eines gesunden und kohärenten Selbst zu ermöglichen, was wir für das zentrale Problem dieser Kinder halten.

Die zugrunde liegende Prämisse geht von Entwicklungsverzögerungen aus, und deshalb sind wir der Meinung, daß man nicht sagen kann, das Kind verheimliche die Mißhandlung, denn sein Entwicklungsniveau würde es ihm gar nicht erlauben, die Mißhandlung oder den Mißbrauch als ein Geheimnis im eigentlichen Sinne und in sich logisch für sich zu behalten.

Wir möchten zunächst das Konzept des Geheimnisses und seinen Ort in der Entwicklung des (Klein-)Kindes erklären und danach die Entwicklungslücken und Verzögerungen bei Kindern mit Borderline-Persönlichkeitsstörungen untersuchen. Im Laufe unserer Ausführungen werden wir zwei klinische Beispiele darstellen und zum Schluß versuchen, zwischen dem Phänomen des Verheimlichens der Mißhandlung und der unbewußten Vermeidung der Mißhandlung durch diese Kinder zu unterscheiden – eine Vemeidung, die sich aus der Entwicklungslücke ableitet.

Das Geheimnis und sein Ort in der Entwicklung des Kindes

Eine Entdeckung geht Hand in Hand mit ihrer Verheimlichung, ein Gewahrwerden mit seiner Verleugnung. Das Wissen um etwas ist gleichzeitig verknüpft mit dem Versuch, es zu verstecken, es geheimzuhalten. Dies ist so alt wie die Geschichte von Adam und Eva. Erst als die beiden entdeckten, daß sie nackt waren, machten sie sich Kleider aus Feigenblättern, um ihre Blöße zu bedecken. Das Geheimnis begleitet unser Leben von Anfang an, ist Teil eines jeden Aspektes unseres Lebens und unserer Beziehungen mit anderen und mit uns selbst. Man darf wohl sagen, daß es keine soziale Beziehung welcher Art auch immer gibt, in der nicht irgendwo ein Geheimnis vorkommt. In der individuellen Entwicklung ist das Geheimnis ein zentraler Mechanismus. Er ermöglicht und beschleunigt sogar Separations- und Individuationsprozesse, die, wie wir heute wissen, die Basis für die Entwicklung und das Wachstum eines kohärenten Selbst sind. Greifen wir noch einmal auf das biblische Beispiel zurück: Erst als Adams und Evas Nacktheit und damit ihre Identität aufgedeckt wurden, versuchten sie, sich teilweise zu bedecken, das heißt Teile ihrer Identität. Jacobs (1980) formuliert einen ähnlichen Gedanken, indem er das Konzept des Geheimnisses mit dem Separations-Individuations-Prozeß verknüpft:

> »Man sollte festhalten, daß persönliche Geheinmisse und in einem gewissen Maße auch Geheimnisse innerhalb der Familie ubiquitäre Phänomene sind und eine stimulierende Wirkung auf unterschiedliche Aspekte der Entwicklung haben können. So wie beim Kleinkind der Gebrauch des Wortes ›Nein‹ und, in bestimmten Phasen seiner Entwicklung, seine Negativität im Dienste des Separations- und Individuationsprozesses gebraucht werden, so gilt dies auch für jene Aspekte des kindlichen Denkens und Verhaltens, die einzig die seinen sind und entstehen, wenn seine persönlichen Geheimnisse sowohl die Individuation als auch ein wachsendes Gefühl seiner persönlichen Identität fördern.« (S. 37)

Für Margolis (1966) ist das Geheimnis ein hilfreicher Faktor in der Entwicklung und Entfaltung des Selbst. Die Tatsache, daß jemand eigene Gedanken, Konzepte und Eigenheiten hat, ermöglicht eine umfassendere Entwicklung seiner Selbstwahrnehmung. Auch Groen-Prakken (1987) versteht das Geheimnis als etwas, das das Selbstgefühl stärkt. Die Kraft des Geheimnisses gründe in den Vorgängen in der analen Phase der kindlichen Entwicklung, eben derjenigen Phase, in der sich wichtige Ereignisse im Leben des Kindes abspielen, was die Kontrolle über die Sphinkter-Muskulatur betrifft, eine Kontrolle, die sich qualitativ von der der oralen Phase unterscheidet, in der das Kind mit eigenen Augen sieht, was es in den Mund steckt, wie auch das, was ihm aus den Händen fällt oder was es festhält. In der analen Phase dagegen kann es das nicht sehen, obwohl es weiß, daß es seine Ausscheidungen kontrollieren kann. Es kommt ihm so vor, als ob diese Dinge heimlich geschehen, »hinter seinem Rücken«. Nach Groen-Prakken ist das Geheimnis das emotionale Äquivalent des Körper-Sphinkters; das Kind benützt das Geheimnis als einen Schlüssel zur Selbstkontrolle, um sich selbst zu verschließen und sich emotional gegen Angriffe von außen zu verteidigen. In diesem Sinne schützt es das Geheimnis, zugleich aber wird es der Geheimnisse, die es umgeben, gewahr und beginnt, tiefe und verständige Fragen zu stellen. Es wird neugierig darauf, was sich im Badezimmer abspielt, es stellt Fragen, wenn seine Mutter schwanger ist usw. Das eigene Geheimnis, das des anderen und das Geheimnis der Familie – sie alle wecken in ihm daher ein Gefühl von Autonomie, von Individualität und Einzigartigkeit, das zu einer motivierenden Kraft wird, die Ich-Funktionen wie Neugier, Lernen und die Erweiterung seines Bewußtseins stärkt.

Jacobs (a. a. O.) versucht, das Wort Geheimnis mit dem Wort »Sekretion« gleichzusetzen. Er ist der Ansicht, es gäbe, zeitlich gesehen, eine Parallele zwischen dem Auftauchen des analen Konzepts der Kontrolle und dessen Beitrag zur Entwicklung des Selbstkonzepts und der Kontrolle mit Hilfe von Geheimnissen. Daher meinen wir, daß die Fähigkeit, Geheimnisse für sich behalten zu können, also verstehen zu können, was ein Geheimnis ist, erst mit abgeschlossenem Separations/Individuations-Prozeß erworben wird. Das Kind, das in Andersens Märchen merkt, daß der König nackt ist, ist nicht in der Lage, das Geheimnis zu sehen, das die Bürger so eifersüchtig gehütet hatten; da es deren Geheimnis noch nicht teilen kann, besteht es klipp und klar darauf, daß wahr sei, was seine Augen sehen. Bereits 1933 näherte sich Tausk diesem Thema und sprach von der ersten Lüge, die mit dem ersten Geheimnis im Leben des Kindes zur Zeit der Sauberkeitserziehung zu tun habe, wenn das Kind erstmals spürt, daß es etwas Eigenes besitzt.

Hoyt (1978) beschäftigt sich ebenfalls mit der Wahrung des Geheimnisses und mit jenen Aspekten desselben, die mit der Analität zu tun haben. Das Kind fühle, daß an diesem Geheimnis etwas Schmutziges und Abstoßendes sei, dessen man sich entledigen muß. Hoyt weist auf den Zusammenhang zwischen dem Geheimnis und der ödipalen Phase hin – eine Phase, in der sich das Verständnis des Geheimnisses und seine Verknüpfung mit der Sexualität weiter entwickele.

Das Geheimnis hat überdies mit Grenzen zu tun. Es teilt in Wissende und Nichtwissende ein, es trennt oder, so könnte man sagen, es erleichtert die Trennung, indem es die Wissenden von denen trennt, die nichts wissen. Wann immer jedoch Geheimnisse Grenzen schaffen und Menschen trennen, vereinigen sie zugleich andere. Es gibt Teilhaber am Geheimnis, die es vor anderen schützen und sich darin einander verbunden fühlen. Dieser Gedanke findet nicht nur in der persönlichen, sondern auch in der sozialen Sphäre seine Anwendung. Ein Beispiel dafür ist in der Religion der Drusen zu finden, in der das Gefühl der Partnerschaft und der Einheit durch die völlige Geheimhaltung der Grundsätze und Regeln dieser Religion konkretisiert wird. Das Geheimnis ist ein gutes Mittel, mit dessen Hilfe das Individuum seine eigene Identität entwickelt und sich vor dem Verwischen von Grenzen, vor dem Rückfall in eine undifferenzierte Phase schützen kann, in der es mit dem Objekt verschmelzen würde. Das Geheimnis schützt auch vor Isolation, vor Gefühlen von Hilflosigkeit, die Folgen von Zurückweisung und Alleinsein sind, denn es verbindet und vermittelt ein Gefühl von Zugehörigkeit und Sicherheit.

Chasseguet-Smirgel (1985) nennt die undifferenzierte Welt die »anale Welt« im Gegensatz zur »genitalen Welt«, die auf dem Unterschied aufbaut. Da die anale Welt in dem Mangel gründet, Unterschiede wahrzunehmen, ermöglicht sie die Gleichsetzung von fäkalen Angelegenheiten mit der Geburt, mit sexuellen Beziehungen zwischen Kindern und Eltern, zwischen Menschen gleichen Geschlechts – und all dies innerhalb des Rollenwechsels, da es keine wirkliche Identität und Einzigartigkeit gibt, die sich innerhalb dieses Zeitrahmens entwickelt hätte.

Die Unfähigkeit, Grenzen und Schranken, Differenzierungen und Abstufungen zu erkennen, kann auch Denkprozesse affizieren. Es ist, als würde die Vorstellung von Ursache und Wirkung vermieden, die zum logischen Denken gehört. Ursache und Wirkung bedürfen einer Vorstellung von Stufen, Abstufungen und Verschiedenheit, die in einer gänzlich analen Welt allesamt fehlen. Noch ein anderes Charakteristikum definiert die anale Welt: Aggression und Sadismus. Das Entkräften oder Fehlen von Unterschieden weist unter anderem auf die Schwierigkeit im Leben des Kindes hin, Geheimnisse zu haben, Geheimnisse, die es braucht, um sich selbst abzugrenzen und eine getrennte Identität und ein eigenes Selbst zu entwickeln. So ist jemand mit einer analen Fixierung in einer »analen Welt« steckengeblieben, einer Welt ohne Unterschiede, in der es keine Geheimnisse gibt, die bei der Etablierung von Unterschieden helfen könnten.

Kinder mit Borderline-Persönlichkeitsstörungen

Damit wir das Thema dieses Abschnittes besser verstehen, möchte ich die drei zentralen Merkmale dieser Kinder aufzählen.

(1) Schwierigkeiten, zwischen Selbst und Objekt zu unterscheiden
Kinder, die massiven Mißhandlungen durch ihre Eltern ausgesetzt waren, sind oft in den frühen Phasen ihrer Entwicklung steckengeblieben; sie haben den Übergang von der analen zur genitalen Welt nicht geschafft und sind in ihrer Fähigkeit gestört, Grenzen und Schranken zu differenzieren und zu erkennen. Im Verständnis von Margaret S. Mahler haben wir es hier mit Latenz-Kindern zu tun, die den Separations-Individuations-Prozeß nicht abgeschlossen haben (vgl. Mahler et al., 1975). Deshalb ist es ihnen nicht gelungen, eine Identität zu entwickeln, die ihre eigene ist. Ein Beispiel, das mir dazu in den Sinn kommt, ist das eines achtjährigen Kindes, das in der therapeutischen Sitzung zu seinem Therapeuten sagte, es sei hungrig, und, indem es dies sagte, dem Therapeuten einen Bisquit in den Mund steckte; oder fragte: »Mein Kopf tut weh – hast Du Fieber?«

(2) Die Präsentation einer Identität, die nicht die eigene ist
Diese Kinder übernehmen oft verschiedene Rollen, die ihre Eltern ihnen unbewußt zugeschrieben haben. Sandler (1976) nennt dies »Bereitschaft zur Rollenübernahme«: Bedeutungen, Reaktionen auf Hinweise und Anordnungen, die dem Kind explizit oder implizit gegeben werden, damit es sich entsprechend dieser verschiedenen, ihm zugeschriebenen Rollen verhält. Die Reaktion des Kindes darauf entstammt einem inneren Gefühl, sich gegen Destruktion und Verlust wehren zu müssen, aus Angst, daß diese ihm drohen, falls es nicht gemäß diesen Erwartungen handelt. Dieser Prozeß läuft parallel mit dem, was Melanie Klein und speziell ihre Nachfolger projektive Identifizierung nennen. In diesen Fällen jedoch projiziert der Erwachsene auf das Kind. Wir begegnen häufig Kindern dieses Typus, die die Rolle eines

Partners für die Mutter ausfüllen; auch Kindern, die sogar suizidale Tendenzen haben, als ob sie damit auf unbewußte Prozesse und Anforderungen der Eltern oder einer anderen Person reagierten und eine gewalttätige und aggressive Rolle übernehmen, und dies auch aus dem Gefühl heraus, daß sie auf eine Rolle reagieren, in die sie hineingezwungen worden sind (vgl. hierzu auch Kapitel 5 und 8). Wir betrachten dies nicht als einen Prozeß der Identifikation, denn dieses Konzept enthält die Vorstellung einer Identität; die Kinder aber, die wir hier meinen, haben das Stadium der Identitätsbildung noch gar nicht erreicht. Ihre Antwort und Reaktion auf die ihnen aufgezwungene Rolle erwecken in uns daher die Vorstellung von einem Schauspieler, der verschiedene Rollen übernimmt, obwohl sie mit seinen eigenen Gefühlen gar nicht in Einklang stehen.

(3) Beziehungen zum Teil-Objekt und zum Teil-Selbst
Melanie Klein hat bekanntlich zwischen zwei Positionen in der Entwicklung des Kindes unterschieden: die paranoid-schizoide und die depressive Position. In der ersten Position empfindet sich das Kind noch nicht als eine getrennte Einheit, und deshalb spielen sich seine Kämpfe und Konflikte noch mit der Außenwelt ab und nicht mittels einer separaten entwickelten und komplexen Form eines Selbst; und daher auch sind die Gefühle eindimensional. Das Kind fühlt sich ruhig oder ängstlich, schwach oder stark, bedroht oder sicher. Es kann noch nicht empfinden, daß seine Ruhe vorübergehend ist und es später Angst haben könnte. Das heißt, daß sein Selbst-Konzept seinem Objekt-Konzept ähnelt – es ist ein Teil, eindimensional und vorübergehend. Erst in der depressiven Position spürt das Kind, daß sich die Dinge mehr in ihm, das heißt in seinem Selbst, abspielen, was bedeutet, daß es nicht alles machen kann, daß es nicht omnipotent und nicht in der Lage ist, stets über seine Mutter zu verfügen. Es beginnt, zu spüren und zu verstehen, daß es selbst viel komplexer und aus vielen unterschiedlichen Gefühlen und Dimensionen zusammengesetzt ist, von denen einige gar nicht zusammenpassen. Aber gerade wenn es diese Aspekte in seinem Inneren erkennt, wird es auch der unabhängigen und getrennten Existenz seiner Mutter gewahr. Es kann nun allmählich verstehen, daß es neben seinen Wünschen und Begierden auch Frustrationen, Enttäuschungen und Niederlagen erlebt. So gibt es Aggression, Ärger, Wut und Haß, die auch Teile aus seinem Inneren und nicht nur die Domäne der Mutter und der Menschen seiner Umgebung sind. Wir vermuten, daß dem Borderline-Kind diese Fähigkeit fehlt, weil es ihm noch nicht gelungen ist, die depressive Position zu erreichen. Seine Reaktion auf die Realität ist weit unangemessener, und es

ist nicht in der Lage, sich an genauere Unterscheidungen zwischen Realität und Phantasie anzupassen, zwischen dem, was ihm gehört, und dem, was zum anderen gehört, und dies beides sowohl im Bereich der gegenständlichen Welt als auch im emotionalen, geistigen und Gefühlsbereich. Das Kind (oder der Erwachsene), das die depressive Position erreicht hat, kann aber auf die paranoid-schizoide Position regredieren. In solchen Fällen muß man äußere Verhaltensweisen berücksichtigen, wie Eskelinen De Folch (1983) schreibt:

>»Wenn Patienten im wesentlichen in der paranoid-schizoiden Position gefangen sind, so nehmen sie gewöhnlich ihre Erlebnisse so wahr, als gehörten diese zum Objekt und nicht zu ihnen selbst, und zwar deshalb, weil sie ihre Gefühle und Teile ihrer selbst in einer Weise auf andere projiziert haben, daß sie sie gar nicht mehr als ihre eigenen wiedererkennen können.« (S. 309)

Klinische Fallbeispiele

Kfir

Kfir wurde im Alter von sieben Jahren zur Behandlung ins RTC überwiesen, nachdem er hospitalisiert worden war, weil sein Vater ihn so geschlagen hatte, daß er medizinischer Behandlung bedurfte.

Kfir wurde als zweites Kind einer Familie geboren, der er in der Tat nicht willkommen war, weil seine Eltern sich ein Mädchen gewünscht hatten. Von Geburt an litt er unter Verdauungsstörungen, die häufige Krankenhausaufenthalte während der ersten anderthalb Jahre seines Lebens erforderlich machten. Seit dieser Zeit zeigt er eine ungeheure Freßlust, er kratzt sogar den Putz von den Wänden. Im Kindergarten stahl er gewohnheitsmäßig den Kindern das Vesper aus den Taschen. Die Eltern dieser Kinder beklagten sich bei verschiedenen Mitarbeitern über ihn, und es gab ständig Geschichten, daß er stahl, Zigaretten sammelte und sie rauchte, Autofenster einschlug, zu Hause Feuer legte etc. Kfir näßte nachts ein. Für seinen enormen Appetit gab es keinen organischen oder physiologischen Grund. Beide Elternteile klagten, sie seien frustriert und nicht in der Lage, mit ihm fertig zu werden, und sie verheimlichten auch nicht, daß speziell der Vater das Kind körperlich mißhandelt hatte. Er hat ihn jämmerlich geschlagen und ihm zum Beispiel mit einem glühenden Messer die Hand verbrannt, als Kfir noch nicht einmal drei Jahre alt war. Obwohl im Kindergarten der Verdacht auf Kindesmißhandlung aufgekommen war, trauten sich die Betreuerinnen nicht, die Leitung zu informieren, weil sie sich vor den bösen, gewalttätigen

*Blicken des Vaters fürchteten. Dieser hatte verschiedene Gefängnisstrafen
wegen Einbruchs, Diebstahls und Drogenmißbrauchs abgesessen. Auch die
Mutter fürchtete sich vor der Gewalttätigkeit ihres Mannes und machte verschiedene Anläufe, sich scheiden zu lassen. Um [...]seine Wut von sich selbst
abzulenken, fand sie jedoch einen Ausweg, der sehr mit Kfir zu tun hatte:
Wann immer sie das Gefühl hatte, daß dessen Vater auf sie böse wird, erzählte sie ihm von Kfirs Possen, woraufhin der Vater sich an Kfir austobte
und sie in Ruhe ließ.*

Als Kfir zur Behandlung ins Zentrum kam, zeigte er folgende Besonderheiten:

Erstens: Er erzählte häufig mit großartigen Worten von zu Hause und von
seiner Familie und behauptete oft, nach den nächsten Ferien würden ihn
seine Eltern nicht mehr ins Zentrum zurückschicken. Er wiederholte diese
Behauptung bei jeder Ferienunterbrechung, und dies über zwei Jahre lang,
ohne daß er die Worte seiner Behauptung jemals änderte und ohne daß etwas
vom idyllischen Bild, das er von seiner Familie malte, abwich, ungeachtet
dessen, daß es überhaupt nichts mit der Realität zu tun hatte. Wenn seine
Eltern ihn besuchten, beklagte er sich über die Schläge, die er hier angeblich
bekam, und die Eltern äußerten sich während ihres Besuchs überaus besorgt.
Dennoch war es sehr interessant, daß sie ihn immer seltener besuchten, je
häufiger seine Klagen wurden (vgl. hierzu Kap. 3)

Zweitens: Kfir legte ein äußerst sadomasochistisches Verhalten an den
Tag. Er durchsuchte häufig die Besitztümer der anderen Kinder und stahl
ihnen, was immer er konnte, besonders die Süßigkeiten. Er bekämpfte und
provozierte sie und schlug sie für gewöhnlich, ohne daß sie ihm etwas getan
hätten. Einmal verletzte er sogar ein anderes Kind mit einem Küchenmesser.
Er reizte und befehdete die Kinder so sehr, daß schließlich sie ihn schlugen.

Mir scheint, daß er mit diesem Verhalten geradezu um eine gewalttätige
und aggressive Reaktion auf ihn flehte oder sie stimulierte, und zwar bei
Kindern und Erwachsenen. Der für ihn zuständige Betreuer berichtete, daß
Kfir auf dessen Knien sitzen wollte, dabei jedoch versuchte, ihm so sehr
wehzutun, daß er nichts mehr mit ihm zu tun haben wollte. Bei solchen
Provokationen sagte Kfir zu seinem Betreuer: »Komm, laß mal gucken, ob
Du meinen Arm brechen kannst.« Diese masochistische Seite kommt auch in
anderen befremdlichen Handlungen zum Vorschein, etwa wenn er sich selbst
mit Steinen bewirft, wenn er irgendeine Bestrafung erwartete, oder wenn er
immer wieder kleine Steinchen schluckt.

Drittens: Das Stottern und das Einnässen waren die anderen Symptome,
die während der ersten beiden Jahre von Kfirs Aufenthalt im Zentrum auf-

traten. Um das Thema Essen kreisten viele Ängste als psychomotorische Agitation, wann immer sich die Essenszeiten näherten, und erreichten ihren Höhepunkt während der Mahlzeit. Er aß Unmengen und vermittelte ständig den Eindruck, daß für ihn nicht genug da sein würde.

In den Gesprächen mit den Eltern äußerten sich diese offen über Kfir, gaben eine ausführliche Beschreibung seiner Schwierigkeiten und seines unmöglichen Verhaltens, die in ihnen das Gefühl ausgelöst hatten, schlechte Eltern und enttäuscht zu sein. Sie zählten auch ihre eigenen Grausamkeiten, die sie Kfir angetan hatten, auf und beschrieben dabei sehr emotional, wie sehr er sie abstieß, so daß sie ihn loswerden wollten. Zwar vermittelten diese Gespräche den Eindruck, als seien die Eltern sehr offen und bereit, Kfirs Situation zu diskutieren, und als bahne sich geradezu eine Öffnung für einen therapeutischen Versuch an; dieses »rosige« Bild aber war nur partiell zutreffend. Es berührte offenkundig nur das Thema Kfir als Kind und ihre Reaktionen auf ihn in dieser Phase. Als sie über die anderen Kinder in der Familie und über sich selbst sprachen, war Kfir total ausgeschlossen. Sie schienen nicht in der Lage zu sein, weiter zu diskutieren, sie zogen sich zurück und verheimlichten alles nur noch mehr. Als der Vater im Gefängnis war, sprach die Familie so darüber, als sei er bei der Armee und absolviere seinen Dienst in der Reservearmee.

Es schien, als übernähme Kfir für beide Eltern eine überaus wichtige Rolle, indem er ihre negativen Aspekte für sie repräsentierte. Auf diese Weise wird der Vater nicht zum Kriminellen und nicht zu dem, der Kfir schlägt, sondern Kfir wird der Dieb, der Schläger, der Unerträgliche, der Zurückgewiesene. Nicht die Mutter hat letztendlich die Gewalt auszuhalten, noch ist sie es, die quält und Schmerzen zufügt, es ist Kfir, der getreulich diese Rolle ausfüllt. Diese Themen kamen während der therapeutischen Sitzungen mit Kfir voll zum Vorschein, wie es die folgenden Auszüge aus einer Stunde belegen:

»Während dieser Stunde beschließt Kfir, ein Spiel zu beginnen. Er übernimmt die Rolle eines Bankdirektors, der einem Kunden ein Darlehen gibt. Die Rolle des Kunden zwingt er der Therapeutin auf. Ihr wird Geld gestohlen, und deshalb gerät sie in Schwierigkeiten, das Darlehen zurückzugeben. Die Kundin wendet sich an den Bankdirektor und bittet um einen Termin, er aber sagt, er sei zu beschäftigt, läßt sie lange warten, bevor er sie empfängt, und bringt sie dann mit verschiedenen Kommentaren in Verlegenheit. Er fordert sie auf, das Geld sofort zurückzugeben. Im Spiel stellt sich dann heraus, daß der Bankdirektor gleichzeitig der Besitzer der Autoreparaturwerkstatt ist, wo sie diese Frau bestahlen. Sie kommt dorthin, um ihr Auto

reparieren zu lassen, aber man sagt ihr immer wieder, der Motor sei kaputt, sie müßten große Teile ersetzen, und verlangen immer eine Menge Geld von ihr. Der Werkstattbesitzer, als der Kfir nun auftritt, bestimmt nun einen Partner – die Therapeutin –, den er anschreit und ständig entwertet, während er ihn grob rumschubst. Zu einem späteren Zeitpunkt in diesem Spiel brechen der Werkstattbesitzer und sein Partner in das Haus der reichen Frau ein und stehlen ihr Geld aus ihrem Safe. Als ein Polizist eintrifft, tötet er sie alle. Am Ende tötet er fünf Billionen Menschen, und dabei begeht er gräßliche, brutale Handlungen, sägt ihnen den Kopf vom Hals ab und sticht ihnen mit Nägeln in die Augen.

Wir können sehen, wie während dieser Sitzung die Grenzen sich immer mehr und mehr verwischen: Der Bankdirektor wird zugleich der Werkstattbesitzer, der Räuber und der Mörder. Die Kundin ist einmal eine arme Frau, zugleich ist sie sehr reich, und sie stehlen ihr ihr Geld; sie besitzt, was er nicht hat. Die Zerstörung des Objekts kann nicht aufgehalten, es muß total vernichtet werden. Es ist nicht die Rede von einem Mord, der die Situation ändern kann, sondern von einem brutalen Akt, zu dem auch gehört, daß Nägel in die Augen gestochen werden etc.

Avikam

Avikam kam im Alter von acht Jahren ins Behandlungszentrum, nachdem er von zwei Schulen entfernt worden war wegen seiner schweren Verhaltensschwierigkeiten, Konzentrationsstörungen und Aggressionen gegenüber anderen Kindern, die er ernsthaft getreten hatte. Das Maß war voll, als er einem Mädchen mit einem Stock ins Auge gestoßen und dabei ihren Augapfel beschädigt hatte.

Avikams Mutter hatte während ihrer Adoleszenz mehrere Zusammenbrüche erlitten, und als sie im Alter von achtzehn Jahren Avikams Vater begegnete, der damals siebzehn Jahre alt war, wurde sie sofort schwanger und heiratete ihn bald darauf. Ein halbes Jahr nach Avikams Geburt trennten sich die Eltern. Zur Zeit ist die Mutter mit einem geschiedenen Mann wieder verheiratet. Nach ihrer Trennung von Avikams Vater lebte sie mit dem Kind im Hause ihrer Eltern. Während dieser Zeit starb Avikams Großvater an Krebs, und zwar zu Hause, nachdem er mehrere Monate lang krank gewesen war. Während dieser ganzen Zeit mußte Avikam ruhig sein und sich anständig benehmen, und alle Anstrengung und Aufmerksamkeit galten dem schwerkranken Großvater.

Avikams Vater war bekannterweise ein gewalttätiger Mann, unfähig, mit seinen Impulsen umzugehen oder sich zu kontrollieren. Er hat auch wieder geheiratet und aus dieser Ehe zwei Kinder. Als seine zweite Frau mit dem dritten Kind schwanger war, trennten sie sich. Avikams Großvater väterlicherseits kam bei einem Verkehrsunfall ums Leben, als Avikams Vater zehn Jahre alt war. Dieser durchlief eine äußerst problematische Entwicklung, was sich darin zeigte, daß er aus der Armee desertierte, in illegale Aktivitäten verwickelt war, Gefängnisstrafen für Diebstahl und Drogenmißbrauch absaß. Wir wissen, daß Avikam von seinem Vater geschlagen wurde, wenn er sich bei ihm aufhielt. Sein Vater hatte einen Stock,»der Strafstock« genannt, und manchmal mußte Avikam dem Vater den Stock bringen, damit er ihn schlagen konnte. Er brachte seinem Sohn auch Verbrennungen mit Zigaretten bei. Die Mutter und ihr neuer Ehemann klagten darüber, daß Avikams Vater seinen Sohn dazu aufforderte, bestimmte Aufgaben zu übernehmen, zum Beispiel ihr Haus in Brand zu stecken etc. Deshalb verriegelten sie gewöhnlich ihr Schlafzimmer, wenn Avikam sich bei ihnen aufhielt. Sie entdeckten ihn oft dabei, wenn er ihre Brieftaschen und Notizbücher durchsuchte, und wenn sie ihn stellten, sagte er, sein Vater habe ihn beauftragt, das zu tun. Die Mutter zwang Avikam, die Polizei über den Drogenmißbrauch seines Vaters zu informieren. Avikam hörte nicht auf zu stehlen, und zwar besonders im Hause seiner Mutter, wenn er dort in Ferien war.

Es gibt drei wesentliche Problembereiche in Avikams Leben:
1. Sexualität
Avikam war das Opfer einer sexuellen Verführung, besonders durch seine Mutter. Sie hatte sich zum Beispiel darüber beklagt, daß der Hund an ihrem Genitalbereich schnupperte, und rannte zu Avikam und sagte zu ihm: »Guck mal, wo der Hund an mir rumschnuppert.«
In den Erstgesprächen vor seiner Überweisung ins Zentrum wickelte er sich um ihren Körper, und die Mutter betatschte ihn ständig, indem sie ihre Hand unter sein Hemd schob und ihn streichelte und mit ihm schmuste. Avikam spielte häufig mit den Mädchen in der Nachbarschaft, und es gab Situationen, in denen er seine Unterhosen auszog und sie mit ihnen tauschte. Wenn er zu Hause fernsah, masturbierte er vor den anderen Mitgliedern der Familie oder faßte manchmal die Mutter an die Brust, ohne daß sie sich bewußt war, daß sie sich verführerisch verhielt.

2. Tod und Verlassensein
Nach Avikams Überweisung ins Zentrum und nach einer gewissen Zeit dort sagte seine Mutter, sie habe sich daran gewöhnt, daß er dort sei, so wie sie

sich an die Tatsache gewöhnt habe, daß ihr Vater tot sei. Avikams Vater sagte, seit der Rabbinische Gerichtshof untersagt habe, daß sein Sohn zu ihm zurückkehren könne, habe er »sieben Tage um Avikam getrauert«.[3] Diese Aussage machte er bald, nachdem das Gericht über die Unterhaltszahlungen diskutiert und er geleugnet hatte, überhaupt der Vater dieses Kindes zu sein, und sich sogar bereit erklärt hatte, sich entsprechenden Tests zu unterziehen, um dies zu beweisen. Diese Reaktionen der Eltern Avikams können durch folgende konkrete Fakten ergänzt werden: Der Vater weigerte sich während des ganzen Jahres, seinen Sohn zu besuchen oder zu sich nach Hause einzuladen. Die Mutter reagierte, aus ihrer Sicht, auf unterschiedliche Weise auf Avikam. Als er neu im Zentrum war, erschien sie dort zu jeder Tages- und Nachtzeit, kontrollierte sein Bett und sogar die Dusche und verstieß damit gegen das Reglement und die Anordnungen des Personals. Nach und nach stellte sie ihre Besuche ein, bis sie unmißverständlich dazu aufgefordert wurde, sich an die Besuchsvereinbarungen zu halten. Was den Großvater väterlicherseits betrifft, der starb, als Avikams Vater zehn Jahre alt war, so ist es in diesem Zusammenhang interessant, daß der Name Avikam wörtlich übersetzt »mein Vater, auferstehe« heißt.

3. Gefahr für das Selbst
Avikam bringt sich oft in Situationen, die für ihn selbst gefährlich sind. Er lehnt sich zum Beispiel bedrohlich weit übers Balkongeländer zu Hause; manchmal durchschlägt er mit den Fäusten Fensterscheiben und verletzt sich dabei seine Hände. Es gab allerdings noch viel gefährlichere Vorfälle, besonders dann, wenn er sich verlassen fühlte. In solchen Phasen pflegte er aus dem Zentrum wegzulaufen, sich dabei wieder gefährdend: Einmal ist er bei Nacht zu Fuß davongelaufen, und zwar in eine Siedlung im Jordantal. Ein anderes Mal lief er zusammen mit einem anderen Kind weg und informierte zwei Tage lang niemanden, wo er war, während er dabei durch verschiedene Dörfer kam, die als unsicher galten. Einmal lief er in eine andere Stadt und geriet in einen Verkehrsunfall, bei dem er leicht verletzt wurde. Nach diesem letzten Vorfall kam der Vater schließlich ins Krankenhaus, und die Verbindung zwischen Vater und Sohn konnte wieder hergestellt werden, als der Vater sagte: »Avikam bin ich.« Parallel dazu intensivierte die Mutter den Kontakt mit Avikam wieder für eine Weile, weil es sie kränkte, daß er nach dem Verkehrsunfall wieder Verbindung zu seinem Vater hatte. Es gab aber noch ein gefährlicheres Ereignis, als er sich eines Nachts im

---

[3] Das bedeutet: sieben Tage sitzen und klagend trauern.

*Zentrum einen Strick um den Hals zog und blau zu werden begann und
sofortige Mund-zu-Mund-Beatmung brauchte. Daß er sich den Strick um den
Hals gebunden hatte, war unter anderem eine masochistische Reaktion auf
einen Freund, der ihn wegen seines andauernden Weglaufens verspottet und
ihm das Versprechen abgenommen hatte, seinem Leben ein Ende zu setzen.*

Wir verstehen die hier aufgezählten Besonderheiten als Beispiele für Kinder,
deren Selbst sich noch nicht stabilisiert hat. Sie zeigen eine Tendenz zu
sadomasochistischen Verhaltensweisen, sie haben Schwierigkeiten bei der
Identitätsbildung, besonders bei der Geschlechtsidentität; das Kind wird zum
»Erwachsenen«, [hier] zum Partner der Mutter in ihren Auseinandersetzungen
mit dem Vater oder zum Partner des Vaters in seinen Auseinandersetzungen
mit der Mutter und in seiner Eifersucht auf den Ehemann seiner früheren Frau,
und schließlich geht es ums Verlassensein und um Gefühle der Zurückweisung
sowie um die Weigerung der Eltern, auf das Kind zu verzichten.

Bei Avikam kamen verschiedene Faktoren zusammen und verhinderten
oder begrenzten seinen Individuationsprozeß und die Entwicklung seines
Selbst. Beide Elternteile mißbrauchten Avikam bei der Lösung ihrer Probleme mit sich selbst und mit anderen. Schon als ungeborenes Kind stellte
Avikam eine Verbindung zwischen seinen Eltern her, die während der
Schwangerschaft seiner Mutter dann heirateten. Als Avikam geboren war,
brachte er seine Eltern auseinander, aber nicht in einem guten Sinne. Denn
die Verbindungen zwischen ihnen bestehen bis heute, obwohl es scheint, als
basierten sie nur auf Kampf und Auseinandersetzung, wobei aber Avikam
weitgehend den Preis für deren Autonomie bezahlen muß. Bei den zahllosen
Gesprächen mit der Mutter und ihrem jetzigen Ehemann im RTC war es
dieser – der Stiefvater –, der Avikams Mutter an die Mißhandlungen und die
Gewalttätigkeit von Avikams Vater diesem gegenüber erinnern mußte, und
jedesmal sagte sie: »Oh ja, das hatte ich vergessen.« Man hat ganz entschieden den Eindruck, daß die Mutter weiterhin unbewußte Aspekte einer heim-
lichen Beziehung weiterlebt, die sie sogar vor sich selbst verbirgt: eine heim-
liche Beziehung zu Avikams Vater mittels projektiver Identifizierung seiner
Gewalttätigkeit und Aggression, sie agiert also ihre Kommunikation mit dem
Vater und ihre Trennung von ihm ständig aus. Sie drängt sich in Avikams
Leben ins Zentrum und kontrolliert sogar, in welcher Position er schläft,
obwohl sie zur gleichen Zeit jeglichen Kontakt mit ihm, sei es per Telefon,
sei es per Besuch, abbricht. Ihre sexuelle Verführung Avikams betrachten
wir als Ausdruck ihres Bedürfnisses, mit ihm in den verschiedenen Rollen,
die sie ihm zugewiesen hatte, umzugehen, die seine altersgemäße allmähliche Entwicklung als Kind verhindern.

Auch der Vater zwingt Avikam verschiedene Aufgaben und Rollen auf, die seine autonome Entwicklung behindern. Auf diese Weise »dringt« Avikam in das Schlafzimmer seiner Mutter »ein« wie sein Vater. Zur gleichen Zeit jedoch versteht er sich selbst als eine Frau (seine Mutter), »um die sie trauern« nach der Scheidung. Neben der totalen Verwischung von Differenzierungen und Unterscheidungen zwischen den Geschlechtern und zwischen den Generationen besteht noch eine weitere Komplikation durch die Probleme, die beide Elternteile noch immer mit dem Tod ihrer eigenen Väter haben. In einer der Behandlungsstunden beschrieb Avikam sich selbst einerseits als einen Polizeiinspektor und andererseits als jemand, der von einem Skorpion gebissen worden war. In diesem Falle ist es, obwohl der Skorpion ein ganz bestimmtes Tier ist, leicht, ihn mit dem Krebs zu identifizieren, an dem der Großvater gestorben war, denn im Hebräischen sind »Krebs« und »Skorpion« ein und dasselbe Wort. Überdies übernimmt Avikam die Rolle des Großvaters, der bei einem Verkehrsunfall getötet wurde. Es kommt uns so vor, als erfülle Avikam mit der selbstschädigenden Tat den unbewußten Wunsch beider Eltern, anstelle der Objekte zu sterben, die beide vermissen.

Diskussion

Uns scheint, daß diese Beispiele ganz konkret die Verzögerung der Entwicklung bei Kindern belegen, die Opfer körperlicher Mißhandlungen waren. Sie haben Schwierigkeiten, sich selbst als Opfer von Mißhandlungen zu verstehen, da sie nicht in der Lage sind, die Mißhandlung als einen integralen Bestandteil ihrer Entwicklung zu verstehen. Diese Unfähigkeit gründet in einem Mangel, der es ihnen nicht erlaubt, eine konstante Objektrepräsentanz zu bilden, und aus dem gleichen Grund verfügen sie über keine vollständige Selbstrepräsentanz. Nicht jede Erfahrung wird in die Selbstrepräsentanz »eingeordnet«, obwohl sie doch im Gedächtnis eingraviert ist. Das Kind kann zwar spüren, daß es mißhandelt worden ist, es nimmt sich aber zugleich selbst als die Ursache der Mißhandlung wahr, weil es ja die Person ist, die schlägt, wie es sich dann aber auch wieder als den Erwachsenen erleben kann, der den anderen, das Kind repräsentierend, versorgt.

Es handelt sich hier um eine bestimmte Fixierung in einem frühen Lebensstadium vor der Entwicklung einer kohärenten Persönlichkeit oder eines kohärenten Selbst, zu einem Zeitpunkt, zu dem der Individuations/Separations-Prozeß seinen Höhepunkt noch nicht erreicht hat. In struktureller Hinsicht haben wir es mit einer analen Fixierung zu tun, die besagt, daß alles erlaubt sein, alles sich verwischen kann, daß es keine Differenzierung und Grenzen gibt, kein Selbst und kein Objekt. In solchen Situationen kann man nicht erwarten, zumindest nicht in der ersten Zeit der Behandlung, daß das Kind in seinem Therapeuten oder in Pflegepersonen Objekte erkennen wird, die sich von seinen bisherigen unterscheiden. Die therapeutische Intervention und Anstrengung muß sich deshalb auf den Separations/Individuations-Prozeß konzentrieren und nicht darauf, die Realitätsprüfung zu verbessern im Hinblick auf die Mißhandlung durch die Eltern, denn eine angemessene Realitätsprüfung ist nur ein sekundäres Produkt der Entwicklung des Selbst und des Prozesses der Differenzierung und Trennung.

V. Selbstmorddrohungen der Mütter – Verlassenheitsängste der Kinder

Trennungsangst und die Angst, verlassen zu werden

In diesem Kapitel versuche, ich zwischen der Trennungsangst und der Angst des Kindes, seine Mutter könne es für immer verlassen, zu unterscheiden, und zwar anhand von klinischen Beispielen, in denen das Kind diese Befürchtung wie seine eigene unmittelbar bevorstehende Vernichtung erlebt. Es kann dieser Bedrohung in vielen Situationen begegnen, zum Beispiel wenn ein Elternteil plötzlich erkrankt, stirbt oder einen Verkehrsunfall erleidet. Sie stellt sich manchmal aber auch infolge emotionaler und affektiver Zustände ein, etwa wenn ein Elternteil sein Kind offen ablehnt oder nur mit sich selbst beschäftigt ist. Im folgenden konzentriere ich mich auf eine besondere Situation, nämlich die, in der eine Mutter androht oder versucht, sich das Leben zu nehmen.

Mit solchen Selbstmordankündigungen ist ein komplexes System von Gefühlen sowohl auf seiten der Mutter, die diese Drohungen ausspricht, als auch auf seiten der übrigen Familienmitglieder verbunden. Einerseits erhebt die Mutter ihren Zeigefinger anklagend gegen ihren Ehemann und ihre Kinder, die nun in der Tat Schuldgefühle entwickeln können. Andererseits beschleicht ein Kind, dessen Mutter Selbstmordabsichten äußert, möglicherweise das Gefühl, es sei – insbesondere in ihren Augen – wertlos und überflüssig. Selbstverständlich spielt hier der Kontext eine Rolle, das heißt die Frage, in welcher Entwicklungsphase, unter welchen konkreten Umständen, im Gefolge welchen Ereignisses oder welcher Krise etc. es zu diesen Androhungen kommt. Auch die Bedeutung einer derartigen Ankündigung nicht nur zum Zeitpunkt, in dem sie ausgesprochen wird, sondern auch langfristig, hängt vom Kontext ab, in dem sie fällt.

Im Rahmen dieser Untersuchung geht es in erster Linie um Mütter, die ihre Kinder schon vom Kleinkindalter an mit ihren Selbstmorddrohungen konfrontieren oder bereits vor deren Geburt davon gesprochen haben. In diesen Fällen stellen die Drohungen keine isolierten Ereignisse dar, vielmehr bilden sie einen integralen Bestandteil eines ganzen Komplexes aggressiver

Äußerungen und Handlungen, die sich innerhalb der Familie als unentwegte Querelen zwischen den Eheleuten, als körperliche Mißhandlung, sexuelle Probleme etc. manifestieren. Was den psychopathogenen Aspekt solcher Selbstmordankündigungen betrifft, sollte man meiner Ansicht nach zwischen der Trennungsangst und der Angst, für immer verlassen zu werden, unterscheiden.

Zur *Trennungsangst* kommt es, sobald die Beziehungen zwischen dem Kind und seinen Bezugspersonen ein Stadium erreichen, in dem es diese Objekte als von ihm selbst unterschiedene und getrennte wahrnimmt. In dieser Entwicklungsphase bedeutet Trennung einen schmerzlichen Verlust, ist doch eine Person oder ein Gegenstand, die oder der den Kern des Selbst mit ausmacht, in größere Ferne gerückt. Auch wenn man das reife Selbst als getrennte und autonome Einheit auffaßt, muß der Versuch des Individuums, sich selbst zu definieren, das heißt, seine Existenz im Sinne eines autonomen Selbst zu bestimmen, den Bereich der Objektbeziehungen mit umfassen. So bleiben die bedeutsamen Objekte weiterhin integraler Bestandteil seines Selbst, auch wenn es mittlerweile in ihnen getrennte Einheiten erkennt. Jede Art von Trennung kann seine Selbstachtung in Mitleidenschaft ziehen. Selbst wenn sie sich als bloß oberflächlich und vorübergehend erweist, kann sich die mit ihr verbundene Beeinträchtigung bisweilen traumatisch und langfristig psychopathogen auswirken. Trotzdem wird sich dieser psychopathogene Effekt auch in den gravierendsten Beispielen von demjenigen unterscheiden, den die Angst vor dem Verlassenwerden zeigt.

In denjenigen Fällen, in denen die *Angst vor dem Verlassenwerden* eine Rolle spielt, ist es ursprünglich weder zur Anerkennung des verlorenen Objekts gekommen, noch zur Anerkennung der Tatsache, daß sich ein Teil des Selbst für immer abgelöst hat. Außerdem mangelt es hier dem Individuum an der Fähigkeit einzuschätzen, daß die dem Selbst zugefügte Beschädigung auf diesen Verlust zurückgeht. Es fühlt sich der Gefahr einer drohenden Vernichtung preisgegeben. Die Angst, unwiderruflich verlassen zu werden, kommt der Angst vor einer Auflösung in Nichts, vor Vernichtung, Fragmentierung und totaler Auslöschung gleich. Eine solche Angst unterscheidet sich merklich von der durch Trennung hervorgerufenen; selbst wenn bei letzterer dem Selbst Beschädigung oder Amputation widerfährt, wird sein Kern oder sein existentielles Überleben keinen Augenblick in Zweifel gezogen. Zur Angst, verlassen zu werden, kommt es auch dann, wenn die Selbstmorddrohung implizit bleibt, wie zum Beispiel im Fall von Avi, der im Alter von acht Jahren zur Behandlung ins RTC überwiesen wurde. Schon davor war eine Reihe von Fakten über das Kind und seinen familiären Hintergrund bekannt.

Avi

Avis Mutter war sechzehn, als sie mit dem damals neunzehnjährigen Vater des Kindes eine Beziehung einging. Vor ihrem achtzehnten Geburtstag heiratete sie Avis Vater und trennte sich ein paar Wochen, nachdem ihr Sohn zur Welt gekommen war, wieder von ihm. Bis dahin lebten sie bei den Eltern ihres Mannes, dann kehrte sie – wegen der Ablehnung, die man ihr dort entgegenbrachte und weil ihr Ehemann sie schlug – mit Avi in ihr Elternhaus zurück. Da ihr Mann die Vaterschaft abstritt und behauptete, Avi sei die Frucht eines Ehebruchs seiner Frau, behandelte er das Kind wie einen Fremdling. Nach der Trennung der Eltern blieb nur noch eine dürftige Beziehung zwischen Avi und seinem Vater bestehen. Avi und seine Mutter verbrachten ein paar Jahre bei deren Eltern, bis deren Mutter die junge Frau wegen Avis schwierigem Verhalten vor die Tür setzte.

Bis zu seinem sechsten Lebensjahr schlief er im Bett seiner Mutter. Ging sie ins Bad, dann schrie er: »Mami, wo bist du?« Das Kind war, so die Mutter, ihr einziger wirklicher Gefährte und ihr einziger Trost, nachdem sie ihr Elternhaus hatte verlassen müssen. Sie nahm Avi überallhin mit, obwohl ihr nicht entgangen war, daß er Wutanfälle bekam und nach ihr zu treten anfing, sobald sie sich mit einer anderen Person unterhielt. Vor dem Einschlafen hämmerte er auf seinen Kopf ein, und tagsüber schaukelte er mit seinem Körper unablässig vor und zurück. Avi, der enorme Mengen an Essen verschlang und dessen Sprachvermögen – wie man festgestellt hatte – beeinträchtigt war, war zudem Bettnässer und konnte sich weder selbst anziehen noch ausreichend für seine persönliche Hygiene sorgen.

Als die Mutter Avi zum Erstinterview ins Zentrum brachte, saß er auf ihrem Schoß und weigerte sich, irgendwo anders Platz zu nehmen. Sie machte keinerlei Anstalten, ihn von diesem Verhalten abzubringen und ihn auf einem Stuhl neben sich abzusetzen. Wenn der Sozialarbeiter von Avi etwas wissen wollte, antwortete die Mutter prompt und verfiel dabei in einen kindlichen Tonfall, der sich deutlich von demjenigen unterschied, mit dem sie auf Fragen, die direkt an sie adressiert waren, einging. Als sie dem Sozialarbeiter schilderte, wie Avi alle Leute, die sie zu sich einlud, mit Kaffee bekleckerte, sprach sie von ihrem Bedürfnis nach einem gewissen Maß an Intimsphäre. Aber selbst dann, wenn sie das Verhalten ihres Sohnes beschrieb und ihre eigenen Bedürfnisse zur Sprache brachte, schloß sie den auf ihrem Schoß sitzenden Avi weiterhin in die Arme.

Nach dem Erstgespräch wurde sie um ihre Erlaubnis gebeten, Avi allein an einem gesonderten Gesprächs- und Untersuchungstermin teilnehmen zu lassen; das Kind weigerte sich jedoch schlicht, auch nur einen kurzen

Augenblick von ihrer Seite zu weichen. Da keine andere Alternative reali-
sierbar schien, beschloß man, daß beide – Avi und seine Mutter – mit dem
Psychologen zusammentreffen sollten. An Avi gewandt, sagte dieser: »Wie
ich sehe, willst du deine Mutter immer bei dir haben. Es sieht so aus, als ob
du Angst hast, sie könne dich verlassen. Hat sie dich denn früher schon mal
im Stich gelassen?« Bevor Avi selbst antworten konnte, erklärte die Mutter
kurz und bündig in aggressivem Ton, in dem Wut und Ärger unüberhörbar
waren: »Wenn ich doch bloß ein für allemal von der Bildfläche verschwin-
den könnte!«

Diese Vignette zeigt das Nebeneinander zweier getrennter und diametral
entgegengesetzter Verhaltensebenen. Während die eine deutlich artikuliert
wird, bleibt die andere dem Blick entzogen und ruft unbewußte Gefühle auf
den Plan. Was die offen ausgedrückte Ebene betrifft, so unterhält Avis
Mutter eine quasi-symbiotische Beziehung zu ihrem Sohn; die verborgene
Schicht zeichnet sich indes durch den permanent vorhandenen Wunsch aus,
das Kind zu verlassen. Offenkundig reagiert Avi viel intensiver auf die laten-
ten Wünsche seiner Mutter als auf die quasi-symbiotische Beziehung zwischen den beiden. Er war ja in der Tat ununterbrochen der Gefahr, allein
zurückzubleiben, ausgesetzt, und in seiner inneren Welt fallen Verlassenwerden und Auslöschung ineins. Es war deutlich, daß sich die Mutter an Avi
zum Teil wie an einen Ersatzehemann bzw. Ersatzlebensgefährten wandte,
an dessen starker Schulter sie sich ausweinen kann, so als sei er ihr Trost-
spender. Doch gleichzeitig erlebte Avi die Angst, seine Mutter könne unwiderruflich von ihm gehen, und interpretierte dieses Verlassenwerden als
Auslöschung, als Desintegration. Ich habe das Wort »Tod« vermieden, weil
Kleinkinder und selbst jüngere Kinder nicht wirklich verstehen können, was
der Tod bedeutet, und deshalb dazu neigen, das angedrohte Verlassenwerden
im Sinne einer unmittelbar bevorstehenden Vernichtung, einer drohenden
Nicht-Existenz aufzufassen (vgl. ᴵWolfenstein, 1969).

Selbstmorddrohungen

Mit den permanent geäußerten suizidalen Absichten eines anderen zu leben,
kann bisweilen größeren Schmerz verursachen als ein tatsächlich erlebtes
Verlassenwerden, wie Bowlby beobachtet hat: »... ständige Verlassensdroh-
ungen (erscheinen) mindestens genauso pathogen ... wie reale Trennungen.«
(1988, S. 83) Winnicott (1969) brachte Licht in ein wesentliches Paradoxon
in der frühen Kindheit. Seiner Meinung nach beruht die gesunde menschliche

Existenz auf dem unabdingbaren paradoxen Verhältnis zwischen Destruktivität und Überleben. Um allmählich ein Gefühl sowohl des Getrenntseins als auch der Unabhängigkeit zu entwickeln, muß das kleine Kind das Objekt einerseits zerstören, selbst wenn es, bereits vom allerersten Tag an, dieses Objekt als integralen Bestandteil seiner selbst erachtet hat. Andererseits hört das von diesem Objekt abhängige Kind jedoch zu existieren auf, sollte das Objekt tatsächlich zerstört werden. Deshalb erfordert die normale Entwicklung beides: daß das Kind gegen das Objekt gerichtete destruktive Tendenzen aktiviert und es dessen Überleben zugleich als etwas Lebensnotwendiges erlebt.

Dieses Nebeneinander des Wunsches, das Objekt zu zerstören, und der Anerkennung, daß dasselbe Objekt am Leben bleiben muß, konstituiert eine Art Interimstadium oder Übergangssituation, die die Trennung von der Mutter später auf eine gesunde Weise ermöglicht. Forschungsergebnisse belegen das Vorhandensein von Objektbeziehungen – und damit vielleicht einer Unterscheidung zwischen dem Selbst und dem Objekt – schon ganz am Anfang des Lebens. Gleichzeitig entwickelt sich die Fähigkeit, in einem allmählich voranschreitenden Prozeß zwischen Selbst und Objekt zu trennen. Solange aber die Grenzen zwischen dem Kleinkind und seiner Mutter noch nicht fest verankert sind, nimmt es jedwede drohende Zerstörung der Mutter als eine drohende Vernichtung seiner selbst wahr.

Drei Fallskizzen

Die folgenden Fallskizzen mögen veranschaulichen, wie sich die Suiziddrohungen von Müttern auf ihre Kinder auswirken, und versetzen uns möglicherweise in die Lage, mehr über ihren Einfluß nicht nur auf die Angst vor dem Verlassenwerden, sondern auch vor der eigenen Auslöschung zu erfahren. Sie werden uns auch mit einigen der Abwehrstrategien bekannt machen, deren sich Kinder bedienen, um mit der Lähmung und der Angst, die von derartigen Androhungen ausgehen, fertig zu werden.

Eli

Eli wurde zur Behandlung ins Zentrum überwiesen, nachdem er wegen einer Reihe von Problemen bereits ein Jahr in einer psychiatrischen Einrichtung zugebracht hatte. Es handelte sich um Schwierigkeiten, dauerhafte Beziehungen zu anderen einzugehen, um seine Ängste und um sein Einnässen.

Als Eli vier Jahre alt war, ließen sich seine Eltern scheiden, lebten danach aber nicht weit voneinander entfernt und stritten sich unentwegt weiter. Elis Mutter war als Kind einer Christin und eines jüdischen Vaters in Europa zur Welt gekommen. Als sie ein Jahr alt war, ließen sich ihre Eltern scheiden, und sie wurde bis zum Tod ihrer Mutter (sie war damals sieben Jahre alt) in verschiedenen Klöstern untergebracht. Danach kam sie wieder in die Obhut ihres Vaters. Er war grausam und schlug sie gnadenlos, und ihre Stiefmutter bevorzugte unverhohlen ihre eigenen Kinder. Schließlich traf der Vater Vorkehrungen für die Konversion seiner Tochter zum jüdischen Glauben und schickte sie deshalb nach Israel zu seinem Bruder. Das Leben bei ihrem Onkel, der sie sexuell mißbrauchte, war besonders schmerzlich. Nach ein paar Jahren traf ihr Vater ebenfalls in Israel ein, und da er am Verhalten seines Bruders nichts zu tadeln fand, schlug er sie wieder und beschuldigte sie, für die inzestuöse Situation allein verantwortlich zu sein. Als Einundzwanzigjährige beging sie ihren ersten Selbstmordversuch, dem über die Jahre weitere folgten, obwohl sie es im allgemeinen lieber bei Ankündigungen beläßt. Sie heiratete einen Mann, der eine krankhafte Beziehung zu seiner Mutter unterhielt. Bei ihr lebte das Paar am Anfang der Ehe. Sowohl Elis Vater als auch seine Mutter sind in einem technischen Beruf ausgebildet, haben aber keine feste Anstellung. Sein Vater ist ein süchtiger Kartenspieler.

Als Eli im Zentrum eintraf, kamen seine hervorstechendsten Verhaltensmerkmale in seinen Beziehungen zu anderen Kindern und Erwachsenen zum Vorschein. Die Erwachsenen beschrieben Elis Reaktionen als kalt und mechanisch: Er signalisiere überhaupt nicht, ob irgendein Vorgang in seiner unmittelbaren Umgebung ihn interessiert oder emotionale Bedeutung für ihn hat. Niemals zeichne sich eine Gefühlsregung auf seinem Gesicht ab, lediglich Gleichgültigkeit. Die einzigen Emotionen, die die Mitarbeiter bei ihm feststellen konnten, waren Furcht und Angst. Jedesmal, wenn einer von ihnen Eli etwas fragte, verspannten sich seine Nackenmuskeln, und sein emotionaler Zustand ließ deutlich extreme Angst erkennen. Oft stand oder saß er da und starrte mit ausdruckslosen Augen vor sich hin. Gleichzeitig nahm er es jedoch mit allen Raum und Zeit betreffenden Angelegenheiten sehr genau. Er schaffte es, den geltenden Stundenplan einzuhalten, war mit den Terminen und Pflichten der Mitglieder des Behandlungsteams vertraut und kannte sich gut mit den Regeln aller Spiele aus, die die Kinder spielten. Häufig fragte er nach, wohin der Mitarbeiter Soundso gehe, und hatte seine liebe Not damit, zwischen den verschiedenen Teammitgliedern zu unterscheiden. Bei einigen Personen im Zentrum erwarb er sich den Titel »nudnik« (ein hebräischer

Slangausdruck für »Plagegeist«), löcherte er sie doch mit vielen belanglosen Fragen und erging sich in einförmigen, langatmigen Ausführungen, manchmal gerade dann, wenn sie ihre Schicht beenden wollten oder anderweitig beschäftigt waren.

In der Anfangszeit schien Elis Verhalten zwischen zwei Extremen zu wechseln: entweder »verschlang« er seinen erwachsenen Gesprächspartner, oder aber dieser »verschlang« Eli. Die Kinder wiederum beklagten sich, er sei ein Rabauke und hänsele sie. Nach und nach wurde er in den Augen seiner Gleichaltrigen immer mehr zu einem Paria. Er spielte pausenlos an seinen Genitalien herum und war ein gewohnheitsmäßiger Bettnässer.

Bei den Besuchen seiner Mutter war nicht zu übersehen, daß sie ihn »verschlang«. Sie verhielt sich ihm gegenüber genau so, wie sie mit sich selbst umging. So fragte sie ihn wiederholt, ob sich die Kinder untereinander sexuell betätigten, und verlangte, daß Eli auch weiterhin die Medikamente einnahm, die bei seinem Aufenthalt in der psychiatrischen Einrichtung angeordnet worden waren. So lief sein Verhalten auf eine getreue Kopie der Handlungen seiner Mutter hinaus, die ebenfalls Psychopharmaka nahm. Bei einem der Treffen, das zwischen einem Mitarbeiter, Eli und seiner Mutter stattfand, brachte diese einen langen Beschwerdenkatalog vor und bat ihren Sohn zu bestätigen, ob ihre Klagen den Tatsachen entsprachen. Er unterstützte sie ausnahmslos bei jedem ihrer Kritikpunkte, obwohl sein kindlicher, unterwürfiger Tonfall nicht den Eindruck machte, als sei er von deren Berechtigung wirklich überzeugt. Es lag auf der Hand, daß er nur solche Worte wählte, die sie von ihm erwartete. Bei jeder Gelegenheit behauptete sie, die anderen Kinder würden auf Eli »herumhacken«, geradeso wie ihre Verwandten sie mißhandelt hätten. Sie stellte also eine Beziehung absoluter Identität zwischen sich und ihrem Kind her. Es verging kein Besuch, ohne daß sie deutlich zeigte, wie sehr sie sich gegen eine Lockerung der Bande zwischen ihr und Eli sträubte, während sie gleichzeitig unentwegt mit einer endgültigen und unwiderruflichen Trennung drohte: Ihre Selbstmordankündigungen, von denen manche in tatsächliche Suizidversuche mündeten, sprach sie nicht nur in Elis Gegenwart aus, sondern richtete sie mitunter sogar direkt an ihn.

Eli erlebt also in der Beziehung zu seiner Mutter zwei völlig gegensätzlich geartete Situationen: Zum einen vermittelt sie ihm das Gefühl, eine Art von Schutz zu genießen; sie, die eine übertriebene Besorgnis um sein Wohlergehen an den Tag legt, überhäuft ihn jedesmal mit Süßigkeiten und Nahrungsmitteln. Zum anderen wird sein Sicherheitsgefühl durch die nicht abreißende Angst untergraben, daß seine Mutter ihn durch ihren Selbstmord für immer verlassen könnte. Seit seiner frühen Kindheit ist diese Angst Elis ständiger Begleiter.

Shai

Auf einen Gerichtsbeschluß hin wurden Shai und seine ältere Schwester wegen Kindesmißhandlung, unter der hauptsächlich das Mädchen zu leiden hatte, von ihrer Familie getrennt.

Shais Mutter wuchs in einem Heim auf, in das sie im Alter von neun Jahren gesteckt worden war und in dem sie bis zum Alter von fünfzehn Jahren blieb. Da nämlich riß sie von dort aus, um mit einem Mann zusammenzuziehen. Mit dreiundzwanzig Jahren heiratete sie einen anderen, von dem es hieß, er sei introvertiert und unnahbar und oft von zu Hause fort gewesen. Sie pflegte regelmäßigen Kontakt mit ihrem Schwager, dem Bruder ihres Mannes, und ließ in die Unterhaltungen mit ihm häufig das Thema der Scheidung einfließen. Sie ist drogensüchtig und droht nicht selten mit Selbstmord, weshalb sie schon zweimal in eine psychiatrische Anstalt eingewiesen wurde.

Shais Eltern gründeten ein Geschäft, das sich alsbald als Flop entpuppte, und stritten meistens miteinander. In jener Zeit fing die Mutter an, große Geldsummen auszugeben, ohne sich groß ums Budget oder die gebotene Sparsamkeit zu scheren. Sie unternahm dann mit ihrem Auto lange Ausflüge quer durchs ganze Land und fuhr – ihrer eigenen Aussage zufolge – oft mit 150 Stundenkilometern. Da sie finanziell in Bedrängnis gerieten, quartierte sich der Vater bei seinen Eltern ein, die Shais Mutter gegenüber feindselig eingestellt sind. Sie selbst zog zu Verwandten in einer anderen Stadt. Jedesmal wenn Shai in den Ferien nach Hause fährt, hat es den Anschein, als verbringe er die meiste Zeit mit seiner Mutter, die ihn auf ihre verschiedenen Touren und in der Tat gefährlichen »Abenteuer« mitnimmt. Wenn er seine Angst, seine Mutter könne eines Tages sterben, offen ausdrückt, stellt er nicht selten Fragen nach dem Tod. Seine Mutter kommt alle naselang vorbei, und kein Besuch verläuft ohne stürmische Ausbrüche, während sie ausgiebig ißt und trinkt und mit ihrem Sohn im Zentrum herumspaziert.

Anfangs war Shai überaus verwirrt, was Zeit und Raum betrifft, und fand es deshalb schwierig, mit dem Stundenplan, den Aktivitäten und der Routine des Zentrums zurechtzukommen. Wann immer sein Betreuer ihn bestrafte, reagierte Shai folgendermaßen: »Wenn du erst mal kleiner wirst, bin ich's, der dich bestraft.« Jeder beschrieb ihn als ein aus dem Häuschen geratenes kleines Baby, ein Bild, das Shais Verhalten nur bestätigte: Er hatte eine kindliche Art zu sprechen, stellte kindliche Forderungen und quengelte wie ein kleines Kind. Im Klassenzimmer versteckte er sich oft und hoffte dann erwartungsvoll und vergnügt, der Lehrer werde nach ihm suchen. Er kletterte auch auf Bücherregale, Schränkchen, Bäume, Telegraphenmasten und Dächer, ohne das geringste Gefühl für die Gefahr, in die er sich brachte.

Sobald ein Mitarbeiter des Zentrums hinter ihm herrannte, eine kritische Bemerkung fallenließ oder seiner Verärgerung Luft machte, reagierte Shai damit, daß er den Clown spielte und sich über die betreffende Person lustig machte, sein Gesicht verzog, die Zunge herausstreckte und die Stimme des Erwachsenen nachahmte, der es gewagt hatte, sich zu seinem Benehmen zu äußern.

Bald schon wurde klar, daß er diese Verhaltensweisen immer dann zur Schau stellt, wenn man ihn zur Teilnahme an irgendeiner Gruppenaktivität auffordert. Sobald er sich in einem Setting mit mehreren anderen befindet, in dem alle etwas tun sollen, spürt Shai eine Gefahr heraufziehen, vor der er sich schützen muß, und seine Reaktion ist stets dieselbe – die Rolle des Clowns zu mimen und so sein Überleben sicherzustellen. Seine Tricks und seine Albernheit machen die Anwesenheit von Mitarbeitern erforderlich, um »die Gefahr« abwenden zu können.

Shai sammelt verschiedene Arten toter Insekten und bewahrt sie in kleinen Schächtelchen auf und liebt es, Rätselfragen über Insekten zu stellen. Eines seiner Lieblingsrätsel lautet: »*Zehn Ameisen kommen dahergelaufen. Jemand tritt auf eine – wohin geht dann der Rest? Antwort: zur Beerdigung der toten Ameise.*« *Wann immer seinen Forderungen nicht entsprochen wird, wird er extrem wütend. Nach Ausbruch des Golf-Krieges wurde er zu seiner Mutter geschickt. Kurz darauf rief der Therapeut dort an und erkundigte sich, wie er zurechtkam. Seine Mutter gab zur Antwort, Shai mache sie noch ganz verrückt, sie habe ihn mit einem Gürtel geschlagen, weil sie sein Betragen einfach nicht mehr aushalten könne. Das ganze Drumherum mit den Luftangriffssirenen, den abgedichteten Räumen und den Gasmasken überfordere sie. Am nächsten Tag schaute der Therapeut bei Shai vorbei, der unbedingt dem Zentrum einen Besuch abstatten wollte.*

Zehn Tage später brachte man Shai ins Zentrum zurück. Folgender Ausschnitt stammt aus seiner ersten Psychotherapiestunde nach seiner Rückkehr:

»*Shai tut so, als ob er ein Polizeibeamter wäre, der über die Handschellen, die er der Therapeutin angelegt hat, mit dieser verbunden ist. Sie ist eine mutmaßliche Diebin und muß deshalb verhaftet werden. Nachdem er seiner Gefangenen ins Bein ›geschossen‹ hat, sagt Shai:* ›*Nur um sicherzugehen, daß du dich nicht aus dem Staub machst.*‹ *Gegen Ende der Stunde geht er dazu über, die Therapeutin zu ›erschießen‹ und zu ›töten‹. Die Beendigung einer Behandlungsstunde ist für ihn stets ein ernstes Problem gewesen. Er nimmt dann immer etwas aus dem Behandlungszimmer mit und begründet es so:* ›*Jedesmal wenn wir anfangen, was zu tun, sagst du mir, ich solle gehen.*‹

Im Laufe der ersten Therapiestunde beginnt er auch ein Spiel mit Spielzeug-autos, wirft dabei aber seine Tatsachenkenntnisse ein wenig durcheinander. Er nimmt Autos, die er ›Iraker‹ nennt, und belädt sie mit Raketen. Die ganze Zeit über stopft er sich zwanghaft mit Essen voll und ist in einer merklich agitierten und verwirrten Verfassung. In der zweiten Behandlungsstunde nach seiner Rückkunft zeichnet er Saddam Hussein, der, so Shai, ein furcht-einflößender Mann sei und jetzt auf die Israelis wütend ist, weil sie heraus-gefunden hatten, wie man verhindert, daß seine Raketen ihnen etwas an-haben können. Im Laufe der Stunde wurde deutlich, daß sein Selbstvertrauen zunahm. Aber als die Therapeutin ankündigt, daß ihre Stunde bald zu Ende sei, bittet Shai, verwirrt über diese Ankündigung, um Erlaubnis, eine weitere Zeichnung anfertigen zu dürfen. Seine konfuse Zeichnung zeigt den Schatten-riß eines Spielzeuggewehrs, das er mit zwei Augen, einem Schnurrbart und einem Mund versah. Auf die Bemerkung hin, da habe er ja etwas gezeichnet, das halb Gewehr, halb Mensch sei, stattet er die Figur rasch noch mit Beinen und Raketen aus und teilt der Therapeutin mit, daß eine dieser Ra-keten gleich über ihnen niedergehen werde.«

Sharon

Sharon ist zehn Jahre alt. Seine Mutter ist eine gebürtige israelische Jüdin und sein Vater ein christlicher Araber, mit dem sie zusammenlebt. Sharons Eltern haben noch eine zwei Jahre ältere Tochter, und seine Mutter hat überdies einen älteren Sohn, von dessen Vater sie sich später scheiden ließ. Sie stammt aus einer in mehrfacher Hinsicht problematischen Familie, in der ihr Vater sie mißhandelte, indem er sie heftig schlug, ans Bett fesselte, ihre Fußsohlen mit Peitschenhieben traktierte und sie sexuell mißbrauchte, wobei ihre Mutter zuschaute und bitterlich weinte. Auch in ihrer derzeitigen Be-ziehung wird Sharons Mutter verprügelt, und wann immer sie das Behand-lungszentrum aufsucht, hat sie keine Bedenken, ihre Bluse auszuziehen, um die Blutergüsse zu zeigen. Trotzdem hat sie nicht die Absicht, ihren Lieb-haber zu verlassen. Zweimal schon hat sie sich das Leben zu nehmen ver-sucht und kündigt bei jeder Gelegenheit an, sie werde sich mit dem Haus, in dem sie lebt, anzünden. Ihre permanenten Selbstmorddrohungen gehen mit Wutausbrüchen einher, die ihrem Liebhaber, ihrer Vergangenheit, ihren Kin-dern, den Behörden etc. gelten. Einmal, als sie im Zentrum eintraf und Sha-ron gerade anwesend war, zählte sie laut die verschiedenen Unannehm-lichkeiten auf, mit denen sie zu Rande kommen muß, und drohte gleichzeitig an, sich umzubringen. Kommen beide Elternteile zu Besuch, zanken sie sich wegen einer vorangegangenen häuslichen Auseinandersetzung.

Sharon wurde – so drückte es seine Mutter aus – »tot geboren«: Zwei Stunden nach der Entbindung geriet das Neugeborene in Atemnot, und sein Körper lief blau an. Es kam in einen Brutkasten und konnte gerettet werden. Als er sieben Wochen alt war, wurde er mit Atemwegsproblemen ins Krankenhaus eingewiesen und bekam dort schlimme Durchfälle. Zwischen fünf und acht Jahren besuchte er ein normales Internat; als Achtjähriger wurde er jedoch ins Zentrum überwiesen, weil er Symptome zeigte, die für eine Depression sprachen, und Wutanfälle, unkontrollierbare impulsive Ausbrüche sowie Gewalttätigkeit anderen Kindern gegenüber an den Tag legte. Bei seinen Aufenthalten zu Hause schläft Sharon im Bett seiner Mutter.

Ihre Besuche im Zentrum spielen sich in zwei Stadien ab: Zuerst untersucht sie Sharon gründlich von Kopf bis Fuß danach, ob er geschlagen wurde, Läuse hat und das Personal sich um seine persönliche Sauberkeit und Hygiene kümmert. Dazu gehört auch eine sorgfältige Prüfung jedes einzelnen seiner Kleidungsstücke, seines Bettes, seines Kleiderschranks und seiner persönlichen Habe. Sie bringt ihm stets viele Schachteln mit Süßigkeiten, Keksen und anderem Gebäck mit. Während sie sie ihm gibt, umarmt und liebkost sie ihn pausenlos. Läßt sie eine kritische Bemerkung über Sharons Verhalten fallen (wenn sie ihn beispielsweise beschuldigt, anderen Kindern Schläge verpaßt zu haben), verteidigt er umgehend und überaus energisch jede einzelne seiner Handlungen – oder seiner Fehler – und gibt sich ziemlich entrüstet.

Das zweite Stadium setzt kurze Zeit danach ein, gewöhnlich dann, wenn eine Begegnung zwischen Sharons Mutter und den Mitarbeitern stattfindet. Sie schildert dann ihre Sorgen und droht mit Selbstmord. Wenn sie ihre Beschimpfungen und Drohungen vom Stapel läßt, bezieht sie alle mit ein, die sich zufällig in ihrer unmittelbaren Nähe aufhalten, natürlich auch Sharon, den sie die ganze Zeit mit ihren Armen umschlungen hält.

Als Sharon im Zentrum eingetroffen war, reagierte er anfangs mit einem Gefühl der Deprivation wie auch mit beträchtlichem Neid auf andere Kinder. Die Mitglieder des Behandlungsteams befürchteten eine Katastrophe, sollte seinen Forderungen nicht umgehend entsprochen werden, denn er stampfte auf dem Boden liegend mit seinen Füßen auf und schrie wutentbrannt, daß er bald am Ende sei. Wenn er seine Eifersuchts- und Deprivationsgefühle nicht lautstark nach außen dringen läßt, ist Sharon seiner Umgebung entfremdet, spricht mit keiner Menschenseele und spielt auch nicht mit den anderen Kindern. Seine Stimmungsumschwünge kommen ganz plötzlich. Es gelingt ihm, Distanz zu den anderen zu wahren, indem er den Eindruck erweckt, er sei stark, mutig und geschickt in allem, was er anpackt. Aber er spricht mit *keinem über seine Schwächen oder sein Leid und gibt sich erhebliche Mühe, seinen Gefühlsausdruck zu hemmen, um so Desintegration, Zerstörung und Vernichtung von sich abzuwenden.*

Diskussion der Skizzen

Bei den geschilderten Fällen sind wir auf eine Konfiguration mehrerer ätiologischer Faktoren gestoßen: auf Vernachlässigung, elterliche Gewalttätigkeit, Ablehnung und Überfürsorglichkeit, auf die Weigerung der Eltern, ihren grundlegenden Verpflichtungen ihren Kindern gegenüber nachzukommen, auf schwerwiegende Probleme zwischen den Elternteilen sowie sexuelle Konflikte und Perversionen. Man sollte aber auch biologische und physiologische Faktoren, die einen starken Einfluß auf die Entwicklung ausüben, bedenken, da diese Kinder mindestens einen Krankenhausaufenthalt in ihrem ersten Lebensjahr hinter sich haben, der möglicherweise ihre »Störung« insgesamt erklärt. Dennoch werde ich, um den Fokus der Diskussion nicht aus den Augen zu verlieren, die Mehrzahl der psychopathogenen Ursachen und deren Beziehungen untereinander unberücksichtigt lassen und statt dessen mein Augenmerk auf einen Faktor richten, der von besonderer Bedeutung und Wichtigkeit ist: die Angst des Kindes, von seiner Mutter durch deren Selbstmord verlassen zu werden, ein Problem, das es von seinen ersten Lebenstagen an in sich aufgenommen hat (in einigen Fällen bereits während der Schwangerschaft). Die Drohung der Mutter, sich das Leben zu nehmen und somit das Kind für immer zu verlassen, hat aus zweierlei Gründen offentlich eine hochtraumatische Wirkung auf das Kind. Der erste Grund hängt mit der Persönlichkeit der Mutter und ihren Objektbeziehungen sowie mit der Frage zusammen, wie sich diese für ihr Kind bemerkbar machen, während der zweite mit der äußeren Welt des Kindes zu tun hat, derjenigen also, die jenseits des Mutter-Kind-Kontexts beginnt.

Was die *Persönlichkeit der Mutter und ihre Objektbeziehungen* betrifft, liegt in jedem der dargestellten Fälle eine Haltung vor, die zwei widerstreitende Komponenten umfaßt: Überfürsorglichkeit einerseits und Drohungen, das Kind endgültig zu verlassen, andererseits. In den drei Beispielen gestehen die Mütter ihrem Kind nicht ausreichend Raum für ein unabhängiges Leben zu, sie verhindern die normale Entwicklung seines Selbst, indem sie die Entfaltung der altersgemäßen Separations/Individuationsprozesse sabotieren. Die Tatsache, daß sie in jeden Aspekt des Lebens ihres Kindes eingreifen, zieht sich ungemindert durch alle Phasen seiner derart erschwerten Entwicklung. Sie verhalten sich einem achtjährigen Kind gegenüber genau so wie früher, als es noch klein war. Gleichzeitig warten sie noch mit einer anderen – davon völlig verschiedenen – Haltung auf: dem Wunsch, das Kind zu verlassen – ja, sogar mit seiner Ablehnung. Diese Einstellung liegt der körperlichen Vernachlässigung des Kindes in den frühen Lebensabschnitten zugrunde, die Einweisungen ins Krankenhaus etwa aufgrund von Verdauungs- und Atemstörungen nach sich zieht. Die körperliche Vernachlässigung kann aber auch dazu führen, daß die Kinder vorübergehend von zu Hause ausreißen, in emotionale Entfremdungszustände geraten, wie sie in psychotischen Schüben vorkommen und eine Hospitalisierung erfordern, und ihrerseits ständig mit Suizid drohen, die mit wütenden Äußerungen verbunden sind und beim Anderen Angst auslösen. Extreme Objektbeziehungen dieses Typs verhindern die altersgemäß normale Entwicklung des Selbst, denn es liegt auf der Hand, daß die oben beschriebenen Kinder zwischen zwei Verhaltenspolen hin und her schwanken: der totalen Verschmelzung mit der Mutter und dem Gefühl, von ihr völlig verlassen worden zu sein. Um einen Begriff von Winnicott zu gebrauchen, fehlt hier der *potential space*, der es dem Individuum ermöglicht, sein eigenes getrenntes, unabhängiges Selbst auszubilden. Die entwicklungspsychologischen Probleme verschärfen sich indessen noch, sobald die Mutter nicht nur die Separation und Individuation ihres Kindes verhindert, wenn sie ihm nicht nur damit droht, es für immer zu verlassen, sondern sich darüber hinaus vollständig mit ihm identifiziert. Projiziert sie ihre eigene Persönlichkeit, so wie sie sich im Kontext ihrer internalisierten Objektbeziehungen herauskristallisiert hat, auf ihr Kind, vereitelt sie, daß es sich als unabhängiges Subjekt entfaltet. Auch dann, wenn sie mit Suizid droht, wendet sie sich an ihr Kind nicht wie an ein getrenntes, einzigartiges Objekt, sondern erblickt nur sich selbst in ihm, sieht sich in ihm als hilfloses Kind, das darunter leidet, daß seine Eltern es verlassen und vernachlässigt haben. Sie kann die aggressiven Bilder, die sie in sich trägt, auf ihr Kind projizieren oder die Imagines derjenigen, die sie einst im Stich gelassen haben, oder aber das Bild ihrer selbst als depriviertes, diskriminiertes Individuum, als Opfer sexuellen Mißbrauchs, als Person, die ihrer vollständigen Vernichtung entgegensieht.

Was den zweiten Grund dafür betrifft, weshalb sich Selbstmorddrohungen traumatisch auf Kinder auswirken, so müssen wir nach den Merkmalen des *äußeren sozialen Umfelds* fragen, die das vor Verlassenheit sich ängstigende Kind in sich aufnimmt. Die klinischen Beispiele zeigen deutlich, daß das Milieu, in das ein Kind mit solchen Ängsten – oder eines, bei dem sie sich tatsächlich bewahrheitet haben – eingebunden ist, selbst auch bedrohliche Züge trägt und auf gewalttätigen und zerstörerischen Fundamenten ruht.

In den meisten Fällen lassen sich die Suiziddrohungen der Mütter als

Reaktion auf die Gefühle auffassen, die ihnen in ihren derzeitigen Beziehungskontexten vermittelt werden. Diese Beziehungen basieren natürlich auf unbewußten Wünschen und unbewußtem Begehren sowie auf den internalisierten Objektbeziehungen der Vergangenheit. Wir haben gesehen, daß es sich bei den bedeutsamen Anderen, die dem Kind außer seiner mit Selbstmord drohenden Mutter verfügbar sind, keineswegs um Personen handelt, die ihm angesichts der offenkundig quasi-symbiotischen Beziehung, die die Mutter herstellt, oder der Drohungen, verlassen zu werden, Schutz oder Unterstützung gewähren können. Einige Väter sind ihrerseits grausame, bedrohliche und ablehnende Personen.

Ein weiterer Punkt, der untersucht werden sollte, betrifft die *Abwehrmechanismen*, deren sich das Kind bedient, um seine Angst vor dem Verlassenwerden zu bewältigen. Sandler (1960) zieht mehrere Möglichkeiten in Betracht, wie das Individuum sich selbst vor angstmachenden Situationen schützen kann. Diese Strategien laufen darauf hinaus, sein Selbstvertrauen anzuheben oder, wie er sich ausdrückt,»sein Sicherheitsgefühl (zu stärken)« (S. 129). Sandler erörtert drei diesem Zweck dienende Abwehrmechanismen: »Ablehnung aller Objekte oder Negativismus«,»Überbesetzung gewisser Reizquellen« und»durch ... vollständige Unbeweglichkeit erreichte wahrnehmungsmäßige Konstanz« (S. 130).

Meiner Ansicht nach kommen bei den beschriebenen Kindern alle drei Mechanismen ins Spiel. Trotz der Abhängigkeitsbeziehung, die sie ihren Therapeuten gegenüber entwickeln, mangelt es nicht an Hinweisen auf ihre Neigung, sich von der Welt der Erwachsenen zu distanzieren und abzukapseln. Es gibt Kinder, die, wie Eli, sich den Stundenplan zu eigen machen und das Wesen der Aktivitäten, die von ihnen erwartet werden, zu erfassen suchen, damit sie unter keinen Umständen die Führung und Hilfe anderer in Anspruch nehmen müssen. Dieser Typ von Abwehrmechanismus erinnert an den narzißtischen Abwehrmodus (vgl. Modell, 1975), obwohl ihm auch ein negativistisches aggressives Element innewohnt, das besagt:»Auf dich kann ich verzichten.« Von Eli hieß es immer wieder, daß er ausdruckslos ins Leere starre und keinerlei Gefühl bei sich selbst wahrnehme. Ich bin der Meinung, daß es sich bei diesem Einfrieren von Gefühlen in Wirklichkeit um ein negativistisches Sich-Distanzieren vom anderen handelt. Außerdem sind wir in unseren Fallskizzen Beispielen für die Überbesetzung begegnet, die sich in ihrer extremsten Form wahrscheinlich bei Shai manifestiert, der so viel Zeit mit seinen Insekten verbringt. Oft unterbricht er eine Beschäftigung, um all seine Aufmerksamkeit ihnen zu widmen. Solche extremen Abwehrmechanismen tragen offenbar dazu bei, daß sich ein Kind von denjenigen Faktoren distanzieren kann, die dazu angetan sind, Angst in ihm auszulösen. Bei Sharons ständigen Vergleichen seines Verhaltens mit dem der anderen Kinder liegt vermutlich ein ähnliches Handlungsmuster vor. Natürlich spiegeln solche Beschäftigungen auch Gefühle des Neids, der Deprivation und Diskriminierung wider. Die extreme Natur der dem jeweiligen Abwehrmechanismus entsprechenden Aktivität soll dem Kind jedoch dabei helfen, seine Vernichtungsangst zu überwinden, und sei es auf eine negativistische Weise.

Der dritte von Sandler erwähnte Abwehrmechanismus manifestiert sich im starr festgelegten Repertoire an Reaktionen und aggressiven Taktiken (unflätige Sprache, Gewalt, Vandalismus etc.), auf das die Kinder zurückgreifen. Allem Anschein nach handelt es sich bei diesen negativistischen Ausdrucksmöglichkeiten um Reaktionen, die ihre Stärke aus der Tatsache beziehen, daß sie in den jeweiligen Familien gang und gäbe und überdies leicht zu reproduzieren sind. Bisweilen kann man sogar die paradoxe Ansicht vertreten, daß die Mutter, die sich bestimmter Reaktionstaktiken einschließlich eskapistischer Strategien bedient, aus einem in der Familie verankerten Repertoire schöpft und daß gerade diese Vertrautheit eine wirksame Abwehr ermöglicht.

VI. Das mißhandelte Kind und seine kogitive Beeinträchtigung

Die meisten psychoanalytischen Veröffentlichungen, die sich mit dem Thema des mißhandelten Kindes befassen, richten ihre Aufmerksamkeit auf die durch die Mißhandlungen hervorgerufenen emotionalen Störungen, und nur wenige beschäftigen sich mit den zusätzlich zum psychischen Trauma entstandenen *kognitiven Beeinträchtigungen*. In diesem Kapitel möchten wir uns mit diesen Schädigungen befassen. Wir haben festgestellt, daß diese Kinder nicht in der Lage sind, eine symbolische Form des Denkens zu entwickeln, und daher auf konkretes Denken fixiert bleiben. Anhand eines klinischen Beispiels werden wir zeigen, auf welche Weise diese kognitive Beeinträchtigung den Psychoanalytiker veranlaßt, seine psychoanalytische Technik, die die Fähigkeit zum symbolischen Denken voraussetzt, partiell abzuwandeln und alternative Behandlungswege für diese Kinder zu suchen. Wir möchten betonen, daß sie einer umfassenden Behandlung bedürfen, bei der der individuelle psychoanalytische Beitrag, auf jeweils angemessene Weise angewandt, nur ein Teil der Therapie sein kann. Die folgende Episode aus einer psychoanalytischen Sitzung illustriert die kognitive Beeinträchtigung eines solchen Kindes zusätzlich zu seinen emotionalen Problemen:

Ein achtjähriger Junge organisierte schon Monate vor seinem eigentlichen Geburtstag in seinen therapeutischen Sitzungen »Geburtstagsparties«. Dem Analytiker wurde deutlich, daß »Geburtstag« eine Feier bedeutete, die auf eine bestimmte Weise in der Gruppe gefeiert wurde. Für den Jungen ist dieses Fest nicht an ein bestimmtes Datum gebunden und hat sicherlich nichts mit dem Tag zu tun, an dem er geboren wurde. Auf die Frage, wie alt er sei, antwortete er, er sei acht, und auf die Frage, wie viele Jahre seit seiner Geburt schon vergangen seien, sagte er, er wisse es nicht. »Geburtstag« hatte eine sehr konkrete Bedeutung für ihn. Das Datum seines Geburtstags wird von der Reihenfolge der Parties bestimmt, die in seiner Gruppe gefeiert werden: »Wann ist dein Geburtstag?« »Nach Uri und Rafi.« Während einer Sitzung wünschte sich der Junge »einen Geburtstag«. Nachdem ein Raum gefunden und geschmückt worden war, malte er sich selbst eine Torte. Diese Torte wurde so real für ihn, daß er die Kerzen ausblies, die er auf die Torte gemalt hatte. Der Analytiker erkannte, daß der Junge seine Zeichnung nicht betrachtete, als stelle sie eine Torte dar, sondern als sei sie eine reale Torte.

Die normale mentale Tätigkeit zeichnet sich hauptsächlich durch die Fähigkeit aus, zwischen Selbst und Objekt, zwischen Realität und Einbildung, zwischen Vergangenheit, Gegenwart und Zukunft unterscheiden zu können. Diese wesentliche Fähigkeit wird normalerweise in der Kindheit in einem Raum erworben, der durch die erste Bezugsperson vorgegeben wird und in dem der Säugling ein Gefühl dafür entwickelt, ein eigenständiges Wesen zu sein, zugleich aber auch das Einssein mit der Bezugsperson spürt – Winnicotts *potential space.*

Das mißhandelte Kind lebt jedoch in einem schädigenden Umfeld, in dem es sich extrem ängstigt und ständig unter drohender Vernichtung leidet. Diese Angst unterscheidet sich völlig von den Trennungs- und Kastrationsängsten anderer Kinder, seien sie nun normal oder neurotisch, weil hier die Gefahr der Vernichtung die normale Entwicklung von Bewältigungsstrategien, eines kohäsiven Selbstgefühls und jegliche Sicherheit verhindert (vgl. Sandler, 1960). Durch diese Lebensumstände wird die Entwicklung der Fähigkeit zum Denken, zum Überlegen und Vorstellen beeinträchtigt, da das Kind nur mit dem Hier und Jetzt beschäftigt ist, als warte es auf den vernichtenden Schlag. Darum ist es nicht in der Lage, eine Als-ob-Haltung einzunehmen, eine Haltung, die ihm dabei helfen könnte, zu unterscheiden und seine kognitiven Fähigkeiten zu entwickeln.

Zudem ist die Gewalt allgegenwärtig, weil sie das ganze Leben eines solchen Kindes prägt. Es hat das Gefühl, daß die ganze Welt und damit seine gesamte Lebenserfahrung von Gewalt beherrscht wird. Es gibt keinen Unterschied zwischen Wut, Spott, Aufregung oder Ärger – jede Gefühlsäußerung wird als potentiell gewalttätig erlebt. Sogar alltägliche Verrichtungen, wie Essen und Ausscheidung oder eine Umarmung und ein Festhalten, wird es als gewalttätig, gefährlich und ängstigend erleben. Es ist daher unfähig, zwischen verschiedenen Beziehungsformen zu unterscheiden, und reagiert auf jede Erfahrung mit der gleichen Erwartung. Derartige Muster beeinträchtigen überdies seine kognitive Fähigkeit, den Wandel der Zeitdimensionen zu erkennen, wodurch seine eigene Gewaltbereitschaft verstärkt wird: Es ist nicht in der Lage, etwas aufzuschieben, zu warten oder zu verzögern – Fähigkeiten, für die die Erkenntnis notwendig ist, daß es eine Zukunft gibt.

Solange es aber keine Vorstellung von einer Zukunft hat, können wir nicht erwarten, daß das Kind sich etwas vorstellen, in »als-ob«- oder in »ich wünsche mir«-Begriffen oder in der Hoffnung auf etwas denken kann. Dies wird im folgenden Beispiel besonders deutlich.

Frau N., heute 38 Jahre alt, wurde von ihrem Vater sexuell mißbraucht, genauso wie ihre Schwester, die psychotisch wurde und hospitalisiert ist. Wenn der Vater seine Mahlzeit beendet hatte, schloß er das übrige Essen in den Vorratsschrank ein, und Frau N. und ihre Schwester mußten hungrig zur Schule gehen. Ihre Mutter wies jede Klage über den Mißbrauch zurück und warf ihrer Tochter vor, diese Geschichten zu erfinden. Als sie siebzehn Jahre alt war, zwangen die Eltern sie zur Heirat mit einem fünfzehn Jahre älteren Mann, einem Spieler, der sie immer wieder schlug. Als sie versuchte, ihm zu entfliehen, und bei ihrer Mutter Zuflucht suchte, schickte diese sie zu dem gewalttätigen Ehemann zurück. Sie gebar fünf Kinder. Dem vierten, einem Jungen, gab sie den bemerkenswerten Namen Shalom, der mit »mein Friede« oder »meine Gesundheit« übersetzt wird. Dieser Junge wurde von seinem Vater körperlich mißhandelt und von einem Freund des Vaters sexuell mißbraucht. Nachdem Frau N. von ihrem Mann verprügelt worden war, suchte sie zum ersten Mal Hilfe, wandte sich an die Polizei und ließ sich schließlich von ihrem Mann scheiden. Sie suchte sich eine Arbeit, begann eine Berufsausbildung, führte den Haushalt und arbeitete gut mit dem Sozialarbeiter zusammen. Als sie endlich ein erfüllteres und erfolgreicheres Leben führen konnte, wurde ihr mißbrauchter Sohn immer schwieriger. Er wurde gewalttätig, beging Diebstähle, schwänzte die Schule und ähnliches. Schließlich wurde er in unser Zentrum überwiesen. Seine Mutter klagte nun endlos über sein schlechtes Betragen, jedoch jedesmal, wenn wir ihr von seiner günstigen Entwicklung und der zunehmenden Entspannung berichteten, die inzwischen eingetreten waren, wollte sie das nicht glauben und beharrte darauf, daß sie während seiner kurzen Besuche zu Hause keine Veränderung habe feststellen können. Mittlerweile hatte sie sich selbst gut stabilisiert. Nach einem Jahr Behandlung konnten wir bei Shalom eine wirkliche Besserung feststellen, parallel dazu verschlechterte sich nun jedoch der Zustand der Mutter. Sie gab ihre Arbeit auf und wurde zusehends depressiv.

Es scheint eindeutig zu sein, daß diese Mutter sich von ihrem eigenen Leid hatte befreien können, indem sie es auf ihren Sohn projizierte. *Er* wurde zum sexuell Mißbrauchten, *er* wurde der »schlechte« Junge, *er* war derjenige, der von zu Hause fortgeschickt wurde; und solange er diesen »Auftrag« erfüllte, konnte sie eine Veränderung in ihrem Leben herbeiführen. Diese Art der »Rollenübernahme« (vgl. Sandler, 1976) wird durch das folgende Beispiel illustriert, das aus den therapeutischen Sitzungen mit diesem Jungen stammt.

Ein immer wiederkehrendes Thema war ein Rollenspiel, in dem der Junge der »böse Van Dam« war und der Therapeutin die Rolle von »Dr. Morris« zuwies. Shalom kam zu ihr, um eine Operation vornehmen zu lassen, die ihn von einem bösen in einen guten Menschen verwandeln sollte. Er erklärte, böse Menschen hätten durch »Drogen« und »Gift« böse Dinge in seinen Körper eingespritzt. Die Therapeutin – »Dr. Morris« – wurde gebeten, ihm »gutes Material« in die Adern zu spritzen und die Drogen und das Gift durch eine »große Operation« aus seinem Körper zu entfernen. Er reagierte positiv auf die Rolle, die seine Mutter ihm zugunsten ihrer eigenen Gesundung übertragen hatte, und wurde so seinem Namen gerecht.

Dieser Fall zeigt, daß eine Behandlung hier nicht angemessen ist, bei dem das Kind von der Mutter getrennt und allein behandelt wird. Sie sollte auf die gesamten »Rollenverteilungen« abzielen, da die Beziehungen zwischen Mutter und Kind in einem solchen Fall so sehr vermengt und verwoben sind, daß man den einen nicht erreichen kann, wenn man den anderen unbeachtet läßt.

Bevor wir uns der Behandlung im engeren Sinn zuwenden, möchten wir auf die theoretische Konzeptualisierung eingehen, die wir für das Verständnis der kognitiven Beeinträchtigung dieser Kinder hilfreich finden. Wir beziehen uns auf die von Margret Target und Peter Fonagy (1996) entwickelten Konzepte über das Spielen mit der Realität. Die beiden Autoren unterscheiden zwischen zwei Haltungen, mit denen innere Erfahrungen auf äußere Situationen bezogen werden: die *psychisch äquivalente* und die *Als-ob-Haltung*. Obwohl sie diese Haltungen als Erfahrungsmodi ansehen, sollten sie, so meinen wir, auch auf die mentale Aktivität und die Denkformen angewandt werden.

Bei der *psychisch äquivalenten Haltung* unterscheidet das Kind nicht zwischen innerer und äußerer Wahrnehmung was bedeutet, daß jede Erfahrung in der Außenwelt dem inneren Erleben entspricht und umgekehrt. Das heißt: inneres Erleben wird als eine Erfahrung in der äußeren Realität angesehen. So können wir etwa in der Alltagssprache aggressive Redewendungen mit zärtlichen Konnotationen verwenden, zum Beispiel wenn wir sagen, »Ich freß‹ dich auf« oder »Du machst mich verrückt«. Ein Kind, das auf die äquivalente Haltung fixiert ist, wird diese Äußerungen buchstäblich nehmen, unfähig dazu, das »Als-ob« zu erkennen *und* die andere Bedeutung zu verstehen. Es reagiert auf die Worte, ohne den Ton, in dem sie gesagt werden, oder ohne die Körpersprache, die wesentlicher Bestandteil der Äußerung ist, zu berücksichtigen (vgl. hierzu das Beispiel von Dov im 1. Kapitel). Das gleiche gilt für Spielsachen, die ja dazu gedacht sind, der Als-ob-Haltung zu dienen, die diese Kinder aber so behandeln, als seien sie real. Wenn sie zum Beispiel auf den Sandsack im Therapiezimmer einschlagen, haben sie das Gefühl, dies »Objekt« wirklich zu boxen und zu schlagen. Es gibt kein Mögen, Lieben, Necken, keine Wut und keine Kränkung, es gibt nur Leben oder Tod, gut oder böse. Es gibt kein nah und fern, sondern nur Existenz oder Nichtexistenz.

Andererseits, wenn das Kind die höhere Entwicklungsstufe der Als-ob-Haltung erreicht, wird es erkennen, daß seine inneren Erfahrungen sich von der Außenwelt unterscheiden. So kann es Hoffnungen haben in dem Wissen, daß sie in Erfüllung gehen können, aber es erlebt auch die Wut seiner Eltern und weiß, daß sie ihrem Inneren Liebe für ihr Kind empfinden.

Target und Fonagy betonen die zentrale Rolle, die die ersten Bezugspersonen für die Entwicklung des gesunden Selbst des Kindes spielen, das sie sowohl emotional als auch kognitiv als von der gesamten psychischen Realität geformt verstehen. Daher ist ihnen der Hinweis wichtig:

>»Die Eltern stärken den Sinn des Kindes für sein mentales Selbst durch komplexe *linguistische* (kursiv v. Verf.) und interaktionale Prozesse, vor allem dadurch, daß sie sich dem Kind gegenüber so verhalten, daß es schließlich die Einschätzung teilen kann, daß sein eigenes Verhalten (und das der anderen) am besten in Begriffen um Ideen, Überzeugungen, Gefühlen und Wünschen verstanden werden kann.« (a. a. O., S. 461)

Mit dem Kind zu sprechen beinhaltet nicht nur Veränderungen in der Tonhöhe, im Klang und der Lautstärke, sondern auch linguistische Nuancen, die zur *Entstehung der Als-ob-Haltung* beitragen. Das Kind, mit dem wir uns in dieser Arbeit beschäftigen, hat die Als-ob-Haltung nicht erreicht. Wir sollten daran denken, daß ohne das Verständnis, daß die gleiche physische Realität unterschiedliche Vorstellungen erzeugen kann, kleine Kinder wahrscheinlich nicht erkennen, daß ihre Überzeugungen sich verändern, auch falsch sein und sich obendrein von denen anderer Menschen unterscheiden können.

>»Kindern, deren Entwicklung psychisch und kognitiv beeinträchtigt ist, mangelt es daher an der Fähigkeit, auf konventionelle Behandlungsmethoden zu reagieren, da sie nicht dazu in der Lage sind, Gefühle und Beziehungen mitzuteilen, und weil sie im Gebrauch von Symbolisierungen eingeschränkt sind. Diese weitreichende Störung, die sowohl die emotionale als auch die kognitive Befindlichkeit des Kindes beeinträchtigt, kann nur geheilt werden, wenn die Behandlung ebenfalls weitreichend und umfassend ist. Dies wird nur durch ein therapeutisches Vorgehen gewährleistet, bei dem eine intensive psychoanalytische Behandlung zum Gesamtplan gehört. [...] Wir verstehen unser Vorgehen als in seiner Gesamtheit therapeutisch: ihr physisches Setting

– das ja auch eine bedeutende Rolle in der rite psychoanalytischen Behandlung spielt –, die verschiedenen Aktivitäten und ihre Menschen.« (a.a.O., S. 463)

Die psychoanalytische Behandlung ist also Teil des Gesamtbehandlungsplans, ihr Hauptaugenmerk gilt dem emotionalen Zustand, aber auch den kognitiven Fähigkeiten des Kindes. Wie bereits gesagt, kann der Psychoanalytiker seine Arbeit nicht auf symbolischem Denken und der Als-ob-Erfahrungsweise gründen. Seine Behandlung wird daher zu einem Teil all jener verschiedenen Aktivitäten, die der kindlichen Entwicklung dienen sollen. Er beschäftigt sich auch mit dem Übergang von der äquivalenten zur Als-ob-Haltung. Vom technischen Standpunkt aus gesehen haben Spielsachen und Spiele hier eine andere Bedeutung als bei neurotischen Kindern, denn nichts kann als Symbol behandelt werden, als ein Als-ob. Nach unserer Erfahrung bedarf es einer lange dauernden Behandlung, bis die Als-ob-Haltung sich entwickelt und therapeutisch genutzt werden kann. Daraus ergeben sich vielfältige Fragen zur Behandlungstechnik, die wir im folgenden ausführlichen Fallbeispiel[4] erörtern wollen.

Rami

Rami ist zehn Jahre alt, das älteste von drei Geschwistern (ein Bruder ist vier, eine Schwester sechs Jahre jünger). Seit seinem siebten Lebensjahr lebt er in unserem Zentrum, da er als stark gefährdetes Kind galt, das aus seinem familiären Umfeld herausgenommen werden sollte. Der Vater kümmert sich im allgemeinen um die körperlichen Bedürfnisse seiner Kinder, aber es gelingt ihm nicht, auf ihre emotionalen Bedürfnisse einzugehen. Er geht einer geregelten Arbeit als Wartungsmonteur nach. Die Mutter hat gravierende Probleme und ist in psychiatrischer (auch medikamentöser) Behandlung. Die Beziehung zwischen den Eltern ist angespannt; es gibt häufig Streitereien, eine Trennung wird erwogen. Die Familie lebt in der Nähe einer Wohnwagensiedlung, die äußeren Lebensbedingungen sind schwierig.

Als Rami mit sieben Jahren in das therapeutische Kinderheim überwiesen wurde, galt er als durchschnittlich intelligent, aber sein Denken war unorganisiert, er neigte zu depressiven Gedanken und beschäftigte sich viel mit dem Tod. Obwohl er sich damals in täglich stattfindender ambulanter Behandlung befand, zeigte die Evaluierung, daß er zu Hause körperlichen und emotionalen Mißhandlungen ausgesetzt war und die Versuche, den Eltern zu

---

[4] Die Analyse wurde von Noa Haas durchgeführt.

*helfen, fehlgeschlagen waren. Daher wurde empfohlen, ihn in unser Zentrum
aufzunehmen.*

*Nach mittlerweile mehrjähriger Arbeit mit Rami wissen wir heute, daß die
Mißhandlungen zu Hause darin bestanden, daß er immer wieder geschlagen
wurde, manchmal mit Gegenständen, etwa einem Gürtel. Es gab Zeiten, in
denen er nach den Ferien zu Hause mit blauen Flecken wiederkam, einmal
sogar mit einer Kopfwunde. Es ist möglich, daß er auch sexuell mißbraucht
wurde, aber Rami äußert sich nur sehr vage dazu. Zum Beispiel spricht er,
wenn er während der Sitzungen ›Geschichen‹ erfindet, manchmal von einem
alten Araber, der ihn aufgefordert habe, mit ihm zu schlafen. Diese Szenen
scheinen real, wenn er sie vorträgt. Er klagt darüber, daß seine Eltern nicht
wüßten, wo er oder seine Geschwister sich herumtrieben, und daß sie zu
Hause völlig unbeschützt seien.*

*Seit dem zweiten Jahr im therapeutischen Heim befindet sich Rami in vier-
stündiger Psychoanalyse und ist jetzt im dritten Behandlungsjahr. Hier ein
Auszug aus einem Bericht über die Arbeit mit ihm:*

*»In den ersten Monaten beschäftigte er sich mit Rollenspielen, in denen
Figuren aus dem Alltagsleben im Kinderheim auftauchten. Er brachte das
Leben dort in die Sitzungen auf eine merkwürdige Weise ein, fast wie auf
einem Videoband: eine einzige Kette von Angst auslösenden Ereignissen, mit
einer eindrücklichen Darstellung von Geschrei und drastischen Strafen – wie
zum Beispiel im folgenden Ausschnitt aus einer Stunde ungefähr drei Monate
nach dem Beginn seiner Analyse.*

*Rami geht im Zimmer umher und spielt die Rolle eines seiner Lehrer.
Einige Minuten später schlüpft er in die Rolle der Betreuerin, die sich über
die Unordnung ärgert. Sie schimpft mit den Kindern: ›Schaut, was ihr ange-
richtet habt! Ihr zertrümmert das Klassenzimmer.‹ Er ordnet die Sachen auf
dem Regal, während er auf die Kinder im allgemeinen und besonders auf
Alex, ein Kind aus der Gruppe, wütend ist, weil sie alles kaputtmachen. Er
wirft ›Abfall‹ in den Abfalleimer, ›kaputte Sachen‹ (Handschellen, ein Ge-
wehrhalfter), dann sucht er auf den anderen Regalen herum, findet eine
Handtasche, leert den Inhalt (Arztinstrumente) aus, trägt sie zur Puppenecke
und beschäftigt sich mit den Puppen. Er stellt sich neben mich an den Tisch,
sagt, ich sei einer der Lehrer, und trägt mir auf, einen Jungen, ein Mädchen,
eine Frau und einen Mann für die Kinder zu malen. Er nimmt sich einige
Blätter, ›beschriftet‹ sie jeweils mit dem Namen eines Kindes aus der Gruppe
und läßt mich zeichnen. Er schimpft, wenn ich von den Zeichnungen auf-
blicke, um zu sehen, was er in der Ecke mit den Puppen und der Tasche
macht. Dann wird er wütend auf die Kinder: ›Das reicht! Das reicht jetzt!‹*

Er schreit und stellt die Puppe in die Ecke, wobei er ihr an den Hals faßt und sie würgt. Ich spüre, wie ich die Lust verliere, weil ich in eine Situation gedrängt bin, in der ich nur hilflos ausharren kann. Er erlaubt mir nicht zu sehen, was vor sich geht. Es ist sehr schwierig für mich, im Zimmer zu bleiben, während Rami weint und schreit, vor allem dann, wenn er so gewalttätig wird und das Kind (die Puppe) körperlich mißhandelt. In diesem Moment habe ich das Gefühl, daß ich gewürgt werde und nichts tun kann. Ich denke über eine angemessene Intervention nach, bin mir aber sicher, daß er ›Sei still!‹ schreien wird, sobald ich den Mund aufmache. Ich habe das Gefühl, daß es keinen Platz für mich gibt in dieser Situation, keinen Raum, in dem er und ich zusammen sind, etwas gemeinsam beobachten oder daran teilhaben könnten. Ich fühle mich ausgeschlossen, während Rami Szenen aus dem Alltagsleben im ehemaligen Heim wiederholt und dabei die gewalttätigen und bestrafenden Aspekte aufbauscht, die keinerlei Spiel- oder Als-ob-Charakter haben, sie sind für ihn Realität, aus der er sich nicht befreien kann.

Ich zeichne weiter – er hat mir jetzt andere Aufträge gegeben – und male eine Frau, den Mond und die Sterne. Er reagiert fast gar nicht auf die Zeichnungen, für ihn ist am wichtigsten, daß ich am Tisch beschäftigt bleibe. Plötzlich überlegt er, ob er den Kindern eine Geschichte vorlesen soll, beschließt aber (in der Rolle des Betreuers/Lehrers), aus dem Klassenraum zu gehen und die Kinder bei mir zu lassen (in der Rolle einer der Lehrer). ›Erzählen Sie Ihnen etwas!‹ Er setzt sich, nimmt sein Tagebuch und schreibt alles Mögliche hinein. Die Stunde ist zu Ende, und es fällt ihm schwer, sein Spiel zu beenden. Die Sitzung endet meinerseits mit dem Gefühl, daß es keine Möglichkeit für mich gegeben hat, Rami zu erreichen. Als ich versuche, an dem, was er schrieb, teilzuhaben, wird er wütend und fordert mich auf, bei der mir aufgetragenen Aufgabe zu bleiben, und als ich versuche, wie eines der Kinder oder wie ein Betreuer zu sprechen, sagt er, ich solle ich selbst sein und meine Aufgabe erledigen.

Zu diesem Zeitpunkt in der Analyse hatte ich den Eindruck, daß meine Worte nur geringe Bedeutung hatten. Rami war kaum dazu in der Lage, dem, was ich sagte, zu folgen, reagierte jedoch auf den Klang meiner Stimme, auf meine Gesten und meinen Gesichtsausdruck. Ich nutzte dies, um ihm mitzuteilen, daß seine Worte und sein Verhalten mich berührten. Diese Reaktionen halfen ihm dabei, in unserem potential space ein Selbstgefühl zu entfalten, das er während der Sitzungen nun zu erleben begann.

Bei diesen Abläufen hatte ich den Eindruck, daß Rami das alles tatsächlich so erlebte. Für ihn war es Realität, kein Spiel. Er schien sich verfolgt zu *fühlen und geängstigt zu sein und wehrte sich, indem er sich mit dem Aggressor identifizierte und dieser war und ihn nicht spielte.*

Während der ersten Behandlungsphase gab es viele Sitzungen wie diese. Nach Beratungsgesprächen und einer Selbstanalyse meinerseits wurde mir klar, daß meine Rolle als Analytikerin in diesen Situationen darin bestand, auf sein Schreien und sein aggressives Verhalten in einer Weise zu reagieren, die ihn darauf aufmerksam machte, daß er schrie, weil er wohl wütend oder gekränkt war, Angst hatte und darauf reagierte. Ich tat dies in der Rolle, die er mir jeweils zuwies, oder ich fragte den ›Lehrer‹ (Rami), was dieser (in der Vorstellung) tat oder sagte. Schließlich übernahm er diese Technik und begann, im Spiel mit und über Rami zu sprechen, und brachte auf diese Weise zum Ausdruck, was er wirklich fühlte. Ich versuchte, seine Reaktionen und Empfindungen in diesen Situationen zu betonen und auszuführen, um seine unterschiedlichen Gefühle hervorzuheben.

Durch seinen Aufenthalt im therapeutischen Kinderheim trat bei Rami eine Beruhigung ein, und ein Sicherheitsgefühl entwickelte sich, das es ihm nach und nach ermöglichte, sich mit Spielen und Phantasien zu beschäftigen. Er nutzte den potentiellen Raum der Analysestunde für phantastische Spiele, die ihm das innere Durcharbeiten seiner emotionalen Welt und die Integration der Ereignisse ermöglichten, die in der Realität geschahen. Er begann, viele ›Spiele‹ (seine Worte) in der Therapiestunde zu erfinden, wie das Spiel vom ›König der Löwen‹ und das von der ›Kleinen Meerjungfrau‹.

In diesen Aufführungen und Spielen arbeitet er an den emotionalen Inhalten, die ihn beunruhigen. Im Spiel ›König der Löwen‹ etwa sind es ödipale Inhalte um Rivalität und Neid, um die Bewältigung des Erbes. Er ringt immer wieder mit der Frage, warum Skar nicht auch König sein kann, und manchmal sieht Skar im Spiel ein, daß er nachgeben muß. Es tauchen auch kleine Episoden aus dem Alltagsleben im Kinderheim auf, aber auch sie werden im Spielzusammenhang geäußert. Rami übernimmt meist die Rolle des Betreuers oder Lehrers, und ich erhalte die Rolle der Kinder (und manchmal Ramis Rolle). Im Spiel schimpft er mit mir, schubst mich herum, so wie er in der Vergangenheit die Puppe herumgestoßen und gewürgt hat, und bestraft mich. Aber es ist sehr deutlich, daß wir uns in einem Als-ob-Zustand befinden und auch ich die Möglichkeit habe, den Spielablauf zu beeinflussen. Wir sind beide zusammen in diesem Raum, mein Gefühl des Abgetrenntseins taucht nur noch selten auf, da durch die Situation kein Gefühl der Hilflosigkeit mehr hervorgerufen wird.

Um mit Rami zu arbeiten, bedarf es keiner Interpretationen, vielmehr finden Spiele im potentiellen Raum *statt, in denen wir versuchen, reale und*

»eingebildete« Ereignisse gemeinsam zu prüfen, um sie alle zu untersuchen und zu integrieren – zum Beispiel das Material, das ihn nach der Ermordung Rabins beschäftigte. Am 5.11.1995 sagte er, Rabin sei ermordet worden, und fügte hinzu: ›Wenn ich gewußt hätte, daß sie ihn entführt haben, hätte ich ihn gerettet.‹ Er fragte mich, ob ich traurig sei, achtete aber nicht sehr auf meine Antwort, sondern bat mich, Rabins Kopf zu zeichnen. Ich vermutete, daß er keine Vorstellung davon hatte, wer Rabin war und wie er aussah, daß er aber das Bedürfnis verspürte, eine Verbindung zu einem wirklichen Menschen herzustellen. Ich beschloß, dieses Bedürfnis zu befriedigen, damit die Person Rabins kognitiv einen konkreten Platz und eine konkrete Bedeutung für Rami haben konnte, in der Hoffnung, daß dadurch sein Bedürfnis befriedigt würde zu wissen, von wem alle sprachen, und damit die in ihm ausgelösten Gefühle nicht auf diese besondere Person fixiert bleiben würden. Da mir die Zeichnung nicht gut gelang, schlug ich vor, ihm am nächsten Tag ein Foto von Rabin mitzubringen. Dieser Vorschlag schien ihn zu erleichtern, und plötzlich fragte er sogar: ›Was würde passieren, wenn jemand Chezzi[5] töten würde?‹

Nach einer Viertelstunde, in der er seine Frage dauernd wiederholte und in der ich versuchte, darauf einzugehen, wie schwierig es sei, die Geschehnisse zu verstehen und zu begreifen, was sie für ihn selbst bedeuteten, fragte er, ob er ein Spiel spielen könne. Er übernahm die Rolle Rabins, ›sprach‹ vor der Menge und sagte: ›Alle möglichen Dinge sind in diesem Land geschehen, und ich habe Angst, daß sie mich vielleicht ermorden werden.‹ Er sagte der Menge Lebewohl und ging nach Hause. Ich bekam die Rolle des Mörders zugewiesen. Ich zögerte, erkannte dann aber, daß dieses ›Spiel‹ für Rami außerordentlich wichtig war, um allem, was er aufgeschnappt hatte, einen Sinn zu geben, denn das würde ihm ermöglichen, seine Gefühle zu klären. Ich stimmte also zu, der Angreifer zu sein, während er sich mit dem Opfer identifizierte. Wir wiederholten drei- oder viermal die Stelle, an der er in der Rolle Rabins versuchte, in sein Auto zu gelangen, und erschossen wurde. Jedesmal wurde er ins Krankenhaus gebracht, und der Arzt (der Therapeut) versuchte, ihn wiederzubeleben, aber ohne Erfolg. Danach bat er, ich möge ihn beerdigen. Ich trug ihn in eine Ecke des Therapiezimmers. Wir mußten nun aber die Stunde beenden. Er fragte, ob die Zeichnung, die ich angefertigt hatte, Rabin ähnlich sei, und bat mich, am nächsten Tag an das Foto zu denken. Als er aus dem Zimmer ging, fragte er, ob ich traurig sei und warum und was geschehen wäre, wenn das alles im Zentrum passiert wäre.

---

[5] Gemeint ist Yecheskiel Cohen.

An diesem Vorfall bearbeitete er ein Ereignis, von dem er wußte, daß es außerhalb des RTC stattgefunden hatte, kein Ereignis, das ihn selbst betraf. Er versuchte zu verstehen, warum alle Menschen so entsetzt waren, erst danach konnte er damit fertigwerden. Diese Anstrengung rief Fragen in ihm hervor wie: ›Was wird mir geschehen, wenn so etwas im hier passiert?‹ Heute, im dritten Analysejahr, spricht Rami die Unsicherheiten, Gefühle und Gedanken direkt aus, die reale Ereignisse bei ihm auslösen, etwa seine Ängste, die Ferien bei seinen Eltern zu verbringen. So erzählte er, daß seine Eltern ständig streiten würden und er Möglichkeiten finden müsse, sich mit Zeichnen oder Kassettenhörn zu beschäftigen. Es scheint, daß er nun keine Spiele mehr braucht, um seine Erlebnisse zu verarbeiten.«

Diese Beispiele zeigen, daß es bei Kindern mit schweren emotionalen Problemen und den daraus resultierenden kognitiven Beeinträchtigungen sehr schwierig ist, die analytische Arbeit auf Worte und symbolische Bedeutungen zu gründen. Hier ist es vielmehr notwendig, primäre Kommunikationsformen einzusetzen wie unterschiedliche Stimmlagen, Geräusche, Mimik und Körpersprache, um mit ihnen eine Grundkommunikation aufzubauen (Cohen, Y., 1995). Sobald das Kind als Ergebnis dieser Kommunikation ein Grundgefühl seiner Selbst empfinden kann, ist es ihm möglich, die nächsten Schritte hin zur Kristallisierung einer Selbstidentität sowohl mit kognitiven als auch emotionalen Komponenten zu tun. Der psychoanalytische Prozeß zielte darauf ab, Rami zu befähigen, ein Gefühl für sich selbst zu erleben, das zu weiterer Entwicklung führt und dazu, die schweren Beeinträchtigungen zu mildern, die aus dem Mißbrauch herrührten, den dieses Kind erlitten hatte.

Abschließend möchten wir noch einmal hervorheben, daß Psychoanalyse bei solchen Kindern nicht in einem vom täglichen äußeren Umfeld und den darin gemachten Erfahrungen abgelösten Setting durchgeführt werden kann. Diese Art der Differenzierung überfordert das Kind: Alltagsleben, äußere Realität, psychische Realität, mentale Aktivität – was doch alles gleichzeitig stattfindet! Darum sollten alle Maßnahmen und Umstände zusammenwirken und auf die Errichtung eines *potential space* zielen, in dem es dieses eine Subjekt mit all seinen Möglichkeiten werden kann.

VII. Die Innenwelt des mißhandelten Kindes und die Behandlungsmöglichkeiten und ihre Grenzen

Theoretische Einführung

Während der Vorarbeiten zu diesem Kapitel las ich verschiedene Arbeiten zum Thema, unter anderem zum wiederholten Male Ferenczis berühmten Aufsatz von 1933 über »Sprachverwirrung zwischen den Erwachsenen und dem Kind«, und war wieder fasziniert, was dieser vor über sechs Jahrzehnten geschriebene Aufsatz bereits beinhaltet. Sexueller oder körperlicher Mißbrauch schaffe, so Ferenczi, bei kleinen Kindern eine Situation, in der sie aufgrund ihrer noch nicht gefestigten Persönlichkeit nicht in der Lage seien, um Hilfe zu rufen, sich zu wehren – sie nähmen das Geschehen als selbstverständlich hin. Einerseits erzeuge der Mißbrauch große Angst, andererseits jedoch den Zwang zu Kooperation und Gehorsam wegen des starken Bedürfnisses nach Zuwendung und Zärtlichkeit. Ferenczi unterscheidet zwischen zwei Phänomenen: Zärtlichkeit einerseits und Leidenschaft andererseits. Zärtlichkeit sei das kindliche Bedürfnis, die Leidenschaft hingegen sei charakteristisch für den Mißbrauchenden. Die Diskrepanz zwischen dem Bedürfnis des Kindes und dem des Erwachsenen schlage sich in einer »Sprachverwirrung« nieder. Der Erwachsene vergegenwärtige sich in seiner zerstörerischen Leidenschaft nicht, daß er das Kind verletzt; vor sich selbst rechtfertige er sich mit Äußerungen wie: Das ist doch nur ein Kind, das weiß nichts und erinnert sich an nichts. Ferenczi schöpft aus seiner Erfahrung mit der Analyse Erwachsener, die sexuell mißbraucht wurden, und weist auf das bemerkenswerte Phänomen hin, daß die erwachsenen Patienten sich später jeder Kritik am Therapeuten enthalten. Er erklärt dies mit der Furcht der Opfer sexuellen Mißbrauchs, so daß sie sich des Mechanismus der Abspaltung des Übergriffs zu dessen Bewältigung bedienten und ein Teil ihrer Persönlichkeit sich daher mit dem Angreifer identifiziere – auch mit dem Therapeuten – und damit die Schuld des mißhandelnden Objekts aufhebe und das Geschehen sich selbst zuschreibe.

Ich meine aber, daß wir bei Kindern auch andere Verhaltensweisen beobachten als die von Ferenczi beschriebenen: neben der Identifizierung mit dem Angreifer nämlich häufig eine negativistische Haltung des Kindes gegenüber dem Therapeuten, das ihn als den Mißhandelnden hinstellt, sich selbst jedoch ein ideales Bild von dem mißhandelnden Elternteil macht. Um mich der Begriffe Ferenczis zu bedienen: das Kind schreibt seinen Eltern, und besonders dem mißhandelnden Elternteil, ein zärtliches Verhalten zu, dem Therapeuten jedoch »leidenschaftliche« Attribute, vor denen es sich zu hüten gelte. Ich glaube aber nicht, daß es einen wesentlichen Unterschied zwischen der Reaktion eines Kindes und der eines Erwachsenen gibt, die beide Mißhandlung oder Mißbrauch erlitten haben. Auch das Kind bedient sich der Abspaltungen, besonders wenn es sich nach Zärtlichkeit sehnt, sie sind jedoch flexibler als bei Erwachsenen, wechseln häufig und verändern sich. Im Kind erwachen höchst widersprüchliche Gefühlszustände, die es gar nicht durchhalten kann, da es noch kein gefestigtes, abgegrenztes Selbst besitzt, das es ihm ermöglicht, sie zu verarbeiten. Die Identifikation mit dem Angreifer ist für die häufige Verkehrung des Opfers der Mißhandlung in den Mißhandelnden selbst verantwortlich. Die Zuweisung von Gefühlen auf dem Wege der Abspaltung kann sich jedoch von Person zu Person verändern und wechseln, und dies ist das Resultat des Fehlens einer strukturierten, kohärenten Persönlichkeit und klarer Bilder der Personen in seiner Umgebung. Die Wahrnehmung der Objekte ist noch nicht so festgelegt und umfassend wie beim Erwachsenen.

Wenngleich man sich zwischen den rasch wechselnden und sich wandelnden Abspaltungen nur schwer zurechtfindet, besteht darin vielleicht die Chance, durch die passende Behandlung eine gefestigtere Persönlichkeit zu schaffen. Daher rührt meines Erachtens auch der Unterschied zwischen den Heilungschancen therapeutischer Intervention noch im Kindesalter und der schwierigen Prognose im Falle einer erst im Erwachsenenalter stattfindenden Behandlung.

An dieser Stelle möchte ich nochmals die Vorteile der Therapie in einem Settig wie dem hier beschriebenen hervorheben. Sie ermöglicht die Erweiterung des Spektrums der Spaltungen: die zwischen Eltern und Zentrum einerseits – mal sind die Eltern die »Guten« und die Betreuer das »Böse«, mal umgekehrt –, andererseits kann das Kind alle möglichen Spaltungen innerhalb des Zentrums zwischen verschiedenen Betreuern, zwischen sich und anderen Kindern vollziehen, und dies oft in schnellem Wechsel, so daß ein Betreuer, der in den Augen des Kindes morgens der Inbegriff des Guten und der Perfektion war, abends von demselben Kind als böse und bedrohlich empfunden wird. Die derartige Spaltungen ermöglichenden Personen unter einem Dach gestatten dem Kind schrittweise, diese Fragmente zu einer einzigen, integralen Persönlichkeit zusammenzufügen, die in sich verschiedene widersprüchliche Erfahrungen und Gefühle birgt.

Was den Einfluß der Mißhandlung auf die Entwicklung des Kindes betrifft, so unterscheiden wir in unserer Konzeptualisierung im RTC zunächst nicht zwischen den verschiedenen Arten der Mißhandlung, der physischen Mißhandlung oder dem sexuellen Mißbrauch, extremer Vernachlässigung, offener Ablehnung und vielen anderen Einflüssen, die die Entwicklung des Kindes beeinträchtigen können. Steele zum Beispiel (1994) weist auf die Verbindung zwischen der Mißhandlung und den Bindungsmustern des Kindes hin und argumentiert, daß Bindungsstörungen das Kind ein Leben lang begleiten können. Über den Einfluß auf die Entwicklung hinaus gibt es weitere Themen, mit denen ich mich hier ansatzweise beschäftigen möchte.

Das Nebeneinander von Zärtlichkeit und Leidenschaft beim sexuellen Mißbrauch führt, wie Ferenczi gezeigt hat, zu großer emotionaler Verwirrung und kognitiver Beeinträchtigung beim Kind. Einerseits erfährt es Fürsorge, andererseits hat es Angst, bedroht und vernichtet zu werden. Dieses Nebeneinander so vieler Emotionen kann eine Erklärung für das weitverbreitete Phänomen sein, das fälschlicherweise als Frühreife aufgefaßt wird. Das Kind ist gegenüber den Personen seiner Umgebung, besonders seinen Mißhandlern, in einem Maße hellhörig und empfindsam, daß es sogar ihre Leidenschaften und Bedürfnisse erkennt und mitfühlt und so in vielen Fällen zu einem »Eltern-Kind« wird, sicher ein bekanntes Phänomen, das häufiger bei sexuell mißbrauchten Kindern auftritt, da ihre innere Verwirrung eine Verwischung der Generationsschranke bewirkt. Das erinnert an Chasseguet-Smirgels Definition des Wesens der Perversion (1986), in deren Zentrum die Aufhebung des Generations- sowie des Geschlechtsunterschieds steht – alles ist gleich und gleichwertig, jeder kann alles tun. Hypersensibilität ist also auch Selbstschutz, aber ebenso das Ergebnis abnormaler Entwicklung. Mohaczy (1988) etwa beschreibt den Fall einer Zwölfjährigen, die zu ihm in Behandlung kam, nachdem sie und ihre Schwester vom Vater mißhandelt worden waren. Sie sollte zunächst nur wegen ihres sonderbaren Verhaltens behandelt werden. Erst im Verlauf der Therapie wurde klar, daß sie Opfer schwerer Mißhandlungen des Vaters war. Dieses Mädchen, das seine Schwester versorgt und sich um seine Mutter gekümmert hatte, die ihrer Aufgabe nicht gewachsen war, war also das kleine, mißbrauchte Objekt und zugleich die große Schwester und der reife, erwachsene Mensch, der als Mutter fungierte. Gabbard und Twemlow (1994) bezeichnen diese Hypersensibilität bei sexuell mißbrauchten Kindern als *hypervigilant*, das heißt, sie beobachten bei diesen Kindern eine übergroße Wachsamkeit gegenüber ihrer Umgebung, die Außenstehende in Staunen versetzt, tatsächlich jedoch nichts anderes ist als ein Schutz vor möglichen Angriffen.

Wie bereits erwähnt, bedeutet Mißhandlung die Benutzung und Ausbeutung des Körpers des Säuglings oder Kindes, ein Umstand, der die normale Entwicklung aus zwei weiteren Gründen verzögern kann, die ich mit dem Begriffssystem von Ogden und Fast erklären möchte.

Ogden (1992) unterscheidet zwischen der Empfindung des Ich (im Sinne von »*I*«) und des »Selbst« (im Sinne von »*Me*«). Die Fähigkeit zur Selbstreflexion und zur Selbstbetrachtung weise auf eine Entwicklung der Persönlichkeit hin, die durch den Gebrauch von Metaphern bedingt ist. Der *potential space*, der Möglichkeitsraum, ist der zwischen dem Säugling und der Mutter entstehende exklusive Bereich, dessen Einzigartigkeit unter anderem durch die Sprache gekennzeichnet ist. Denn im Verlauf der Entwicklung ist dieses Medium der metaphorischen Sprache nicht nur Produkt des *potential space*, sondern hilft auch bei der Entstehung neuer *potential spaces*. Das Wesen des Verständnisses liegt nach Ogden darin, daß es die Verwandlung eines beliebigen Elements des Selbst in ein von außen betrachtetes Objekt zuläßt. Der Begriff *Einsicht* ist also mit dem des Sehens verknüpft, des Sehens eines Elements des Selbst als Objekt. Das heißt, daß das Verständnis nicht nur das Verstehen des Selbst bedeutet, sondern einen Prozeß darstellt, in dem das »Ich« (im Sinne von »*I*«) sich gegenüber einem Selbst (im Sinne von »*Me*«) entwickelt. Dieses Selbstbewußtsein wird hauptsächlich durch den Gebrauch von Metaphern und Symbolen erworben, mit deren Hilfe das Individuum sich selbst repräsentiert.

Offensichtlich helfen Eltern, deren Verhältnis zu ihrem Kind auf der Benutzung und Ausbeutung seines Körpers gründet, ihm nicht bei der Differenzierung zwischen »Ich« und »Selbst« – das heißt, das Individuum begreift sich nicht als Zentrum eigenen Handelns gegenüber dem Objekt. *Alles* wird als Handlung angesehen, als von verschiedenen Faktoren losgelöste Tat – wie bei dem Patienten im Beispiel von Ogden, für den die Annullierung einer Therapiestunde eben nichts als die Annullierung einer Stunde bedeutet. Er hat nicht die metaphorischen Mittel zur Einsicht in deren weitere symbolische Bedeutungen, alles geschieht zusammenhanglos, das heißt, nicht das Individuum ist Zentrum seines Handelns, sondern die Tat.

Die innere Welt des mißhandelten Kindes

Im Lichte des Gesagten wollen wir uns die innere Welt eines solchen Kindes vorstellen. Zunächst wird es sich wie eine Sache, ein Gegenstand fühlen, der ziellos umhertreibt, ohne sich Rechenschaft darüber geben zu können, was ihm Gutes oder Schlechtes widerfährt, auf welche Weise es handelt oder zu welchen Ergebnissen seine Handlungen führen. Es befindet sich in einem Zustand dauernder Angst vor allem und allen und verwendet daher seine ganze Aufmerksamkeit darauf, sich vor Schaden zu bewahren und zu überleben: Es sieht alles, hört alles, riecht alles, unterscheidet aber nicht zwischen all diesen Dingen, zwischen Wichtigem und Unwichtigem, zwischen Sachen und Menschen, alles widerfährt ihm auf die eine oder andere Weise ohne ersichtliche Gesetzmäßigkeit, ohne Ordnung von Ursache und Wirkung, bar jeder Logik. Seine Gefühlswelt basiert auf extremen Emotionsschwankungen – dem Verlangen nach Bindung gegenüber totaler Loslösung, dem Gefühl, daß es von allen ganz und gar geliebt und zugleich ganz und gar abgelehnt und gehaßt wird, dem Gefühl, ein Nichts und zugleich omnipotent zu sein, ohne jegliche Differenzierung. Diese furchtbare emotionale und nicht nur kognitive Verwirrung und das Gefühl, ständig bedroht zu sein, wecken seine schwachen Kräfte zum Überleben, die sich aus einzelnen Schutzmechanismen zusammensetzen. Ich weise auf die schon erwähnten Abspaltungen hin, die es vollzieht, auf die Identifikation mit dem Aggressor und mit jedem in seiner näheren Umgebung (auch dies ohne jegliche Differenzierung), auf seine Grandiosität oder säuglingshafte Passivität.

Zwei Fallbeispiele

Im folgenden möchte ich zwei Kinder vorstellen, die uns beim Verständnis einiger Prozesse helfen können, sowohl was die psychopathologische Entwicklung als auch die Prognose im Hinblick auf die Behandlungsweise betrifft. Beim ersten Beispiel handelt es sich um ein Kind, bei dem die Therapie versagt hat: Amir war acht Jahre lang bei uns in Behandlung und veranlaßt mich zu der Feststellung, daß es Kinder gibt, deren psychopathologischen Kreislauf wir nicht zu durchbrechen vermögen, was wir jedoch nicht voraussagen können.

Danach werde ich ein Kind vorstellen, Samuel, das wir trotz seiner schweren Mißbrauchserlebnisse behandeln und dem wir zu einem gewissen Maß an Gesundheit verhelfen konnten. Am Beispiel dieser beiden Kinder möchte ich zudem versuchen, zwischen dem rein sexuellen Mißbrauch und der körperlichen Mißhandlung zu differenzieren.

Amir

Amir wurde mit siebzehn Jahren durch ein Gericht wegen Drogenhandels und tätlichen Angriffs verurteilt. Seine Vorgeschichte: Er war fünf Jahre im B'nai B'rith Zentrum und später für drei Jahre in unserer weiterführenden Institution Beit Hanna, also acht Jahre lang bei uns in Behandlung. Davor war er in zwei verschiedenen Heimen, lebte also insgesamt zehn Jahre lang außerhalb seines Elternhauses. Man könnte nun argumentieren, daß die Behandlungsverfahren falsch gewesen sind; dieses Beispiel soll hier aber der Konkretisierung der bedauerlichen Feststellung dienen, daß dieses Kind im Kleinkindalter so schweren Schaden genommen hatte, daß uns sein Zustand irreversibel erscheint, zumindest mit den uns heute zur Verfügung stehenden Möglichkeiten.

Biographischer Hintergrund

Amirs Vater ist drogenabhängig, war in zahlreiche Diebstähle verwickelt und hat oft im Gefängnis gesessen. Seine Mutter ist ebenfalls drogensüchtig und prostituiert sich. Nach Amirs Geburt verschlimmerte sich ihre Abhängigkeit, und sie begann mit der Prostitution. Die Wohnung wurde zu einem Treffpunkt für Drogensüchtige, und alle ihre sexuellen Betätigungen spielten sich dort ab, so daß Amir ihnen von Geburt an ausgesetzt war.

Außer der Tatsache, daß er diesem Lebensstil mit all seinen Konsequenzen ausgeliefert war und sehr vernachlässigt wurde, was seine primären Bedürfnisse als Säugling betraf, wurde er von seiner Mutter als ein von ihr untrennbarer Teil aufgefaßt, so als hätte er keine eigene Existenz, besonders in seinen ersten Lebensjahren, als sein Vater im Gefängnis saß. Amir war also zwei extremen und widersprüchlichen Traumen ausgesetzt: einerseits wurde er total vernachlässigt, andererseits als sexueller Partner, als Ersatz für einen schützenden Lebensgefährten benutzt. Dreieinhalb Jahre vor Amir wurde sein Bruder geboren, der ebenfalls im Kindesalter in ein Heim eingewiesen wurde, dessen Entwicklung jedoch normal verlief. Ein Jahr lang waren beide Brüder im selben Heim für normale Kinder, Amir konnte jedoch wegen seines problematischen Verhaltens – Diebstähle, gewalttätige Ausbrüche, Selbstgefährdung, Ablehnung jeglicher Autorität – nicht dort bleiben.

Aufgrund der schwierigen Situation der Eltern konnten sie die Kinder in den Ferien und an Feiertagen nicht zu sich nehmen, und so übernahmen

Großmutter und Tante diese Aufgabe. Aber auch hier machte Amir stets die gleiche Erfahrung wie im Heim: Sowohl die Großmutter als auch die Tante hatten seinen großen Bruder gern und oft bei sich, lehnten jedoch Amir offen und manchmal brutal ab. Diese harte Zurücksetzung begleitet ihn nunmehr seit zehn Jahren. Trotzdem ist er stolz auf seinen Bruder, spricht oft von ihm und ist glücklich, wenn dieser sich um ihn kümmert oder ihm irgendein Geschenk kauft.

Während seines Aufenthalts in unseren beiden Institutionen machten wir viele Versuche, ihn in eine Familie einzugliedern, die als ständige Pflegefamilie für die Ferien oder auch kürzere Aufenthalte fungieren sollte. Jede dieser Familien wird gründlich vorbereitet und bei den ersten Besuchen von Amir ein bis zwei Stunden lang begleitet.

Bevor ein Kind zum ersten Mal dorthin geschickt wird, finden Besuche der Familien im Zentrum statt. Wir fanden auch Familien, die uns durch ihre Fähigkeit, mit schwierigen Kindern umzugehen, bekannt waren.

Amir freute sich über jedes Arrangement dieser Art und schürte große Erwartungen sowohl bei den Familien als auch bei seinen Therapeuten, aber jeder dieser Versuche scheiterte nur zu bald. Bei seiner Einweisung in unser Zentrum wurde seine Betreuerin aus dem vorigen Internat zu seiner Pflegemutter während der Ferien bestimmt, da er an ihr hing und sie ihn sehr gern hatte und daran interessiert war, ihn großzuziehen. Nach zwei Urlauben ersuchte sie jedoch um ihre Entbindung von dieser Pflicht.

Die psychologischen Untersuchungen

Auszüge aus dem Bericht über die erste psychologische Untersuchung im Alter von zehn Jahren wegen der krassen Schwankungen in Amirs Bereitschaft zur Kooperation mit der Therapeutin belegen einen langen und ermüdenden Untersuchungsprozeß:

Diese Schwankungen unterschieden sich nicht von denen allen anderen Erwachsenen gegenüber – das heißt ein plötzlicher, extremer Übergang von einem Verhalten, das als schnelle Kontaktaufnahme und Bindungsbereitschaft begriffen wurde (wenn auch immer in der Sprache des Liebhabers), hin zu aggressivem, gewalttätigem und demütigendem Widerstand. Im Bereich der Intelligenz fällt auf, daß Amir sehr auf Kleinigkeiten achtet und höchst wachsam ist. In Planung und Organisation weist er aber große Unzulänglichkeiten auf und hat Angst zu versagen. Immer wenn er Schwierigkeiten hat, flüchtet er sich in grandiose Ausdrücke. Er sehnt sich sehr nach Kontakt und Wärme. Die Realität erlebt er als räuberisch, rücksichtslos und aggressiv. Sein Vater erscheint als Raubvogel, seine Mutter dagegen als mißhandelt und Aggressionen schürend – sie wird aber einfach ignoriert. In den Geschichten, die er zu seinen Zeichnungen erzählt, setzt er sich mit der Frage auseinander, was eine Mutter sei, und es besteht tatsächlich eine Verwirrung zwischen dem säuglingshaft erotischen Kontakt und dem der Erwachsenen, der als Ersatz für den Mangel gesehen wird, den er bereits als Baby erlitten hatte. Über seine Zeichnung eines Baumes bemerkt die Therapeutin, sie zeige sein Bedürfnis zu fliegen, sich loszulösen und von oben zu bestimmen, dies alles jedoch auf sehr dünner, instabiler Basis, ohne Verankerung, Stamm, Blätter oder Früchte. Als er sich selbst malt, entsteht eine Gestalt mit weiblichen Attributen, und als die Zeichnung fertig ist, sagt er, daß er am liebsten ein Mädchen wäre. Die Therapeutin weist auf ein primitives und starres Überich mit einer niedrigen Selbsteinschätzung hin, die zum Beispiel in Äußerungen wie »Ich bin blöd«, »Ich bringe mich um« zum Ausdruck kommt.

Sechs Jahre später wurde Amir erneut einer gründlichen psychologischen Untersuchung unterzogen, aus der ich wiederum Auszüge vorstelle. Auch hier berichtet die Therapeutin über anfängliche Schwierigkeiten bei der Untersuchung aufgrund von Amirs schwankender Kooperationsbereitschaft.

»Das allgemeine Intelligenzniveau ist gleichgeblieben, die Diskrepanz zwischen dem sprachlichen und dem ausführenden Teil ist jedoch gewachsen, da bei den sprachlichen Aufgabenstellungen zwar Spärlichkeit und Gegenständlichkeit dominieren, während sich die Ergebnisse bei den praktischen Tests durch Detailbewußtsein und gutes räumliches Verständnis auszeichnen.

Seine Innenwelt ist durch ein ausgeprägtes Gefühl des Mangels, der Einsamkeit und Leere gekennzeichnet. Er hat keine positiven Gestalten verinnerlicht und niemanden, auf den er sich stützen könnte. Er sehnt sich immer noch nach einem positiven Objekt, jedoch überwiegen Verzweiflung und Enttäuschung. Aus seinen Zeichnungen ist erkennbar, daß er keinen Zusammenhang zwischen den Familienangehörigen sieht und keinen Unterschied zwischen der Erwachsenen- und der Kindergeneration macht. Bei dem Versuch, sich vor den in ihm aufsteigenden Gefühlen zu schützen, schiebt er den Reiz auf grandiose Weise von sich. Er zeichnet ein prachtvolles Haus, aber es ist erkennbar, daß diese Schutzmaßnahmen nicht wirksam sind, und in seinen Ausführungen dazu ist die Verwirrung von Gestalt und Hintergrund, Durchsichtigkeit und Verlust der Perspektive zu erkennen. Seine Selbsteinschätzung ist gering, er sieht sich als jemand, der nichts besitzt, der um Almosen bettelt, der nichts zu essen und keinen Platz zum Schlafen hat.

Amir hat deutliche Schwierigkeiten mit seiner männlichen Identität und
tendiert zur Identifikation mit einer weiblichen Gestalt. Verglichen mit der
Beschreibung der männlichen Gestalt als hohl und stereotyp, ist die der weib-
lichen Gestalt voller und vitaler und die Identifikation mit ihren Gefühlen
deutlich erkennbar sowie sein Versuch, sich durch die Flucht in die Grandiosi-
tät und durch magische, kindische Lösungen zu entschädigen, die keine aktive
Bewältigung erfordern und nicht von anderen Menschen abhängen.«

Diese Zusammenfassung der Untersuchungsergebnisse reicht aus, um festzustellen, daß kein qualitativer Unterschied zwischen den inneren Erfahrungen
des Kindes von zehn und des Jugendlichen von sechzehn Jahren besteht.

Die Behandlungsversuche

Amir war vier Jahre lang in individueller psychotherapeutischer Behandlung
im B'nai B'rith Institut und von seinem dreizehnten Lebensjahr an zwei Jahre
in Beit Hanna, im dritten Jahr dort lehnte er jedoch die individuelle Behandlung ab. Im folgenden Auszüge aus dem Bericht seiner Psychotherapeutin:

»Schon bei der ersten Begegnung stellt Amir unsere Beziehung in den Mittel-
punkt. Er weckt den Wunsch, mit ihm zusammen zu sein und sich um ihn zu
kümmern; er spielt mit Leichtigkeit mit mir ein Spiel, wenn er auch große
Vorsicht dabei walten läßt und sich sofort als der Beste präsentiert und auch
von verschiedenen Leuten erzählt, die er kennt, die Verbrennungen erlitten
haben oder ermordet wurden. Herausragend ist seine Sehnsucht nach einem
Zuhause und nach etwas ganz Primärem, das die Phantasie weckt, ihn zu
sich zu nehmen und zu adoptieren.

Im Laufe der Zeit wurde immer deutlicher, wie stark Amirs Bedürfnis
nach Nähe, wie schwierig und fast unmöglich jedoch dessen Befriedigung ist.
Er möchte, daß ich einschätze, was er malt, wen er vorstellt, welche Schau-
spielerin er am meisten mag, aber selbst wenn ich mir sicher bin, daß ich es
weiß, rate ich immer falsch, und dann sind wir beide enttäuscht, er darüber,
daß ich ihn nicht so genau kenne, wie er es sich wünscht, und ich ob des
Gefühls, daß ich trotz der offensichtlich angenehmen, stundenlangen Kom-
munikation zwischen uns nicht das sein kann, was er von mir erwartet.«

Die Therapeutin berichtet überdies von schweren Probleme mit der Sexualität:

»Amir unterscheidet nicht zwischen Kind und Erwachsenem und wendet
sich an sie mit Äußerungen kindlich-primärer Inhalte, gefärbt von erwachse-
ner Sexualität, aber auch mit Fragen, die der Überzeugung Ausdruck geben,
daß man ihn sicher nicht verlassen hätte, wenn er besser wäre. In jeder

Trennungssituation sagt Amir, daß er wie sein Vater sein und drogenabhän-
gig werden wird.«
Viele Therapiesitzungen verbringt die Therapeutin in einer Rolle als Be-
wunderin, sie wird in Amirs Augen zu einer Erniedrigten, der er Anweisun-
gen gibt wie: »Räum den Tisch auf, und ich helfe dir, indem ich zuschaue,
wie du das machst.«

Im Bericht über die individuelle Therapie in Beit Hanna wird Amirs narzißtische innere Struktur erwähnt und die Häufigkeit hervorgehoben, mit der
er etwas in der Absicht tut, in seinen positiven Aussagen über sich selbst
bestätigt zu werden. Der Therapeut weist auf den von Amir so dringend
benötigten äußeren Widerhall hin – gekoppelt mit dem Bedürfnis, den Therapeuten klein zu machen und zu erniedrigen.

In all den Jahren ist erkennbar, daß es Amir nicht gelingt, sich auf sich
selbst zu stützen, und im Grunde hängt seine ganze Existenz von äußeren Ereignissen ab, so daß er sicher ist, nach dem endgültigen Abschied vom Zentrum den Drogen zu verfallen – eine Art Prophezeiung, die sich am Ende
auch bewahrheitet, zunächst aber hauptsächlich auf sein inneres Gefühl hin-
weist, daß die Dinge mit ihm geschehen; sie geschehen irgendwie von selbst,
ohne daß er sie von sich aus lenken oder beeinflussen könnte.

Wiewohl ich nur relativ wenige Auszüge aus den über Amir gesammelten
Informationen zitiert habe, ist das Gesamtbild nur allzu klar. Der ihm zugefügte Schaden ist so primär und so tiefgehend, daß es scheinbar keine Möglichkeit gibt, das zu durchbrechen, was im Fehlen einer strukturierten Persönlichkeit besteht und darin, daß er sich nicht der Realität gegenüberzustellen
vermag, sondern immer nur ein Teil von ihr sein und sich nicht von ihr lösen
und für sich selbst stehen kann. Wir sind somit Zeugen einer offenkundig
irreversiblen Schädigung, und alle »Nahrung«, die man ihm in den vergangenen zehn Jahren zukommen ließ, konnte die in früher Kindheit entstandenen Störungen nicht korrigieren. ,

An dieser Stelle möchte ich auf die Auffassung Chasseguet-Smirgels
(1986) zur inzestuösen Mutter-Sohn-Beziehung zurückkommen. Es sei, so
schreibt sie, das ewige Bedürfnis des Menschen, zu jener primären narzißtischen Stufe zurückzukehren, auf der das Ich mit dem idealen Ich identisch
ist, also auf das Bedürfnis nach Verschmelzung mit der Mutter. Solange
diese Verschmelzung durch das Inzesttabu versagt bleibt, werde die Entwicklung durch die Hoffnung vorangetrieben, daß es irgendwann in der Zukunft,
wenn das Kind kein Kind mehr, sondern erwachsen wie der Vater sein wird,
das Bedürfnis nach unbegrenzter Omnipotenz verwirklichen kann. Mache
das Kind aber die Erfahrung des inzestuösen Übergriffs, dann brächen alle

Geschlechts- und Generationsunterschiede zusammen, und daher bestehe keinerlei Antrieb zur Weiterentwicklung. Das Kind bleibe im Grunde in seiner Infantilität gefangen und lebe in der Schale eines Erwachsenen. Das in der normalen Entwicklung erworbene Überich sei nicht mehr notwendig, sobald die Verschmelzung auf direktem Weg erlangt werde, schnell und ohne den für die Entwicklung charakteristischen stufenweisen Übergang – das Überich werde zum Hindernis.

Bei Amir dominiert die Behinderung der Entwicklung im kognitiven Bereich, wie wir aus den Ergebnissen der Tests ersehen konnten, wie auch die aggressive und gewalttätige Aktivität, die nichts anderes ist als ein scheinbares Erwachsensein. Aggressivität, Gewalt, Kriminalität – sie alle treten bei Amir ohne Schuldgefühl, Reue oder Scham auf, die alle Merkmale des Überich sind. Die fatale Illusion der Verschmelzung scheint sich also während seiner ersten Lebensjahre so fest in ihm verankert zu haben, daß jeder Versuch einer Intervention auf seinen massiven Widerstand stößt. Im Zusammenspiel mit der Verschmelzung wirkt sich auch die Identifikation aus:Das Kind identifiziert sich mit dem, was geschieht und was es erlebt, und mit dem, der es ihm zufügt. Daher ist verständlich, daß Amirs Identifikation mit seinem gewalttätigen und drogenabhängigen Vater so eindeutig ist, daß er selbst sagt, daß er wie sein Vater sein wird. Offenbarbar waren all diese psychopathogenen Mächte stärker als die Wirkung all unserer Interventionen.

Samuel

Im Gegensatz zu der zerstörerischen Kraft der Verschmelzung, die den sexuellen Mißbrauch kennzeichnet, gibt es andere Faktoren, die im Falle von körperlicher Mißhandlung wirken, und dies soll am folgenden Beispiel untersucht werden.

Samuel ist der älteste gemeinsame Sohn von Eltern, die beide zum zweiten Mal verheiratet sind und Kinder aus ihren ersten Ehen haben. Das Paar bekam ein Jahr nach Samuels Geburt noch eine Tochter. Als er etwa eineinhalb Jahre alt war, verließ seine Mutter wegen der Gewalttätigkeit ihres Mannes mit ihrer Tochter das Haus, zog zu ihrer Mutter, ließ Samuel bei seinem Vater und hatte zu beiden seitdem fast keinen Kontakt.

Der Vater verbrachte einige Zeit in psychiatrischen Kliniken, bevor er Samuels Mutter kennenlernte. Nach dem Weggang der Mutter wurde Samuel in einem Heim der Women's International Zionist Organization untergebracht und später in einer Pflegefamilie, aus der der Vater ihn aber wieder herausnahm. So stand er im Alter von vier Jahren unter der alleinigen Obhut des Vaters. Wegen dessen Gewalttätigkeit wurde Samuel jedoch mit fünf Jahren erneut von zu Hause weggeholt, in einem Heim und in den Ferien in einer Pflegefamilie untergebracht, denn er mußte zuvor einige Male mit eindeutigen Anzeichen von Schlägen ins Krankenhaus eingewiesen werden. Vor dieser Einweisung wurde von extremen Symptomen wie schweren Schlafstörungen, Selbstzüchtigung und Selbstisolierung berichtet sowie von zwei Vorkommnissen – ein Sprung vor ein Auto und ein Versuch, aus dem Fenster zu springen –, die als Selbstmordversuche gewertet wurden. Im Krankenhaus wurde er medikamentös sowie psychotherapeutisch behandelt. Das Verhältnis des Vaters zu Samuel war allerdings sehr ambivalent: einerseits schlug er ihn und zwang ihn bis an den Rand des Erstickens zum Essen, andererseits war er fürsorglich, wie die regelmäßigen Besuche in allen Institutionen, in denen Samuel sich aufhielt, zeigen, sowie auch sein unermüdlicher Kampf um das Recht, den Jungen großzuziehen.

Nach etwa neunmonatigem Aufenthalt in jenem Heim wurde entschieden, Samuel in eine psychiatrische Klinik einzuweisen, wo er fast zwei Jahre blieb. Mit sieben Jahren kam er in unser Zentrum, wo er sechs Jahre lang behandelt wurde. Bereits am Ende des fünften Jahres dort entschied das Gericht, der Bitte des Vaters zu entsprechen, daß der Junge seine Ferien mit ihm verbringen durfte.

Nach sechs Jahren im B'nai B'rith wurde er im Alter von dreizehn Jahren in ein Internat überwiesen, und heute, kurz vor dem Wehrdienstalter, verhält er sich völlig normal. Er wohnt in einem Wohnheim, hat das Friseurhandwerk erlernt und arbeitet regelmäßig als Friseur.

Alle Berichte über Samuel beginnen zunächst mit der Beschreibung seines Charmes und seiner Ausstrahlung, so auch die Berichte des Heims und des Krankenhauses. Dies ruft die oben erwähnten Aussagen über Amir in Erinnerung: Offenbar investieren solche Kinder viel in die Erfüllung des Bedürfnisse, anderen zu gefallen, ein Merkmal, das auch den mißhandelnden Eltern gilt und das Judith L. Herman in ihrem Buch (1992) erwähnt:

> »Das Ergebnis besteht in dem paradoxen Phänomen, das bei mißhandelten Kindern wiederholt zu beobachten ist: sie binden sich schnell an Fremde und hängen hartnäckig an ihren Eltern, die sie doch mißhandeln.« (S. 107)

Während des ersten Jahres im Zentrum fällt auf, daß Samuel Erwachsene und Kinder nachahmt, und zwar so übertrieben, als habe er selbst nichts Eigenes. In diesem Verhalten wird er durch seinen Vater bestärkt, der bestimmte Verhaltensweisen von ihm fordert. So soll er zum Beispiel beim Abschied von ihm weinen.

Samuels Annäherungen wurden von den Betreuern zu rasch als »Klebrig-
keit« und als gekünsteltes Verhalten gedeutet. Zwei Jahre später ist eine Ver-
änderung seines Verhaltens gegenüber dem Personal erkennbar: Es ist nicht
mehr undifferenziert verallgemeinernd, sondern es treten deutlich Spaltun-
gen auf, indem er zum Beispiel die eine Betreuerin als undankbar, die andere
als »Xanthippe« empfindet. So unterscheidet er zwischen allen ihn betreuen-
den Angehörigen des Teams und projiziert damit sein verwirrtes Verhältnis
zu sich selbst auf sie. Ein weiteres Beispiel dafür sind seine aufgespaltenen
Gefühle für seinen Vater: Einerseits bittet er seine Betreuer inständig, ihn
nicht in den Ferien zu ihm nach Hause zu schicken, denn er habe Angst vor
ihm, um nur kurz darauf an die Sozialarbeiterin zu appellieren, bei seinem
Vater bleiben zu dürfen.

Zu Beginn des dritten Jahres entspann sich eine einzigartige Beziehung
zwischen Samuel und seinem Betreuer – eine Beziehung, die schon als echte
Bindung bezeichnet werden kann, wozu die Beständigkeit aller Samuel be-
treuenden Mitglieder des Personals beigetragen hat.

Im sechsten Jahr ist Samuel zu größerer Aufrichtigkeit fähig, seine Bin-
dungen werden sehr differenziert, seine Appelle an das Pflegepersonal pas-
sen sich sowohl quantitativ als auch qualitativ der Realität an, das Nach-
ahmen bleibt in verfeinerter Form für Vorführungen und Auftritte reserviert.
So heißt es in dem Bericht über die psychologischen Untersuchungen, die
während dieses sechsten Jahres durchgeführt wurden, verglichen mit denen
aus dem ersten Jahr:

»Im Bereich der ihm für die Erfüllung von Aufgaben zur Verfügung
stehenden Kräfte ist im Vergleich zu den früheren Tests zwar ein Rückgang
zu verzeichnen: Es besteht eine Neigung, sich bei der Ausführung seiner Auf-
gaben zu sehr auszubreiten zu ungunsten von Qualität und Konzentration.
Der intellektuelle Bereich ist unverändert. Der deutlichste Unterschied im
Vergleich zu den vorigen Tests liegt aber in seiner inneren Gefühlswelt.
Obwohl er das Bedürfnis hat, sie zu verbergen, wird gleichwohl deutlich,
daß er näher zu sich selbst und seinen Gefühlen gefunden hat und sich mit
den schmerzhaften Aspekten seiner Welt beschäftigt. Trotzdem gibt er dem
Bedürfnis Ausdruck, eines Tages aufzuwachen und festzustellen, daß all die
schlechten Dinge nur ein Traum waren. Im Vergleich zu den früheren Tests
gibt es jetzt keine impulsiven Reaktionen mehr, die Erzählungen zu den TAT-
Tafeln weisen darauf hin, daß er an sich arbeitet und daran glaubt, daß es
positive Gestalten gibt, denen er trauen kann.«

Im folgenden möchte ich einige Auszüge aus der Zusammenfassung der vier-
jährigen Psychotherapie vorstellen:

Die Behandlung beginnt nach oben erwähntem Muster, so daß Samuel sofort sagt: »Die Therapiesitzung macht viel mehr Spaß, als mit den Betreuern im Wohntrakt zu sein.« Zu den nächsten Sitzungen bringt er der Therapeutin bereits einige seiner Sachen zur Aufbewahrung und gibt ihr das gute Gefühl, daß sie ihn aus seinen seelischen Nöten befreien können wird. In den Sitzungen führt er viel vor: er imitiert Sänger, Helden aus Erzählungen etc. In der Folge macht sich jedoch bei der Therapeutin ein Gefühl der Leere breit – so bringt er zum Beispiel einen Kassettenrecorder mit in die Sitzung und läßt ihn die ganze Zeit mit voller Lautstärke laufen, er erscheint zu den Sitzungen im Superman-Dress als eine Art Schutz vor der »Hexe« Therapeutin.

Nach etwa neun Monaten tritt nach und nach eine Wende in der Therapie ein, als Samuel gemeinsame Aktivitäten mit der Therapeutin beginnt. In dieser Zeit beklagt er sich häufig, daß sie seine wahren Bedürfnisse nicht erkenne, zum Beispiel nicht von alleine die richtige Farbe und nicht die passenden Nägel für seine Kiste, die er gerade mit ihr baut, besorge. Darüber hinaus spielt er verschiedene Spiele, wie etwa den Arzt, der ein Mädchen behandelt und eine Menge Geld für die Behandlung verlangt, nur um am Ende zu sagen, daß es unheilbar sei, da die Eltern mit dem Mädchen erst im Alter von sechs Jahren zur Behandlung gekommen seien. Wären sie früher erschienen, dann hätte man es noch retten können.

In der nächsten Phase bricht sich die Aggressivität mit aller Wucht Bahn. Er tobt, zerstört Gegenstände im Raum, versucht, die Therapeutin zu verletzen, stürmt in andere Behandlungsräume und in die Therapiestunden anderer Kinder. Die Therapeutin fühlt sich erniedrigt und sammelt die Scherben ein. Auf diese zerstörerischen Phasen folgen ruhige Perioden, und bei Samuel werden Schuldgefühle erkennbar, die sich in Fragen ausdrücken wie: »Wer hat das zerbrochen?« – eine Art Erklärung seinerseits, daß er seine Destruktivität nicht mehr ertragen kann und nach einem Objekt sucht, auf das er die Aggressivität schieben kann. Er baut eine andere Kiste, die er mit lauter Möbeln, einer Decke und drei Pferdchen füllt, die ihm die Therapeutin geschenkt hat. Von Zeit zu Zeit füttert und versorgt er sie. Als er ein Bild malt und sich mit der Therapeutin über die Farben berät, verkündet er, daß er das Bild in seinen Wohntrakt mitnehmen wolle. Als die Therapeutin ihm zu erklären versucht, daß dies nicht üblich sei, fängt er fürchterlich an zu toben. Er nimmt das große Pferd, das er »Papa« nennt, zerlegt es, blendet es, bohrt Nägel hinein und schneidet seine Beine ab. Danach nimmt er das kleine Pferd, das seinen Namen trägt, und unterzieht es einer ähnlichen »Behandlung«, obgleich er überhaupt nicht begreift, was mit ihm geschieht.

Als er in der nächsten Sitzung die Pferdeteile in seinem Fach findet, versucht er, sie aus dem Fenster zu werfen, und sagt zur Therapeutin: »Du willst mir sagen, daß du weggehst. Das war's. Du gehst weg. Ich habe dir alles kaputt gemacht und du gehst weg. Geh doch, hau ab! Wer braucht dich überhaupt? Ich brauche überhaupt keine Mutter. Nur einen Vater brauche ich. Geh schon, geh!« Die Therapeutin läßt die Pferdeteile in der Schublade, bis er sie wieder ansehen und über seine Gefühle sprechen kann.

Vor den Sommerferien gibt ihm die Therapeutin einen Stoffhund, den er überall mitnimmt. Nach den Ferien behauptet er, daß sie nicht seine richtige Therapeutin sei, da sie mit anderen Schuhen und einer anderen Tasche erschienen ist. Es entsteht somit der Eindruck, daß er ein ganz bestimmtes Bild von ihr in sich trägt, und wahrscheinlich richten sich die Fragen nach der Authentizität auch an ihn selbst, und es kommt schließlich die Zeit, in der er sich für seine eigene Geschichte zu interessieren beginnt. Er vertraut der Therapeutin an, daß er seine Mutter gern fragen würde, wie es war, als er geboren wurde; wann sie weggegangen ist, ob am Morgen oder am Abend, über den Grund ihres Weggangs und weshalb sie seine Schwester, nicht aber ihn mitgenommen habe usw. Er kann viel eher Trauer und Schmerz zulassen, besonders in den Tagen um seinen Geburtstag. Er lädt die Therapeutin zu seiner Feier im Wohntrakt ein, ist jedoch am nächsten Tag enttäuscht, daß sie keinen Kuchen und kein Geschenk für ihn zur Sitzung mitgebracht hat. Zwar ist er voller Wut, aber es ist auch erkennbar, daß er traurig und offener für Wiedergutmachung ist, denn am nächsten Tag, als die Therapeutin ihm ein Geschenk mitbringt mit einem Zettel, auf dem sie seine Erwartung beschreibt, daß sie beim nächsten Mal an ihn denken und ihm eine Geburtstagsfeier vorbereiten soll, ohne daß er sie darum bitten muß, liest er dies mit Interesse und nimmt es in sich auf. Er beginnt zu spüren, daß er nicht so destruktiv ist – denn schließlich bleibt die Therapeutin nach wie vor bei ihm –, daß das Schlechte wiedergutzumachen ist und daß, wer schlecht ist und etwas vergißt, trotzdem auch gut sein kann.

Während seines letzten Jahres ist er hauptsächlich mit dem bevorstehenden Abschied beschäftigt. Er baut oft Häuser: ein Familienhaus für Puppen, ein Kartenhaus, er korrespondiert mit Leuten außerhalb des Zentrums. Als er sich am Ende einer Therapiesitzung nur schwer von einem Turm trennen kann, den er gebaut hat, sagt er zum Thema Abschied: »Ich habe Angst, daß er zusammenbricht und stirbt.« Er nimmt an einer Gruppe außerhalb des Zentrums teil und erzählt der Therapeutin von seinen verschiedenen Erlebnissen mit den Kindern von »draußen«, und zugleich versucht er, in der Therapie zurückzublicken und seine Lebensgeschichte zu rekonstruieren.

Dies geht so weit, daß er einmal in den Ferien ein offenes Gespräch mit seinem Vater initiiert, in dem er sich nach dem Weggang seiner Mutter erkundigt, seinen Vater aber auch mit den schweren Mißhandlungen konfrontiert, und dieser zum ersten Mal in Tränen ausbricht und die Mißhandlungen nicht abstreitet. Samuel sagt zur Therapeutin:»Ich und Papa müssen wie zwei Lehrer sein, die einander beibringen, wie man zusammen lebt.«
Mit den Pferden befaßt er sich noch dreimal während seiner Behandlung. Einmal fragt er ganz unschuldig, wer sie getötet habe, sagt aber gleich darauf:»Das habe ich bloß so gesagt, ich weiß, daß ich das war.« Beim zweiten Mal bittet er darum, sie in der Schublade betrachten zu dürfen, da er sehen wolle, was er mit ihnen gemacht hatte, und beim dritten Mal will er sie reparieren. Als ihm klar wird, daß das unmöglich ist, sagt er, man müsse sie begraben. Er findet sich nun mit seiner Aggressivität ab und sieht darin, aber auch im Schmerz und im Mangel, einen Teil von sich. Gegen Ende der Therapie schreiben Samuel und seine Therapeutin gemeinsam seine Lebensgeschichte und die Geschichte seiner Therapie auf, und zum Abschied schenkt ihm seine Therapeutin das Buch zusammen mit dem Pferdchen, das »am Leben geblieben« war.

Diskussion der beiden Beispiele

Ich bin mir der Schwierigkeit durchaus bewußt, eindeutige Schlüsse aus den vielen verschiedenen konstitutionellen und kurative Faktoren, den Erfahrungen mit Therapeuten mit unterschiedlicher Persönlichkeit und Hintergrund usw. zu ziehen, die bei den beiden Jungen eine Rolle spielten, dennoch möchte ich versuchen, einige allgemeine Feststellungen zu treffen. Es geht hier um zwei Opfer von Mißbrauch bzw. Mißhandungen, die bei allen vorhandenen Gemeinsamkeiten auch Unterschiede aufweisen.

Amir war Opfer von Vernachlässigung und sexuellem Mißbrauch, er machte von Geburt an die Erfahrung einer pathogenen Verschmelzung mit der Mutter, das heißt, die individuellen, differenzierenden Muster, die seine persönliche Identität bestimmen, wurden nicht gefördert. Im Gegensatz zu ihm wurde Samuel zwar im Alter von eineinhalb Jahren von seiner Mutter verlassen, aber vielleicht ermöglichte sie ihm in der ersten Zeit seines Lebens, sich als ein individuelles, getrenntes Wesen zu erleben, was ihm später in seiner Entwicklung half. Wir dürfen auch nicht vergessen, daß der gewalttätige Vater sich um den Jungen auch sorgte und dieser die positive Bindung des Vaters zu ihm spürte. Wir haben hier ein Phänomen vor uns, das etwas paradox erscheint: Der mißhandelnde Vater behandelt den Jungen in gewisser Weise auch als individuelles Wesen im Gegensatz zu Amirs

Mutter, die die Verschmelzung, die Unterschiedslosigkeit vermittelte. Wir haben es also mit einer Unterscheidung zwischen der für sexuellen Mißbrauch charakteristischen Verschmelzung und der Wahrung der Differenzierung, die die körperliche Mißhandlung kennzeichnet, zu tun. Diese Unterscheidung kann eine Erklärung für die Verschiedenheit der Prognosen liefern: Wenn der Säugling von Anfang an zu Verschmelzung und Behinderung der Entwicklung seiner Individualität verurteilt ist, so ist die Möglichkeit, ihn zu behandeln und ein individuelles und fest gefügtes Selbst aufzubauen, geringer als bei einem Kind, dem ein gewisses Maß an Getrenntheit von Beginn seines Lebens bewahrt wurde.

Samuel wurde schon vor seiner Geburt eine Rolle zugewiesen. Seine Eltern, insbesondere die Mutter, wollten in ihm die Kraft sehen, welche sie zu einen vermag, die Kraft, die die Eltern, die beide noch vor ihrer Hochzeit Verlassensein, Trennungen und Enttäuschungen erlebt hatten, endlich zur Ruhe bringen kann. Er sollte als »Bindemittel« zwischen ihnen fungieren. Er identifizierte sich mit dieser Rolle und nahm sie gezwungenermaßen auf sich, und erst später wurde ihm klar, daß er enttäuscht war, daß er die ihm gestellte Aufgabe nicht erfüllt hatte und daß er zu nichts tauge.

Im Gegensatz zu Samuel wurde Amir zwar die Rolle des Partners zugewiesen, aber eines Partners nicht um seiner Selbst willen, sondern als »etwas«, das bei Bedarf benutzt werden kann, das keine Macht und keine eigene Persönlichkeit und Individualität hat.

Samuel dagegen hatte einen für ihn bedeutungsvollen Vater. Man mag argumentieren, daß es besser sei, lieber ohne einen Vater aufzuwachsen als mit einem gewalttätigen und mißhandelnden Vater. Aber zuweilen ist der Schaden, den die seelische Entwicklung eines Kindes nimmt, das Opfer von Vernachlässigung und Verlassenheit war, ungleich größer als der, der einem Kind zugefügt wird, das mit einem gewalttätigen Elternteil zusammenlebt. Es scheint mir, daß Amirs Vater der Existenz seines Sohnes keinerlei Bedeutung beimaß, er hatte keinen Platz im Leben seines Vaters, wohingegen Samuel einen sehr zentralen und bedeutsamen Platz bei seinem Vater innehatte.

Was die psychotherapeutische Behandlung betrifft, scheint mir, daß bei manchen Kindern – selbstverständlich auch Erwachsenen – keinerlei Möglichkeit besteht, der Weitergabe des Mißbrauchs an die nächste Generation Einhalt zu gebieten; aber wie bereits erwähnt, kann man diese negative Prognose nicht voraussagen. Eine Therapie, die die Fehlentwicklung aufzuhalten vermag, muß sich auf die Entwicklung der individuellen Persönlichkeit konzentrieren. Dabei geht es nicht um Anpassung, das heißt, es ist nicht zu erwarten, daß diese Kinder den Weg in die Normalität finden, indem wir sie an eine normale Umgebung anpassen, da das Problem in der unterentwickelten, noch nicht fest gefügten Persönlichkeit liegt. Wir müssen dem Kind helfen, seine besondere Individualität zu entfalten, und dies kann nur im *potential space* zwischen ihm und seinem Therapeuten geschehen, in dem das Kind spalten und projizieren kann, ohne sich bedroht zu fühlen oder zu befürchten, daß es zerbricht. Im Grunde findet hier ein der normalen Entwicklung entgegengesetzter Vorgang statt, denn die normale Entwicklung verläuft von der noch undifferenzierten Wahrnehmung zur Differenzierung, während bei der hier vorgestellten integrierten Therapieform der Prozeß von einer nur scheinbaren Differenzierung zur tatsächlichen Differenzierungsunfähigkeit und von dort zu wirklicher Differenzierung verläuft.

VIII. Suizidale Handlungen bei Latenzkindern als Ausdruck ihrer inneren Objektbeziehungen

Bei Kindern in der Latenzperiode treten selbstverletzende Handlungen hauptsächlich in zwei Formen auf: Entweder fügen sie ihrem Körper direkt Schaden zu, indem sie sich etwa Stich- und Schnittwunden beibringen, oder sie begeben sich in riskante Situationen, indem sie zum Beispiel absichtlich auf eine stark befahrene Straße laufen oder in gefährliche Höhen klettern. Diese wohlbekannten Phänomene werden aber nicht immer als suizidale Handlungen angesehen und gewöhnlich auf der Grundlage eines Entwicklungsstillstandes oder einer kognitiven Beeinträchtigung, die zu einer unzulänglichen Realitätskontrolle führt, erklärt. Die Vertreter dieser Sichtweise interpretieren solche gefährlichen Handlungen als Resultat der mangelhaft ausgebildeten Fähigkeit, die Realität richtig zu beurteilen, Ergebnisse vorherzusagen und den Zusammenhang von Ursache und Wirkung korrekt einzuschätzen.

Ich versuche in diesem Kapitel zu zeigen, daß all diesen Handlungen in bestimmten Fällen *Selbstmordabsichten* zugrunde liegen können. Wenn dies zutreffen sollte, muß man in einem zweiten Schritt die verschiedenartigen Motive hinter diesen Absichten gegeneinander abgrenzen. Natürlich bin ich mir bewußt, daß es Fälle gibt, in denen der Wunsch, das eigene Leben zu beenden, klar erkennbar ist, geboren aus Verzweiflung, Hoffnungslosigkeit oder anderen emotionalen Zuständen, die einem Individuum – und sogar einem Kind – auszuhalten nicht mehr länger möglich sind. Dieser Kategorie würde ich auch jene quasi-suizidalen Handlungen von Kindern zurechnen, die auf diesem Wege die Aufmerksamkeit ihrer wichtigsten Bezugspersonen auf sich lenken wollen, Handlungen, die unglücklicherweise tödlich ausgehen können. Diese Standpunkte werden in vielen Untersuchungen gut begründet, so zum Beispiel in der von Pfeffer (1986), der heftige Gefühle von Verzweiflung und Hilflosigkeit als Hauptfaktoren erachtet, wenn Kinder sich exzessiv mit dem Tod beschäftigen oder Selbstmordversuche begehen:

> »Untersuchungen haben in spezifizierter Weise belegt, daß Depressionen und suizidales Verhalten bei Kindern miteinander verknüpft sind und daß in dem Maße, in dem sich die Depression verschlimmert, das Risiko für das suizidale Verhalten stärker vom Grad der Hilflosigkeit denn von der Schwere der

Depression beeinflußt wird. Letzten Endes lassen sich die selbstmordgefähr-deten Kinder zwei Typen zuordnen: Zum ersten gehören Kinder mit einem zuverlässig funktionierenden Ich und einer schweren Depression, zum zweiten solche, deren Ich defizitär funktioniert und deren Eltern eine extreme Psychopathologie aufweisen. Die zweite Gruppe scheint weniger depressiv, dafür aber aggressiver zu sein.« (a.a.O., S. 72)

Einer Studie von Cohen-Sandler et al. (1982) zufolge ist das Vorliegen einer Depression für die meisten, aber nicht alle Kinder, die einen Selbstmord-versuch unternehmen, bezeichnend: So wie einerseits depressive Kinder sich nicht immer unbedingt zerstören oder umbringen wollen, so gehören anderer-seits nicht alle Kinder mit selbstverletzenden oder suizidalen Neigungen zur Kategorie der psychisch depressiv Erkrankten.

Im folgenden versuche ich, jene suizidalen Handlungen einem Verständ-nis näher zu bringen, die möglicherweise Pfeffers zweiter Kategorie zuzu-rechnen sind, das heißt von denjenigen Kindern verübt werden, »deren Ich defizitär funktioniert und deren Eltern eine extreme Psychopathologie auf-weisen«, oder zur Gruppe suizidgefährdeter Kinder gehören, die sich nach Cohen-Sandler et al. (a. a. O.) nicht der Rubrik der psychisch depressiven zu-ordnen lassen. Ich versuche, diesen Typ von Kindern ausführlicher darzu-stellen und zu erklären, daß die Beweggründe für ihre gefährlichen Handlun-gen in einer tieferen unbewußten Persönlichkeitsschicht liegen, und zudem plausibel zu machen, daß wir in diesen Fällen weder auf den Wunsch, aus dem Leben zu scheiden, noch auf den Antrieb, Aufmerksamkeit auf sich zu lenken, stoßen, sondern daß die selbstverletzenden Akte dieser Kinder viel-mehr unter dem Einfluß unkontrollierter Motive und Triebe zustande kommen, die nicht selten zum Wunsch, zu sterben, in Gegensatz stehen. Ich hoffe, daß die drei folgenden klinischen Fallvignetten diese Annahmen deutlich machen.

Drei Fallvignetten

In der kurzen ersten Vignette komme ich nochmals auf Avikam zurück, den ich in Kapitel IV vorgestellt habe, und greife nur die im jetzigen Zusammen-hang relevanten Fakten auf.

Avikam

Viele der dort geschilderten Verhaltensweisen von Avikam enthielten ein Element der Gefährdung von Leib und Leben, hie und da sogar ein extremes Gefahrenmoment. Manchmal führten sie zu direkten Verletzungen, etwas als er mit bloßer Hand eine Fensterscheibe einschlug und sein Arm dabei schlimm verwundet wurde. Bei anderen Gelegenheiten war der Schaden indirekt, etwa als er sich einmal derart verwegen über ein Balkongeländer lehnte, daß nur wenige Zentimeter fehlten, und er wäre aus beträchtlicher Höhe auf das Trottoir herabgestürzt. Er ist mehrmals aus dem Zentrum weggelaufen, hat aber jedesmal nicht etwa zu Hause Unterschlupf gesucht, sondern an unsicheren Orten, zum Beispiel in potentiell feindlichen arabischen Dörfern, in denen er spät nachts ankam.

Avikams Selbstverletzungen fielen meist in eine Zeit, in der er sich von allen verlassen und aufgegeben fühlte. Ganz besonders deutlich wurde dies bei der bevorstehenden Abreise einer Betreuerin, die zwei Jahre lang mit ihm gearbeitet hatte, aber auch zu Beginn der Sommerferien, oder wenn er erfuhr, daß seine Psychotherapiestunden vorübergehend ausfallen mußten, weil sein Therapeut nicht da sein konnte. Zweifellos lösen derartige Situationen in Avikam tief verwurzelte Gefühle der persönlichen Instabilität aus, und deshalb sucht er den Schutz bedeutsamer primärer Objekte, das heißt seiner Eltern. Man kann seine selbstverletzende Akte als Ausdruck der Verzweiflung, wenn er sich im Stich gelassen fühlte, erklären, oder als einen Hilferuf, wenn er diese Gefühle durchlebte. Wir haben uns aber auch gefragt, warum er gerade zu solch extremen Handlungen griff, mit denen er sich in große Gefahr brachte. Ist er etwa nicht imstande, deren Ausgang zu antizipieren? Und falls er zutreffend einschätzen kann, was er da tut, was treibt ihn dann zu solch extremen Schritten?

Diskussion

Avikams Fähigkeit, die Realität korrekt zu beurteilen, waren wir uns sicher, aber wir waren nicht davon überzeugt, daß seine Gefühle des Verlassenseins und der Hoffnungslosigkeit so schwer wogen, daß er seinem Leben ein Ende setzen würde. Wir haben uns seine Handlungen vor dem Hintergrund seiner inneren Objektbeziehungen erklärt und dabei herausgefunden, daß er sich in Zuständen des Verlassenseins an seine Eltern zu wenden versuchte. Dies gelang ihm mit Hilfe der einzigartigen Beziehungen, die er unbewußt internalisiert hatte: Aus den Reaktionen seiner Mutter auf das Sterben und den Tod ihres Vaters schuf er eine Repräsentanz von ihr als jemand Fürsorglichem, doch nur was das Sterben betraf. Komplizierter verhält es sich dagegen mit den seinen Vater betreffenden inneren Objektbeziehungen. Hier nahm Avikam – wenn auch unbewußt – wahr, daß er der Rolle gerecht werden mußte, die ihm sein Vater zugewiesen hatte. Wenn er dessen Nähe und Sicherheit wollte, dann mußte er sich selbst zerstören. Sein Vater hat den

Tod seines eigenen Vaters nicht durchgearbeitet, und in diesem Sinne haben wir es hier mit einem Phänomen zu tun, das Volkan (1981) als »verbindendes Objekt« definiert. Avikam ist das verbindende Objekt zu seinem Großvater väterlicherseits. Volkan schreibt:

>»Indem sie sich eines verbindenden Objekts oder Phänomens bedient, hat die hinterbliebene Person die Illusion, mit der Repräsentanz des Verstorbenen in Kontakt zu stehen, und, was noch wichtiger ist, die Illusion der Kontrolle über seine Existenz: Sie behält die Fähigkeit, die Repräsentanz zu ›töten‹ oder ›nicht zu töten‹, bei. In diese Illusion gehen sowohl ihre aggressiven Antriebe als auch ihre Schuldgefühle ein. Es ist, als ob der Trauernde sagte: ›Ich stehe mit dem, den ich verloren habe, in Kontakt, und ich kann ihn ins Leben zurückholen; ich brauche also keine Schuld zu empfinden, denn meine Aggression hat ihn nicht zerstört; deshalb brauche ich auch nicht den Sadismus meines Überichs gegen mich selbst zu entfesseln.‹ Der aggressiv gefärbte Kontakt mit dem Toten ist sozusagen in einer Schublade weggeschlossen, genau so, wie das verbindende Objekt gewöhnlich weggeschlossen – oder vom Trauernden selbst wenigstens ›auf Distanz gehalten‹ wird.«(S. 121)

Und in der Tat, Avikams Vater zog sich von seinem Sohn über drei Jahre zurück, seit dieser zur Behandlung eingewiesen worden war. Doch überrascht es nicht, daß er von dem Augenblick an, da Avikam einen Verkehrsunfall hatte und einen Monat später sich in suizidaler Absicht Schnittwunden zufügte, das Band zwischen sich und seinem Sohn erneuerte und sogar mit einem Gesuch vor Gericht ging, um die Vormundschaft über ihn doch noch zurückzuerhalten. Wir haben also Avikams suizidale Handlungen auf der Grundlage von Volkans Konzept des »verbindenden Objekts« zu verstehen versucht, haben dann aber den Eindruck gewonnen, daß Sandlers (1976) Konzept der »Rollenübernahme« auf seinen Fall besser zutrifft. Sandler und Sandler haben diesen Typ von Objektbeziehung wie folgt weiter ausgearbeitet:

>»Jeder der beiden Beteiligten hat in jedem gegebenen Augenblick gegenüber dem anderen eine Rolle inne, und jeder verhandelt mit dem anderen, um zu erreichen, daß dieser in einer bestimmten Weise auf ihn eingeht. Ein ganzer Fächer von Gefühlen, Wünschen, Gedanken und Erwartungen hat Anteil an der Interaktion, die die fortbestehende Beziehung zwischen zwei Menschen charakterisiert, und das gilt nicht nur für die Beziehung zwischen zweie realen Personen. Auch Objektbeziehungen, die *in der Phantasie* bestehen, sind durch eine solche Art der Interaktion zwischen der Selbst- und der Objektrepräsentanz gekennzeichnet.« (1978, S. 85)

Die Autoren fügen hinzu, daß die Neigung, auf frühere Objektbeziehungen zurückzugreifen, insbesondere in solchen Situationen auftrete, in denen das

Individuum seinen Seelenfrieden verloren hat und nach Mitteln und Wegen sucht, sein persönliches Sicherheitsgefühl wiederherzustellen. Selbst wenn sein Rückgriff auf frühere Objektbeziehungsmuster wieder schmerzliche Gefühle heraufbeschwört (etwa wenn es sich selbst Leid zufügt), dient die Übernahme früherer Rollen paradoxerweise dazu, das Selbstvertrauen wiederherzustellen. Die Schmerzgefühle werden als das Opfer empfunden, das das Individuum bereitwillig darbringt, um sich noch einmal denjenigen Figuren eng verbunden zu fühlen, die einst auf die eine oder andere Weise ein »Sicherheitsgefühl« (vgl. Sandler, 1960) in ihm geweckt haben. Dieses Gefühl kann nur dann entstehen, wenn das Kind die Rolle, die man ihm zuschreibt oder von ihm erwartet, tatsächlich übernimmt. Selbst wenn sie dem Selbstbild des Kindes widerspricht, wird es dennoch die ihm aufgezwungene Rolle unbewußt übernehmen, auch weil es ihm die Sicherheit und Stabilität, die die Elternfigur, die eine solch bedeutsame Rolle in seiner Welt spielt, doch zu geben vermag. Auch wenn solche Kinder scheinbar nach Autonomie streben, drücken sie unbewußt ein Bedürfnis nach Abhängigkeit und Passivität aus und reagieren damit auf die Rollenerwartungen, die die bedeutsamen anderen in der Vergangenheit an sie herangetragen haben.

Selbstverletzungen, die mitunter bis hin zum Selbstmordversuch reichen, können sich nun auf eine ähnliche Weise als Reaktion auf eine frühere, unbewußt aufgezwungene Rollenübernahme entwickeln. Den unbewußten Rollenerwartungen der Eltern liegt oft der Wunsch zugrunde, Schuldgefühle bzw. die Schuld, die sie anderen bedeutsamen Objekten gegenüber empfinden, wiedergutzumachen, oder – auf dem Wege der Projektion – seinem Leben ein Ende zu setzen, auch wenn er die Beweggründe für seine suizidalen Tendenzen nicht bewußt artikuliert. Auf diese Weise verstehen wir, daß Avikam unbewußt ›klar‹ ist, daß er, wenn er sich verlassen fühlt und den Schutz seiner Eltern sucht, dem gerecht werden muß, was er als die Rolle introjiziert hat, die sie unbewußt von ihm erwarteten: Will er seinem Vater gerecht werden, so muß er als das »verbindende Objekt« zu seinem Großvater sterben; und sehnt er sich nach der Fürsorge seiner Mutter, so muß er ebenfalls sterben.

Meine bisherigen Ausführungen weisen darauf hin, daß Avikam nur mit Hilfe der Interpretation seiner unbewußten Motive von seinen suizidalen Handlungen ablassen kann. Genau dies geschah auch recht erfolgreich während seiner dreijährigen Psychotherapie.

Hai

Der achtjährige Hai ist ein Selbstverletzer, der per Gerichtsbeschluß von seinen Eltern getrennt wurde, da seine Mutter ihn unablässig mißhandelte: ihn ans Bett fesselte, mit Gegenständen auf ihn einschlug und sogar in die Toilettenschüssel drückte. Nach seiner Trennung von zu Hause dachte man zunächst, Hai sei ein Kandidat für eine Adoption; doch er verhielt sich gegen jeden in seiner unmittelbaren Umgebung aggressiv und versuchte ständig, sich selbst zu verletzen, so daß man entschied, er solle einen Platz in unserem Zentrum erhalten. Zu seinen Selbstverletzungen gehörte, daß er sich seine beiden vorderen Schneidezähne abbrach, Gegenstände in seine Ohren einführte, was ärztliche Behandlung erforderte, zahlreiche Stürze hinter sich hatte und sich an verschiedenen Körperstellen Verletzungen beibrachte. Jedesmal, wenn er auf schnellstem Wege ins Krankenhaus gebracht wurde, ließ er die Bemerkung fallen: »Wie ich Krankenhäuser liebe!« Bei Hai sind direkt und offen ausgedrückte Todeswünsche gang und gäbe.

Hais Vater ist der jüngste Sohn aus Nordafrika stammender Eltern. Er droht pausenlos, er werde Selbstmord begehen, falls seiner Mutter etwas zustoßen sollte. Er hat also eine Abhängigkeitsbeziehung zu seinen Eltern, verbringt all seine Zeit bei ihnen, »weil sie chronisch krank sind und mich brauchen«, und drückt sich so vor seiner Verantwortung seiner Frau und seinen Kindern gegenüber. Er sagt, er habe das Haus stets verlassen, wenn seine Frau Hai mißhandelte, »weil ich so was nicht mit ansehen konnte«, zudem hätte jedwedes Eingreifen seinerseits das Verhalten seiner Frau nur noch schlimmer gemacht.

Die Eltern von Hais Mutter wurden in Osteuropa geboren und sind Überlebende des Holocaust, die im Konzentrationslager gewesen waren. Hais Mutter heiratete sehr jung und beschrieb ihre drei Schwangerschaften als schwierig, insbesondere diejenige vor Hai, bei der sie ein Frühchen zur Welt brachte, das anfangs Intensivpflege benötigte. Während des Kaiserschnitts, mit dem sie von Hai entbunden wurde, habe sie eine doppelte Dosis Morphin erhalten, wodurch sowohl ihr Nervensystem als auch ihr linkes Auge Schaden erlitten hätten. Hai, so behauptete sie, sei einfach »schon von Geburt an böse« gewesen und habe ununterbrochen nach Nahrung verlangt. Sie beschwert sich erbittert über sein Verhalten: Er habe ihr keinen einzigen Augenblick lang Freude bereitet, habe immer seine Spielsachen kaputtgemacht und zu Hause ständig für eine angespannte Atmosphäre gesorgt. Anders als Hai habe sie seine Brüder niemals geschlagen, diese »bringen mich nicht so zur Verzweiflung«. Sie habe Hai überallhin auf Schritt und Tritt folgen müssen, selbst ins Bad, »weil er alles zerstört«. Sie erlaubte ihm nie, nach draußen zu gehen, aus Angst, daß er sich selbst verletzen würde. Einmal sagte sie in einem Gespräch sogar, es wäre besser, wenn Hai tot wäre.

Diskussion

Man könnte nun die Anschuldigungen, die diese Mutter gegen ihren Sohn erhebt, als Erklärungsgrundlage für dessen häufige Selbstverletzungsversuche heranziehen. Vielleicht verletzt sich Hai, um diese Anschuldigungen, die er von klein auf zu hören bekam, wiedergutzumachen – vermutlich fühlt er sich tatsächlich für all das schuldig, was seine Mutter ihm vorhält: daß er schon »böse zur Welt gekommen« sei und ihr von Geburt an »nichts als Ärger« bereite. Einige werden Hais selbstverletzende Handlungen vielleicht für einen Ausdruck der Schuldgefühle seiner Mutter gegenüber halten oder seines Gefühls, im Stich gelassen, abgelehnt und vernachlässigt worden zu sein. Doch mir scheint, daß solche Gefühle einen bestimmten Entwicklungsstand voraussetzen, den Hai noch gar nicht erreicht hat. Ich gehe davon aus, daß auch hier innere Objektbeziehungen eine Rolle spielen, die ihm diese Verhaltensweisen aufzwingen. Lassen Sie mich in diesem Zusammenhang zunächst einmal auf die inneren Objektbeziehungen eingehen, die ursprünglich Melanie Klein, Fairbairn und Winnicott theoretisch ausgearbeitet haben, für die Ogden jedoch 1983 eine integrierende Konzeptualisierung formuliert hat:

> »Ich würde vorschlagen, daß man sich die Internalisierung einer Objektbeziehung so vorstellen sollte, als involviere sie notwendigerweise eine doppelte Unterteilung des Ich. Solch eine doppelte Spaltung hätte die Bildung zweier neuer Suborganisationen des Ich zur Folge, deren eine mit dem Selbst in der äußeren Objektbeziehung und deren andere durch und durch mit dem Objekt identifiziert ist. Diese Formulierung trägt der dynamischen Natur des inneren Objekts Rechnung und definiert auch die Beziehung zwischen dem Konzept des Ich und dem Konzept der inneren Objekte. Kurz gesagt, bei den inneren Objekten handelt es sich um Unterabteilungen des Ich, die stark mit einer Objektrepräsentanz identifiziert sind und dabei die Fähigkeiten des Denkens, Wahrnehmens und Fühlens etc. des gesamten Ich beibehalten.« (S. 234)

Hai hat sich seit seiner frühen Kindheit selbst verletzt, was bedeutet, daß es problematisch, wenn nicht gar verkehrt wäre, in seinen Handlungen den Ausdruck von Schuldgefühlen sehen zu wollen. Ich nehme an, daß sich diese Handlungen einer bestimmten inneren Objektbeziehung verdanken, wobei Teile des Ich mit mehreren Repräsentanzen des Objekts identifiziert sind. Für mich ist es klar, daß Hai bei Eltern aufwuchs, die unfähig waren, ihr Kind mit denjenigen Ressourcen auszustatten, die ein integriertes und autonomes Selbst entstehen lassen. Sein Selbst setzt sich immer noch aus mehreren, nicht miteinander integrierten Teilen zusammen, die jeweils unabhängig voneinander agieren. So stoßen wir auf verschiedene Formen der Ichspaltung, bei der ein Teil des Ich mit der mißhandelnden Repräsentanz der Mutter identifiziert ist, ein anderer Teil hingegen mit der passiven Repräsentanz des Vaters. Die selbstverletzenden Handlungen sind eine Fortsetzung der Objektbeziehungen, aber der »Schauplatz« wurde von der äußeren in die innere Welt verlegt. Nicht er – im Sinne des Selbst – zerstört sich selbst mit diesen suizidalen Handlungen, es ist seine innere Mutterrepräsentanz, die danach trachtet; nicht Hais Selbst steht diesen Akten gleichgültig gegenüber – vielmehr tut dies seine innere Vaterrepräsentanz. Wir sehen also, daß sich seine Persönlichkeit immer noch aus Teilen eines gespaltenen Ich zusammensetzt. Wir haben es hier nicht mit einer »Rollenübernahme« zu tun, der wir bei Avikam begegnet sind, sondern mit einer anderen Art von inneren Objektbeziehungen. Zweifellos ist Hais Störung gravierender als die Avikams, da sein Entwicklungsstand weit hinter dem Avikams zurückliegt. Dieser sehnt sich nach der verlorenen Nähe und hat mit einem inneren Konflikt mit seinen Eltern zu kämpfen, während Hai den Prozeß, ein unabhängiges Selbst aufzubauen, noch nicht abgeschlossen hat.

Gabriel

Gabriel kam im Alter von acht Jahren in unser Zentrum. Als er drei Jahre alt war, wurde seine Mutter bei einem Verkehrsunfall schwer verletzt und blieb bis zu ihrem Tod drei Jahre später bettlägerig. Er kam nach dem Unfall in eine Pflegefamilie, von der er bald darauf wieder getrennt wurde, weil seine Pflegeeltern sich außerstande fühlten, mit seinem extremen Starrsinn und seinem aggressiven Verhalten umzugehen. Als seine Mutter starb, wurde er in eine zweite Pflegefamilie gegeben, danach aber in einer psychiatrischen Anstalt hospitalisiert, weil sein Zustand sich verschlechterte und er anfing, sich selbst zu verletzen. In dieser Einrichtung, in der er auch therapiert wurde, blieb er ungefähr anderthalb Jahre. Bevor seine Mutter verunglückte, hatte sie ihn schwer mißhandelt, ihn unter anderem mit glühenden Messern versengt. Nach Aussagen des Vaters war sie auch in kriminelle Geschichten verwickelt. Dieser Vater, der sich an der Kindererziehung nicht beteiligte und keiner festen Arbeit nachging, erscheint als passive Figur. Doch obwohl er seine Frau als dominant beschreibt, hat er sie einmal aus dem Haus geworfen. Zur Zeit lebt er mit einer Frau zusammen, die eine Tochter hat und nicht willens ist, Gabriel mit großzuziehen oder ihm auch nur zu helfen.

Zu den Symptomen, die Gabriels Verhalten charakterisieren, zählen chronisches Bettnässen, Einkoten, motorische Probleme und Handlungen, die man normalerweise als sadomasochistisch bezeichnen würde, die aber eher eine Neigung zur Selbstverletzung widerzuspiegeln scheinen. Zu diesen Handlungen gehört zum Beispiel, daß er nach verschiedenen Gegenständen (Stäbchen, Stiften, Essensabfällen etc.) in Mülleimern herumwühlt und sie verschluckt. Häufig beschmiert er sich mit seinen Exkrementen und bekommt Abszesse, an denen er unentwegt herumkratzt und sie so auch auf andere Körperstellen verteilt. Zudem schneidet er sich oft mit scharfen Gegenständen. Sein selbstverletzendes Verhalten kommt besonders in seinen Beziehungen zum Vorschein: Er läßt so lange nicht locker, andere Kinder zu plagen, bis es ihm schließlich »gelingt«, sie dazu zu zwingen, daß sie ihre Schläge auf ihn niederprasseln lassen. Er wählt seine »Opfer« blind aus, hegt aber eine Vorliebe für Kinder, die stärker sind als er und deren Schläge ganz besonders hart sind. Jedesmal wenn ein Mitarbeiter ein Kind, das ihn geschlagen hat, zur Rede stellen will, kommt Gabriel daher, verteidigt es und setzt sich dafür ein, daß ihm eine Strafe erlassen wird.

Obwohl er sich öfter mal bei den Mitarbeitern über Kinder, die ihn schlagen, beschwert, sind seine Klagen stets von einem Lächeln begleitet, das die Befriedigung verrät, die ihm das Geschlagen- oder Gequältwerden durch andere verschafft. Einmal hat er sich nach einem kurzen Aufenthalt zu Hause drei Tage lang geweigert zu essen. Bei einer anderen Gelegenheit, der ebenfalls ein kurzer Aufenthalt zu Hause vorausging, tat er so, als sei einer seiner Arme gelähmt, und kurze Zeit danach hat er die eigenen Wimpern abgeschnitten. Es hat sich ganz deutlich gezeigt, daß sich diese Symptome immer dann verschlimmerten, wenn man ihm Vorhaltungen wegen eines Fehlverhaltens machte oder ihm die Schuld für irgendein Versagen oder einen Fehler gab. In solchen Fällen ist noch ein weiteres Verhaltensmuster zutage getreten: Er heftete sich dann einer seiner Lieblingsbetreuerinnen an die Fersen, ärgerte sie in einer Tour mit nervtötenden Fragen und ließ dabei so gut wie nie ihre Hand los. Man konnte in diesen Situationen den Eindruck gewinnen, er wolle die Betreuerin am Leben erhalten, indem er verhinderte, daß sie von ihm wegging. All dies ging mit selbstdestruktiven Handlungen einher, mit denen er seinem Körper erheblichen Schaden zufügte. Auch spazierte er halbnackt im Freien vor dem Gebäude mit den Schlafräumen umher, auch dann, wenn es draußen gefror. Er nahm auch Faezes in den Mund, verschluckte Eierschalen und andere Abfälle, die er draußen auflas.

In diesem Beispiel haben wir es mit wieder einer anderen Art von inneren Objektbeziehungen zu tun. Wir stoßen hier auf etwas, das man »Reinszenierung« internalisierter Objektbeziehungen nennen kann. Die Gründe dafür können verschieden sein, doch der in diesem Kontext relevante Grund hat mit den Bedürfnissen des Kindes zu tun, die früheren, internalisierten Beziehungen noch einmal zu durchleben. Die innere Objektbeziehung konzentriert sich hauptsächlich auf die Beziehung, die einmal zwischen den beiden inneren Repräsentanzen bestanden hat: derjenigen des Selbst und derjenigen des Objekts. In der Reinszenierung wendet sich das Individuum auf eine alle Aspekte der Beziehung umfassende Weise an das internalisierte Objekt und heißt, daß die Art der Beziehung, die von und mit diesem Objekt ausgebildet worden ist, auch Teil der Repräsentanz dieses Objekts sei. Auf diese Weise werden alle Facetten der Beziehung – Kontrolle, Unterwerfung, Eifersucht, Abhängigkeit, Vertrauen, Schutzsuche, Idealisierung, Verachtung etc. – zu integralen Bestandteilen der internalisierten Objektbeziehung. Sandlers Erklärung ist für unser Thema relevant:

> »Man kann die inneren Objekte als strukturelle Basis für die Phantasien ansehen, die überaus notwendige, mit dem Erlebnis der Anwesenheit des Objekts verbundene Gefühle vermittelten. [...] Auch wenn dessen Anwesenheit in der Phantasie verfolgender, schulderregender Natur ist, erfüllen sie nichtsdestotrotz die Funktion eines Trägers für die eigene projizierte Aggression des Individuums, während sie gleichzeitig ein Hintergrundgefühl der Sicherheit zur Verfügung stellen. Es lohnt sich, uns hier an die Art und Weise zu erinnern, wie mißhandelte Kinder sich gegen die Trennung von ihren Eltern sträuben: auf dieselbe Weise befriedigen das Vorhandensein ›mißhandelnder‹ innerer Objekte und ihre Widerspiegelungen in der unbewußten Phantasie ein Bedürfnis.« (1990, S. 859)

Gabriels Fall scheint diese Prinzipien gut zu veranschaulichen, obschon man sein sadomasochistisches Verhalten auch auf andere Weisen erklären könnte, zum Beispiel als Ausdruck seines generalisierten Gefühls der Unsicherheit und Hilflosigkeit oder als Ausdruck seiner Identifizierung mit dem passiven Verhaltensmuster seines Vaters. Wieder eine andere Interpretation würde sich auf die Triebtheorie berufen und besagen, daß Gabriel eine starke anale Fixierung zeige: mit anderen Worten, daß er auf der Entwicklungsstufe stehengeblieben sei, auf der er sich vor dem Tod seiner Mutter befand. Dieser Interpretation zufolge manifestiert sich die anale Fixierung in Gabriels Bettnässen und Herumschmieren, in seiner ausgesprochen ungepflegten Erscheinung und in seinem passiven Verhalten, wie es sich beobachten läßt, wenn er andere Kinder nur deshalb plagt, damit sie ihm Schläge verpassen. Ich meine jedoch, daß die Konzepte der Objektbeziehungstheorie das selbstverletzende Verhalten dieses Kindes besser erklären und so seinen Behandlungsprozeß fördern können. Gabriels zahlreiche Selbstverletzungen stellen in der Tat eine Reinszenierung früherer Objektbeziehungen dar, die zwischen ihm und seiner Mutter existierten und die das Kind internalisiert hat. Es ist ziemlich offenkundig, daß sich die internalisierte Repräsentanz der Mutter in erster Linie aus Elementen wie Vernachlässigung und körperliche Mißhandlung zusammensetzt, während die internalisierte Repräsentanz des Selbst um solche Elemente wie Viktimisierung und die passive Reaktion auf emotionale und körperliche Mißhandlungen kreist. Allem Anschein nach stellt das ununterbrochene Reinszenieren dieser internalisierten Objektbeziehungen eine Reinszenierung der verstorbenen Mutter dar, die zuerst bei einem Verkehrsunfall verletzt wurde und mit ihrem Tod dann ganz aus Gabriels Leben verschwand. Man kann davon ausgehen, daß bestimmte Angstgefühle – wie sie in Situationen heraufbeschworen werden, in denen Gabriel Vorwürfe zu hören bekommt – ihn dazu veranlassen, seine Mutter »wiederzubeleben«, und daß diese Reinszenierung dadurch begünstigt wird, daß er die Objektbeziehungen in Übereinstimmung mit den Repräsentanzen, die in diesen Beziehungen enthalten sind, sozusagen wiederherstellt: Repräsentanzen sowohl des Objekts als auch des Selbst. Auf diese Weise, das heißt mit seinen charakteristischen Methoden des Selbstverletzens, gelingt es ihm, in seinen unbewußten Phantasien diese frühere Objektbeziehung wiederzubeleben, so als ob seine Mutter, deren Repräsentanz hauptsächlich die eines mißhandelnden Objekts ist, noch am Leben wäre. So kann er sich angesichts von Vorhaltungen ein wenig sicherer fühlen und sich vielleicht auch von allen Anschuldigungen, er sei die Ursache ihres Todes gewesen, befreien.

Schlußfolgerungen

Meiner Ansicht nach hat die auf internalisierten Objektbeziehungen beruhende Verstehensweise von selbstverletzenden Impulsen bedeutende und entscheidende Implikationen nicht nur für die Behandlungskonzepte, sondern auch für die Therapiestrategien. Wenn wir die suizidalen und selbstverletzenden Akte als unbewußte Rollenübernahmen oder als Resultat einer reinszenierten inneren Objektbeziehung auffassen, können wir Instrumente schaffen, die wirksam an der nonverbalen Mitteilung des Kindes ansetzen, wie sie sich in jenen Akten artikuliert. Um solchen Kindern zu helfen, müssen wir geschickter darin werden, die Inhalte der Botschaft, die sie uns übermitteln, zu lesen und zu verstehen. Wenn wir die selbstverletzenden Handlungen lediglich unter dem Blickwinkel des Risikos oder der Risikogruppen betrachten, verpassen wir die Gelegenheit, die persönlichen Dilemmata und Probleme des Kindes direkt anzugehen. Alle anderen Methoden zur Prävention von Selbstmordversuchen beschäftigen sich mit dem Akt selbst und nicht mit den zugrundeliegenden Motiven. Der Objektbeziehungsansatz ermöglicht es dem Therapeuten hingegen, sich direkt mit den subjektiven Beweggründen hinter den Selbstverletzungen oder Suizidversuchen auseinanderzusetzen. Nur wenn wir uns auf die persönlichen Motive konzentrieren, können wir jemals hoffen, das Kind zur Einsicht zu bewegen, daß es auf dieses Verhalten verzichten muß.

IX. Traumatisierung in der frühen Kindheit und ihr Einfluß auf die Geschlechtsidentität in der Adoleszenz

Einführung

Dieses Kapitel verfolgt den Zweck, die Probleme von Adoleszenten mit der Geschlechtsidentität zu beleuchten. Seine Stoßkraft besteht in der Behauptung, daß diese Schwierigkeiten auf verschiedenartige traumatische Erlebnisse in der frühen Kindheit zurückgehen. Obgleich viele Beiträge (zum Beispiel Chasseguet-Smirgel, 1985) beschreiben, wie sich gravierende Traumata auf die Ausbildung der normalen Geschlechtsidentität auswirken, beabsichtige ich hier, den Einfluß geringfügiger oder gar unauffindbarer Traumata auf die Charakteristika der Geschlechtsidentität zu erklären.

In seinem berühmten *Brief an den Vater* räumt Kafka zwar ein, daß sein Vater ihn niemals schlug, aber, so beschreibt er seinen Vater,»das eilige Losmachen der Hosenträger, ihr Bereitliegen auf der Stuhllehne, war für mich fast ärger«. Niemand könnte also behaupten, Kafka sei einer körperlichen Mißhandlung zum Opfer gefallen; und dennoch enthüllt dieser Satz das wirkliche emotionale Leiden des Sohnes Franz Kafka. Sicherlich unterscheiden sich traumatische Ereignisse davon in hohem Maße, und es ist weder leicht vorherzusagen, ob ein bestimmtes Ereignis sich einmal als traumatisch herausstellen wird, noch können wir vorhersagen, unter welchen Folgen traumatischen Erlebens das Opfer einmal leidet.

Obwohl ich Coates und Moores (1998) Trauma-Definition grundsätzlich zustimme, finde ich die Anwendung ihrer Definition – außer in sehr extremen Fällen – recht schwierig. Die Autoren sagen, das Trauma sei»eine überwältigende, mit Vernichtungsangst einhergehende Bedrohung des Überlebens oder der Integrität des Selbst« (S. 40). Ich glaube, hier wird eher die Folge des Traumas als das Trauma selbst definiert. Aber das Problem ist überaus kompliziert, weil wir erst später im Leben des Individuums die Schlußfolgerung ziehen können, ob ein spezifisches Erlebnis traumatische Auswirkungen hatte. Jedwedes Ereignis kann für einen Menschen traumatisch sein, muß es aber nicht, und deshalb ist es meiner Meinung nach sinnlos, traumatische Ereignisse beschreiben und definieren zu wollen. Dennoch stimme ich mit E. Cohen (1999) überein, die versichert, daß man an der Wurzel des Traumas auf panische Angst stoße. Mir geht es nicht darum, die exakte historische Wahrheit der potentiell traumatischen Vorfälle herauszufinden, aber wir müssen empfänglich für die Nachwirkungen vergangener subjektiver Erlebnisse auf die emotionale und funktionale Verfassung des Individuums in der Gegenwart sein.

Das führt jedoch auch zur Frage, was Normalität sei. Man kann psychische Gesundheit nicht losgelöst vom Kontext der jeweiligen Gesellschaft, Kultur und Epoche definieren, und dementsprechend verändern sich auch die Therapieziele. Ich denke, daß in unserer westlichen Kultur heute das Individuum und sein Selbst den eigentlichen Kern der psychischen Gesundheit ausmachen. Psychische Gesundheit bedeutet, über ein integriertes, kohäsives und organisiertes Selbst zu verfügen. Ein integraler Aspekt ist dabei unsere Fähigkeit, mit anderen aus einem Gefühl der Freude, der Zufriedenheit und Wertschätzung heraus intime Beziehungen einzugehen, ohne daß wir dabei unsere Identität verlieren. Die Formulierung der psychischen Gesundheit ergibt sich aus dem Wandel der Stellung des Individuums in der westlichen Gesellschaft. Im Lebensmittelpunkt einer Person steht heute das eigene Selbst und nicht Familie, Status, Gemeinschaft oder Nation. Diese Feststellung negiert aber keineswegs die Dualität von Paaren, die Bedeutung von Familie, Gemeinschaft etc.; es ist vielmehr eine Feststellung, die das Selbst ins Zentrum rückt: Der Mensch ist sein eigener Herr.

Doch enthält dieses Ziel der Selbstautonomie – jenseits der Tatsache, daß es ein Gefühl der Befriedigung zu wecken vermag – auch Probleme und Schwierigkeiten. Einerseits ist es richtig, daß einem autonomen Individuum alle Facetten des Lebens – soziale Bindungen, Berufstätigkeit, Kreativität – offenstehen; andererseits bedürfen alle diese Optionen der Entschlossenheit, der Auswahl und Entscheidung des Individuums, und zwar im Hinblick auf jeden Aspekt und jedes Detail seiner Lebensgestaltung. Die niemals endende Notwendigkeit, zu bestimmen, zu wählen und zu entscheiden, schmälert das zufriedene Gefühl ein wenig, das das Individuum aus seinem Selbstsein beziehen kann. Zusätzlich zu diesem Paradoxon möchte ich noch zwei weitere hervorheben, die auf andere für die Entwicklung des Selbst verantwortliche Faktoren hinweisen, aber auch ihr genaues Gegenteil, das heißt den potentiellen Schaden für die Entwicklung des Selbst mit erfassen.

Das erste Paradoxon ist die unbestreitbare Tatsache, daß jede Person andere braucht, um sich körperlich und emotional zu entwickeln, das heißt, unsere Abhängigkcit von anderen ist eine Vorbedingung für Identität und

Unabhängigkeit. Kann es denn ein größeres Paradoxon geben, als daß Unabhängigkeit Abhängigkeit zur Voraussetzung hat? Daher überrascht es nicht, daß die Entwicklung des Selbst darunter leiden kann, wenn Abhängigkeit nicht subjektiv angemessen ermöglicht wird.

Das zweite Paradoxon hängt mit der Dynamik des Lebens in unserer Gesellschaft zusammen. Der ständige Wandel der Lebensstile, der verfügbaren Technologien, die plötzlichen, rapiden Veränderungen in allen Lebensbereichen – sei es die gesprochene oder geschriebene Sprache, seien es die Kontaktaufnahme- und Kommunikationskanäle –, all das bietet dem Individuum vermehrt Gelegenheit, seinem Selbst Ausdruck zu verleihen. Doch gleichzeitig bergen diese Bereiche die Gefahr der Desorientierung, des Veraltens, des nicht mehr Schritthalten-Könnens und Zurückfallens in sich, die das Gefühl für die eigene Identität und des Selbstwerts beeinträchtigt. Die Geschlechtsidentität ist integraler Bestandteil des Selbst. Ist letzteres einmal beschädigt und problematisch geworden, so beobachten wir, daß auch die Geschlechtsidentität in Mitleidenschaft gezogen wird.

Dem Thema der Entwicklung der Geschlechtsidentität ist in der psychoanalytischen Literatur große Aufmerksamkeit zuteil geworden, wie etwa in den Arbeiten von Roiphe und Galenson (1981), Tyson (1989), Fast (1984), Chasseguet-Smirgel (1985) und vielen anderen. Diese Autoren haben sich mit der Entwicklung der Geschlechtsidentität beschäftigt, ihre Forschung aber meistens auf die Bildung der männlichen und weiblichen Identität und die Einstellung gegenüber Angehörigen des eigenen und des anderen Geschlechts konzentriert. Andere Untersuchungen, die sich mit dem Problem des Traumas in der Kindheit, insbesondere infolge sexuellen Mißbrauchs, beschäftigten, haben die Frage der sexuellen Identitätsbildung ebenfalls erforscht. Die Arbeit von Arthur H. Green (1994) beschreibt den Einfluß des sexuellen Mißbrauchs auf die Entwicklung des Adoleszenten und des Erwachsenen und kommt zu dem Ergebnis, daß ein solches Trauma nicht nur im Sexualverhalten Probleme hervorruft, sondern auch bei der sexuellen Identität und Orientierung Verirrung stiftet. M. Laufer hat die zentrale Rolle des Körpers in der Adoleszenz sehr gut beschrieben:

>>Anders als das Kind oder der erwachsene Patient erlebt der adoleszente Patient seinen Körper als den ständigen Repräsentanten dessen, was ihn mit schmerzlichen und ängstigenden Phantasien und Affekten überschwemmt.<< (1978, S. 307)

Mir scheint jedoch, daß die raschen, plötzlichen Veränderungen, die sich im Körper des Adoleszenten abspielen, vor allen Dingen im Hinblick auf die Organisation und Stabilität des Selbst bedeutsam sind. Das Gefühl der Selbst-

Identität und des Selbstwerts ist eng mit der Frage der sexuellen Identität verknüpft, wie dies McDougall treffend formuliert und die – wie Fast (1984) – die Entwicklung des Selbst mit der der Sexualität wie folgt verknüpft hat:

>»Aber im Anschluß an die Entdeckung des anatomischen Geschlechtsunterschieds wird das Genitale plötzlich zu einem Objekt, auf das man zeigen und das man benennen kann, das einen kennzeichnet und unvermeidlich nur einer Klasse angehören läßt und einen von der anderen für immer ausschließt.« (1989, S. 205)

Später werde ich auf das Thema der sexuellen Identität eingehen, aber nicht unter dem Gesichtspunkt schwerer Traumata, die aus irgendeiner Art von Mißbrauch hervorgehen. Die Frage, die ich hier aufwerfen möchte, ist eine, die Adoleszente und junge Erwachsene, die eine Behandlung wünschen, häufig stellen. Sie ist mit der eigenen ständigen Sorge um das Selbst aufs engste verknüpft und hängt viel stärker mit einer narzißtischen Beschäftigung – einem der Kennzeichen unserer Zeit und Kultur – zusammen.

Was die Frage der Geschlechtsidentität betrifft, herrscht ein gewisser Mangel an Klarheit. Sie betrifft weder das Geschlecht noch die Präferenz hinsichtlich des sexuellen Objekts. Nicht selten begegnen wir Menschen, bei deren Problem die sexuelle Frage und nicht die des Geschlechts zentral ist. Mit anderen Worten, diese Personen haben kein Problem mit ihrer Sexualität unter dem Aspekt des Geschlechts; die Themen, die sie beunruhigen, haben mit der *Qualität* dessen zu tun, was sie sind: Was für eine *Art* Mann bin ich? Was für eine *Art* Frau bin ich? Sie machen den Kern der Probleme aus, mit denen sich viele, die sich an uns wenden, konfrontiert sehen. Sie gewinnen in dem Maße an Macht, in dem das Individuum stärker gewahr wird, daß es einsam, zunehmend mit sich selbst allein ist. Früher wurde man dieser Zweifel mit Hilfe sozialer Normen und Sitten Herr; das Individuum fühlte sich – anders als heute – nicht so verantwortlich für sich selbst und daher weniger isoliert. Diese Fragen tauchen insbesondere in der Adoleszenz auf, wenn bei den Jungen oder Mädchen rapide, bedeutsame physiologische Wandlungsprozesse – zusammen mit emotionalen Veränderungen und einer Krise der Selbst-Identität – im Gange sind. Sie spüren, daß sie für ihre Selbst-Identität allein und abgetrennt von jedwedem sozialen Kontext verantwortlich sind. Das Individuum ist allein derjenige, der sein Selbst formt; seine gesamte Identität gründet in Eigenschaften, die es für sich selbst definiert. Deshalb sollte man den Prozeß, den die Adoleszenten durchlaufen, als etwas für die Selbstwahrnehmung Entscheidendes ansehen. Es sind nämlich die Antworten auf obige Fragen – was für eine Art Mann bin ich, was für eine Art Frau bin ich –, die die volle Selbstidentität des Individuums herstellen; sie sind jedoch nicht von der Selbstwahrnehmung vor der Adoleszenz losgelöst. Mit anderen Worten, für die Antwort auf diese Fragen ist das Endresultat der physiologischen Veränderungen nicht allein verantwortlich, denn das Individuum lehnt sich bei seiner Selbst-Organisation angesichts dieser physiologischen Wandlungsprozesse an seine frühe Entwicklung an.

Klinische Fallskizzen

Anhand dreier Beispiele möchte ich meine Ausführungen illustrieren und erörtern.

Yael

Die dreizehnjährige Yael, das jüngste von vier Kindern, wurde auf Veranlassung ihrer Eltern zur Konsultation an uns überwiesen, nachdem diese geklagt hatten, daß sie von einem Jungen arabischer Herkunft sexuell angegriffen worden war. Der Zwischenfall ereignete sich, als sie mit einer Freundin unterwegs war und eine Gruppe arabischer Jungen die beiden mit Pfiffen und Buhrufen sowie sexuellen Schimpfwörtern bedachte. Die beiden Mädchen gingen weiter, aber die Jungen folgten ihnen, bis einer von ihnen schließlich ganz dicht an Yael herankam, ihre Brust und ihr Gesäß berührte und sie anmachte: »Ich will dich unbedingt bumsen!« Yael stieß ihn von sich und rannte weg. Erst tags darauf und ermutigt durch eine Freundin, berichtete sie ihrer Mutter davon. Der Vater reagierte mit Stolz, daß seine Tochter den arabischen Jungen weggestoßen hatte, aber beide Eltern waren sehr beunruhigt und wandten sich an die Polizei, die Schulberatungsstelle und den Hausarzt. Yael war nicht in der Lage, der Polizei das Gesicht des Jungen zu beschreiben, deshalb schlug der Beamte vor, der Vater möge mit ihr an den Ort des Geschehens zurückkehren und versuchen, den Jungen ausfindig zu machen. Zu diesem Zweck suchte er mit Yaels Bruder mehrmals dieselbe Stelle auf, während sich Yael etwas entfernt davon aufhielt, um auf den Übeltäter zeigen zu können.

Die Eltern befürchteten, Yael habe ein schweres Trauma erlitten, und obwohl sie keine besonderen Veränderungen an ihr bemerkten, fügten sie hinzu, daß sie seit diesem Vorfall Angst habe: Einmal, als Yael im Auto saß, bekam sie einen Riesenschreck, als ein Junge an sie herantrat; wenn sie spät abends ausgehe, bitte sie um Begleitung. Sie versicherten, ihre Tochter habe weder zwischenmenschliche noch schulische Probleme. Sie sei beliebt und gut in der Schule.

Beim ersten Treffen mit Yael fällt sofort ihre reife Erscheinung ins Auge.

*Sie ist ein attraktives Mädchen und ein wenig aufreizend gekleidet. Sie be-
richtet dem Therapeuten von dem Angriff und drückt Angst und Besorgnis
aus, kann aber zugleich in aller Ruhe die Aufmerksamkeit beschreiben, die
ihr seit dem Vorfall zuteil wird. Bei diesem ersten Gespräch standen besonders Yaels Klagen im Vordergrund, daß ihre Mutter keine Zeit für sie habe
und ihr Vater ständig mit seiner Arbeit beschäftigt sei.*

*In einer Stunde mit den Eltern sprechen diese über mehrere bei Terror-
anschlägen verwundete Familienmitglieder; sie selbst waren mit Steinen
beworfen worden. Der Vater fügt hinzu:* »Überall lauert Gefahr, jeden Tag
kann ein Unglück passieren, und es gibt keinen, der dich rettet.« *Dann
beschreibt er ein schweres Trauma, das er im Yom-Kippur-Krieg und später
während des Kriegs im Libanon erlitten hatte und daß er drei Jahre lang in
psychiatrischer Behandlung war. Er litt unter Wutanfällen, Ängsten und
Schlaflosigkeit. Die Eltern erzählen ferner, daß ihre beiden älteren Töchter
während einer Auslandsreise darüber geklagt hätten, daß ihnen bei einem
Spaziergang ein Araber gefolgt war. Und der Sohn berichtet, daß er einmal
in einem Taxi mit einem arabischen Fahrer gesessen hatte, der versuchte,
ihn woandershin als zum angegebenen Ziel zu fahren. Seit diesem Vorfall
versucht die Mutter, ihre Kinder selbst überallhin zu chauffieren.*

*Beide Elternteile beschreiben ihre eigene schwere Kindheit. Die Eltern
der Mutter waren geschieden; ihre Mutter verließ das gemeinsame Zuhause,
als sie selbst in Yaels Alter war. Sie und ihr Bruder blieben beim Vater, der
schwierig und verletzend war.*

Yaels Vater kommt auf den aktuellen Vorfall zurück: »Yael ist kein Kind.
Sie ist gut entwickelt und hat den Busen einer Neunzehnjährigen. Etwas an
diesem Vorfall hat auch mit ihr zu tun. Sie trägt eng anliegende Oberteile,
sie ist hübsch und körperlich attraktiv. Selbst der Wachmann im Einkaufs-
zentrum versucht, mit ihr zu flirten. Ich habe auch über Mittel und Wege der
Selbstverteidigung mit ihr geredet. Wir sind ja keine verschlossenen Leute
und für jedes Thema offen. Aber ich bin stolz, wie sie reagierte, sie hat sich
diesen Typ geschickt vom Hals gehalten – es hätte ja auch mit einer Vergewaltigung oder einem Mord enden können! Yael wollte erst mal keine
Beratungsstelle aufsuchen, aber ich sagte ihr, das ist wichtig, weil sie sonst
später vielleicht Symptome wie Stottern, Bettnässen oder Alpträume entwickelt.« *Die Mutter fügt hinzu:* »Wenn sie mal achtzehn ist, wird sie es mit
ihrem Freund schwer haben. Ich möchte beruhigt schlafen können.« *Außerdem sei Yaels Freundin auch mit auf der Polizeiwache gewesen und habe
dort gefragt, wie es komme, daß der Junge Yael und nicht sie angefaßt habe.
Yael habe geantwortet, weil sie hinter ihr gegangen sei, aber ihre Freundin*

erwiderte: »Nein, sie berührten dich, weil du dieses Oberteil anhattest, das fällt auf.« Darauf habe Yael gesagt: »Kann ich was dafür, daß ich so entwickelt bin?« Worauf der Vater sagte: »Sie ist sich ihres Aussehens sehr wohl bewußt. Sie ahmt mit ihrer Kleidung ihre Schwestern nach und ist eine großartige Tänzerin und schon wie eine Frau; alle Typen schauen sie an.«

Anat

Anat ist die sechzehnjährige Tochter von Eltern um die fünfzig. Die Eltern haben eine bereits verheiratete Tochter mit einem Baby. Die Familie wanderte 1991 aus der früheren Sowjetunion nach Israel ein. Die Mutter verlor ihre Mutter im Alter von acht Jahren und ihren Vater, als sie elf war. Sie wurde von ihrer Großmutter großgezogen. Die Mutter ist eine sehr unabhängige Frau und arbeitet als Akademikerin in einer höheren Position. Der Vater, Ingenieur von Beruf, verlor seine Mutter in sehr jungen Jahren, und sein Vater beging Selbstmord in der Zeit, als die Familie ihre Einwanderung nach Israel plante. Während sich die Mutter erfolgreich integrierte, in ihrem Beruf eine Stelle fand und Hebräisch lernte, arbeitet der Vater nicht in seinem Beruf und hat Probleme mit der neuen Sprache.

Nach der Ankunft in Israel begann ihre ältere Tochter zu studieren, heiratete einen eben erst eingewanderten Mann aus Deutschland und zog von ihrer Familie weg. Anat, die ihren russischen gegen einen typisch israelischen Namen eintauschte, kleidet sich nach der Mode der jungen Israelis; Russisch spricht sie nicht, obwohl sie alles, was ihre Eltern ihr sagen, versteht. Sie zog sich von ihrem achten Lebensjahr an mehr oder weniger selbst groß, da ihre Eltern alle Hände voll zu tun hatten, um in der fremden Umgebung zurechtzukommen. Nach und nach übernahm sie eine Elternrolle. Ihr oblag in jeder Hinsicht die Außendarstellung der Familie, da sie als erste Hebräisch lernte. Sie gestand, daß sie sich wegen ihres Elternhauses und des »Russischen« ihrer Eltern schäme.

Die Mutter wandte sich aus Sorge um Anat, die auffallend an Körpergewicht zulegte, an eine Klinik. Ihrer Aussage nach ist ihre Tochter nervös, hat Wutanfälle und unlängst ganz offenkundig in ihren schulischen Leistungen nachgelassen. Anat lehnt ihren Vater wütend und verächtlich ab. Zuweilen schließt sie sich stundenlang in ihrem Zimmer ein, und die Eltern können sich keinen Reim darauf machen, was gerade mit ihr los ist.

Die Therapeutin, auch eine Russin, traf sich mehrmals mit Anat und ihren Eltern und entdeckte, daß letztere überhaupt kein Vertrauen in ihre Tochter haben. So berichtet Anat, daß sie dem Mathematikunterricht aufgrund ihrer Schwierigkeiten mit dem Lehrer fernblieb. Sie sagte ihrer Mutter aber nichts

davon, weil sie wußte, daß sie sie nicht unterstützen würde. Wenn Anat ver-
spricht, in den Sommerferien den gesamten Unterrichtsstoff aufzuarbeiten,
spotten die Eltern mißtrauisch über sie; der Vater sagt, er wisse zwar, daß
Anat dies könne, es fehle ihr aber an Motivation dazu. Nach diesem Ge-
spräch weigerte sich Anat, an weiteren Gesprächen teilzunehmen, und ihre
Eltern gaben als Erklärung dafür an, daß sie sich schäme, in ihrer Be-
gleitung in die Klinik zu kommen. Deshalb hat man dort gesonderte Termine
für Anat und ihre Eltern beschlossen – die Eltern sollten sich mit einer in
Rußland, Anat hingegen mit einer in Israel gebürtigen Therapeutin treffen.

In einer dieser Stunden mit den Eltern machte der Vater seiner Frustra-
tion Luft: Wo er auch hinkomme, fühle er sich überhaupt nicht geschätzt,
auch in den Augen seiner Tochter nicht. Die Therapeutin zeigte einfühlsames
Verständnis, insbesondere für die vielen Härten, die auch sie bei ihrer
Aufnahme in Israel erlebt hatte.

Anat fühlt sich mit ihrer israelischen Therapeutin recht sicher, die – selbst
Tochter von Einwanderern – sich sehr auf die Scham und Distanz einstimmt,
die Anat ihren Eltern gegenüber empfindet. Vertrauensvoll spricht Anat mit
ihr über ihre Bulimie, über ihr Leid, da sie mit diesem Geheimnis ganz allein
leben müsse; auch an anderen Geheimnissen läßt sie sie teilhaben, etwa an
kurzen Episoden der Verliebtheit, die damit endeten, daß der Junge sie
wieder verließ. Die Therapeutin interpretierte den Ausbruch der Bulimie vor
dem Hintergrund der Einwanderung nach Israel und sagte zu Anat, es sehe
so aus, als ob sie alles »Israelische« verschlingen und alles »Russische« aus-
kotzen wolle.

Zur selben Zeit spricht Anat auch über ihre Sehnsucht nach Nähe zu ihrer
Mutter und wie andere Mädchen sie erleben. Nach diesen Stunden traf sich
Anats Therapeutin mit der Mutter und ermutigte sie zur Nähe mit ihrer
Tochter, und tatsächlich kam es zu einem sehr vertrauten Gespräch, in dem
die Mutter Anat, die zwölf Jahre nach ihrer Schwester zur Welt gekommen
war, verriet, daß sie ein »Unfall« gewesen war. Anat gerät daraufhin in eine
depressive Phase, bleibt häufig der Schule fern und kommt auch nicht mehr
zu ihren Therapiestunden. Als ihre Therapeutin anrief und sie umwarb, sagte
Anat: »Es fällt mir schwer, nach der Schule zu den Stunden zu kommen, auch
wenn es nicht weit ist. Können Sie mich bitte fünfzehn Minuten, bevor unsere
Stunde anfängt, anrufen und nachfragen, ob ich mich auch auf den Weg
mache?«

Die Berichte über die beiden Mädchen heben die gesellschaftlichen, kulturellen und religiösen Faktoren hervor, die für den Lebensstil in Israel typisch sind – seien es nun die anhaltenden Konflikte zwischen Arabern und Juden oder die Härten, die mit einer Einwanderung verbunden sind und etwas für Israel Charakteristisches darstellen, dessen überwiegender Bevölkerungsteil aus anderen Nationen in dieses Land gekommen ist. Es ist richtig, daß die gesellschaftlichen, nationalen und politischen Ereignisse in Israel an sich schon in persönliches Leid verursachende Extreme ausarten können – ich spreche hier von den Opfern von Terroranschlägen; von Familien, die Angehörige in den vielen Kriegen verloren haben, in denen jeder getötete Soldat ein Gefühl der kollektiven Trauer hervorrief; von kulturellen und sozialen Konflikten, etwa zwischen den Juden Nordafrikas und den aus der westlichen Welt stammenden, wie sie in den ersten Jahren der Existenz Israels vorherrschten und deren Auswirkungen bis zum heutigen Tag spürbar sind; oder von solchen Konflikten, die – in der jüngeren Vergangenheit – mit der massiven Einwanderungswelle aus der früheren Sowjetunion nach Israel oder äthiopischer Juden ausgebrochen sind. Außerdem dürfen wir die Angehörigen der arabischen Minderheit, die als Bürger des Landes in Israel leben und zehn Prozent der Bevölkerung ausmachen, nicht vergessen, ganz zu schweigen von denjenigen, die zur zweiten Generation der Überlebenden des Holocaust zählen. In beiden Fällen jedoch wäre es in meinen Augen irrig, wollte man diese Phänomene als Ursachen der emotionalen Probleme heranziehen. Ich meine vielmehr, daß Yael und Anat in den für ihre Entwicklungsphase typischen leidvollen Konflikten und Turbulenzen stecken, auch wenn ich überzeugt bin, daß deren Ursprung in einem viel früheren Alter liegt, als wir es sonst bei den meisten Adoleszenten beobachten, die der therapeutischen Intervention bedürfen.

Was die Adoleszenz grundlegend auszeichnet, ist die nahezu plötzlich einsetzende, intensive, rapide Veränderung, die in erster Linie am adoleszenten Körper auffällt. Wie bereits erwähnt, stellen diese mächtigen Vorgänge die Adoleszenten vor schwierige existentielle Fragen, die mit tiefsitzender Angst vor einem möglichen totalen Zusammenbruch einhergehen, Fragen, bei denen es um Wesentliches geht und die der Adoleszente an sich selbst richtet, wenn er sein Bild im Spiegel betrachtet: »Wer ist dieser Jemand, den ich hier im Spiegel sehe?« Fehlt es ihm in seiner Umgebung an Objekten, die angesichts der Gefahr eines Zusammenbruchs Kontinuität und Permanenz gewährleisten können, so verstärkt dies Fehlen die Erwartung zusammenzubrechen. Ich glaube, daß genau dies den beiden Fällen – ätiologisch gesehen – zuinnerst zugrunde liegt. Im folgenden versuche ich das anhand des Materials der beiden Mädchen und ihrer Familien zu erläutern.

Was Yael betrifft, so ist sie für ihr Alter – auch körperlich – schon sehr weit entwickelt. Was bedeutet diese Feststellung? Ich bin überzeugt, daß diese vergleichsweise frühreife Entwicklung nicht nur für den Beobachter, den Zuschauer, bedeutsam ist, sie ist es vor allen Dingen für das Mädchen selbst. Der Vater sagte ja selbst:»Sie ist kein Kind, sie ist eine Frau, sie hat den Busen einer Neunzehnjährigen.« Wir tun also gut daran zu fragen, was es bedeutet, wenn eine solche Äußerung von ihrem Vater stammt. Aus den uns zur Verfügung stehenden Berichten geht zwar nicht hervor, welchen Stellenwert sie für Yael hatte, doch können wir so tun, als steckten wir ein wenig in ihrer Haut, um zu verstehen, was diese Tatsache für sie bedeutet. Ihre frühe körperliche Entwicklung dürfte sie wohl selbst überrascht haben: Weder hatte sie genügend Zeit noch die Mittel, sich daran zu gewöhnen, daß die adoleszente Yael und das Kind Yael ein und dieselbe Person sind. Wir können überdies fragen, was ihr wohl die Reaktionen von Menschen aus ihrer Umgebung vermittelt haben, denn wir können davon ausgehen, daß dieses Phänomen in der Adoleszenz viele Reaktionen hervorruft. Der Vater kritisiert ja die Art, wie Yael sich kleidet:»Etwas an diesem Vorfall hat auch mit ihr zu tun. Sie trägt eng anliegende Oberteile, sie ist hübsch, gut entwickelt und körperlich attraktiv.« Welche Bedeutung haben diese Worte für Yael, was spürt sie hinter der Kritik ihres Vaters? Versuchung? Provokation? Was brachte sie dazu, sich so zu kleiden?

Es wäre vorschnell, wollten wir das Phänomen an einem bestimmten Zeitpunkt festmachen, ohne uns auf das Ganze zu beziehen, das heißt, nur den Angriff auf das Mädchen als Ausgangspunkt zu sehen. Auf diese Weise blieben uns Yaels emotionale und psychische Bedürfnisse unzugänglich. Wir müssen in die Situation, in der sie sich gegenwärtig befindet, auch ihre Vergangenheit mit einbeziehen.

Mir scheint, daß Yael in jener Stunde, in der sowohl sie als auch ihre Eltern zugegen waren, etwas Wichtiges geäußert hat, das uns etwas über die Bedürfnisse Adoleszenter verraten kann. Sie drückt deutlich ihren Wunsch nach Intimität aus, nach einem gemeinsamen Erleben mit ihrer Mutter, das andere Personen ausschließt; etwas, das einzig ihnen beiden gehört. Es liegt auf der Hand, daß sie ein primäres Bedürfnis nach einer Beziehung zu ihrer Mutter, die Ausschließlichkeitscharakter hat, zum Ausdruck bringt. »Aber wieso?« könnte man fragen, »immerhin haben wir es hier doch mit einer Adoleszenten zu tun.« In Wirklichkeit aber bedeutet Adoleszenz, wie Winnicott (1971) feststellt, Unreife, und dieses unreife Stadium muß sich *allmählich* entfalten dürfen. Einige mögen einen solchen Wunsch infantil nennen, aber ich denke, daß das Nebeneinander von infantilen Wünschen und solchen nach absoluter Unabhängigkeit für die Adoleszenz charakteristisch ist.

Yael ist in Gegenwart eines Vaters herangewachsen, der unter posttraumatischen Störungen litt, die sich in Form von Zornesausbrüchen, Ängsten und Schlaflosigkeit manifestierten. Die Mutter sehnt bis zum heutigen Tag selbst nach der Fürsorge ihrer Mutter, und deshalb fällt es ihr schwer, ihren Kindern als stabiles und genügend starkes Objekt zur Verfügung zu stehen, an das sie sich anlehnen können, insbesondere in Zeiten voller Anspannung und Instabilität, wie es für die Phase zutrifft, in der sich Yael befindet. So scheint mir die Intimität, nach der Yael jetzt sucht, ihr auch zuvor schon gefehlt zu haben. Nun, angesichts der raschen Veränderungen in ihrer körperlichen Erscheinung und Selbstwahrnehmung, braucht sie die mit dieser Intimität verbundene Unterstützung, um dieses Stadium der Neuorganisation – gleichsam eine Wiederholung ihrer Geburt und Kindheit – durchzustehen.

Anat entdeckt im Laufe ihrer Therapie, daß sie zwölf Jahre nach ihrer Schwester sozusagen als »Unfall« zur Welt gekommen war. Danach weigert sie sich, zu ihren Stunden zu kommen, aber für den Fall, daß sie eines Tages den Wunsch haben sollte, wieder hinzugehen, bittet sie ihre Therapeutin, bei ihr anzurufen und nachzufragen, ob sie sich auf den Weg mache.

Für mich tritt hier der Wunsch des Mädchens, in ihrer Therapeutin das Verlangen zu wecken, sie zur Welt zu bringen, sie schon vor ihrer Ankunft auf dieser Welt willkommen zu heißen, offen zutage. Daß sie ein »Unfall« war, das war eine Enthüllung auf einer bewußten, kognitiven Ebene. Mir scheint, Anat spürte schon immer, daß sie nicht erwünscht war und womöglich sogar als Last empfunden wurde. Vielleicht kommen genau an dieser Stelle die mit der Einwanderung der Familie nach Israel verbundenen kulturellen Faktoren ins Spiel, aber den Ursprung bildet mit Sicherheit dieses Gefühl der Unerwünschtheit.

Die Therapeutin versuchte, eine Beziehung zwischen Anat und ihrer Mutter anzubahnen, nach der sich Anat so sehr sehnt. Offenkundig spürte sie das Beschädigte in dieser Beziehung.

Ich glaube, daß das Sprachproblem – die Tatsache, daß sich Anat an das, was wir als das »Israelische« bezeichnet haben, klammert, daß sie Hebräisch spricht und die russische Sprache ad acta gelegt hat – nichts anderes ist als das Resultat ihres unbewußten Gefühls, ein ungewolltes, lästiges Kind zu sein, das gar nicht auf der Welt sein sollte. Es scheint, daß Anat ihre Fremdheit und Unähnlichkeit mit ihrer Familie betont, indem sie das »Israelische« an ihrer Person hervorhebt. Doch zugleich ringt sie mit den Veränderungen in ihrem Inneren und an ihrem Körper, verursacht durch ihre Bulimie, die sehr wahrscheinlich auf bedeutungsvolle Weise mit ihrem Gefühl zusammenhängt, daß ihre Mutter sie niemals wirklich akzeptiert hat.

Man darf annehmen, daß noch weitere Faktoren ihre Probleme erschwert haben, etwa der Verlust der bedeutsamen Vaterfigur, der nach der Einwanderung seinen früheren Status und sein Selbstwertgefühl verloren hatte. Natürlich kennen wir nicht alle Aspekte seiner Persönlichkeit, die seine Integration und die Wahrung seines Selbstwertgefühls behinderten. Wir müssen deshalb davon ausgehen, daß er ohne die Einwanderung nach Israel für Anat weiterhin als wichtige Figur hätte zur Verfügung stehen können, besonders in dieser Phase ihres Lebens. Denn die Familie hat ja in der Tat eine erwachsene Tochter, die selbständig, verheiratet und Mutter eines Kindes ist und ihre Pubertät normal durchlaufen zu haben scheint, vielleicht deshalb, weil der Vater, so wie er vor ihrer Einwanderung nach Israel war, für sie eine kontinuierliche und stabile Figur hatte sein können. Aber dies sind, so meine ich, lediglich sekundäre Faktoren, die zum primären und ausschlaggebenden Faktor hinzukommen, nämlich Anats Gefühl, von Anfang an nicht angenommen worden zu sein.

Shlomo

Shlomo ist sechzehn Jahre alt und wurde, weil er unentwegt die Schule schwänzte und seine Familie damit wie auch mit seinen wirren Gedanken nicht zu Rande kam, im Heim untergebracht. An seiner früheren Schule stieß er auf Ablehnung, hauptsächlich weil er in schlampigen und schmutzigen, stark nach Urin riechenden Klamotten zum Unterricht erschien. Einerseits war er introvertiert und der Sündenbock der anderen, andererseits jedoch aggressiv und gewalttätig.

Sein Vater ist ein Überlebender des Holocaust, der einen vernachlässigten, verschlossenen und sehr nervösen Eindruck hinterläßt. Er geht keiner Arbeit nach und verbringt die meiste Zeit im Bett. Die anderen Familienmitglieder schämen sich seiner äußeren Erscheinung und seiner Art zu sprechen.

Die Mutter kam ebenfalls in Europa zur Welt. Sie ist klein, extrem mager und sieht aus, als brauche sie umgehend Hilfe. Sie kränkelt und funktioniert nur mit Mühe zu Hause. Sie konzentriert sich auf ihre Bedürfnisse und klagt pausenlos über Schmerzen, Qualen und körperliches Leiden. Sobald man mit ihr über Shlomo zu sprechen versucht, fängt sie mit ihren eigenen Schmerzen und Leiden an. Shlomo hat einen fünf Jahre älteren Bruder, der als gewalttätig, die anderen Familienmitglieder kontrollierend beschrieben wird und Shlomo oft schlägt.

Als Shlomo noch jünger war, gab es verschiedene Anläufe, ihn in ein Internat zu schicken, aber alle Versuche scheiterten, so daß er wieder nach Hause zurückkehrte. In unserem Institut Beit Hanna wurde bald deutlich, daß er zwischen zwei Extremen lebt: Zum einen sucht er sich Situationen aus, in denen er Schläge und Verletzungen einstecken muß und oft irgendwo heulend, verwundet und Schmerzen leidend aufgefunden wird. Zum anderen führt er sein Wissen, seine Sprach- und Phantasiebegabung vor; nachts erzählt er den anderen Jungen Horrorgeschichten, so daß sie Angst vor ihm bekommen.

In der Psychotherapie sagt er ohne zu zögern, sein Vater habe einen Knacks weg, die Nazis hätten seinen Kopf »total verkorkst«, seine Mutter sei als Kind viel geschlagen worden, und er habe keinen Menschen, an den er sich mal anlehnen könne. Fortwährend spricht er über seine Kleinheit und Schwäche und erzählt dem Therapeuten seltsame Geschichten über das Weltende, über Außerirdische und die Nazis. Einige seiner Gedanken kreisen um Schuldgefühle: Ihm sei schleierhaft, wie er von zu Hause weggehen konnte, da sein Vater doch krank und seine Mutter hilflos sei. Er finde es nicht in Ordnung, daß er sein Leben neu aufbaue, während sie so elend seien. Doch gleichzeitig beschuldigt er andere, ihn von zu Hause weggenommen zu haben, und sagt, er möchte nach Hause, weil er eine gute Mutter hat. Mit Leichtigkeit bewegt er sich dabei durch zwei dichotome Situationen: Er ist das Opfer und der Mißhandelnde, und es wird deutlich, daß er beides so erlebt. In Shlomos Selbstwahrnehmung kommt häufig die innere Repräsentanz seines Vaters zum Tragen: das Opfer des Holocaust; er stellt sich dann vor den Spiegel im Therapieraum und sagt zu seinem Therapeuten: »Ich wachse nicht; sieh mal, wie dünn und klein ich bin. Meine Haut ist ganz durchscheinend und so zart. Auf dieser Welt halte ich gar nichts aus.« Von seiner Geburt spricht er, als handle es sich um ein Ereignis vor seiner Zeit. Sie sei zu früh und er selbst noch nicht soweit gewesen: »Ich hatte kaum Haut um mich.« Über seine frühe Kindheit sagt er, er habe immer nur Milch bekommen, die nicht warm genug war.

Nach ungefähr sechs Monaten ist Shlomo sehr um sein körperliches Wohlergehen besorgt, er klagt, er sei müde, habe aber Schlafprobleme und befürchte deshalb, daß er keinerlei Chance bekomme, sich zu entwickeln, klagt zudem über ständige Gedanken, die ihm keine Ruhe ließen, und darüber, daß sein Körper unablässig Schaden leide. Später stellt er dann direkte Fragen zur Sexualität und läßt seinen Therapeuten wissen, daß ihn die Masturbation der anderen Jungen anekle, zumal dann, wenn er wegen seiner eigenen sichtlich verwirrt ist. Je mehr er über die Sexualität spricht, desto mehr wird die Gewalt thematisch, die er in seiner Kindheit erdulden mußte – und auch, daß seine Mutter ihn nicht beschützt hatte. In einer späteren Therapiestunde sagt er plötzlich zu seinem Therapeuten, er fürchte, homosexuell zu sein. Er sei sich sicher, daß kein Mädchen etwas von ihm wissen wolle, und habe Angst, sich von Jungen statt von Mädchen angezogen zu fühlen. Wiederholt fragt er den Therapeuten, ob er denn normal sei, er sei sicher, daß sich andere Adoleszente nicht mit der Frage herumplagen, ob sie sich zu Jungen oder zu Mädchen hingezogen fühlen, nur er habe solche Zweifel, die ihm die Angst einflößen, mit ihm stimme etwas nicht. Er beschließt die Stunde mit den Worten: »*Ich habe etwas Schreckliches von mir preisgegeben. Wahrscheinlich denkst du jetzt, ich sei zurückgeblieben und verrückt.*«

Diskussion

Shlomos sexuelle Entwicklung und Selbstwahrnehmung scheinen integrale Bestandteile der allgemeinen Selbstwahrnehmung des Jungen zu sein. So wie es schon am Anfang des Lebens eine Wahrnehmung des Selbst gibt, so setzt auch die Wahrnehmung in sexueller Hinsicht bei Jungen und Mädchen bereits zu Beginn des Lebens ein.

In diesem Sinne können wir uns der Konzepte von Ruth Stein (1998) bedienen, die davon spricht, daß die Mutter, die einen Jungen oder ein Mädchen großzieht dabei die Sexualität implantiert. Allem Anschein nach ist die Sexualität in Shlomo nicht richtig »eingepflanzt« worden; er zweifelt an sich und nimmt sich als unvollständiges Wesen ohne inneren Zusammenhalt wahr, als ein Objekt, das Schläge abbekommt und über keine Fähigkeiten verfügt, um die Realität zu bewältigen. Sexualität ist für ihn wie ein Fremdkörper statt Teil seiner selbst. Dafür ist seine frühe Entwicklung verantwortlich zu machen. Beim Stillen und Füttern, sagt Laplanche (1987), gebe die Mutter ihrem Säugling nicht nur Milch, denn sie berühre und errege auch seinen Körper. Da auch sie ein sexuelles Wesen ist, signalisierte und übermittelte sie dem Baby etwas von ihrer eigenen Sexualität, was Laplanche die »rätselhafte Botschaft« nennt, wohingegen Stein vom Implantieren der Sexualität spricht. Es scheint, daß Shlomo zwar die materiellen Objekte, etwa Nahrung, erhalten hat, aber nicht das emotional-sexuelle Kompositum, und so blieb er mit dem Gefühl zurück, eine zerbrechliche, unstabile Einheit zu sein, Jetzt, da er sich in der Adoleszenz befindet, prägt dies seine Vorstellung von sich selbst als Ganzes – als Mensch wie als Mann.

Eine ausführliche Falldarstellung

Zum Schluß möchte ich einen Fall ausführlich beschreiben, der meiner Meinung sehr gut illustriert, wie Sexual- und Selbstentwicklung ineinandergreifen.

Hila

Hila ist dreiundzwanzig Jahre alt und studiert im zweiten Jahr Sozialwissenschaften. Sie ist ein wenig mollig, hat braune Haare, braune Augen und trägt eine Brille. Gut gepflegt ist sie nicht, scheint aber sehr intelligent zu sein. Ihre Eltern sind beide Wissenschaftler. Sie beschreibt ihren Vater als schwierig; man streite sich besser erst gar nicht mit ihm, weil er doch alles besser wisse, selbst ihre Mutter habe es nicht leicht mit ihm, obwohl sie ihn hoch achte.

Hila hat drei ältere Brüder, und alle drei schildert sie als Genies. Sie haben mit Computern zu tun und sind auf diesem Gebiet sehr erfolgreich. In dem Bild, das sie von sich selbst zeichnet, steht sie – trotz ihres Studienerfolgs – in deren Schatten: »Ich war nicht so vielversprechend wie meine Brüder.« *In der Grundschule und später in der weiterführenden Schule galt sie als extrem gescheit, aber seitdem sie studiert, glaubt sie, im Vergleich mit den anderen Studenten ziemlich mittelmäßig zu sein.*

Sie hatte noch nie einen Freund. Zwar gab es sporadische Beziehungen, aber keinen eigentlichen Freund, und darin sieht sie ein Problem – sie sei schließlich schon dreiundzwanzig Jahre alt, und es sei höchste Zeit dafür. Daß sie nach J. zog, hat auch mit dieser bisher ergebnislosen Suche zu tun. Die beiden jungen Männer, mit denen sie studiert, sind bereits liiert. Sie habe kein einziges Mal gesehen, daß sich ihre Eltern auf die Lippen küssen, und als sie einmal andere Eltern dabei beobachtete, war sie schockiert, glaubte sie doch, so etwas gebe es nur im Film. Ihre Überzeugung, daß ihre Eltern keinen Sex miteinander haben, teilt sie mir im Flüsterton mit. Sie denkt, ihr Vater habe etwas gegen sie und habe sie von Anfang an nicht akzeptiert. Man hielt sie stets für untüchtig, unausgeglichen – entweder schien sie zu glücklich oder zu traurig – und gestattete ihr nicht, einfach nur ein kleines Mädchen zu sein. Sie erinnert sich an einen Vorfall mit einer Mitschülerin in der sechsten Klasse, Vered, die andere Kinder schlug und mißhandelte. Eines Tages verprügelte sie auch Hila und beschuldigte sie, in den Schultaschen der anderen Kinder herumgestöbert zu haben. Hila kam heulend nach Hause und erzählte davon, aber ihre Mutter hatte nichts als Spott für sie übrig. »Vered schlug mich« *wurde damals zu einem geflügelten Wort – und blieb es bis heute –, was ihr das Gefühl gab, nicht weinen zu dürfen. Ihre Mutter sagt, sie habe Hila damit zu trösten versucht, daß Weinen sich nicht lohne, da Vered ihre Tränen gar nicht wert sei, aber Hila faßte es anders auf: daß man ihr kein Verständnis entgegenbrachte. Sie begreift nicht, warum ihr Vater so gegen sie ist. Er ist in der Tat ein problematischer, therapiebedürftiger Mann – verschlossen, unnachgiebig, ohne Freund. Eigentlich schätze er sie ja, aber alles in allem glaube sie, er sei gegen sie. Sie habe die Ruhe der Eltern gestört, bis zu ihrer Geburt sei alles prima gewesen mit den drei pflegeleichten Söhnen, »und dann kam ich dazu und war das Problemkind«.*

Man kann nun auf die um Schuld – das Überich – kreisenden inneren Konflikte und die ödipalen Fragen, die sich auftun, eingehen, doch im Sinne dessen, was ich hier darstellen möchte, konzentriere ich mich auf die Tatsache, daß Hila zu Hause nie Anzeichen von Liebe feststellen konnte, auch nicht ihr gegenüber. Sie spürte, daß Liebe an Bedingungen geknüpft wurde, das heißt, für sie waren die Unterstützung und die Liebe ihrer Eltern, was auch immer passierte, nicht selbstverständlich, vielmehr mußte Hila sie sich verdienen. Keiner habe ihren Kummer als Kind wirklich verstanden, und selbst wenn sie heulte und schrie, wandten die Eltern immer die gleiche Methode an und hießen sie bis zehn zählen, bevor sie reagiere. Heute kümmere sich ihre Mutter um die kleinen Kinder ihres Bruders und erzähle, wie schön es sei, einen Säugling im Arm zu halten. Hila nimmt dies so wahr, als entdecke ihre Mutter gerade etwas Neues, das sie nicht so empfand, als sie, Hila, ein Baby und ein kleines Mädchen war.

Tatsächlich erinnert sich Hila an sich selbst als ein nervöses, rastloses Kind, um das sich ihre Mutter ständig Sorgen machte. Sie erlaube bereitwillig alles, solange es ihrer Meinung nach gut für ihre Tochter sei. Obwohl sie und ihre Mutter gute Freunde seien – worauf letztere stolz ist –, stört sie sich an der Beunruhigung ihrer Mutter, sobald sie, Hila, sich selbst anklagt oder ärgert und schreit. Früher wurde ihre Mutter dann deprimiert und war ihr folglich keine wirkliche Hilfe. Anstatt in Hilas episodischer Nervosität etwas Vorübergehendes zu sehen, wurde sie übermäßig besorgt und brachte Hila damit ganz durcheinander. Es schmerzt zu sehen, wie Hila als kleines Mädchen ihren Kummer auszudrücken versuchte, um bei ihren Eltern Einfühlung in ihre Bedürfnisse zu wecken, damit aber das Gegenteil bewirkte und ihr Jammern und ihre Traurigkeit ihre Eltern, die gegen jeglichen Gefühlsausdruck, insbesondere aber Leid, eine Abneigung hegen, bloß auf Distanz gehen ließen. Als ich nachfrage, wie ihre Familie auf ihre Selbstvorwürfe reagierte, als sie noch in den Kindergarten ging, sagt Hila, so weit sie zurückdenken könne, habe sie sich selbst als dick und unwürdig empfunden, und selbst die anderen Kinder hänselten sie und nannten sie Pummelchen. Zu Hause hatte sie den Ruf eines problematischen Schreihalses, und man hielt ihr ihre Freundin Ora als lobenswertes Beispiel vor, die sich ruhig und still benahm. In Oras Elternhaus ging es ruhig zu, ihr Vater war Polizist, ihre Mutter unterwürfig, passiv und nicht berufstätig, in Hilas Familie dagegen waren Lärm und Karriereorientierung an der Tagesordnung. Heute sehen ihre Eltern, wie problematisch das alles war, aber damals dachten sie anders.

»Meine Mutter hat mich auf die Adoleszenz ganz und gar nicht vorbereitet.« Damals, als alle anderen Mädchen sich um ihr Äußeres Gedanken machten, habe sie einen scheußlichen Anblick geboten. Jetzt spüre sie, daß sie wirklich vernachlässigt und auf Sexualität und Weiblichkeit überhaupt nicht vorbereitet worden sei, und daraus mache sie ihrer Mutter einen schweren Vorwurf. Diese kümmere sich indes auch nicht um sich selbst. Hila schildert ausführlich die katastrophale Beziehung ihrer Eltern; manchmal habe sie gedacht, daß sie sich besser scheiden lassen sollten.

Hila spürt, daß ihre bloße Existenz gänzlich von ihrer Mutter abhängt: sie habe einen gottähnlichen Status. Sie sehe alles mit ihrer Mutter, die ihr das Leben schenkte, beginnen. Sich selbst spricht sie das Recht ab, Kinder zu haben, obwohl sie Lust dazu hätte und beim Sex tatsächlich etwas derartiges in ihrem Körper spürt, aber »wer ein Kind in die Welt setzt, gebiert ein Wesen, über das umgehend die Todesstrafe verhängt wird«. Hila fürchtet sich sehr vor dem Tod und mehr noch vor dem Tod ihrer Mutter, denn wenn diese stirbt, stirbt auch sie, die sie doch nur durch die Mutter existiere. Aber diese liebe sie umgekehrt auch und würde nicht weiterleben, wenn es sie, Hila, nicht mehr gebe.

Hila glaubt, daß sie viele dieser Rollen von ihrer Mutter auf mich überträge. Ich erwidere: »Ja, so ist es. Ich habe vom ersten Augenblick an, als Sie zu mir kamen, bestimmte Rollen übernommen und glaube, daß Sie alles Recht der Welt haben zu aktualisieren, was Sie in sich fühlen.«

Sie erinnert sich, wie sie als kleines Mädchen immer den Wandschrank mit den Kleidern ihrer Mutter betrat und welche herausnahm, wie sie sich Orangen als Brüste ins Oberteil steckte, Make-up auflegte und sich dabei sehnlichst wünschte, erwachsen zu sein. Sie war lebhaft und kreativ, aber ihre Mutter schalt sie jedesmal wegen der Unordnung in ihrem Kleiderschrank, und Hila bekam nie etwas Ermunterndes oder ein Lob zu hören.

»Auch damals«, sagte ich, »hat sich Ihre Mutter über Ihre Sexualität nicht gefreut, als ob sie sagen wollte, sie sei nicht damit einverstanden, daß Sie eine Frau werden, ein sexuelles Wesen, eine Mutter – als sei das allein ihr

Vorrecht.« Hila fügte hinzu, daß sie es sich heute selbst als etwas Negatives ankreide, wenn sich ein Mann, dem sie sich voller Lebensfreude zeige, von ihrem Überschwang nicht mitreißen läßt und zurückhaltend bleibt. An ihrem elften Geburtstag, so erinnert sie sich, saß sie, lauthals ihr stolzes Alter verkündend, in der Badewanne, bis einer ihrer Brüder die Eltern aufforderte, dafür zu sorgen, daß sie den Mund hielt. So sei jeder Ausdruck von Lebensfreude umgehend abgebremst worden. Heute müsse sie ständig daran denken, daß Leute über sie reden könnten – abfällig, versteht sich. Aber einmal habe ein Mann sehr freundlich zu ihr gesagt, daß gerade ihre Nervosität ihr Charme und Energie verleihe. Sie erzählt von einem jungen Mann, den sie zuvor in einem Tanzlokal kennengelernt und mit dem sie geschlafen und eine tolle Nacht verbracht hatte, der sie aber sonst nicht weiter interessierte. Sie schämt sich, daß sie nur um des Sex willen mit ihm schlief, ohne Liebe. Er ruft sie oft zu Hause an, doch sie will überhaupt nichts von ihm wissen. Sie fühle sich oft gar nicht wie eine Frau, eher wie ein Kind, und mitunter sei ihr zumute, als sei sie ein Mann in einem Frauenkörper; meistens aber habe sie kein Gefühl für ihre Weiblichkeit.

Über ihre sexuelle Entwicklung zu Beginn der Adoleszenz erfuhr ich, daß sie die letzte in der Klasse war, die einen Busen bekam, und sich deshalb schämte. Ihre Mutter habe mit ihr über die Menstruation und »alles andere« auf eine sehr technische, wissenschaftlich zergliedernde, fast medizinische Weise gesprochen: »Da gibt es die Eizelle und dort...« Sie wußte schon ziemlich früh über alles Bescheid. Ich wies sie darauf hin, daß man ihr alles zwar höchst objektiv vermittelt habe, daß diesem Umgang mit ihrer sexuellen Entwicklung aber etwas fehle, nämlich der emotionale Aspekt; daß zwar große Offenheit bestand und man ohne Hemmungen über sexuelle Themen sprechen konnte, daß es aber keinen Raum für Intimität gab. Hila stimmte zu: Sie spüre überhaupt nicht, daß sie sich in eine Frau verwandele, es habe für sie keinen Reiz. Sie erinnerte mich daran, daß sie keine Hinweise auf die Sexualität zwischen ihren Eltern entdeckt habe, als ob sie vom Vergnügen am Sex nichts wüßten. Und ihre Mutter wisse einfach nicht, was Liebe ist. Ihr sei klar, daß ihr das Weibliche fehle, sie komme sich plump vor, rede zu laut, sei zwar schlau, aber nicht liebenswürdig. Ich sagte, daß ich all dies anders sähe, worauf sie antwortete, sie sei weder hübsch noch weiblich und könne sich ausmalen, was Männer bei Frauen suchen, etwas, das ihrer Natur möglicherweise widerspreche. Ich sagte, das höre sich ja so an, als wäre sie lieber als Junge auf die Welt gekommen. Sie müsse von ihren Eltern das Gefühl aufgeschnappt haben, daß sie lieber noch einen Jungen gehabt hätten. Genau so sei es, sagte sie, bei ihnen gäbe es nur eine reine Männer-

wirtschaft, die keinen Raum für eine Frau und ihre Weiblichkeit vorsieht. Sie sei sich ihrer Klugheit, Stärke und Unabhängigkeit bewußt, aber danach suchten die Männer in der Regel nicht. Deshalb fürchte sie, allein zu bleiben, ohne jemals eine Beziehung zu jemandem zu haben. *Wir sprachen über die scharfe Trennung, die sie zwischen ihrem Körper und anderen Teilen ihrer selbst vornimmt, und ich wies darauf hin, daß sie ihre Intelligenz, ihre Unabhängigkeit etc., nicht jedoch ihren Körper schätze und all die einzelnen Teile, die zusammen genommen Hila ausmachen, nicht miteinander verknüpfe, sie getrennt halte. Dem liege die Dichotomie zwischen ihrem Körper und ihrer übrigen Person zugrunde. Ich versuchte ihr zu vermitteln, daß ich in ihr jemanden sehe, der all diese Anteile hat, die zu ein und der derselben Person gehören.*

Diskussion

In der Vergangenheit hätte ich mir sicherlich viel mehr Gedanken um Hilas Schwierigkeiten mit ihrem Körper gemacht und zu Trieb, Struktur und Bedeutung Fragen gestellt und mich stärker am Konflikt zwischen dem Sexualtrieb, den ödipalen Wünschen und dem Über-Ich orientiert. Ich hätte sicherlich die Position eines Außenbeobachters eingenommen und die unbewußten Kräfte zu finden versucht, die Hila zur Ablehnung ihres Körpers veranlaßten. Heute jedoch bin ich überzeugt, daß die zentralen, diese Patientin bewegenden Fragen um Probleme wie die Anerkennung durch andere, das ›Holding‹ und die Verschmelzung ihrer Persönlichkeitsanteile zu einem kohäsiven und integrierten Wesen kreisen.

Hilas Fall zeigt uns die ungünstige Entwicklung ihres Selbst, einschließlich ihrer Geschlechtsidentität, aufgrund wie mir scheint kumulativer traumatischer Erfahrungen, die sich völlig undramatisch – ohne scharfe Ablehnung, Trennung, körperliche oder sexuelle Mißhandlung – ausnimmt. Dennoch bin ich von der traumatischen Qualität überzeugt, haben wir doch das ganze Ausmaß von Hilas Unfähigkeit, sich als ganz und gar weiblich wahrzunehmen, sehen können. Die Beziehung ihrer Eltern zu ihr war völlig an der äußeren Realität, an Pflichterfüllung, an Hilas kognitiver Entwicklung und Bildung orientiert. Alles Rätselhafte, Dunkle oder Ambivalente schien wertlos zu sein, und deshalb gab es für Wünsche, Phantasien und Vorstellungen keinen Raum. Hila mußte sich an eine auf wissenschaftlichen Erkenntnissen und empirischen Beweisen beruhende Realität anpassen. Es blieb völlig außer acht, daß Liebe, Haß und Abhängigkeit bei der Definition der Wirklichkeit und im Verhalten ihr gegenüber eine Rolle spielen. Hila litt unter dem Fehlen von intimen, in emotionalen Bindungen und grundsätzlicher Abhängigkeit gründenden Beziehungen. Ich möchte nachdrücklich nochmals hervorheben, wie wichtig es ist, daß die sexuelle Entwicklung auf einer kontinuierlichen emotionalen Beziehung basiert, die sich auf vielerlei Weise vom ersten Lebenstag des Babys an äußert. Ich beziehe mich hier auf Steins Konzept der Implantation, die für die Entwicklung der Geschlechtsidentität und der Selbstwerdung unverzichtbar ist. Bleibt eine solche Implantation aus, kommt dies einem wirklichen Trauma gleich.

X. Konflikte mit der Geschlechtsidentität als Suizidmotiv bei Adoleszenten

Einführung

Viele Disziplinen – von der Belletristik und Dichtkunst über die Psychologie, Psychiatrie, Soziologie bis hin zur Kriminologie –, die sich mit dem Thema der Adoleszenz befassen, versuchen mit der Besonderheit dieses Lebensabschnitts klarzukommen. Frankenstein (1966) hat ihn als »doppelte Negation« bezeichnet: Der Adoleszente sei nicht länger Kind, aber auch noch kein Erwachsener. Auch dem Thema dieses Kapitels wurde sowohl in der Forschung als auch in der klinischen Praxis große Aufmerksamkeit zuteil. Wir sind heute möglicherweise Zeugen, wie ein neues Forschungsgebiet entsteht, nämlich die psychologische Autopsie. Gleichwohl bin ich davon überzeugt, daß die Erforschung der Motive und hochrelevanten Risikofaktoren für Selbstmorde in der Adoleszenz weder zu einem besseren Verständnis des Problems noch zu seiner Prävention beiträgt. Wenn zum Beispiel Pfeffer (1988) feststellt, als Risikofaktoren für den Suizid kämen hauptsächlich »schwere Depression, antisoziale Symptome, Erfahrungen mit anderen suizidalen Personen, frühere suizidale Episoden, Alkohol- und Drogenmißbrauch sowie zerrüttete Familienverhältnisse aufgrund von Eheschwierigkeiten zwischen Vater und Mutter und psychopathologische Züge der Eltern« (S. 399) in Frage, dann liegt es auf der Hand, daß eine solch allgemeine Auflistung weder denjenigen, die stark gefährdete Adoleszente behandeln, noch den Betroffenen selbst, die einen Selbstmordversuch verübt haben, weiterhelfen kann.

Ich beschäftige mich hier mit nur einem der zahlreichen mit diesem Thema zusammenhängenden Probleme, nämlich mit den Schwierigkeiten bei der Bildung einer kohäsiven Geschlechtsidentität und der Frage, wie diese Schwierigkeiten sich auf das Motiv, Selbstmord zu begehen, auswirken können. Zu diesem Zwecke bediene ich mich Fasts (1984) Unterscheidung zwischen »ereigniszentriertem« und »selbst- (bzw. kategorien-)zentriertem« Erleben sowie Volkans (1981) Konzept der »verbindenden Objekte«. Ich vertrete die These, daß eine bestimmte Art von Suiziden oder Suizidversuchen in der Adoleszenz durch Faktoren motiviert wird, die mit Problemen bei der *Bildung der Geschlechtsidentität* zu tun haben und mit einer *Regression auf frühere Entwicklungsstufen* einhergehen, in denen die Geschlechtertrennung noch keine Rolle spielt. Ein Selbstmord, der mit der Frage der Geschlechtsidentität zusammenhängt, hat in der Psyche des Adoleszenten in kategorieller Hinsicht keine wesentliche Bedeutung und deshalb auch keine Endgültigkeit und Unwiderruflichkeit.

Die Bildung der Geschlechtsidentität in der Adoleszenz

Die Fragen der Geschlechtsidentität, die in der frühen Kindheit im Vordergrund standen, machen sich in der Adoleszenz erneut geltend. So wie Blos (1979) die Adoleszenz eine zweite Individuation genannt hat, könnten wir von einer zweiten Bildung der Geschlechtsidentität sprechen. Letztere beginnt sich in der frühen Kindheit, im Anschluß an die Phase des primären Narzißmus, parallel zur Anerkennung der Trennung zwischen Selbst und Objekt auszubilden. Mit den weiteren Ausdifferenzierungen enden dann »die Illusion der Omnipotenz« und die »primäre Kreativität«, wie Fast (a.a.O.) sie nennt. Die Trennung zwischen dem Selbst und einem von ihm unabhängigen Objekt anzuerkennen bedeutet, daß nicht alles der Initiative, dem Handeln, der Macht und dem Willen des Selbst entspringt, gibt es doch noch andere »Selbste«, die über identische, ähnliche, unterschiedliche oder gegensätzliche Eigenschaften verfügen.

Fast bezeichnet die erste, narzißtische Phase als »ereigniszentriert«: Im Zentrum von Bestimmung und Dasein steht das Ereignis, insofern seine Komponenten keinerlei Beziehung zu den Komponenten anderer Ereignisse aufweisen, auch dann nicht, wenn es sich beide Male eigentlich um ein und dieselben Elemente handelt. Das einmalige Ereignis kann ein Saugen sein, das Halten oder Berühren eines Gegenstandes oder irgendeiner Körperstelle des Babys oder einer anderen Person. Diese Handlungen gehen charakteristischerweise mit dem Gefühl der Omnipotenz und Kreativität einher; das heißt, jedes Ereignis steht als ein unabhängiges Resultat für sich allein. Das begleitende Gefühl ist das der totalen Kontrolle über das Ereignis und seine Bestandteile. Das Baby nimmt alles als direkten Ausfluß seiner unbewußten Wünsche und Handlungen wahr. So gehört zum Beispiel die Brust in seinen Augen nicht zur Mutter, dem Objekt, sondern erscheint als etwas von ihm selbst Erschaffenes und deshalb seiner Kontrolle Unterworfenes. Begegnet ihm dieselbe Brust ein weiteres Mal, so erlebt das Baby sie wie ein neues Ereignis, eine neue Schöpfung.

Mit dem Übergang zur zweiten Phase rückt die »Kategorie« ins Zentrum des Daseins, das heißt, jedem Objekt kommt eine gesonderte Bedeutung zu. Die Kategorie ersetzt das Ereignis als Fokus von Wahrnehmung, Empfindung und Denken. Von nun an wird sich das Kleinkind des Vorhandenseins von Dingen, Personen, Handlungen zunehmend bewußt – die alle eine eigene unabhängige und autonome Existenz besitzen und von Kräften jenseits seiner Kontrolle erschaffen, verändert und in Gang gesetzt werden. Jetzt nimmt es die Brust als etwas wahr, das zu einem vielgestaltigeren und komplizierteren Objekt gehört: der Mutter. Die Mutter handelt und empfindet als eine getrennte Einheit, unabhängig von den Wünschen, Aktivitäten oder der Initiative des Kleinkindes. Zur Erklärung dieses Phänomens sind verschiedene Möglichkeiten vorgeschlagen worden, etwa Frankensteins Konzept des Erlebens von Nähe (1966) oder Margaret S. Mahlers Theorie der Entwicklung von Separation und Individuation (Mahler et al.,1975). Was nun unser Thema betrifft, so halte ich die Akzentuierung des isolierten Ereignisses als ein Element in der menschlichen Entwicklung für ganz besonders hilfreich.

Das Individuum gibt die Ereigniszentriertheit in seinem späteren Leben keineswegs auf, es modifiziert sie vielmehr. Dies ähnelt der Art und Weise, wie auch andere Prozesse aus früheren Entwicklungsphasen fortwirken, die ebenfalls in der normalen Adoleszenz nicht einfach verschwinden, sondern lediglich ihre Richtung und ihren Ansatzpunkt ändern. Fast sagt:

> »Eine bimodale Identitätsorganisation entwickelt sich, in der ereigniszentrierte und kategorienzentrierte Identitätsmodi auf gleichem Entwicklungsniveau auftreten können. Sie verleihen der Identitätserfahrung einen autozentrischen und einen allozentrischen Aspekt. Die autozentrische Identitätserfahrung ist eine partikuläre Erfahrung; allozentrisch ist dagegen die Erfahrung des Selbst im Kontext des Allgemeinen. Autozentrisch ist die Wahrnehmung des Selbst als Zentrum des Denkens und Wollens; allozentrisch ist die Wahrnehmung eines Selbst, das einem objektiven Kategoriensystem unterliegt. Unter autozentrischen Gesichtspunkten wird das Selbst als Zentrum der Erfahrung erlebt; unter allozentrischen Gesichtspunkten erscheint es als eines unter vielen. Sind dem autozentrischen Erfahrungsmodus Emotionalität, Intuition und evokative Darstellung bestimmter Ereignisse ohne weiteres zugänglich, so dem allozentrischen Erfahrungsmodus die rationale Analyse. Wird eine Erfahrung im autozentrischen Kontext eher in Form von Metapher, Lyrik oder Drama artikuliert, so findet sie im allozentrischen Erfahrungsmodus ihren Ausdruck in Prosa und methodischer Argumentation.« (a. a. O., 96)

Das heißt, die normale Entwicklung verläuft entlang der beiden Achsen des ereignis- und des kategorienzentrierten Modus oder, anders ausgedrückt, entlang der Achse des Selbst und der Achse des Objekts.

Das Problem der Geschlechtsidentität findet Eingang in diese verschiedenen Kategorien. Nun, in dieser zweiten Entwicklungsphase, vermag sich das Kleinkind nicht mehr länger so wahrzunehmen, als besäße es beide Geschlechtszugehörigkeiten. Seine Omnipotenz ist dahin, und es betrachtet sich gegenwärtig und künftig nicht mehr als den alleinigen Urheber eines jeden Ereignisses und Zwischenfalls. Jetzt bricht nicht nur die Zeit der Anerkennung des wesentlichen Unterschieds an, sondern auch von Myriaden anderer Differenzierungen. So beginnt das Kleinkind, die Verschiedenheit der Geschlechter zu erkennen und daß es eine gesonderte Kategorie namens »Junge« und eine namens »Mädchen« gibt und es selbst zu einer der beiden – und wirklich nur einer – gehört. Mit diesen Kategorien sind jeweils äußere körperliche Merkmale, etwa das Vorhandensein oder Fehlen eines Penis, die potentiellen Umgestaltungen in der Zukunft, das heißt ein Mann oder eine Frau zu werden, assoziiert. Chasseguet-Smirgel (1985) hat die Perversion als Resultat der Unfähigkeit gesehen, die Geschlechts- und Generationenunterschiede wahrzunehmen oder zu akzeptieren. Demnach sei der Junge oder das Mädchen nicht imstande zu begreifen, daß der Junge über das Potential verfügt, einmal ein Mann, und das Mädchen über das Potential, einmal eine Frau zu werden. Hinzu kommen aber auch solche Momente wie Kleidung, Beschäftigungen, sozialer Kontext und Sprachunterschiede.

Das kognitive und emotionale Verständnis dieser Geschlechterkategorien schließt im wesentlichen den Geschlechtsidentitätsbildung genannten Prozeß mit ein, der entweder reibungslos oder mit Erschwernissen vonstatten geht, die wir an dieser Stelle aber nicht im Detail erörtern wollen. Ein Beispiel sollte jedoch nicht unerwähnt bleiben: der Widerspruch, der zwischen den Erwartungen eines oder beider Elternteile an ihr Kind und dessen Geschlechtszugehörigkeit besteht, ein Widerspruch, der dafür verantwortlich ist, daß in der Kategorie der Geschlechtsidentität Disharmonien auftreten. Die Erwartungen des Objekts können mit der ursprünglichen Geschlechtsidentität zusammenprallen und sie schließlich überwältigen. Fragen wie »Wer bin ich?«, »Was für ein Junge bin ich?« oder »Was für ein Mädchen bin ich?« halten sich dann hartnäckig, komplizieren die allgemeine Selbst-Identität und können das Funktionieren erschweren.

Die Geschlechtsidentität hängt mit biologischen, sozialen und psychologischen Unterschieden zusammen. Im Bereich des Psychologischen lauten die Fragen nicht nur »Bin ich ein Mann?« oder »Bin ich eine Frau?« und »Mit welchem Sexualobjekt gehe ich eine Beziehung ein?«, die zentrale Frage lautet vielmehr: »Was für ein Mann bin ich?« oder »Was für eine Frau bin ich?«. Das sind in der Tat Fragen, mit denen sich Adoleszente herumplagen.

In der Adoleszenz tritt das Thema der Geschlechtsidentität erneut – und diesmal viel intensiver – auf den Plan. Die in dieser Zeit stattfindenden körperlichen Veränderungen – die sexuelle Reifung – fordern es geradezu heraus. Aber auch die Regression auf frühere Entwicklungsstufen und die neuerliche Konfrontation mit diesen grundsätzlichen Fragen tragen das Ihrige dazu bei. Es gibt keine Untersuchung zur Adoleszenz, die die Sexualentwicklung nicht als deren zentrale Komponente hervorhebt. Gleichzeitig hat man die Geschlechtsidentität als bedeutsames Thema in diesem Lebensabschnitt nur unzureichend berücksichtigt. Man hat sich zwar mit der Frage der Selbst-Identität als einem allgemeinen und komplexen Problem befaßt, sich aber selten auf die Geschlechtsidentität – Männlichkeit oder Weiblichkeit – konzentriert, die meiner Überzeugung nach das zentrale Thema in der Adoleszenz ausmacht.

Giovacchini zählt in seiner Untersuchung über den Drang zu sterben folgendes zu den typischen in der Adoleszenz anstehenden Aufgaben:

»Die Begründung einer individuellen gesonderten Identität; die Fähigkeit, gesunde intime Liebesbeziehungen anzuknüpfen; die Fähigkeit, unabhängig zu funktionieren; die Fähigkeit, sich selbst zu vertrauen und gut von sich zu denken; ein Verlangen nach Wachstum und neuen Erfahrungen und nach einer Arbeit, die sowohl lohnend als auch sinnvoll ist.« (1983, S. 21)

In dieser Liste spielt die Entwicklung der männlichen oder weiblichen Geschlechtsidentität, die doch im Ringen des Adoleszenten um Integrität und Identität so im Mittelpunkt steht, keine einmalige Rolle. Bevor der Adoleszente diese ersehnte Identität erreicht, durchlebt er verschiedene Schwierigkeiten und Schwankungen. Eines der typischen Merkmale der Adoleszenz sind vorübergehende und häufige Phasen der Regression. Blos bemerkt hierzu:

»Die Wiederherstellung infantiler Trieb- und Ich-Positionen ist ein wesentlicher Bestandteil des adoleszenten Ablösungsprozesses. Doch darf man die adoleszente Regression nicht lediglich als Abwehr auffassen; es handelt sich vielmehr um eine Anziehungskraft. [...] Die Aufgabe der psychischen Neustrukturierung auf dem Wege der Regression stellt die hervorragendste seelische Arbeit in der Adoleszenz dar.« (a.a.O., S. 150ff.)

Solange der selbstbeobachtende Teil des Ichs normal funktioniert, ist diese Regression für die Entwicklung vorteilhaft und unverzichtbar. In der neuen Entwicklung wird der Adoleszente noch einmal mit dem Problem Geschlechtsidentität konfrontiert und stellt dabei die frühen Themen seiner Kindheit neben seine derzeitige körperliche Entwicklung, seine Triebwünsche und Zwänge sowie die Anforderungen aus seinem sozialen Umfeld.

Jetzt betreten Konflikte, die um Abhängigkeit, das Körperbild, um Stärke und Schwäche und anderes mehr kreisen, wieder den Schauplatz seiner Identitätssuche und bilden einen wesentlichen Teil seiner Geschlechtsidentität. In den Fällen, in denen diese Themen den Adoleszenten überwältigen und er nicht imstande ist, mit den gleichzeitigen Zwängen aus seiner Vergangenheit und seiner Gegenwart fertig zu werden, regrediert er stärker auf die Stufe des primären Narzißmus, auf der das Ereignis im Zentrum seines Erlebens stand. In dieser Situation verlieren die Kategorien der Männlichkeit und Weiblichkeit ihre Bedeutung.

Das Ereignis als Fokus des Erlebens in der Adoleszenz

Wie oben erwähnt, zeichnet sich die Entwicklung durch eine parallele Aktivität entlang zweier Achsen aus – einer Achse, bei der das Ereignis, und einer anderen, bei der die Kategorie den Mittelpunkt des Erlebens darstellt. Jede Entwicklungsstörung kann ein asymmetrisches Funktionieren der beiden Achsen zur Folge haben. So können Situationen entstehen, in denen die kategorienzentrierte Tendenz überwiegt und das Denken, die Orientierung, den Willen und das Gefühl schließlich völlig lähmt, das heißt in totale Abhängigkeit vom Objekt, von der Umgebung mündet. Bei einer extremen Psychopathologie kann es andererseits zur Regression auf den ereigniszentrierten Daseinsmodus kommen und zum Wiederauftauchen der beiden Illusionen der primärnarzißtischen Periode: unumschränkte Omnipotenz und unumschränkte Kreativität.

Dieses Phänomen der Regression ist an und für sich nicht als Zeichen einer Psychopathologie zu werten, solange der Adoleszente in der Lage ist, sich dem kategorienzentrierten Erleben anzunähern. In den verbreiteten phänomenologischen Beschreibungen der Adoleszenz erscheint die Regression als eine Periode, in der rasche Verhaltensschwankungen gang und gäbe sind. Zuweilen sind Adoleszente in äußerst aggressive, ja sogar gewalttätige Handlungen verwickelt. Dann gibt es wieder Zeiten, in denen sie sich an anspruchsvollen Diskussionen beteiligen und die Gewalttaten bestimmter Gruppen oder Nationen kritisch ins Visier nehmen. Sie können in vielen Lebensbereichen für die Gleichberechtigung der Geschlechter eintreten und zugleich Männlichkeit und Weiblichkeit als etwas sehr Spezifisches und Partikulares ansehen, das im Einklang damit steht, eine Führungsposition zu bekleiden, attraktiv zu sein, auf einem bestimmten Gebiet etwas zu leisten oder damit eine bestimmte Aufgabe zu erfüllen. Wenn man sie mit diesen

Paradoxa konfrontiert, sind sie in der Lage, entsprechend zu antworten, selbst dann, wenn sie das Vorhandensein eines Paradoxons gar nicht wahrhaben wollen.

Inwieweit man das adoleszente Funktionieren als psychopathologisch bezeichnen darf, hängt vom Grad der Polarisierung des ereignis- und des kategorienzentrierten Modus ab. Im Kleinkindalter verläuft die Entwicklung von der Ereignis- zur Kategorienzentriertheit linear. Später im Leben funktionieren beide, wie erwähnt, in Einklang miteinander. In der Adoleszenz können die widerstreitenden regressiven und progressiven Forderungen in eine schwere pathologische Regression münden, so daß das ereigniszentrierte Erleben, ohne daß ihm das kategorienzentrierte Erleben zur Seite gestellt ist, allein zum Tragen kommt. Irgendein bestimmtes Versagen wird dann bisweilen zu einem Faktor, der das ganze Dasein durchdringt. Das Versagen wird so zentral, daß der Adoleszente nicht mehr in der Lage ist, es mit anderen Aktivitäten in einem größeren Zusammenhang zu sehen; es wird derart zum ausschließlichen Dreh- und Angelpunkt, daß es nicht mehr als Teil eines umfassenderen Selbst – eines Selbst, das zu anderen Zeiten und auf anderen Gebieten sehr wohl etwas leistet – gesehen oder empfunden wird. Es kommt zu einer Gleichsetzung des Versagens *und* des Selbst mit jenem besonderen Ereignis. Das erinnert an die Art, wie der Säugling die Brust wahrnimmt oder auf die geringste Frustration reagiert, nämlich mit einem Gefühl totaler Hilfsigleit und Hoffnungslosigkeit, so als stünde seine ganze Existenz auf dem Spiel.

Die ereigniszentrierte Regression ist typisch für die Weise, wie der Adoleszente mit seiner Geschlechtsentwicklung und -identität umgeht. Angesichts seiner raschen und überwältigenden körperlichen Veränderungen und der Lösung von seinen frühen bedeutsamen inneren Objekten beschäftigt ihn die Frage, *wer* er in Wirklichkeit sei, das heißt die Frage der Selbstidentität, in hohem Maße. Er befindet sich in einer Phase – das sollte man beachten –, in der seine körperlichen Veränderungen in erster Linie auf die Betonung der Geschlechtsunterschiede hinauslaufen. All das richtet die Frage »Wer bin ich?« stärker auf die Geschlechtsidentität aus. Der regressive Sog und die regressive Abwehr können den Adoleszenten zum ereigniszentrierten Erlebensmodus veranlassen, der seinem Geschlecht auf der Grundlage eines spezifischen Ereignisses – sei es körperlich, sozial, geistig oder emotional – zum Ausdruck verhilft.

Meines Wissens war die Suche nach einer gefestigten Geschlechtsidentität als eines der spezifischeren Motive für einen Selbstmord oder Selbstmordversuch bislang noch nicht Untersuchungsgegenstand. Schowalter (1983) zum Beispiel ignoriert dies Motiv gänzlich in seinem Versuch, die Bedeutung aufzudecken, die die intensive Beschäftigung mit dem Reiten und mit Pferden im allgemeinen für seine adoleszente Patientin hat. Das Mädchen wurde nach zwei, wenn auch nicht gerade ernstlichen Suizidversuchen und in Anbetracht weiterer Symptome wie etwa unmäßigem Essen und sozialer Isolation zur Behandlung überwiesen. Sie klagte auch darüber, daß ihrem Leben eine klare Orientierung fehle, keiner sich um sie kümmere, und hatte angedroht, sich umzubringen, falls sich ihre Situation nicht wesentlich ändere. Das Mädchen war die jüngste von vier Töchtern – viel jünger als ihre Schwestern. Jahrelang fragte sie sich, ob sie wohl ein Wunschkind gewesen sei, und kam zur Überzeugung, daß ihre Eltern, insbesondere ihr Vater, sich eigentlich einen Sohn gewünscht hätten. Sie leugnete, ein sexuelles Gefühl zu verspüren, behauptete aber, das Reiten ungefähr in der Zeit begonnen zu haben, als ihre Freundinnen in die Menarche kamen, die bei ihr erst sehr viel später einsetzte.

Schowalter äußert sich zum Kummer des Mädchens, den es hinsichtlich seiner Geschlechtsidentität empfand und der sich *unter anderem* in ihrer Kleidung ausdrückte: manchmal zog sie sich wie ein Junge an und manchmal wie ein Mädchen. Er glaubt, daß ihr unmäßiges Essen mit dem Männlichkeitsthema zusammenhänge und sie Weiblichkeit mit »diätetischen« Eßgewohnheiten identifiziere. Mit ihren Selbstmordversuchen oder ihrem Leid angesichts der Frage ihrer sexuellen Identität beschäftigt er sich hingegen nicht. Ihm liegt lediglich daran zu verstehen, was ihr das Reiten und ihr Interesse an Pferden bedeuten, und er vertritt den Standpunkt, daß ihre Fürsorge für die Pferde das Gefühl kompensieren solle, von ihren Eltern verlassen worden und nicht erwünscht zu sein. Sie kümmere sich um die Pferde, so behauptet er, aus einem Gefühl der Symbiose heraus und um gleichsam zu erklären, daß sie auch ohne die Fürsorge ihrer Mutter auf sich selbst aufpassen könne. Das Reiten, so Schowalter, habe eine sexuelle Bedeutung: sowohl der Masturbation als auch der Kontrolle, der Macht und der Meisterung; sie erwerbe sich Maskulinität, indem sie sich mit dem Pferd identifiziere. Doch über diese allgemeine Bemerkung hinaus sieht er keinerlei Verbindung zwischen den Konflikten im Kontext der Geschlechtsidentitätsbildung und den Suizidversuchen.

Ich bin davon überzeugt, daß die Störungen des Mädchens nicht auf ihre Abhängigkeitsbeziehung zu ihren Eltern und ihre Gefühle des Verlassenseins zurückgehen; es handelt sich nicht um eine die existentielle Dimension berührende Frage, sondern um eine der Geschlechtsidentität. Ich sehe in ihrem Selbstmordversuch das Bestreben, ihren Körper zu vernichten, ihn unwiderruflich zu verändern, damit ihre zentrale Frage »Wer bin ich, ein Junge oder ein Mädchen?« eine Antwort fände. Obwohl sie dem Therapeuten sagt, sie wolle sich das Leben nehmen, wenn sich nichts ändere, nennt sie ihm auch einen der Gründe, warum sie sich mit einer Behandlung einverstanden erklärte. In den Worten Schowalters: »Was sie sich von einer Psychoanalyse erhoffte, waren eine klare Orientierung und ein besseres Gefühl dafür, wer sie war.« Der Akt des versuchten Selbstmords stellt also eine Art isolierende Handlung dar, in die keine umfassende Wahrnehmung des Körpers und der Seele, des Lebens und des Todes, der Phantasie und der Realität eingeht.

Beobachten wir in der Adoleszenz eine starke Beschäftigung mit der Frage der Geschlechtsidentität und auch mit Selbstmordgedanken, liegt dem womöglich zuinnerst die Tatsache zugrunde, daß der Jugendliche das »Ereignis« ins Zentrum seines Daseins gerückt hat. Aber das Problem ist komplexer, da es – wie bereits erwähnt – gleichzeitig auch die Wahrnehmung der Kategorie als Fokus gibt, der durch den Einfluß der sozialen Realität des Adoleszenten bekräftigt wird. Es gibt Forschungsergebnisse, die die Neigung von Adoleszenten, einen Ersatz für die primären Figuren zu finden, von denen sie sich lösen, zu erklären versuchen – einen Ersatz wie zum Beispiel Gleichaltrige und Teenageridole. Diese Ersatzfiguren spielen auch bei der Bestimmung der Kategorie der Geschlechtsidentität eine zentrale Rolle. Bei all ihrer Neigung, zu regredieren und ihre Geschlechtsidentität in ihre verschiedenen Komponenten aufzuspalten, sehen sich die Adoleszenten auch den Zwängen einer äußeren Realität gegenüber, die ihnen Unterstützung geben. Diese Realität schiebt ihrer endgültigen Zergliederung der Geschlechtsidentität in ihre verschiedenen Bestandteile einen Riegel vor. Das soziale Umfeld, etwa Gleichaltrige, Lehrer, die Medien, betont die verschiedenen Faktoren und Elemente, die die Kategorien von »Mann«, »Frau«, »weiblich« und »männlich« in sich einschließen. Die alltäglichen Redeweisen – »das ist Männerarbeit« oder »eine Frau sollte darauf achten, daß ...« – sind Teil dieser sozialen Zwänge, die auf ein allumfassendes Konzept des Geschlechts hinwirken. Dieselben Zwänge können jedoch zur geschlechtsspezifischen Selbst-Identität des Adoleszenten im Widerspruch stehen – um so mehr, wenn seine Regressionsneigung ihn mit früheren geschlechtsbezogenen Themen konfrontiert.

Wenn sie diesen Widerspruch nicht auflösen können, stehen den Adoleszenten verschiedene Bewältigungsmöglichkeiten offen. Einige leben mit einer inneren und sogar äußeren Spaltung und halten diese beiden Elemente vollständig voneinander getrennt, ohne sich angesichts der inhärenten widersprüchlichen Auswirkung unbehaglich zu fühlen, wenn sie Kategorien sowohl aufspalten als auch an ihnen festhalten. So können sie sich einerseits auf sexuelle Kontakte als integralen Bestandteil solch intimer Sozialbeziehungen wie Liebes- und Freundschaftsbeziehungen einlassen, und andererseits – und in völligem Gegensatz zum kategorienzentrierten Erlebensmodus – kann ein männlicher Teenager zum Beispiel seine hohe Stimme mit einem zur Weiblichkeit gehörenden Element in Zusammenhang bringen. Bildet der ereigniszentrierte Modus das Zentrum seines Erlebens, wird dieser weibliche Bestandteil zum einzigen für seine sexuelle und Geschlechtsidentität relevanten Faktor. Unter dem Einfluß des ereigniszentrierten Erlebens kann er nicht sehen, daß seine Stimme ein dynamischer Faktor in seiner eigenen körperlichen Entwicklung ist. Er ist unfähig, sie als lediglich einen von vielen Faktoren wahrzunehmen, die das Gesamtbild seiner sexuellen und Geschlechtsidentität ausmachen. Selbst wenn er eine hohe Stimme für ein weibliches Moment hält, ist er nicht imstande zu sehen, daß es noch viele andere weibliche Elemente gibt, die bei ihm gar nicht vorliegen. Die hohe Stimme wird so zum totalen Äquivalent für Weiblichkeit.

Der Adoleszente kann dadurch jedoch in einen tiefen Konflikt stürzen und die reale Isolation wählen, das heißt, die Entfremdung von seiner sozialen Umgebung. In der Tat wird Selbstmord bei Adoleszenten oft als Folge von Einsamkeit erklärt (vgl. Peck, 1981). Soziale Entfremdung – wie Alkohol- oder Drogensucht, die gleichfalls häufig als Faktoren für einen Selbstmord genannt werden – trägt, zumindest in einigen Fällen, zur Verstärkung der ereigniszentrierten Achse bei. Sofern sich der Adoleszente körperlich vereinsamt und durch keinen äußeren Faktor zur kategoriellen Achse hingezogen fühlt, kann er das Problem der Geschlechtsidentität mit Hilfe des charakteristischen ereigniszentrierten Erlebens zu bewältigen suchen, das auch die primärnarzißtischen Qualitäten heraufbeschwört – das Omnipotenzgefühl und die illusionäre, primäre Kreativität. Der Adoleszente fühlt sich nun wieder fähig, alles zu erschaffen, alles zu verändern, geradeso wie er auch alles zu besitzen meint. Er ist nicht länger der Eigentümer nur bestimmter Dinge – eines bestimmten Körpers, eines bestimmten anatomischen und psychischen Geschlechts –, alles liegt wieder in seinen mächtigen Händen.

Dies ist dann die Rückkehr zu den primären Illusionen der frühen Kindheit. Während diese aber im Säuglingsalter ein normales Phänomen war, das die primären Betreuungspersonen kompensiert und gemildert haben, laufen die emotionale und kognitive Isolation und die Abneigung gegen soziale Bindungen beim Adoleszenten darauf hinaus, daß er diesen schädlichen Illusionen der Omnipotenz und primären Kreativität mit Haut und Haar ausgeliefert bleibt. In diesem Augenblick kann er eine allmächtige Fähigkeit in sich verspüren, die männliche oder weibliche Identität zu wählen, ja sogar seine Geschlechtsidentität zu ändern.

In diesem Zusammenhang wird der Selbstmord zu einem omnipotenten Akt, so paradox das angesichts der von den Selbstmordopfern so oft geäußerten Verzweiflung, daß sie »ihre Situation nicht länger ertragen« konnten, auch klingen mag. Aber unter dem Deckmantel der Hilflosigkeit und der sozialen Entfremdung lauert die Illusion der Omnipotenz. Unter dem Einfluß dieser Illusion kann sich der Adoleszente bestimmter Organe oder Körperteile entledigen, die nicht zu seiner erwünschten Geschlechtsidentität des Adoleszenten passen. Diese Art Angriffe auf den eigenen Körper wird nicht kategoriell, das heißt in ihrer kontextuellen Beziehung zu den anderen Körperteilen, zum Leben im allgemeinen oder zum Tod, wahrgenommen. Zugleich beschränkt sich der Anschlag nicht bloß auf Teile des Körpers, sondern erstreckt sich auch auf Teile der Persönlichkeit des Adoleszenten und insbesondere auf seine internalisierten Objekte, die sozusagen von innen her der erwünschten Geschlechtsidentität im Wege stehen.

Volkan (1981) diskutiert Selbstmordhandlungen, die die Zerstörung oder Beseitigung internalisierter Objekte meinen, insbesondere nach dem Tod einer Person, für die derjenige, der einen Selbstmordversuch unternimmt, höchst ambivalente Gefühle hegte. Der Trauernde identifiziert sich mit dem Verstorbenen und internalisiert ihn (vgl. Freud, 1916-17g). Der Kampf mit der ambivalenten Figur, der äußerlich blieb, so lange sie noch am Leben war, wird jetzt zu einem inneren Ringen, was mit der Vernichtung des gehaßten, verfolgenden, ängstigenden und bedrohlichen internalisierten Objekts auf einen Suizid hinausläuft.

Im allgemeinen helfen den trauernden Personen »verbindende Objekte« (Volkan, a.a.O.), mittels derer sie auch weiterhin eine Beziehung mit der verstorbenen Person aufrechterhalten können. Bei einem verbindenden Objekt kann es sich um einen Gegenstand, eine mit dem Verstorbenen verbundene Vorstellung oder eine Ersatzperson handeln. Adoleszente, die sich in einer Phase der Isolation, des Rückzugs, befinden und zu Drogen Zuflucht nehmen, verfügen über keine verbindenden Objekte. Sie haben sich voll und ganz von ihren primären Figuren gelöst, sich aber auch von Ersatzfiguren, etwa ihren Gleichaltrigen, abgekapselt. In diesen Fällen wird der Kampf mit den ambivalenten Figuren vollständig internalisiert, wie im Fall eines Trauernden, der sich keinerlei verbindende Objekte schafft. In diesem inneren Kampf und unter dem Einfluß der ereigniszentrierten Achse stellt der

Selbstmord eine »Lösung« dar. Der Adoleszente, wieder den Illusionen der Omnipotenz und primären Kreativität ausgeliefert, möchte infolgedessen bestimmte sich störend einmischende und negative Aspekte aus der Welt schaffen. Er zerstört die »bösen« inneren Objekte – innere Rivalen gewissermaßen – und erkennt dabei nicht, daß sie in kategorieller Hinsicht ein integraler Bestandteil seines Gesamt-Selbst sind. Den einem solchen Teil zugefügten Schaden nimmt er nicht als Beschädigung seines Gesamt-Selbst wahr, im Gegenteil: der ereigniszentrierte Modus versichert den Adoleszenten, er werde ein besseres Leben führen, sobald er nur erst einmal die »bösen« und gehaßten inneren Teile losgeworden ist.

Die inneren Rivalen können aus all jenen Elementen bestehen, die die erwünschte Geschlechtsidentität durchkreuzen. Da die Sexualentwicklung in der Adoleszenz nicht symmetrisch verläuft, sich von Person zu Person stark unterscheiden kann und die Komponenten der Geschlechtsidentität nicht einheitlich sind, sind die Fragen zur Geschlechtsidentität so zahlreich. Bestimmte Körperpartien entwickeln sich rasch, andere hingegen nur langsam; die untereinander angestellten Vergleiche, die in der Adoleszenz gang und gäbe sind, unterstreichen, wie rasch und asymmetrisch sich diese Umgestaltungen vollziehen. Und so können viele Faktoren in den Prozeß, in dem sich eine vollständige, integrierte Identität bildet, hineinspielen; daher rührt die Neigung, modifizierend einzugreifen, Störfaktoren auszuschalten und rasche Wandlungen herbeizuführen. Einige Fälle von Anorexie sind auf diese Weise zum Beispiel durch den Wunsch der jungen Frau motiviert, ihren Körper von Grund auf neu zu erschaffen.

Suizidale Adoleszente handeln deshalb oft unter dem Diktat ihres Konflikts mit der Geschlechtsidentität. Sie können noch einmal mit unannehmbaren Forderungen nach bestimmten Verhaltensmodi – Abhängigkeit und Passivität oder Neugierde und Aggressivität – konfrontiert werden, die mit ihren inneren Objekten und mit bestimmten Geschlechtsidentitäten verknüpft sind.

Zum Schluß ein Wort dazu, woran man denn erkennen könne, ob bei einem Adoleszenten künftig ein Selbstmord zu befürchten ist. Es handelt sich um Anzeichen, die sich nur schwer wahrnehmen lassen, insbesondere wenn sich der Adoleszente in einem ereigniszentrierten Erlebensmodus bewegt. In solchen Fällen wirkt seine Art, wie er über Zukunftspläne oder seine Teilnahme an Unternehmungen mit anderen spricht oder sich auf sie bezieht, sicher. Zukunftspläne, Beschäftigungen in der Gegenwart, die Möglichkeit eines Selbstmords – all das entspinnt sich vollkommen unabhängig voneinander. Es ist also denkbar, daß ein Adoleszenter am Zusammensein mit anderen in oder außerhalb der Familie so Anteil nimmt, daß man gar nicht auf die Idee kommt, er könne sich unter anderen Konstellationen das Leben nehmen.

Es ist notwendig und bei der Frage der diagnostischen, präventiven und therapeutischen Intervention von zentraler Bedeutung, daß wir angesichts von Hilflosigkeit oder sozialer Isolation Vorsicht walten lassen. Man muß deren wirkliche Ursachen identifizieren, denn sie können in letzter Instanz mit der Frage der Geschlechtsidentität zusammenhängen.

XI. Frühe Entwicklung und Migrationsprozesse

Die Migration besteht aus zwei Vorgängen – aus der Loslösung von einem Ort und dem Übergang zu einem anderen. In diesem Sinne ist jede Aus- bzw. Einwanderung ein Prozeß mit zwei Polen: dem Ausgangs- und dem Aufnahmeort. Wenn ich über »Ort« spreche, meine ich die Gesamtheit der mit ihm zusammenhängenden Bedeutungen und Erfahrungen, das heißt nicht nur den physischen Ort – Dorf, Stadt, Berg- oder Wüstengegend, kaltes oder heißes Klima etc. –, sondern auch, oder hauptsächlich, die zugehörigen kulturbedingten und emotionalen Faktoren. Jede Migration läßt sich daher durch zwei Fragen charakterisieren: Was trägt jemand in seinem »Koffer« mit sich, was geht mit ihm an jenen Ort, an dem er sich befindet. Die zweite, nicht weniger wichtige Frage lautet: Wie wird jemand angenommen, das heißt die Frage nach dem Willkommensein und dem Aufgenommenwerden, die wirklich eine kritische ist. Hierzu einige kurze Beispiele:

Eine Therapeutin stellt mir in der Supervision eine dreißigjährige Frau vor und berichtet, daß diese jedesmal aufgeregt und begeistert reagiert, wenn sie sieht, wie Paare sich umarmen und küssen, und daß sie bedaure, daß sie selbst keine derartigen Erfahrungen mache. Sie fahre oft einfach zum Flughafen, um dort zuzuschauen, wie Menschen sich nach der Ankunft umarmen und küssen.

Dies erregte meine Aufmerksamkeit insofern, als es hier um mehr als ein bloßes Umarmen und Küssen geht, denn man kann auch an anderen Orten, die nicht so weit weg sind, Paare sich umarmen und küssen sehen. Ich äußerte die Vermutung, daß es sich hier um die Aufnahme, um das Heraustreten eines Angekommenen aus der Ankunfthalle und seine Begrüßung durch die ihn Erwartenden handelt. Dies wird besonders deutlich am Ben-Gurion-Flughafen, wo die Ankommenden aus einer Art Tunnel heraustreten, und mir scheint, daß dieser Vorgang einer Geburt und der Art gleicht, wie das Neugeborene auf der Welt empfangen wird. Die Erfahrung, nach der diese Patientin sucht, so sagte ich der Therapeutin, gelte der Art, wie jemand begrüßt und aufgenommen wird, und ich hätte keinen Zweifel, daß sie das Wie ihrer eigenen Aufnahme bei ihrer Geburt zu rekonstruieren bzw. zu korrigieren versuchte. Daraufhin erfuhr ich, daß diese Patientin tatsächlich zu

Beginn einer jeden Sitzung viele Bemerkungen zum Gesichtsausdruck der Therapeutin mache, sich also vergewissere, ob und wie sie willkommen sei.

Eine Kindertherapeutin berichtet über die Art und Weise, wie ihr kleiner Patient, Itai, zu seinen Sitzungen kommt – ein schon über Monate regelmäßig praktiziertes Ritual:

Ich bin dabei, Itai an seinem Klassenzimmer abzuholen. Auf dem Weg dorthin kommt er mir schon entgegen, ruft mir Schimpfworte zu, wobei er sich mir gleichzeitig nähert und mich auffordert, ihm die Hand zu geben. In dem Moment, in dem ich ihm meine Hand entgegenstrecke, läuft er in Richtung Behandlungsraum los, klopft dort an die Tür und versucht, hineinzukommen, und als ich ankomme, tut er so, als wenn er mich aussperrte. Wir lächeln uns zu, denn dieses ›Spiel‹ kennen wir beide, es wiederholt sich ständig.

Eine andere Therapeutin berichtet über ein Borderline-Kind:

Michael kam während der ersten drei Monate seiner Behandlung (die drei Mal in der Woche stattfindet) immer mit einer leichten Verletzung in die Sitzungen, einer Verletzung, die eine örtliche Behandlung erforderte; manchmal mußte er sogar durch die Schwester auf der Krankenstation verbunden oder behandelt werden. Oft beschäftigte ich mich während der gesamten Sitzung mit Themen, die mit der Verletzung zusammenhingen, mit der er in die Sitzung gekommen war.

Das nächste Beispiel entnehme ich der Autobiographie von Aharon Appelfeld (1999), der viele Bücher über die Shoah geschrieben hat. Im 18. Kapitel dieser Autobiographie schildert er sein erstes Jahr nach seiner Einwanderung nach Israel. Er war damals etwa vierzehn Jahre alt. Dieser Mann hat während des Krieges schreckliches Leid erfahren – schon mit zehn Jahren verlor er beide Eltern, seine Mutter wurde ermordet und sein Vater durch die Nazis von ihm getrennt. Mit zehn Jahren floh er in die ukrainischen Wälder, wo er Schlimmes erlitt, völlige Einsamkeit, Leben im Wald im eisigen Winter etc. Im Kontext unseres Themas möchte nun gerade die Aufnahme in einem neuen Land aufgreifen, die meiner Ansicht nach eine äußerst kritische Situation darstellt und dazu einige Passagen aus diesem beeindruckenden Kapitel zitieren:

»Es ist das Jahr 1946, das Jahr meiner Einwanderung nach Israel, und das Tagebuch ist ein Mosaik aus deutschen, jiddischen, hebräischen Worten. Ich sage ›Worte‹, nicht ›Sätze‹, denn in jenem Jahr war ich noch nicht imstande, aus Worten Sätze zu formen. Und die Worte waren wie die unterdrückten Schreie eines Vierzehnjährigen.

Meine Muttersprache war Deutsch. Meine Mutter liebte die Sprache und pflegte sie. Die Worte aus ihrem Munde klangen klar, wie wenn sie sie aus einer exotischen Glasglocke hätte ertönen lassen. Meine Großmutter sprach jiddisch, und ihre Sprache hatte einen anderen Klang, oder richtiger, einen anderen Geschmack, der mich immer an Kompott aus getrockneten Pflaumen erinnerte.

Ich kehre zurück in das Jahr 1946, das Jahr meiner Einwanderung nach Israel. Auf dem Schiff und später im Lager Atlit, wo wir von den Briten eingesperrt wurden, lernten wir einige hebräische Worte. Sie klangen exotisch, aber schwierig auszusprechen. Es wohnte ihnen keinerlei Wärme inne, sie erweckten keine Assoziationen, wie wenn sie aus dem Sand geboren wären, der uns von allen Seiten umgab. Schlimmer noch, sie klangen wie Befehle: Arbeiten, Essen, Ordnung machen, Schlafen. Wie eine Sprache, die nicht leise gesprochen wird, eine Soldatensprache. In den Kibbutzim, in den Jugenddörfern wurde uns die Sprache aufgezwungen, wer in seiner Muttersprache sprach, wurde zurechtgewiesen, boykottiert und manchmal gar gebrandmarkt.

Ich war nie ein Vielredner, aber auch das wenige, das aus meinem Munde kam, schluckte ich hinunter. Wir hörten auf, miteinander zu reden, und wieder, wie in jeder kritischen Situation, war der Charakter das herausragende Element. Die Dominanten und Herrschsüchtigen wußten dies bestens auszunutzen, sie formten die Worte in ihrem Munde zu Befehlen, beherrschten rasch alle Freiräume, und ihre Stimmen tönten laut. Ich zog mich mehr und mehr in mich selbst zurück. Das erste Jahr in Israel bedeutete für mich kein Hinausgehen in die Welt, sondern eine immer stärker werdende Zurückgezogenheit in mich selbst. Im ersten Jahr arbeiteten wir auf dem Feld, lernten Hebräisch, Bibel und Gedichte von Bialik. Die Bilder der Heimat und die Klänge ihrer Sprache wurden immer schwächer, die neue Sprache schlug jedoch nicht leicht Wurzeln. Es gab, wie gesagt, Knaben, die das hebräische Klischee leicht aufnahmen, denen die Worte kamen wie den am Ort Geborenen, aber mich kostete aus irgendeinem Grunde die Aussprache der Worte große Anstrengung, von einem Satz ganz zu schweigen. Von Zeit zu Zeit kam ich nach Jaffa, oder richtiger nach Jabalijah, wo einige Verwandte von mir wohnten und Bekannte aus der Zeit vor dem Krieg. Unter ihnen entkam meine Muttersprache für einen Moment ihrem Kerker.

Um die Stummheit und das Gestammel zu überwinden, las ich viel in den beiden Sprachen, die ich zu lesen verstand: Deutsch und Jiddisch. Ich studierte ganze Sätze ein, um mich wieder der flüssigen Rede zu befähigen. Wie gesagt, bestand meine Sprache damals aus einzelnen Worten, ein vollständiger Satz kostete mich unglaubliche Mühe. Wie viele meiner Freunde stammelte ich bloß, und das Lesen in meinen beiden Muttersprachen war ein Versuch, diese sprachliche Störung zu überwinden.

Das Bemühen, an meiner Muttersprache festzuhalten in einer Umgebung, die mir eine andere Sprache aufzwang, war vergebens. Von Woche zu Woche wurde meine Muttersprache dünner, bis am Ende des ersten Jahres nur noch Überreste blieben. Dieser Schmerz war nicht eindeutig. Meine Mutter wurde zu Anfang des Krieges ermordet, und während des gesamten Krieges trug ich in mir ihr Gesicht in dem Glauben, daß ich sie nach Kriegsende wiedertreffen und unser Leben wieder wie früher werden würde. Die Sprache meiner Mutter wurde eins mit ihr, und mit dem Verlust der Sprache empfand ich, als stürbe sie ein zweites Mal. Dies war ein Schmerz, der wie eine Droge langsam in mich eindrang, nicht nur im Wachsein, sondern auch im Schlaf. Im Schlaf zog ich mit Scharen von Flüchtlingen, die alle stammelten, und nur die Tiere am Wegesrand, Pferde, Kühe und Hunde sprachen eine flüssige Sprache, als wenn die Schöpfung auf den Kopf gestellt war.

Seit meiner Einwanderung haßte ich jene, welche mir das Hebräisch-Sprechen aufgezwungen hatten. Mit dem Absterben meiner Muttersprache wuchs mein Haß gegen sie. Selbstverständlich ändert die Abneigung keinen Zustand, sondern hebt ihn noch hervor, und der Zustand war von messer-scharfer Klarheit: Ich bin weder hier noch dort. Was ich hatte, die Eltern, das Zuhause und meine Muttersprache, waren für immer verloren, und diese neue Sprache, die versprach, eine Muttersprache zu sein, ist nichts als eine Stief-mutter.

Ich muß vorausschicken: Die formale Sprache lernten wir relativ schnell, auch die Zeitung konnten wir am Ende des ersten Jahres lesen, aber es lag keine Freude in diesem Erlernen. Ich hatte den Eindruck, ich befände mich in einem langen Armeedienst, der viele Jahre dauern würde, und als müßte ich für diese Zeit jene Soldatensprache annehmen, am Ende dieses Dienstes jedoch, gleich dem Ende eines Krieges, würde ich wieder zu meiner Mutter-sprache zurückkehren. Es gab natürlich noch ein anderes Dilemma: Meine Muttersprache war, wie gesagt, Deutsch, die Sprache der Mörder meiner Mutter; wie kann man zu einer Sprache zurückkehren, an der soviel jüdisches Blut klebt? Dieses Dilemma, in all seinem Ernst, zerstörte in mir nicht das Gefühl, daß mein Deutsch nicht die Sprache der Deutschen, sondern die Sprache meiner Mutter war, und es war sonnenklar, daß wenn wir uns be-gegneten, ich zu ihr in der Sprache sprechen würde, die ich seit meiner frühesten Kindheit gesprochen hatte.

Die Jahre in der Armee waren Jahre der Einsamkeit und Entfremdung, ich hatte kein Heim in Israel, und die kahlen Baracken in Zrifin, Beit Lid und Hazerim, die Tages- und Nachtwachen verstärkten nur die Entfremdung. Ich hatte keinen Ort, zu dem ich flüchten konnte, und so flüchtete ich mich in mein Tagebuch.«

Das Problem der Aufnahme ins Immigrationsland Israel stellte sich insbe-sondere für zwei Bevölkerungsgruppen, die unterschiedlich darauf reagier-ten: einerseits die Überlebenden der Shoah nach dem Krieg und andererseits die Einwanderer aus den nordafrikanischen Ländern seit der Gründung des Staates Israel.

Die erste Gruppe wurde aus Schmerz und Bedauern heraus aufgenommen – man nannte diese Einwanderer »Flüchtlinge«. Einerseits sorgte man für alles, was ihnen fehlte, und war bemüht, ihr Leben stabil und geordnet zu gestalten. Andererseits jedoch behandelte man sie paradoxerweise schlecht, da man in ihnen die Verkörperung des schwachen, verfolgten, unfähigen Juden sah, während in Israel eine neue Gesellschaft aufgebaut wurde, in der Werte der Selbstidentität, der Macht und Stärke (wir können gegen die Briten kämpfen, gegen die Araber, die uns behelligen usw.) von zentraler Bedeutung sind. Diese Situation erzeugte unter den Shoah-Überlebenden eine Art Verbundenheit im Schweigen über all ihr Leiden sowie einen Versuch der Ablösung von der Vergangenheit, ein Ignorieren derselben und von allem, was damit zusammenhängt. Es ist interessant, daß erst in den letzten Jahren eine Annäherung zwischen den Enkeln und den Großeltern stattfindet, indem die Enkel ihre Großväter und Großmütter mehr und mehr zum Sprechen zu bringen versuchen und möglichst viele Einzelheiten ihrer Vergangenheit von ihnen erfahren wollen. Dies ist interessant auch im Hinblick auf die Beziehung zwischen den Generationen.

Die zweite Gruppe der »Flüchtlinge« zählte ca. eineinhalb Millionen Menschen, die während der ersten anderthalb Jahre nach der Staatsgründung aus den nordafrikanischen Ländern einwanderten. Hier war der Zusammenstoß zwischen den beiden Bevölkerungsgruppen, Israelis und Einwanderer, heftiger als der mit den Shoah-Überlebenden. Sie hatte zum einen nicht das Gefühl, der Vernichtung entflohen zu sein; zum anderen sah sich diese Gruppe mit einer gänzlich anderen Kultur und schwierigsten physischen und materiellen Bedingungen konfrontiert. Auch heute reichen die rationalen Erklärungen nicht aus, daß Israel sich damals in bzw. nach dem schlimmsten seiner Kriege befand, der ihm aufgezwungen wurde – dem Unabhängigkeitskrieg, als die Bevölkerung 600.000 Menschen zählte und sieben arabische Armeen Israel angriffen, noch bevor es selbständig war. Hier helfen keine Erklärungen, daß es keine Häuser gab und nicht genügend Nahrung, denn was diese große Gruppe von Einwanderern erlebte, hieß, Übernachten in Zelten, Transport in abgelegene Gebiete, Mangel an Nahrung und Gewöhnung an die fremde Sprache und die fremden Sitten. Sie empfand dies als Benachteiligung, Diskriminierung, Entwertung und Nichtachtung, was Aggression, Haß und Widerstand erzeugte. Schließlich mußten beide Gruppen ja alles zurücklassen, was typisch für sie war und ihre bisherige Identität ausmachte. Und wenn sie auch »Ausrüstung in ihrem Einwanderungsgepäck« mitbrachten – mit ihrer Ankunft mußten sie alles aufgeben, womit sie verwurzelt waren.

Wohl niemand anderes als Goethe hat dies so klar in seinem kurzen
Gedicht *Gefunden* ausgedrückt:

Gefunden

Ich ging im Walde
So für mich hin,
Und nichts zu suchen,
Das war mein Sinn.

Im Schatten sah ich
Ein Blümchen stehn,
Wie Sterne leuchtend,
Wie Äuglein schön.

Ich wollt es brechen,
Da sagt' es fein
Soll ich zum Welken
Gebrochen sein?

Ich grub's mit allen
den Würzlein aus,
zum Garten trug ich's
am hübschen Haus.

Und pflanzt' es wieder
Am stillen Ort;
Nun zweigt es immer
Und blüht so fort.

Wir werden in jeder Migrationssituation die gleichen Faktoren finden, die die
Geburt charakterisieren. Der neugeborene Säugling kommt mit verschiedenen Merkmalen ausgestattet auf die Welt, und wie das Neugeborene, so
braucht auch der Einwanderer Menschen, die ihn in Empfang nehmen, die
seine grundlegenden Bedürfnisse befriedigen. Ich meine hier emotionale
Grundbedürfnisse und nicht nur jene materiellen Notwendigkeiten, auf die
man sich im allgemeinen bezieht, wenn man von den Bedürfnissen des Ein-
wanderers spricht.

Zahlreiche Untersuchungen des Verhaltens von Säuglingen belegen sehr
eindrucksvoll das Vorhandensein einer ersten »Ausrüstung« des Neugeborenen, einer Ausrüstung, die ihm die Anpassung an die veränderte Umgebung ermöglicht, die neu für ihn ist, wenn er auf die Welt kommt, in die er
sozusagen »einwandert«, nachdem er sich neun Monate lang in einem geschützten Raum aufgehalten hat. Alle Forschungen zeigen jedoch auch die

Notwendigkeit der Verfügbarkeit von anderen Personen, die die Ausrüstung zu aktivieren verstehen, denn ohne diese Aktivierung würde der Säugling verkümmern und sterben. Die Ankunft auf der Welt ist zusätzlich problematisch, wenn der Säugling versehrt geboren wird, das heißt ohne die lebensnotwenige Ausrüstung. Analog zu diesem Beispiel möchte ich die Einwanderungssituation betrachten.

Ich kehre nun zu Aharon Appelfelds Autobiographie zurück. In der Schilderung seiner Einwanderung nach Israel wird deutlich, wie sehr er sich auf die »Erstausrüstung« als die Quelle stützt, die ihm den Anschluß an eine radikal andere Wirklichkeit ermöglichte, die Schaffung von *potential spaces* in einer neuen Umgebung. Er schreibt:

»Ich überlebte den Krieg nicht, weil ich stark war oder um mein Leben gekämpft hatte. Ich ähnelte eher einem kleinen Tier, das einen zeitweiligen Unterschlupf in gelegentlicher Umgebung fand und sich von dem ernährte, was der Moment ihm bescherte. Die Gefahr machte mich zu einem aufmerksamen Kind meiner Umgebung und mir selbst gegenüber, aber sie machte mich nicht unempfindlich. Stundenlang pflegte ich im Wald zu sitzen und die Pflanzen zu betrachten, oder ich saß an einem Wasserlauf und folgte mit den Augen der Strömung. Die Betrachtung ließ mich den Hunger und die Furcht vergessen, und sie rief mir Bilder von zu Hause in Erinnerung. Diese Stunden waren vielleicht die angenehmsten von allen, wenn die Verwendung dieses Begriffs angebracht ist, wenn man vom Krieg redet. Das Kind, welches nahe daran war, in dieser fremden Wildnis vergessen und vielleicht getötet zu werden, wurde wieder das Kind seines Vaters und seiner Mutter, wie es mit ihnen im Sommer durch die Straßen spazierte, einen Eisbecher in der Hand, oder mit ihnen zusammen im Prot schwamm. Diese gnadenvollen Stunden bewahrten mich vor dem geistigen Absterben, und auch später, auf meinen Wegen nach dem Krieg und bei der Jugendalijah, pflegte ich zu sitzen und mich der Betrachtung zu überlassen, mich mit Bildern und Klängen zu umgeben, die mich mit dem vergangenen Leben verbanden, und war froh, daß ich nicht einer von tausenden Gesichtslosen war. In der Armee wurde mir dieses geheime Erlebnis genommen. Nicht eine Stunde Zeit blieb mir für mich selbst. Bei der Jugendalijah galt die geschriebene und ungeschriebene Parole: Vergiß, füge dich in die Gemeinschaft ein, sprich Hebräisch, verbessere das Aussehen, pflege die Männlichkeit. Diese Aussagen taten ihre offensichtliche sowie auch verborgene Wirkung. Wer sie verinnerlichte, annahm und nach ihnen lebte, hatte es leichter bei der Armee. Doch was konnte ich dagegen tun, daß vor mir gerade in der Armee Bilder vom Ghetto und den Lagern aufstiegen? Vielleicht, weil ich mich wieder eingeschlossen und bedroht fand. Ich beneidete meine Freunde, die wie ich aus den Lagern kamen. Bei ihnen jedoch schien die Erinnerung ausgelöscht. Sie waren angeblich befreit von der Vergangenheit und verwurzelt in dieser neuen

Existenz, genossen das Essen und die Sonne, die Tages- und Nachtübungen. Für mich, wie um mich zu ärgern, kam die Zeit im Ghetto und in den Lagern wieder näher und wurde spürbarer. Wenn es mir auch in den Tagen der Jugendalijah manchmal schien, daß die Vergangenheit in mir versunken und verlorengegangen war – als die Zeit der Armee kam, holte sie aus der Tiefe Bilder hervor, die ich jahrelang nicht gesehen hatte. Die Bilder waren – zu meinem grenzenlosen Erstaunen – hell und klar, so als ob sich die Dinge nicht vor Jahren, sondern erst gestern ereignet hätten.

Die Armee stählte mich nicht. Im Gegenteil, dort verstärkte sich die alte Lust zu betrachten. Wenn man betrachtet, zieht man sich in sich selbst zurück, umgibt sich mit einer Melodie, die aus einem selbst emporsteigt. Man errichtet sich eine Zuflucht, oder man erhöht sich zuweilen selbst, um sich mit Abstand zu betrachten. Damals wußte ich noch nicht, daß die Betrachtung mich insgeheim auf die Aufgabe vorbereitete, die das Schicksal für mich bestimmen würde.«

Wir wissen, daß die Migration Traumata und Probleme mit sich bringen kann, deren Qualität und Ausmaß jedoch das je indiviudelle Ergebnis der frühen Entwicklung sind. Je normaler diese verlief, desto besser kann sich der Migrant neu organisieren, den inneren Zusammenhalt seines Selbst bewahren und sich den Anforderungen der neuen Realität anpassen. So wie der gesunde Säugling gleichzeitig die ihm vorgegebene Realität und ihre Erschaffung durch ihn selbst erlebt und gestaltet, so kann der seelisch gesunde Einwanderer sich der neuen Realität als einer ihm völlig fremden Gegebenheit anpassen und gleichzeitig die neue Wirklichkeit erschaffen, indem er sich ihr stellt und sie mit Hilfe seiner »Ausrüstung« und der neuen »Vermittler« annimmt und gestaltet.

Die Migration kann den Migranten aber auch auf frühere Entwicklungsstufen und die dazugehörigen Konflikte zurückwerfen. Eine Möglichkeit ist die Regression auf ödipale Konflikte, die hauptsächlich durch das Gefühl charakterisiert sind, ausgeschlossen zu werden, das heißt das im ödipalen Alter stärker werdende Gefühl, daß es Personen gibt – die Eltern –, zwischen denen ein Beziehung besteht, aus der das ödipale Kind ausgeschlossen ist. So kann sich der Einwanderer fühlen, der spürt, daß die Menschen in seinem Einwanderungsland Beziehungen unterhalten, an denen er keinen Anteil hat, die ihm fremd sind, und dieses Problem wird natürlich noch verstärkt, wenn mit der Einwanderung die Konfrontation mit einer neuen, unbekannten Sprache einhergeht. Dann verstärkt sich das Gefühl des Ausgeschlossenseins, und der Migrant fühlt erst recht seine Abhängigkeit von der Gemeinschaft und die Einschränkung seiner Autonomie.

Ein anderes als das eben beschriebene Problem und dennoch eng mit ihm verbunden ist das des Selbstwertgefühls. Je mehr es vor der Immigration durch von außen kommende Bestätigungen stabilisiert wurde, etwa durch die Anerkennung der Leistung im Beruf, desto eher kann die Migration den inneren Zusammenhalt des Selbst und sein Wertgefühl gefährden. Dieses Phänomen verstärkt sich noch, wenn der Einwanderer nicht in seinem Beruf arbeiten kann.

Der dritte Faktor, qualitativ nicht verschieden von den anderen beiden, ist die Frage der Zugehörigkeit. Das Zugehörigkeitsgefühl ist ein wesentlicher Bestandteil einer festgefügten Identität. Der Einzelne empfindet ein Gefühl der Sicherheit, das für die seelische Stabilität unerläßlich ist, auch durch eine eindeutige Zugehörigkeit, eine Erfahrung, die wir in der Alltagssprache mit »hier fühle ich mich zu Hause« umschreiben. Ein Mensch, der damit Probleme hat, wird es besonders schwer haben, in einer Einwanderungssituation ein Gefühl der Zugehörigkeit zu erlangen. Wir müssen daran denken, daß sein Fehlen oder ein konflikthaftes Zugehörigkeitsgefühl die Probleme in den beiden anderen Bereichen, die ich beschrieb, verstärken.

Um diesen Punkt zu unterstreichen, möchte ich an zwei Ereignisse in Europa in den letzten Jahren erinnern. Wir waren Zeugen zweier entgegengesetzter Phänomene: Zum einen der Aufhebung der Grenzen zwischen den verschiedenen Staaten und Nationen – man kann sich uneingeschränkt von Land zu Land bewegen, ohne eine Grenze zu spüren. Zum anderen ist in einigen Staaten Europas eine gemeinsame Währung eingeführt worden. Eigentlich müßten die Bürger Europas über diese Entwicklung hocherfreut sein. Aber dem wirkt auf nationaler Ebene eine Kraft entgegen, die – erlauben Sie mir die Analogie zu einem klinischen Phänomen – in der Bulimie am Werke ist: Der überfordernde Versuch, übermäßige Nahrungsaufnahme zu integrieren, führt zunächst zur Erweiterung der physischen Grenzen und dient dazu, den Körper in seiner ganzen Ausdehnung und Stärke in der Realität zu fühlen, wird dann aber zum Zwang, sich im Erbrechen wieder davon zu befreien. Vielleicht ist das immer stärker werdende Erwachen von Nationalgefühlen – die Basken in Spanien, die Flamen, die Tschechen und Slowaken, die Staaten der GUS, die Staaten des ehemaligen Jugoslawien – eine analoge Manifestation, sich gegen diese Grenzerweiterungen zu wehren. Der Migrant ringt mit der neuen Situation, in die er geraten ist, mit Mitteln der Verteidigung, die an ein kleines Kind erinnern. Ich will hier hauptsächlich zwei Mechanismen erwähnen: sich verschließen und auf Distanz gehen einerseits und aggressives Verhalten aus einem Gefühl der Benachteiligung, der Diskriminierung heraus andererseits. Natürlich könnte ich hier die

Probleme beschreiben, die die verschiedenen Immigrantengruppen in Israel charakterisieren, das ja ein nur aus Einwanderern bestehender Staat ist, zum Beispiel die der Einwanderer aus Marokko zur Zeit der Staatsgründung und die Auswirkungen dieser Einwanderung bis heute; die der »Jecken«, der Äthiopier, der Amerikaner usw., möchte aber nur auf das im vorigen Kapitel geschilderte Schicksal von Anat verweisen und nun von Uriel berichten, dessen Eltern nach Israel eingewandert waren.

Uriel

Der achtjährige Uriel wurde von seinen Eltern wegen schwerer Verhaltensstörungen in unser Zentrum gebracht – er spuckt, schlägt andere Kinder, flucht, gehorcht nicht, hat Schlafprobleme, ist von seinen Freunden isoliert und läßt sich nur schwer beruhigen. Die Eltern sind ein junges, religiöses, angelsächsisches Paar, das ein Jahr nach seiner Hochzeit mit ihrem Baby – Uriels älterer Schwester – nach Israel einwanderte. Nach Uriel wurden in Israel noch zwei weitere Kinder geboren. Nach der Einwanderung und nach einigen Versuchen der Orientierung und Selbstfindung ließen sie sich in einer religiösen Siedlung in Judäa – jenseits der grünen Linie – nieder. In der Zeit, als sie wegen Uriel um Hilfe baten, war ihre Siedlung wegen der Demonstrationen der Siedler gegen die Siedlungspolitik der Regierung in die Schlagzeilen geraten – Demonstrationen, an denen viele Eltern und ihre Kinder teilnahmen. Die letzte Begebenheit, aufgrund derer Uriels Eltern sich an unser Zentrum wandten, hing damit zusammen, daß ihr Sohn ohne Erlaubnis das Haus verlassen und sich den demonstrierenden Familien auf den Hügeln angeschlossen hatte. Er beschwerte sich bei seinen Eltern, daß sie nicht an den Demonstrationen teilnähmen. Die Eltern bezogen ihre Kinder tatsächlich nicht in all ihre politischen Einstellungen ein und waren bereit, die Siedlung zu verlassen, hatten dieses Vorhaben jedoch aus finanziellen Gründen aufgegeben in der Hoffnung, daß sie, wenn die Siedlung geräumt wird, eine Entschädigung bekommen würden.

Bei einem der Gespräche mit den Eltern im Zentrum erzählt der Vater, es falle ihm schwer, mit seinen Kindern über ihre Situation zu sprechen. Er selbst fühlte sich als Kind seinem Vater, der immer mit seiner Arbeit beschäftigt war, auch nicht nahe.

Uriel berichtet von seinen Angstträumen, in denen er mit dem Autobus fährt, auf den Terroranschläge verübt werden, bei denen er verletzt wird. Es ist schwer für ihn, wenn die Eltern abends ausgehen. Als sie einmal nach Hause zurückkamen, fanden sie einen herumtobenden Uriel vor. Der Vater gab ihm eine Ohrfeige, woraufhin er still wurde und sich »beruhigte«.

Im ersten Gespräch klagt die Mutter darüber, daß es auch in der Ver-
gangenheit schwierige Phasen mit Uriel gegeben habe. Alles fällt ihm
schwer – das Tragen einer Brille (seit seinem fünften Lebensjahr) und einer
Zahnspange. Sie erzählt auch, daß er von Geburt an bis ins Alter von fünf
Monaten ständig geweint habe. Ihre eigenen Eltern seien zwei Jahre nach
ihnen nach Israel eingewandert und wohnten in einer nahegelegenen Sied-
lung. Auch ihr Bruder sei nach Israel eingewandert, mit ihm habe es in ihrer
Kindheit häufig schwere Streitigkeiten gegeben, bei denen ihre Eltern immer
auf Seiten ihres Bruders standen. Auch jetzt behaupteten sie noch, daß ihre
Beschreibungen der Streitigkeiten zwischen ihr und ihrem Bruder, zu dem sie
heute keinen Kontakt mehr habe, nicht zuträfen.

Auch der Vater hat keinen Kontakt mehr zu seiner Herkunftsfamilie. Sein
Vater besitzt ein landwirtschaftliches Gut in Südafrika. Er wuchs mit seinen
beiden Schwestern in einem großen Haus auf, umgeben von schwarzen
Dienstboten, und sah seine Eltern fast überhaupt nicht. Aber er spricht nicht
viel über seine Herkunftsfamilie und kehrt rasch zu den Ängsten zurück,
unter denen Uriel leidet: die Angst zu sterben, die Angst vor Terroran-
schlägen, die Angst in der Nacht. Andererseits sei Uriel, so der Vater, oft
aggressiv. Er möchte alle Araber töten, die Terroranschläge verüben, und
wenn die Mutter ihm sage, daß es auch andere Araber gebe und sie auch
Eltern von Kindern seien, antworte er, daß sie dann besser daran täte, einen
Araber zu heiraten und arabische Kinder zu haben.

In den Gesprächen mit den Eltern entsteht der Eindruck, daß sie sich von
ihren Eltern lösen wollten, aber es ist deutlich, daß sie ihre Konflikte mit
ihnen mitgebracht haben, auch die Konflikte mit den Menschen, die sie an-
stelle der Eltern großzogen und das Gefühl der Einsamkeit und die Angst. Es
scheint also, daß sie sich an einem Ort niedergelassen haben, der dazu bei-
trägt, diese Konflikte wachzuhalten, wenn auch ideologisch getarnt, und es
wird deutlich, daß der kleine Junge die Aufgabe übernommen hat, diese Kon-
flikte zu bewältigen, soll es ihm gelingen, gegen den »Feind« zu polemisie-
ren, so daß die Eltern im Hintergrund bleiben können.

Dies ist ein Beispiel, in dem die Migration der Lösung persönlicher Probleme mit »künstlichen« Mitteln dient – der physischen Trennung und der
ideologischen Bemäntelung –, die von allen Seiten akzeptiert wird. Bedauer-
licherweise bezahlt der kleine Uriel den Preis dafür – im vorliegenden Fall
nur für kurze Zeit, da die therapeutische Intervention zeitig und mit Erfolg
stattfand. Nach einigen Sitzungen mit den Eltern und Uriel wurden auch die
Eltern therapeutisch betreut, und es wurde versucht, das verworrene Knäuel
zu lösen, in dem sie sich – und nicht das Kind – befanden.

Zusammenfassend möchte ich feststellen, daß man unterscheiden muß zwischen den Problemen, die bei erzwungenen und plötzlichen Migrationen zu erwarten sind – wie bei den Überlebenden der Shoah – und jenen der Einwanderer etwa aus Nordafrika nach Israel aufgrund von Wirtschaftskrisen etc., denen man allen mit entsprechenden Hilfestellungen begegnen muß, einerseits, und den mit der Migration einhergehenden ganz individuellen und psychischen Problemen andererseits. Das heißt, die Migration ist immer sowohl aus der Makrosicht als auch aus der Mikrosicht zu betrachten, denn oft gibt es einen Unterschied zwischen beiden ihre Auswirkungen betreffend. Da die Psychoanalyse sich eher auf den Einzelnen und die Bedeutung der individuellen Entwicklung konzentriert, gibt es eine Tendenz, diese Sicht zu vernachlässigen. Die Leistung der Psychoanalyse liegt jedoch darin, daß sie indiviuelle Probleme im Kontext von Gruppen- und gesellschaftlichen Prozessen sieht, das heißt, das eine das andere weder ausschließt noch ersetzt.

XII. Überlegungen zum Konzept der Zugehörigkeit in Entwicklung und Therapie[*]

Wir leben in einer Zeit, in der wir Zeugen einer paradoxen Entwicklung sind: einerseits können wir verhältnismäßig leicht an jeden Ort auf der Welt gelangen und so Beziehungen zu Menschen der verschiedensten Kulturen knüpfen, andererseits jedoch auch Kontakte zu Menschen am anderen Ende der Welt aufnehmen, ohne dorthin zu reisen, und dies mit größter Geschwindigkeit über das Internet. Der gängige Spruch »die Welt ist halt ein Dorf« verstärkt mitunter den Eindruck, daß wir alle in einem Dorf leben und einander kennen, wie dies in einem Dorf so üblich ist. Dennoch sind heute viele Menschen viel einsamer als in der Vergangenheit: die Zukunft des Einzelnen orientiert sich nicht mehr an familiären Traditionen; er wächst auf ohne zu wissen, was die Zukunft für ihn bereithält und wie er sich verwirklichen wird. Es ist daher nicht verwunderlich, daß die psychologischen Theorien sich auf die Entwicklung des Selbst konzentrieren. Das Individuum wächst in eine gewisse Desorientierung in Bezug auf die Selbstverwirklichung, seine Zukunft, seine Identität hinein, und je unsicherer er sich fühlt, desto heftiger sehnt er sich nach fester Zugehörigkeit, sucht nach den Armen seiner Mutter, die für ihn ausgebreitet sein sollen als würden sie sagen: »Komme was wolle, dein Platz ist hier für immer!«

Ein Kind, das sich ohne die Sicherheit entwickelt, zu jemand zu gehören, zweifelt später daran, daß es überhaupt jemand haben will. Die Frage nach der Zugehörigkeit wird somit zu der Frage: »Wollt ihr mich überhaupt?«, und ich glaube, daß sie das Kind und den Erwachsenen, der kein Zugehörigkeitsgefühl erlebt hat, zeitlebens begleitet. Wenn ein Kind (oder ein Erwachsener) eine Psychotherapie machen möchte, fragt es nicht danach, ob der Therapeut es aus der einen oder anderen seelischen Not befreien kann, vielmehr lautet die zentrale Frage einfach: »Willst du mich?«

Es sieht so aus, als unterschieden sich die Menschen, die heute einen Psychotherapeuten aufsuchen, von denen in der Vergangenheit. Früher bat der Patient seinen Therapeuten um Hilfe bei der Lösung von Problemen, die ihn

---

[*] Anmerkung des Autors: Vor genau einhundert Jahren wurde mein geliebter Vater geboren. Daher möchte ich dieses Kapitel, dessen Vortragsfassung ich genau an jenem Tag hielt, seinem Andenken widmen.

daran hinderten, »normal zu funktionieren«, seien dies nun Ängste, Konflikte zwischen verschiedenen inneren Kräften, Probleme wie Schlaf- oder Funktionsstörungen aufgrund depressiver Zustände oder Probleme im Sexualleben. Tatsächlich fragten wir in der Vergangenheit, welche Beschwerden die Patienten haben, die sie veranlaßten, sich in Behandlung zu begeben, Beschwerden, die deutlich machten, daß es spezifische Probleme waren, unter denen sie litten. Heute, so scheint mir, spüren wir, daß es eine eher allgemeine seelische Notlage ist, in deren Zentrum das Selbst und seine Beziehungen zur Außenwelt stehen, daß das Individuum, das sich in Therapie begibt, nach etwas ganz Zentralem im »Raum« Therapie sucht, das ihm aus seiner Not heraushelfen soll.

Winnicott beschäftigte sich intensiv mit diesem Raum, den er mit der frühen Entwicklung und dem Beziehungsgewebe zwischen der Mutter und ihrem Säugling gleichsetzte. Deshalb vertrat er die These, daß der Therapeut für den Patienten verfügbar sein müsse wie die hinreichend gute Mutter für ihren Säugling. In seinem Buch *Säuglinge und ihre Mütter* schreibt er:

> »... (das), was das Baby erschafft, war schon da [...] und ist ein Teil der Mutter, der nun gefunden wurde. [...] Das Entscheidende ist, daß es nicht gefunden worden wäre, hätte die Mutter nicht im mehr oder weniger richtigen Augenblick und am richtigen Ort gefunden (werden können).« (1987, S. 75)

Mit anderen Worten, die normale Entwicklung erfordert die ständige Bereitschaft der primären Pflegepersonen – im allgemeinen die der Mutter –, für den Säugling da zu sein, wann immer er Zuwendung braucht. Sie sollten von selbst spüren, wann und wie sie sich um ihn kümmern müssen, da er es selbst nicht wissen und die Personen nicht zur gegebenen Zeit mobilisieren kann.

Emde (1990) stellt aufgrund seiner Forschungen die These auf, daß die Verfügbarkeit der Pflegeperson der zentrale Faktor sei, der Entwicklung ermöglicht. Sie bedeute nicht nur Zuwendung, sondern repräsentierte auch Sicherheit in Momenten der Ungewißheit und Unsicherheit. Er erinnert an den Versuch mit Säuglingen und ihren Müttern, bei dem ersteren ein seltsames Spielzeug angeboten wird. Sie wenden sich spontan der Mutter zu, um sich an ihrem Gesichtsausdruck zu orientieren. Analog spürt der Patient das Bedürfnis, eine gemeinsame Erfahrung mit dem Therapeuten zu machen, die eine Prüfung der Situation und das Finden neuer Wege ermöglicht.

Ich habe keinen Zweifel an der Notwendigkeit der zuverlässigen Verfügbarkeit des Therapeuten, aber meiner Erfahrung nach reicht sie nicht aus, um psychische Veränderungen im Patienten zu bewirken. Ein kleines Beispiel mag dies verdeutlichen:

Sherry wird von ihrer Therapeutin als eine Frau beschrieben, die sich ständig um die Bedürfnisse anderer sorgt. Die Therapeutin berichtet, daß Sherrys Abschied am Ende der Sitzungen immer das gleiche Muster aufweist: Sie wartet, bis die Therapeutin ihr die Tür öffnet. Die Diskussion dieses Verhaltensmusters ergab eine doppelte Bedeutung: Einerseits drückt Sherry damit den Wunsch aus, man solle sich um sie kümmern, etwas für sie tun, auf sie aufmerksam werden, etwas, das ihre Mutter nie tat, denn sie sorgte zwar stets für die materiellen Dinge, aber sobald es sich um Gefühle handelte, insbesondere solche wie Traurigkeit oder Angst, verschwand sie. Das heißt, diese Mutter war nicht verfügbar. Aber Sherrys Verhaltensmuster hat noch eine andere Bedeutung: Auf diese Weise gibt sie der Therapeutin zu verstehen, daß diese sie sozusagen aus dem Zimmer »hinauswirft«: Sherry geht nicht, sondern die Therapeutin schickt sie weg. Dies ist ihre gut verdeckte aggressive Seite, denn sie äußert der Therapeutin gegenüber niemals Kritik, Ärger, Unzufriedenheit oder Ähnliches. Daß die Therapeutin die Böse ist, die sie wegschickt, muß sie auf diese Weise zum Ausdruck bringen.

Was ist jedoch die eigentliche Bedeutung des Gefühls, weggeschickt worden zu sein? Ich werde die Antwort darauf später zu finden versuchen und zunächst weitere Begriffe untersuchen, die im Zusammenhang mit dem therapeutischen Raum genannt werden. In der bereits erwähnten Arbeit behauptet Winnicott, daß man glaubwürdig und zuverlässig sein muß wie die hinreichend gute Mutter, die zu ihrem Säugling sagt:

> »Ich bin verläßlich – nicht weil ich eine Maschine bin, sondern weil ich weiß, was du jeweils brauchst; ich sorge für dich, und ich möchte geben, was du brauchst. Das ist es, was ich auf dieser Stufe deiner Entwicklung als Liebe bezeichne.« (a. a. O., S. 106)

In einer früheren Arbeit sagt er zum therapeutischen Prozeß:

> »... in einem Fall, der für die klassische Psychoanalyse schlecht geeignet ist [wie meist im Falle der in diesem Buch geschilderten Kinder und Jugendlichen, Anm. v. Y. C.], wird wahrscheinlich die Zuverlässigkeit des Analytikers der wichtigste Faktor sein (oder wichtiger als die Deutungen), weil der Patient eine derartige Zuverlässigkeit in der Versorgung durch die Mutter im Säuglingsalter nicht erlebt hat, und wenn der Patient sich solche Zuverlässigkeit zunutze machen soll, muß er sie zum ersten Mal im Verhalten des Analytikers finden.« (1965, S. 48)

Ich möchte nun einen dritten Parameter erwähnen, der für den therapeutischen Raum genannt wird. Fonagy und Target (1995) sagen, daß die zentralen Probleme bei schweren Störungen die Folge fehlender Anerkennung der Individualität des Säuglings und Kindes seien:

»Wir meinen, daß die fehlende Erfahrung, in seiner Eigenständigkeit anerkannt worden zu sein, eine tiefe Sehnsucht [...] nach einer Mutter hinterläßt, die dem Kind das Gefühl vermittelt, als eine getrennte Person mit eigenem Erleben geliebt zu werden, eine Person, die die Mutter in ihrem Innern tolerieren kann.« (S. 495)

Ohne Zweifel sind diese drei Merkmale *Verfügbarkeit, Zuverlässigkeit* und *Anerkennung* lebenswichtig und notwendig für die frühe Entwicklung, für die Beziehung zwischen dem Säugling und seiner Mutter, aber auch von zentraler Bedeutung im therapeutischen Raum in der Beziehung zwischen Therapeut und Patient. Wie ich jedoch noch zeigen werde, gibt es noch ein weiteres, wichtiges Merkmal, das der Säugling oder das Kind wie auch der Patient suchen und nach dem sie sich sehnen.

Ich glaube, daß weder die Fähigkeit des Therapeuten, zwischen den Wünschen und Reaktionen des Patienten – analog den Reaktionen von Müttern auf die von ihrem Säugling ausgesandten Reize – noch die Fähigkeit, ohne Anerkennung zurechtzukommen, die Effizienz der Therapie bestimmen. Die Suche gilt vielmehr etwas ganz Primärem, das der Patient auch auf der Couch finden kann, oder gerade auf der Couch, wenn alle übrigen, das Therapiezimmer ausmachenden Faktoren einschließlich des Therapeuten, selbst etwas Undefiniertes, dem Mutterleib Ähnliches repräsentieren und eben gerade nicht auf etwas Bestimmtes, vom Therapeuten Ausgehendes gerichtet sind. Tatsächlich ähnelt diese Situation der des Säuglings, in der das Bett, die Farbe der Wand, das Sprachtempo der Mutter oder ihr Ton, all dies zusammen die mütterliche Präsenz und Fürsorge ausmachen.

Ich behaupte, daß das primäre und in gewissem Maße auch existenzielle Bedürfnis des Säuglings und Kindes ein Gefühl der *Zugehörigkeit* ist. Sherry empfand es so, als hätte sie keinen Platz bei ihrer Therapeutin, an dem sie bedingungslose Zugehörigkeit erleben könne. Ich bin überzeugt, daß der eigentliche Beweggrund vieler Patienten, sich in Behandlung zu begeben, heute die Suche nach einem Ort, nach Menschen ist, in deren Nähe sie sich zugehörig erleben können und dies an keinerlei Bedingung geknüpft ist, nach einer »Staatsangehörigkeit«, die man nicht erhält, nur weil man mit den örtlichen Gesetzen vertraut ist oder weil man sich entsprechend den jeweils geltenden Gesetzen und Normen verhält, sondern eine Staatsangehörigkeit, die dem Menschen gilt, der man ist. Sherry machte am Ende jeder Sitzung die schmerzliche Erfahrung, daß sie nicht zur Therapeutin gehört, eine Erfahrung, die sie seit ihrer Geburt immer wieder aufs neue erlebt bzw. unbewußt herbeiführt. Ich möchte nun einen Ausschnitt aus einem anderen Fall anführen:

Ein junger Mann, Arieh, sagt bei seinem Eintritt ins Zimmer, er habe zweimal angeklopft, da ich ihn wohl beim ersten Mal nicht gehört hätte. Er habe schon befürchtet, daß er sich im Termin geirrt habe, daß ich nicht da sei etc. Ich muß dazu sagen, daß sein Klopfen immer sehr leise ist, so daß man sich anstrengen muß, es überhaupt zu hören. Später sagt er, er habe sich auch darüber geärgert, daß der Ventilator eingeschaltet sei, obgleich er das heute gar nicht wolle und daher das Gefühl habe, daß ich mich ihm nicht angepaßt habe, nicht auf seine Temperatur abgestimmt sei (dazu sei angemerkt, daß ich den Ventilator selten einschalte, er ihn dann in der Regel aber einschaltet und es dieses Mal genau umgekehrt war). Später fügt er hinzu, daß ihn noch was anderes geärgert habe, nämlich daß er am Ende der Couch die Spuren der Schuhe eines anderen Patienten bemerkt habe.

Ich griff sein leises Klopfen auf – dies war die erste Gelegenheit, mich dazu zu äußern – und sagte, daß ich nicht das Gefühl hätte, daß er so leise anklopfe, um zu prüfen, ob ich für ihn bereit bin und ihn höre, sondern daß ich etwas Anderes, beinahe Gegensätzliches empfände, daß er nämlich überhaupt nicht anklopfen möchte, als wolle er mir sagen, daß er nicht wünsche, daß die Welt ihn nur deshalb annehme, weil er mit seinem Klopfen dafür gesorgt habe, und daß ich das Gefühl hätte, er wolle von der Welt angenommen werden, ohne etwas dafür zu tun, daß er selbstverständlich willkommen sein möchte – mit anderen Worten, daß die Welt da sein soll, damit er sie erschaffen kann, wie Winnicott sagt. Später spricht Arieh von den Eltern und ihrem Kind, die zu ihm in die Therapie kommen (er arbeitet in einem therapeutischen Beruf), und daß er den Eindruck habe, daß diese Eltern sich eigentlich einen anderen Therapeuten für ihr Kind wünschen. Entsprechend hält er es für möglich, daß ich jemand anderen erwarte und nicht ihn.

Dieser Patient wünscht sich also sehnlichst, die illusionäre Erfahrung zu machen, zu mir zu gehören, der Einzige zu sein und niemand anderen zu wollen als ihn. Natürlich weiß er, daß es vor und nach ihm andere Patienten gibt, die auf die eine oder andere Weise Spuren im Zimmer hinterlassen, aber emotional sucht er die Erfahrung, die ihm nicht zuteil wurde: daß man ihn will, und nur ihn. Man kann dieses Phänomen nicht nur mit Begriffen von Neid und Eifersucht definieren wie Melanie Klein (1937), mir scheint vielmehr, daß der Begriff der Zugehörigkeit ganz wesentlich für die Entwicklung ist. Um die Bedeutung des Wunsches dazuzugehören zu erfassen, müssen wir verstehen, was im Zentrum dieses Verlangens steht und warum es so entscheidend für die Entwicklung des Menschen ist. Bevor ich dies erörtere, möchte ich ein drittes Beispiel schildern:

Eliezer ist mit den Spannungen zwischen ihm und seiner Frau, mit den Superlativen, die seine Beziehung zu mir beschreiben, und mit der Persönlichkeit seiner Mutter beschäftigt. Seine Mutter sei weich wie »Margarine« (diesen Ausdruck benutzte er auch in einer früheren Sitzung für sich), wenn sie ihn umarme, habe das etwas ›Öliges‹, wohingegen der verstorbene Vater ein ordentlicher und kühler Mensch gewesen sei. Seine Assoziation zum Vater ist ein Bild, das ihm nicht aus dem Kopf geht: Es ist Shabbat, sein Vater ist in die Synagoge gegangen und Eliezer kommt später dorthin. Das erste, was sein Vater tut, als er ihn sieht – und das vor allen Betenden –, ist, auf seine Armbanduhr zu zeigen, wie um ihn zu fragen, wie er es wagen könne, so spät in die Synagoge zu kommen.

Zu seiner Beziehung zu mir sagt er, es käme ihm so vor, als würde ich ihn umarmen, aber nur von der Seite, wenn er den Blick wo anders hinwende, und daß er sich im Zimmer wie in einem runden, von allen Seiten geschützten Raum fühle. Ich frage, ob er etwas dem Mutterleib Ähnliches meine, was er bestätigt, jedoch sofort hinzufügt, daß er sich, wenn er mich als Mann sieht, sehr ordentlich und sich einer geschliffenen Sprache bedienend, gleich an seinen Vater erinnere und dann etwas Kühles fühle. Im Grunde wisse er nicht, ob das echt und realistisch sei. Ich sage, sein Empfinden sei echt, er fürchte jedoch, daß ich ihn zurückweisen, ihn fortschicken könnte, wenn er mir so etwas sagt, und daher fühle er sich hier nicht völlig und bedingungslos geborgen. Daraufhin sagt er, daß es in Wirklichkeit doch eine klare Abmachung gebe – ich würde ihn schließlich nicht behalten, wenn er nicht zahle. Er beklagt sich dann, daß er alles Mögliche leisten müsse und diese schweren Verantwortungen nicht tragen könne, etwa Entscheidungen über seine berufliche Zukunft treffen, verschiedene, mit seiner Arbeit verbundene Aufgaben beenden, für den Unterhalt seiner Familie und für seine Kinder sorgen etc., was er mir eindringlich aufzählt.

Plötzlich stellt er sich vor, daß er zusammengerollt unter meiner Couch liegt, auf die ich an der Stelle über seinem Kopf draufschlage, bis sie nahezu zerbricht und er verletzt wird. Ich sage, er könne sich nicht vorstellen, daß ich, während er zusammengerollt unter der Couch liegt, ihn vielleicht dort herausziehen, ihn umarmen und schützen würde, daß er fürchte, er könnte mich nerven, wenn er am Vorabend einer Sitzung anruft, um den Termin zu verlegen, weil er plötzlich Dienst hat oder unerwartet zum Reservedienst einberufen wird, und daß er wohl die ganze Zeit das Gefühl habe, er sei auf Bewährung hier und müsse sich so verhalten, wie es sich gehört, und daß er sich sehr unsicher bei mir fühle.

Meinem Verständnis nach sucht Eliezer im Moment zweierlei: einerseits nach einem Zufluchtsort vor dem Druck, der auf ihn ausgeübt wird, vor den Forderungen, die seinem Empfinden nach von allen Seiten auf ihn eindringen; andererseits möchte er gehalten werden, zusammengerollt in einer Blase, die ihm zu verstehen gibt: »Du gehörst hierher, hier brauchst du einfach nur sein, du mußt nicht aktiv werden, es wird nichts von dir erwartet, hier freut man sich einfach darüber, daß du da bist, und du kannst darauf vertrauen und sicher sein, daß du geschützt bist, du mußt dir keine Sorgen machen.« Mit anderen Worten und in der Sprache Winnicotts: Eliezer sehnt sich nach einem *Holding*, einem Gehaltenwerden in der vollen Bedeutung dieses Wortes.

Hier wird das Bedürfnis nach totalem Behütetsein deutlich, wie es ursprünglich der neugeborene Säugling spürt und das durch das *Holding* der Mutter befriedigt wird. Winnicott sagt jedoch auch, daß das Kind überhaupt nur durch die Fürsorge der Mutter existiert, mit der es zusammen eine Einheit bildet. Damit meint er die einzigartige Verbindung des Säuglings mit der Mutter zu einer Einheit, die eine Art Blase darstellt, die beide umschließt. Sie ermöglicht es dem Säugling in einem normalen Prozeß, stufenweise zwischen *Ich* und *Nicht-Ich* zu unterscheiden. Darüber hinaus entdeckt er allmählich die Existenz einer dritten Person, des Vaters, die nicht zu der Blase gehört: Noch vor der ödipalen Phase erfährt das Kind eine frühe Triangulierung, die entscheidend für die Zugehörigkeit ist, denn über die Differenzierung zwischen Ich und Nicht-Ich hinaus findet auch die Unterscheidung zwischen Zugehörigkeit und Nicht-Zugehörigkeit statt. Das Kind empfindet sich zuerst der Dyade Mutter-Kind in dieser Blase zugehörig, eine Zweierbeziehung, aus der der Vater zunächst weitgehend ausgeschlossen ist. Mit der Zeit jedoch entdeckt es, daß es auch eine Zweierbeziehung zwischen Mutter und Vater gibt, aus der es nun seinerseits ausgeschlossen ist. Diese Erfahrung wird aber nur dann akzeptiert, wenn sie in das Erleben anderer Zugehörigkeiten – wie Mutter-Kind, Vater-Kind – eingebettet ist. Das Gefühl der Zugehörigkeit ist somit integraler Bestandteil des *Holding* und ermöglicht die beiden für die normale Entwicklung entscheidenden Erfahrungen. Es bedarf nicht nur des Behütetseins, der Regelmäßigkeit und Zuverlässigkeit, sondern auch eines Gefühls für die eigene Identität, und das heißt, definieren zu können, wer bin ich und was bin ich, was bin ich wert, was kann ich und was kann ich erschaffen. S. Cohen formuliert das so:

> »Das Zugehörigkeitsgefühl ist demnach ein Kriterium, mit dessen Hilfe in der Welt der Objekte zwischen vertrauten und zugänglichen und fremden Objekten unterscheiden und differenzieren.« (2001, o. S., Übers. Y. C.)

Das Kind begreift allmählich den Unterschied zwischen sich und den Erwachsenen und entwickelt so die Einsicht, daß es mit dem Potential zum Erwachsenwerden ausgestattet ist, daß es aber Dinge gibt, die es heute noch nicht kann, in Zukunft aber können wird. Ich meine hiermit auch die sexuelle Identität als integralen Bestandteil der Entwicklung der eigenen Identität.

In der Psychopathologie findet man verschiedene Bilder, die mit einer gestörten Entwicklung des Gefühls der Zugehörigkeit zu tun haben. Das trifft etwa für Mütter zu, die von ihren Kindern erwarten, Rollen auszufüllen, mit denen sie selbst Probleme haben: Eine Mutter zum Beispiel, die in ihrem Sohn einen Partner sieht, womit sie ein illusionäres Gefühl der Zugehörigkeit stimuliert, das zur Entwicklung verschiedener pathologischer Zustände führen kann.

Was Eliezer betraf, so spürte ich, daß das, was er ersehnte, nichts anderes war als der Wunsch nach Zugehörigkeit, der Wunsch, von mir umfangen zu werden und daß ich ihm sage, er gehöre zu mir, ganz gleich, ob er nun diese oder jene Stellung bekommt, ob er seine Familie ernähren kann oder nicht. Der Vater nahm ihn nur bedingt an, also nur dann, wenn er dies oder jenes tat. Er hatte keinen sicheren Platz, so als gehöre er nicht zu seinem Vater, wenn er nicht bestimmte Dinge tat, sich anstrengte, etwas erreichte etc. Nun wünschte er sich so sehr, daß ich ihn bedingungslos als zu mir gehörig sehe.

Sich zugehörig zu fühlen schließt also zwei Gruppen von Empfindungen ein: das Gefühl des bedingungslosen Angenommenwerdens, der Sicherheit und des Schutzes einerseits, und das Gefühl für die eigene Identität, eines fest gefügten Selbst, kohäsiv und definiert, andererseits. Seelische Störungen können aus einer Unsicherheit in dem einen oder anderen oder beiden Gefühlsbereichen stammen – in jedem Fall jedoch sucht der Mensch ein Gefühl der Zugehörigkeit, notfalls auch auf Abwegen, etwa Drogenabhängigkeit, Alkoholismus, sporadischen und unkritischen Zugehörigkeiten zu verschiedenen Gruppen; oder er betont umgekehrt, niemanden zu brauchen; oder er sucht nach einer scheinbaren Identität durch die Zugehörigkeit zu klar definierten und abgegrenzten Gruppen, Gruppen etwa, die weit entfernt sind, zum Beispiel wenn ein Israeli einem Buddhisten-Kloster oder extremistischen politischen Gruppen beitritt und es sich auf diesem Wege scheinbar ermöglicht, für sich zu definieren, wer und was er ist.

Ich bin mir bewußt, daß jeder Patient eine Welt für sich darstellt mit persönlichen Bedürfnissen, Wünschen und Phantasien, aber wir müssen bedenken, daß er, indem er zu uns kommt, partiell in die Erlebenswelt des Säuglingsalters zurückkehrt und eine glaubwürdige Antwort auf die Frage sucht: »Wollt ihr mich wirklich haben?«

XIII. Wie sieht der Jugendliche die Welt?

Ich hab ein glühend Messer, ein Messer in meiner Brust.
O weh! O weh!
Das schneidt so tief in jede Freud und jede Lust, so tief!
Ach, was ist das für ein böser Gast!
Nimmer hält er Ruh, nimmer hält er Rast,
Nicht bei Tag, noch bei Nacht, wenn ich schlief!
O weh! O weh!

Wenn ich in den Himmel seh,
Seh ich zwei blaue Augen stehn!
O weh! O weh!
Wenn ich im gelben Felde geh,
Seh ich von fern das blonde Haar im Winde wehn!
O weh! O weh!

Wenn ich aus dem Traum auffahr'
Und höre klingen ihr silbern Lachen,
O weh! O weh!
Ich wollt, ich läg auf der schwarzen Bahr, könnt nimmer
die Augen aufmachen!

Dies ist das dritte Lied aus *Lieder eines fahrenden Gesellen*, die Gustav Mahler in den Jahren 1883-1884 geschrieben hat. Es bringt die schwierige Situation zum Ausdruck, die zahlreiche Jugendliche durchlaufen: alles wird in Extremen erlebt. Ein Stich der Liebe im Herzen wird als Messerstich erfahren – ein Stich, der als von außen kommend verstanden wird, als ein ›Gast‹ im Körper des Jugendlichen. Er findet keine Ruhe und keine Gelassenheit, weder bei Tag noch bei Nacht. Überall, wohin er seinen Blick wendet, sieht er eine Gestalt, nach der er sich sehnt. Der Himmel ist nicht mehr der Himmel, sondern zwei blaue Augen. Ein Weizenfeld ist kein Wiezenfeld mehr, sondern das goldene Haar der Geliebten. Es gibt keine Wahrnehmung der Realität, denn Traum und Wirklichkeit vermischen sich. Und was einem solchen Heranwachsenden zu tun bzw. wonach ihm zu streben bleibt, ist im Grunde das Ende, in einem Sarg zu liegen und all die – auch schrecklichen – Anblicke nicht mehr ertragen zu müssen.

Aber in diesem Lied kann man noch ein anderes interessantes Thema finden. Der Jugendliche, der die Welt betrachtet, sieht im Grunde nicht die objektive, sondern die innere Welt – und in diesem Fall die Gestalt seiner Geliebten, wie er sie *in sich* trägt. Dies erinnert an das Säuglingsalter, eine Zeit, in der der Säugling, so Winnicott, sich selbst sieht, wenn er in die Augen seiner Mutter blickt. Das heißt, in beiden Fällen besteht eine irreale, nicht objektive Wahrnehmung. Die Realität wird gänzlich aus den Bedürfnissen des die Realität betrachtenden Subjekts heraus begriffen. Der Säugling sieht sich selbst, während der Heranwachsende das Objekt seiner Liebe sieht.

Diese quälenden Empfindungen des Jugendlichen in Verbindung mit den Todessehnsüchten gehen auch in eindrucksvoller und eindringlicher Weise in die Prosa ein, und ich möchte aus der Autobiographie des israelischen Schriftstellers zitieren, der, so glaube ich, vielen bekannt sein dürfte; ich meine Amos Oz.

Amos Oz (2002) erzählt, er sei in eine Schule nur für Knaben gegangen. Die anderen Jungen hatten Schwestern, Schwägerinnen und Kusinen, ihm aber kam es so vor, als erfahre er als letzter, worin sich Mädchen denn von Jungen unterscheiden und was die großen Brüder mit den jungen Mädchen im Dunkeln treiben. Später beschreibt er, wie die Jungen über die Mädchen sprachen oder eine Fotografie einer halbnackten Frau reihum gehen ließen, wobei alle grölten und sich Mühe gaben, so zu klingen wie ihre großen Brüder.

>»Und nur ich wurde plötzlich von großem Entsetzen gepackt: Als wenn von fern, am Horizont, sich ein dumpfes Unglück zusammenbraut. Es ist noch nicht hier, berührt mich noch nicht, ist aber bereits erschreckend und läßt das Blut in den Adern gefrieren, wie ein großes Feuer auf den fernen Hügeln ringsum in allen Richtungen, aus dem es kein Entrinnen mehr gibt.« (S. 238)

An anderer Stelle beschreibt er, wie er nach allem, was mit seinem Körper geschah, sterben wollte, und beschreibt das so, als seien Hexen in seinen Körper gefahren.

>»Und jede Nacht enthüllten diese Sheherezaden vor meinen Augen solch wilde Szenen, daß ich während der Stunden des Tages bereits ungeduldig die Nacht erwartete. Und manchmal konnte ich nicht warten und schloß mich in der stinkenden Toilette im Hof der Tachkemoni-Schule oder in unserem Badezimmer ein, von wo ich nach zwei, drei Minuten mit hängendem Kopf, beschimpft, verachtet und jämmerlich wie ein Lappen herauskam.« (S. 508)

In den Worten von Amos Oz drückt sich ein heftiges Gefühl der Einsamkeit, der Schwäche gegenüber der bedrohlichen Welt aus, in der Schein und Wirklichkeit sich vermischen. Die Welt wird ihm fremd und unbekannt, und er fühlt sich ihr gegenüber hilflos, denn er weiß nicht, wie er das, was mit ihm geschieht, bewältigen soll, und all dies in einer Einsamkeit, die nur schwer zu ertragen ist. Auf das Thema der Einsamkeit und des Sich-in-der-Welt-fremd-Fühlens werde ich noch zurückkommen, möchte aber zunächst eine kurze Episode schildern:

In meine Praxis kommen ein Mann und sein Sohn. Der Sohn äußert schwere Anschuldigungen seinem Vater gegenüber und behauptet, daß dieser ihn zwar liebe, er sich jedoch gegenüber seiner Schwester benachteiligt fühle und daß der Vater ihm keine wirkliche Stütze sei, obwohl er alles von ihm bekomme, einschließlich des Autos. Der Vater wiederum beklagt sich, daß sein Sohn das Auto mit leerem Tank zurückgebe und ihm niemals einfalle, auf seine eigenen Kosten zu tanken, obgleich er jetzt schon gut verdiene, daß er keine Vorstellung habe, was ein Haushalt koste, nie überflüssige Lampen ausschalte und das Gefühl vermittle, ihm stehe alles zu und er zeige keinerlei Dankbarkeit. Der Sohn wiederholt seine Anschuldigung gegenüber dem Vater, so habe er ihn zum Beispiel gebeten, für ihn mit jemandem zu sprechen, der Vater habe dies jedoch abgelehnt und gesagt, er solle selber mit dieser Person sprechen.

Es ist während des gesamten Gesprächs offensichtlich, daß die Argumente des Vaters gerechtfertigt sind, daß sein Wunsch nach mehr Unabhängigkeit des Sohnes völlig angemessen ist; der Sohn jedoch fühlt sich verlassen und isoliert.

Wir sind heute Zeugen einer paradoxen Entwicklung in Bezug auf die Pubertät. Wenn wir in Mahlers Lied etwas Romantisches heraushören, so lesen wir bei Oz über Ängste vor dem Unbekannten, dem Fremden und Mysteriösen. Der Jugendliche, der mit seinem Vater in die Praxis kam, hat alles und braucht nichts, um seine Ziele zu erreichen, und dennoch fühlt er sich allein gelassen. Mir scheint, daß wir in den Fällen, die ich angeführt habe, trotz des zeitlichen Abstandes, der sie voneinander trennt, Zeugen eines bedrohlichen Gefühls der Einsamkeit und des Verlassenseins werden – eines Gefühls des Jugendlichen, daß er sich selbst überlassen sei.

Ich muß gestehen, daß ich mit der Formulierung des Titels dieses Kapitels »Wie sieht der Jugendliche die Welt?« nicht ganz einverstanden bin, denn sie impliziert, daß es zwei verschiedene Faktoren gibt, zwei unterschiedliche Einheiten – den Jugendlichen und die Welt. Tatsächlich sehe ich die beiden jedoch als sich gegenseitig formend. Mit Winnicott, der behauptet, daß es keine Einheit »Säugling« gebe, sondern immer Säugling *und* Mutter, behaupte ich, daß es keine Einheit »Jugendlicher« gibt, sondern den Jugendlichen *und* seine Welt. Die Art und Weise, in der er die Welt sieht, ist zweifellos eine Konsequenz davon, wie die Welt den Heranwachsenden sieht. In der westlichen Gesellschaft sieht er die Welt anders, als es ein Jugendlicher in einer anderen Gesellschaft tut, da diese ihn auch anders sieht. So verhält es sich auch mit verschiedenen historischen Epochen. Wenn ich bereits zu Beginn erwähnte, daß der Jugendliche sowohl Fremdheit als auch Einsamkeit empfindet, so heißt das nicht, daß das von alleine kommt, sondern eine eindeutige Folge der wechselseitigen Entwicklung des Heranwachsenden mit der Umwelt ist, in der er lebt. Nicht umsonst hat Winnicott die Mutter auch als Umwelt bezeichnet, denn sie repräsentiert die gesamte Umwelt, in die der Säugling hineinwächst, und man darf die beiden nicht getrennt sehen. So verhält es sich auch mit dem Heranwachsenden: Er entwickelt sich in einem bestimmten sozialen Kontext. Was das allgemeine Empfinden des Heranwachsenden gegenüber der Welt charakterisiert, ist, wie gesagt, eine Mischung aus Fremdheit einerseits und einem Gefühl des Verlassenseins andererseits. Er kennt die Welt scheinbar nicht, die Welt erscheint in seinen Augen fragmentiert und daher unbekannt, und andererseits fühlt er, daß die Welt, die er vorher kannte, ihn sich selbst überlassen hat, als wäre er zur Beute irgendwelcher dunklen und gefährlichen Kräfte geworden, ähnlich den Hexen, die Oz in seinem Buch beschreibt. Ich nehme an, daß die Ursprünge dieser Empfindungen aus dem Zusammenspiel innerer physischer Prozesse mit äußeren Prozessen herrühren, die mit der Art und Weise zusammenhängen, wie der Jugendliche die Welt erlebt. Er erlebt die raschen Veränderungen, die sich in seinem Körper abspielen, als Vorgänge, über die er keinerlei Kontrolle hat, und als Erscheinungen, die ihn wegen ihrer Schnelligkeit dazu führen, Teile seines Körpers als Fremdkörper zu betrachten, die in ihn eingedrungen sind, ohne daß er weiß, wie er damit umgehen soll. Diese Veränderungen beeinflussen nicht nur seine physische Selbstauffassung, sondern auch seine Persönlichkeit, denn er fühlt sich einerseits so, als löse er sich auf und verliere die Kontrolle, andererseits empfindet er wie jemand, der ein ersehntes Ziel erreicht, der sich in einem fremden Land befindet, das er »erobern« möchte, ähnlich der Bezwingung des Mount Everest. Er verliert seine selbstverständliche Zugehörigkeit, er weiß nicht mehr, was zu ihm gehört und was nicht. Es ist so wie in Mahlers Lied, als würde ein Messer in seinen Körper gestoßen, das er als erwünschten, aber auch als schmerzenden und unerwünschten Gast betrachtet.

Diese Empfindung der Fragmentierung wird zusammen mit einem Gefühl des Alleingelassen-, des von der Welt sich selbst Überlassen-Werdens erlebt.

Wir müssen uns jedoch fragen, was der Ursprung dieses inneren Gefühls des Verlassenseins, des Ausgeliefertseins ist. Verhielt es sich so während der gesamten Menschheitsgeschichte? Während wir in der ferneren Vergangenheit die Adoleszenz nicht anerkannten, sondern nur die Pubertät, so ist die Adoleszenz ein Produkt des 19. und hauptsächlich des 20. Jahrhunderts. In der Vergangenheit wurde nicht zwischen Pubertät und Adoleszenz unterschieden, weil beide Zeitabschnitte eins waren – war ein Mensch doch bereits erwachsen, wenn er in die Pubertät kam. Je mehr wir uns dem modernen Zeitalter nähern, desto mehr verändert sich die Haltung gegenüber den Heranwachsenden. In den letzten hundert Jahren ist die Haltung der Welt gegenüber den Heranwachsenden durch das charakterisiert, was Frankenstein (1966) »die doppelte Verneinung« nannte. Sie besagt, daß die Welt den Jugendlichen nicht mehr als Kind auffaßt, dieser aber auch noch nicht reif genug ist, um als Erwachsener zu gelten. Er kann noch nicht die Aufgaben des Erwachsenen – für den Lebensunterhalt sorgen, eine Familie gründen etc. – übernehmen, ist jedoch auch kein Kind mehr, für das alles gemacht wird, denn es gibt ausdrückliche Erwartungen an den Jugendlichen, der »schon vieles selbst kann«. Erikson (1950) sprach nicht über die Heranwachsenden in der »doppelten Verneinung«, sondern nannte diese Zeit »Moratorium«, das heißt, Aufschieben der Pflichten und der Verantwortlichkeiten, die der Heranwachsende in einem gewissen Sinne bereits auf sich nehmen kann – wie erwachsene sexuelle Aktivität –, die jedoch von der Gesellschaft und der Kultur, hauptsächlich von der westlichen Kultur, auf einen späteren Zeitpunkt verschoben wurden.

Ich glaube, diese Auffassung der »doppelten Verneinung« bringt viel Unglück in die normale Entwicklung der Heranwachsenden, denn in vielen, teilweise tragischen Fällen entsprach diese Haltung derjenigen gegenüber einem Erwachsenen in jeder Hinsicht – denken wir nur an die Musterung von siebzehn bis achtzehnjährigen Jugendlichen zum Wehrdienst; zugleich wurde der Heranwachsende weiterhin als jemand, »der noch nichts versteht und nichts weiß«, betrachtet. Aber während die Außenwelt den Heranwachsenden aus der Sicht der »doppelten Verneinung« behandelt, sieht sich der Jugendliche selbst in einer »doppelten Bejahung«, das heißt als Kind und zugleich als Erwachsener. Diese Simultaneität ist in der Tat schwierig und konfrontiert alle, die mit Jugendlichen zu tun haben, seien es Eltern, Lehrer oder andere Erwachsene, mit zahlreichen Problemen. Aus seiner konfliktreichen Lage heraus verhält sich der Jugendliche in der Regel den Erwachsenen gegenüber auf zwiespältige Weise: Manche erlebt er so, als hielten sie ihn noch für ein Kind, andere dagegen, als sähen sie in ihm einen Erwachsenen. Beiden gegenüber hegt er feindliche Gefühle, denn seiner Empfindung nach – die in vielen Fällen richtig ist – sind sie nicht in der Lage, beide Aspekte simultan anzusprechen. Die doppelte Verpflichtung führt jedoch dazu, daß der Jugendliche selbst beide Situationen simultan lebt: Er ist nicht manchmal ein Kind und manchmal ein Erwachsener, sondern die Adoleszenz ist durch die Gleichzeitigkeit des Erlebens charakterisiert, deren Bedeutung darin liegt, daß das Leben als Erwachsener nicht vollständig ist; dasselbe gilt für das Leben des Jugendlichen als Kind. Wenn von ihm frühzeitig völlige Reife gefordert wird, kann er unter Umständen in eine schwere Krise geraten. Winnicott sagt in seinem Buch *Vom Spiel zur Kreativität* (1971c):

> »Wenn Elternfiguren sich versagen, müssen die Jugendlichen den Schritt in eine falsche Reife tun und verlieren ihren größten Reichtum: Die Freiheit, Ideen zu haben und ihren Impulsen zu folgen.« (S. 169)

Daher braucht der Heranwachsende um sich eine Welt, die ihn halten und die inneren Spaltungen überbrücken kann, die aus der Gleichzeitigkeit von Säuglingszeit und Kindheit einerseits und Erwachsenenalter andererseits resultieren. In diesem Sinne bedarf er genau das Gegenteil dessen, was oft als seine Forderung erscheint: in Ruhe gelassen zu werden, ihm seine völlige Autonomie zu gewähren etc. Das ist nichts anderes als eine äußerliche Forderung wie beim Säugling, der alles, was ihm auf dem Tisch in die Quere kommt, auf den Boden fegen will. Wie jedoch der Säugling uns braucht, um ihm die Sachen zu reichen, damit er sie hinunterwerfen kann, so braucht auch der Jugendliche eine Welt, die ihm Herausforderungen bietet, an denen er sich messen; sein Rebellieren, seine Talente, seine Stärke etc. ausprobieren kann; es muß nur immer jemand da sein, der »die Sachen vom Boden aufhebt« und dafür sorgt, daß die Ordnung wieder hergestellt wird. Dieser Punkt verdient besondere Beachtung. Wenn wir sagen, daß der Heranwachsende auch im Säuglingsalter lebt, ist damit nicht nur gemeint, daß er der Befriedigung seiner Bedürfnisse durch ein Objekt (Mutter/Umwelt) bedarf, sondern er benötigt auch jemanden, der es, in der Sprache Winnicotts, ihm ermöglicht, die Welt zu erschaffen. Um jedoch das Gefühl haben zu können, die Welt zu erschaffen, muß diese ja bereits vorhanden sein. Darüber hinaus erscheint die Welt jedes Mal, wenn er sie zerstört hat, wieder unversehrt. Die Übertragung dieser Säuglingserfahrung auf die Zeit der Adoleszenz ist das Schwierige, aber sie ist notwendig, damit der Jugendliche unversehrt aus dieser stürmischen Periode seines Lebens hervorgehen kann. Er bedarf des ständigen Aufgenommen- und Gehaltenwerdens durch die Welt. Er will Bungee springen unter der Bedingung, daß es ein Seil gibt, das ihn hält, und eine Person, die sich auskennt und weiß, wie das Seil befestigt werden und wie es beschaffen sein muß. Das heißt, die inneren Grenzen werden gesprengt, und wie Lava aus einem Vulkan, so brechen der Ehrgeiz, die Wünsche, die Triebe, die Phantasien aus ihm heraus, aber zugleich besteht ein Gefühl der Sicherheit, daß die Nabelschnur sicher und stabil befestigt ist.

Die Frage, die uns hier beschäftigt, ist meiner Ansicht nach die, in welchem Maße die Welt von heute diese Nabelschnur repräsentiert, derer der Heranwachsende so dringend bedarf. Das bringt uns zurück zum Thema der Fremdheit und der Fragmentierung, die der Jugendliche sich selbst und der Welt gegenüber empfindet. Ich glaube, daß die Welt ihm heute nicht mehr als Gefäß zu dienen, ihn nicht mehr aufzunehmen und festzuhalten vermag. Er sieht in ihr heute in das Spiegelbild seiner selbst. Wie der Säugling, so Winnicott, sich selbst im Antlitz seiner Mutter sehe, so er erfährt seine eigene Fremdheit und innere Fragmentierung auch in der Welt.

Das Erleben der Fremdheit ist auch stark mit der Frage nach der Geschlechtszugehörigkeit verbunden. In der frühen Kindheit stand die Frage nach dem Wesen, dem »wer bin ich«, im Mittelpunkt: Junge oder Mädchen, Kind oder Erwachsener, werde ich einmal Vater oder Mutter sein? Die Antworten auf diese Fragen hatten allgemeingültigen Charakter, das heißt, es gab eine umfassende Definition für Jungen wie eine für Mädchen. Dennoch liegt in diesen Unterschieden auch eine Dimension der Zeit und des Potentials: Wenn ich ein Junge bin und kein Mädchen, werde ich erwartungsgemäß später ein Mann und Vater werden. Heute hingegen ist in der Adoleszenz die zentrale Frage nicht nur, »was bin ich?«, sondern »wie bin ich?«, eine Frage der Qualität und nicht des Wesens. Die Frage lautet also nicht mehr, ob ich männlich oder weiblich bin, sondern welche Art Mann bzw. welche Art Frau bin ich mit allem, was dazu gehört, einschließlich der Frage, welche Art Mann, welche Art Frau bin ich in den Augen der Anderen. Diese Fragen sind für unsere Zeit charakteristisch, und dies trotz der ausgeprägten Neigung, Unterscheidungen aufzuheben.

Wenn Duchas eine Toilettenschüssel als Kunstwerk im Museum aufstellt, kann der Jugendliche schließlich nicht verstehen, was Kunst, was Ästhetik ist, was schön und was häßlich ist, was richtig und was falsch ist. Er steht erstaunt vor einer Welt, die der Erwachsene ihm präsentiert – eine Welt voller Widersprüche, in der alles möglich ist, alles als richtig gilt, alles relativ und in gewissem Maße auch alles erlaubt ist, eine Welt, in der nichts stabil ist. Die Welt, die der Heranwachsende heute antrifft, ist undifferenziert und unvorhersehbar. Die Grenzen vieler Bereiche sind undeutlich, und daher fehlt eine deutliche Differenzierung, während sich zugleich unverständliche

Widersprüche auftun. Nehmen wir zum Beispiel die geografischen Grenzen. Einerseits sind sie gleichsam aufgehoben, und dies wird zur Zeit ja besonders deutlich in Europa. Die Unterschiede zwischen den Geschlechtern verwischen sich sowohl was Kleidung als auch Namen betrifft – Namen, die früher typisch für Jungen waren, sind heute auch Mädchennamen und umgekehrt. Es gibt keine typischen Aufgaben oder Tätigkeiten mehr für Frauen oder Männer – eine Gleichstellung, die sicherlich auch Positives, Gerechtes und Vernünftiges hat. Sie hat jedoch ihren Preis, und ich sehe in dieser mangelnden Differenzierung einen Teil der Fragmentierung, die der Heranwachsende in der ihn umgebenden Welt antrifft. Sie kommt auch im Umgang mit Dingen zum Ausdruck, denn wir identifizieren uns ja auch in unseren Beziehungen zu Gegenständen, mit dem, was mir und dem, was anderen gehört. Und es gibt schließlich kaum einen Gegenstand mehr, der irgendeine persönliche Bedeutung hat: Wenn wir in einen Laden gehen, um einen Computer zu kaufen, hat er doch bereits beim Verlassen des Ladens seinen Wert verloren und wir müssen ihn erneuern. Doch am stärksten kommen die Fragmentierung und die mangelnde Differenzierung für den Heranwachsenden in der ihn überflutenden Sexualität zum Ausdruck: sie überflutet ihn von innen, aber auch von außen; es gibt ja heute keine Reklame, und sei es für Eiscreme, Tomaten oder Autos, die sich nicht deutlicher sexueller Anspielungen bar jeder Intimität bedient.

In diesem Sinn verhält sich die gesamte Welt wie die Eltern, die dem Heranwachsenden vermitteln, daß er alt genug sei, um zu tun, was ihm beliebt, und daß alles richtig, alles akzeptabel sei. Doch selbst wenn wir annehmen, daß dies das Gewähren der Befriedigung der Bedürfnisse und der Lebenslust des Heranwachsenden bedeutet, liegt darin doch ein Widerspruch zu seinen existentiellen Bedürfnissen: Sie erfordern, herausfinden und die Erfahrung machen zu können, was möglich und was unmöglich ist, über welche Kräfte man verfügt und was dabei herauskommt, wenn ich den Gegenstand aus meinen Fingern gleiten lasse. Diese Welt, die wir dem Heranwachsenden präsentieren, erfüllt selten das Bedürfnis nach Erproben, nach Neugier, danach, sich aus sich selbst heraus und für sich selbst kennenzulernen.

In gewissem Sinne sind die Geschlechtsunterschiede sowie auch die Unterschiede zwischen den Geschlechtern, die es in der Vergangenheit gab, weitgehend aufgehoben. Chasseguet-Smirgel (1985) hat der Entwicklung der Perversion ein ganzes Buch gewidmet, in dessen Zentrum die Aufhebung der Unterschiede zwischen den Geschlechtern und den Generationen steht. Der Heranwachsende verliert seine innere Integration; und in der postmodernen

Welt, in der alles möglich und richtig ist, verliert er, was mein anfangs zitierter jugendlicher Patient am besten ausdrückt: einen Vater, der ihm als Stütze dient – nicht nur in materieller Hinsicht –, sondern ihm Vorbild ist und ihn unterstützt.

In dem Artikel »Adolescence – struggling through the Doldrums« (1963) nimmt Winnicott Stellung zu der für den Heranwachsenden charakteristischen Einsamkeit. Der Jugendliche will nicht, daß man ihn versteht, sondern er muß selbst sein Leben entdecken. Winnicott stellt zudem fest (S. 81), daß das intensive Abreagieren durch Onanieren nur dem Wunsch entspringt, die belastende Sexualität loszuwerden. Dies findet immer noch in der Einsamkeit statt, es gibt noch keine Sexualität aus dem Einssein heraus, dieses ist in der Adoleszenz asexuell. Es gibt im Grunde keine Maßstäbe, an denen sich der Heranwachsende orientieren kann, denn er stellt sich ja in dieser Zeit Fragen wie »was bin ich«, »was bin ich wert«, »was sind meine Merkmale«. Und besonders auch in Sachen Sexualität fragt er sich, wie oben erwähnt, welche Art Mann er ist, so wie die Heranwachsende sich fragt, welche Art Frau sie ist, woraus sich auch Fragen nach sexuellen Vorlieben ergeben.

In einer Welt, in der alles möglich zu sein scheint, spricht man nicht mehr von Perversion, und daher ist es für den Jugendlichen schwierig, sich darüber klar zu werden, wie und was er ist und was richtig bzw. falsch ist. In früheren Zeiten, da alles noch klarer war, wußte der Sohn des Bergarbeiters, daß auch er Bergarbeiter sein würde etc., und auch wenn es Probleme gab, waren es dennoch nicht die Probleme der Adoleszenz, denen wir heute begegnen. Das soll nicht heißen, daß das, was heute in der Welt der Erwachsenen geschieht, schlecht ist und die Vergangenheit gut war. Wir müssen jedoch um den Preis wissen, den wir in jeder Periode zu zahlen haben. Seelische Nöte lassen sich nicht verhindern – wir können uns nur damit trösten, daß wir ohne sie keinen Beethoven, Chopin, Goethe oder Shakespeare hätten.

Der Jugendliche, der sich in seinem Innern fragmentiert empfindet, steht einer Welt gegenüber, die sich selbst in einem Prozeß der Fragmentierung befindet. Der inneren Fragmentierung steht daher kein klar konturiertes Objekt, keine klare, eindeutige, verständliche und stabile Welt gegenüber. Auch das Mysterium, das das Großwerden charakterisiert, ist verschwunden. Das Großwerden ist gekennzeichnet durch Neugier und Mysterium; unsere Welt jedoch enthüllt jedem alles in jedem Lebensstadium, und daher verschwindet auch die durch Mysterium und Neugier gekennzeichnete Intimität. Das Fehlen des Geheimnisvollen vermittelt dem Heranwachsenden ein Gefühl, das einerseits befriedigend zu sein scheint, denn er fühlt nicht mehr, daß es Dinge gibt, zu denen ihm der Zugang verwehrt wird, von denen er nicht weiß, was dort passiert, er aber gern daran teilhaben würde. Andererseits jedoch gibt es gar kein »dort«, ihm ist alles zugänglich, alles liegt unverdeckt vor ihm. Es gibt nichts mehr, wonach er streben muß, er braucht keine Geheimnisse mehr zu lüften und nichts Mysteriöses mehr aufzudecken. Hier entwickelt sich jedoch ein umgekehrter Prozeß, den zwei Merkmale kennzeichnen: Einerseits wird diese so offengelegte Welt uninteressant und bedeutungslos – wie Amos Oz von der Krankenschwester in der Schule erzählt, die alle sexuellen Themen erklärt, der Jugendliche sich jedoch genauso bedroht fühlt wie zuvor oder gar noch mehr. Andererseits findet ein deutlicher Rückzug ins Säuglingsalter statt. Hierfür gibt es ein einleuchtendes Beispiel, wenigstens in der israelischen Gesellschaft: zwar wird der Heranwachsende zur Armee eingezogen, aber während wir uns früher vom Elternhaus trennten, begleiten heute die Eltern die Jugendlichen zur Musterungsstelle und sind in den gesamten Prozeß der Auswahl und Einteilung involviert. Später wird dann von den Eltern erwartet, daß sie öfters zu Besuch zum Armeestützpunkt kommen und ihrem Sohn oder ihrer Tochter etwas Gutes mitbringen, und wenn sie das nicht tun, gilt das als befremdlich. Die Armee lädt die Eltern ein, wenn es Probleme gibt, und läßt sie selbstverständlich (einschließlich Videokamera) an jeder Kursabschlußveranstaltung und ähnlichem teilnehmen. Jeder Soldat hat heute ein Mobiltelefon, damit er jederzeit zu Hause Bericht erstatten kann, was mit ihm geschieht, und hören kann, wie es zu Hause geht und wie sehr er dort vermißt wird.

Die Bedeutung der inneren Fragmentierung in einer Welt, die selbst im Prozeß der Fragmentierung begriffen ist, wirft den Heranwachsenden also in eine sehr frühe Phase seines Lebens zurück, eine Phase, die von einer Perzeption gekennzeichnet ist, die sich lediglich an einem Ereignis orientiert, einem ›Event‹, wie Fast (1985) sagt, im Gegensatz zu einem erwachseneren Verständnis, das auf Kategorien beruht. Das heißt, das Verständnis all dessen, dem der Heranwachsende begegnet, basiert auf separaten Teilaspekten, die er zwar versteht, nicht aber deren Verbindung untereinander und die gegenseitige Abhängigkeit dieser Teile, die eine Kategorie bilden. Der Säugling zum Beispiel begreift das ganze Geschehen um sich herum mittels des einen Ereignisses – die Brustwarze oder das Gestilltwerden begreift er nicht als Teile einer vollständigen Kategorie wie der Körper der Mutter oder der Stillvorgang. Als ein Beispiel dafür zitiere ich die kleine Episode mit Dov aus dem I. Kapitel:

So fährt zum Beispiel Dov im Autobus und möchte auf einer Bank Platz nehmen, auf der ein junger Mann sitzt. Er möchte, daß dieser ein wenig aufrückt, damit er sich setzen kann, und sagt zu ihm in sehr aggressivem Ton:

*»Machen Sie Platz!« Der Mann sagt, daß er, wenn Dov ihn nett bitte, auf-
rücken würde. Patzig wiederholt er seine Aufforderung, ein ›bitte‹ einfügend,
und beklagt sich bei seinem Betreuer:* »Was will denn der von mir, ich habe
doch ›bitte‹ gesagt!«

Es ist klar, daß Dov nicht in der Lage ist, all die diese Situation konstitu-
ierenden Faktoren zu integrieren. Die Worte, die aus seinem Mund kommen,
und sein Tonfall sind nicht Teile der Gesamtsituation, sondern stehen als
getrennte, nicht zueinander gehörende Teile. Das Wort »bitte« ist vollkommen getrennt von der Ausdrucksweise, vom Gesichtsausdruck etc.

Die Wahrnehmung, in deren Mittelpunkt das Ereignis steht, kennzeichnet
möglicherweise partiell das Lebens des Heranwachsenden, während seine
pubertäre Bedrängnis größer wird. Er verliert zeitweise seine Fähigkeit, in
Kategorien zu denken, was zu folgenschweren Handlungen führen kann, zum
Beispiel zum Selbstmord. In einem solchen schrecklichen Fall büßt der Jugendliche sein Verständnis des Todes als Kategorie ein und sieht im Tod
etwas Losgelöstes, nur Momentanes und Vorübergehendes, als könnte er
danach weiterleben, als gäbe es keine Verbindung zwischen dem Akt der
Vernichtung und der Tatsache, daß der Tod endgültig ist (vgl. Erlich, 1978).
So vermag etwa der eingangs erwähnte junge Mann, der sich über seinen
Vater beschwert, trotz seiner hervorragenden kognitiven Fähigkeiten nicht
alle Aspekte der Kategorie »Vater stellt mir ein Auto zur Verfügung« miteinander zu verbinden, das heißt, er zerlegt sie in Teilereignisse, wobei das
Überlassen des Autos, das Benützen des Autos und das Tanken etc. keine
Einheit bzw. keine Kategorie bilden. Genau so wenig kann das Gefühl der
Benachteiligung nicht durch das Überlassen des Autos kompensiert werden –
und das Gefühl der Benachteiligung wird zum zentralen und isolierten Ereignis.

In der Medizin ist es bekanntlich die Pflicht eines jeden Arztes, das Medikament, das er verschreibt, nicht nur nach der heilenden Wirkung auszu-
wählen, sondern auch die schädlichen Nebenwirkungen, die das Medikament
auslösen könnte, zu berücksichten. So ist auch die Gesellschaft verpflichtet,
zu untersuchen und zu prüfen, welche »Nebenwirkungen« bei den Heranwachsenden als Ergebnis der kulturellen und gesellschaftlichen Entwicklungen unserer Zeit auftreten. Während jedoch die Beziehung zwischen Arzt
und Patient auf einer klaren Trennung beruht, verhält es sich beim Heranwachsenden und der Gesellschaft ganz anders. Hier sprechen wir von einem
Wesen, für das wir verantwortlich sind, dieses totale, allumfassende Wesen,
das Säuglinge, Heranwachsende, Alte, Männer, Frauen, Blinde etc. mit einschließt. Wenn die Heranwachsenden sich einsam und verlassen fühlen, spürt

die Gesellschaft dies schließlich und ist verantwortlich, sich einzusetzen und das Phänomen zu begreifen – wenn sie dies nicht tut, wird sie selbst Schaden nehmen, sich ruinieren und auseinanderbrechen.

Zur Illustration meiner Ausführungen möchte ich zum Schluß auf die beiden Beispiele von Yael und Anat hinweisen, die ich in Kapitel IX. vorgestellt habe.

XIV. Psychotherapie – Handwerk oder Kunst?[*]

Die Beschäftigung mit der Verbindung zwischen psychotherapeutischer Arbeit und Kunst bzw. Kreativität führte mich erneut zu den Schriften von Donald W. Winnicott. Mit ihm geht es mir – es sei mir diese persönliche Bemerkung erlaubt – wie mit Beethoven: Immer wenn ich ein Stück von ihm höre, ist meine spontane Reaktion: »Ach, schon wieder?« Und dann höre ich zu und spüre erneut, welch ein Genie er war und welch ein unvergeßliches Erlebnis es immer wieder ist, ihn zu hören, so als sei es die erste Begegnung mit seiner Musik.

Eine der zentralen Aussagen Winnicotts zum Thema dieses Kapitels besagt, daß Kreativität und das Empfinden des Werts der eigenen Existenz ein und dasselbe seien. Er formuliert dies so:

> »Wir beobachten, daß Menschen entweder kreativ leben und das Leben für lebenswert halten, oder daß sie es nicht kreativ leben können und an seinem Wert zweifeln. Dieser Unterschied zwischen einzelnen Menschen hängt direkt mit der Qualität und Quantität der Umweltbedingungen zu Beginn oder in den ersten Phasen der individuellen Lebenserfahrung zusammen.«(1971a, S. 84)

An anderer Stelle sagt er:

> »Bei einem Menschen, der ›ist‹ und das Gefühl hat, *daß er ist,* überwiegt immer das aus dem Impuls hervorgehende Tun gegenüber dem Tun als Reaktion.« (1986, S. 43)

Die in diesen Zitaten enthaltenen Prinzipien basieren auf der Annahme, daß die Bedingungen, unter denen ein Mensch aufwächst und sich entwickelt, für das Gefühl für seine Eigenart verantwortlich seien und auf der Kreativität aufbauen. Kreativität wiederum entwickelt sich, so Winnicott, aus dem Gefühl des Säuglings, er habe die Welt erschaffen, ein Gefühl, das jedoch nur dann entstehe, wenn die Welt tatsächlich da war, als der Säugling sie brauchte – die Brust. Das bedeutet, daß es in der normalen Entwicklung im Säuglingsalter ein gewisses Maß an Verschmelzung, an Einssein, zwischen dem Baby und der Mutter gibt, einen *potential space.* Dieses Einssein

[*] Ich danke Raanan Kluka, Shlomit Moshaiof, Esti Dinuk und Sara Kolkek für die hilfreichen Anregungen.

bewirke das Allmachtsgefühl des Säuglings, er erschaffe die Welt. Nur auf dieser Grundlage könne er sich langsam des Getrenntseins bewußt werden und erkennen, daß es eine Welt außerhalb seiner Selbst gibt und er nur ein kleiner Punkt auf dieser Welt ist. Die normale Entwicklung ermöglicht ein vom Triebwunsch geleitetes Handeln, das heißt etwas, das von innen kommt, das dem Menschen ein Gefühl der Kreativität gibt, das Gefühl, die Welt werde anders aufgrund seiner Existenz. Dies ist die eigentliche Bedeutung seiner Existenz und *Bedeutung* das Schlüsselwort für die menschliche Entwicklung. Ist sein Handeln hingegen rein reaktiv, dann sprechen wir von einem Kind oder Erwachsenen, der um sein Überleben kämpft, der nur auf das Geschehen reagiert.

Ich möchte in diesem Kontext an die zahlreichen Symptome insbesondere bei Kindern erinnern, die sich schon beim Eintritt in das Therapiezimmer zeigen: Kinder, die an die Tür klopfen und weglaufen; Kinder, die fest gegen die Tür schlagen und sich verstecken; Kinder, die, wenn die Tür aufgeht, so tun, als sei sie immer noch geschlossen und als sähen sie den Therapeuten nicht, der ihnen gegenübersteht; Kinder, die einen Zettel unter der Tür hindurch in das Therapiezimmer schieben; Kinder, die mit einem bestimmten Gegenstand zum Therapiezimmer kommen, und viele ähnliche Beispiele, wie man sie auch bei Erwachsenen findet. Ich glaube, daß Kinder mit diesen Verhaltensweisen Angst haben, auf der Welt überhaupt nicht willkommen zu sein, daß sich niemand über ihr Dasein freut und sie begeistert annimmt, daß ihre Existenz weder für sie selbst noch für andere eine Bedeutung hat. Wenn das Kind oder der Erwachsene an die Tür klopfen oder klingeln muß, fühlt er doch, daß er etwas tun muß, um Aufmerksamkeit zu erlangen, als wollte er sagen: »He, ich bin hier!«, was einen zweifachen Wunsch birgt: Die Welt wartet auf ihn und er erschafft die Welt. Das bekannte »Guck-guck«-Spiel ist nichts anderes als die ewige Wiederholung der primären Erfahrung des Lebens: Denn solange die Augen geschlossen sind, ist die Welt nicht existent, die bekannten Gestalten existieren nicht. In dem Moment jedoch, in dem der Säugling die Hände von den Augen nimmt, sieht er vor sich die Welt und mit ihr die ihm bekannte Gestalt; im Spiel jedoch erlebt er wieder und wieder jenes primäre Erlebnis des Erschaffens: Er ist derjenige, der die Welt und die ihm bekannten Gestalten erschaffen hat, trotz oder dank der Tatsache, daß die Welt bereits vorher bestand. Und so sagt Winnicott (1987) zu dem Gefühl des Säuglings, die Welt erschaffen zu haben: »Gelangt der Mensch nicht vom Zustand des *Gottseins* zu jener Demut, wie sie der menschlichen Individualität gemäß ist?« (S. 110)

Ich möchte nun meine zentrale These vorstellen. Ich behaupte: *Je schwerer die Störung, das heißt, je verzerrter der Entwicklungsprozeß ist, desto mehr ist der Therapeut gefordert, kreative Elemente einzubringen, die es ihm ermöglichen, gemeinsam mit dem Patienten dessen kreatives Können anzuregen, damit dieser fühlt, daß er überhaupt existiert.*

Dies kann zunächst nur aus dem Einssein und in der Regel nicht aus dem Verstehen im therapeutischen Prozeß heraus geschehen, ein Prozeß, der bedeutungsvoll ist, der dem Leben Sinn gibt, jedoch unbegreiflich ist, denn es gibt keine Erklärung für ihn. Dieses Einssein ist notwendig und lebenswichtig für die primären Entwicklungsprozesse, die der Patient – Kind oder Erwachsener – nicht angemessen durchlaufen konnte. Die Fähigkeit, zwischen Selbst und Anderen zu unterscheiden, entwickelt sich nur aus diesem Einssein. Damit der Mensch sich als eine getrennte Einheit erkennen kann – sowohl als räumliche als auch zeitliche –, muß er sich von jenem Wesen ablösen und trennen, dessen Teil er einmal gewesen ist. Wo es kein Einssein gab, wird es auch kein Getrenntsein geben, und wo kein Getrenntsein entsteht, wird es auch keine Anerkennung des Anderen geben.

Winnicott (a.a.O.) berichtet von einer Begebenheit mit einem kleinen Mädchen, das er untersuchte:

> »Eine im Augenblick besonders aufgewühlte Patientin grub mir einmal ihre Fingernägel in die Hand. Meine Interpretation lautete ›Au!‹. Dazu bedurfte es wahrlich keiner großen intellektuellen Anstrengung, und es war recht nützlich, da es *sofort* kam (und nicht erst nach einer Pause, in der ich nachgedacht hätte) und der Patientin zeigte, daß meine Hand lebendig, daß sie ein Teil von mir war, und daß ich hier zur Verfügung stand und benutzt werden konnte.« (S. 103f.)

In dieser kleinen Episode ist Winnicotts Ansatz enthalten, dem zufolge eine Interpretation nicht aus Worten bestehen muß, sondern die Reaktion oder die therapeutische Intervention auch in gemeinsamem Erleben bestehen kann, und ich füge hinzu, daß dies sehr entscheidend ist, da dies Erleben auf etwas Einzigartigem gründet, das nur zwischen denjenigen besteht, die das Erleben teilen, weshalb es kreativ ist. Die Psychotherapie ist nicht dazu gedacht, ein Problem zu lösen, oder eine Störung, eine Bedrängnis aufzuheben, sondern – gerade in der heutigen Zeit – um das Gefühl zu wecken, daß die Existenz einen Sinn hat.

Ich möchte eine Episode aus der Therapiesitzung mit einem zehnjährigen Jungen schildern, bei dem verschiedene Diagnosen gestellt wurden: eine motorische Retardiertheit, ADHD, eine Störung der Persönlichkeitsentwicklung und eine Borderline-Störung. Die Therapeutin eröffnete die Beschreibung der Sitzung mit folgenden Worten:

»In der Regel ist das Charakteristische an den Therapiesitzungen mit Uri, daß sie für mich unerträglich sind, ohne daß mir klar wäre warum. Er greift mich nicht häufiger an als andere Kinder, er fügt weder mir Schaden zu noch richtet er welchen im Zimmer an, und es gibt keine besonders schlimmen oder morbiden Inhalte. Trotzdem ist das Zusammensein unerträglich. Ich frage mich die ganze Zeit, was hier los ist, was so schlimm an einem Kartenspiel mit Uri ist, an seinen Betrügereien während des Spiels, an die ich doch gewöhnt bin und die ich von anderen Kindern kenne. Ich frage mich, warum das hier so unmöglich ist. Trotz all meiner Versuche, ihn als kleinen Säugling zu sehen, der mich braucht, um für ihn zu sorgen, dessen forderndes Wesen unschuldig ist, bleibt die Begegnung schwierig. Von Anfang der Sitzung an spüre ich, daß die Zeit nicht vergeht, daß ich mich unbehaglich in meinem Körper fühle, als wollte ich aus meiner Haut heraus, und wünschte, ach, wäre es doch schon vorüber und er würde gehen; ich vermag die Frage nicht zu beantworten, was mir an dem Zusammensein mit ihm so schwerfällt.«

Die Wendung, die sich in einer späteren Sitzung einstellt, schildert die Therapeutin so:

»Ich höre das Geräusch von einem Computerspiel vor der Tür. Ich gehe hinaus und sehe Uri mit dem Computer spielen. Er kommt herein und zeigt mir sofort sein Spiel und noch andere Dinge. Er legt alles auf den Tisch, beachtet die Sachen aber nicht weiter, holt vielmehr den Tischtennisschläger heraus und spielt kurze Zeit allein, indem er den Ball auf dem Schläger hüpfen läßt. Dabei fliegt der Ball in alle Richtungen; dann bittet er mich, an einer bestimmten Stelle zu stehen, während er den Ball nach mir wirft. Ich weigere mich und sage, daß er mich fertigmachen will, daß ich ihn, mich und die Dinge im Zimmer jedoch beschütze. Er läßt den Ball liegen und nimmt eine Pistole mit Pfeilen, mit der er auf mich zielt. Ich sage, daß ich spüre, wie gern er mich töten möchte, erlaube ihm jedoch nicht, die Pfeile zu gebrauchen, statt dessen dürfe er ohne Pfeile auf mich schießen. Uri tobt eine Weile, und ich trete von hinten an ihn heran, halte ihn und erkläre erneut, daß ich uns beide im Zimmer beschützen werde. Er gibt auf und bittet mich ganz nebenbei, die Tischtennisplatte aufzubauen. Ich tue das, ohne daß er mir hilft. Das Spiel beginnt und er gewinnt, worauf ich zu ihm sage: ›Wow, du machst mich richtig platt!‹ Uri lacht und scheint es zu genießen. Das Spiel geht so weiter, und an einer gewissen Stelle, ohne daß ich es richtig be-

merkt hätte, schlage ich ihm den Ball zu und sage dabei ›bumm‹, ein Ausruf,
der das gesamte Spiel und die Atmosphäre der Therapiesitzung verändert.
Uri sagt zu mir: ›He, du hast bumm gesagt!‹ Er beginnt zu kichern und wirkt
irgendwie befreit und sagt: ›Sag bumm, wie eben.‹ Ich fahre fort, ihm den
Ball zuzuspielen, indem ich ›bumm‹ sage und dabei meine Stimme seinem
Tonfall und seiner Lautstärke anpasse, eine Art Echo, und Uri antwortet mit
›bumm‹. Wenn ich vergaß, ›bumm‹ zu sagen, fordert er mich sogleich dazu
auf. Jeder Schlag auf den Ball wird nun von ›bumm‹ begleitet. Plötzlich höre
ich ihn im Flüsterton sagen: ›Du Biest‹, und ich antworte, als die Reihe an
mir ist, laut mit ›Bumm, du Biest‹. Uri spricht mir nach ›Bumm, du Biest‹,
laut lachend und offensichtlich genießend. So spielen wir weiter, mit viel
Spaß, ohne daß ich die negativen Empfindungen spüre, die die Sitzungen mit
ihm sonst charakterisierten. Ich warte nicht mehr darauf, daß die Zeit ver-
gehen möge, und habe nicht mehr das Gefühl, aus meiner Haut herauszu-
wollen und es nicht mehr auszuhalten. Das Spiel dauert lange, aber dann
ermüdet Uri und läßt sich auf die Matratze fallen. Als ich ihm sage, daß wir
Schluß machen müssen, gefällt ihm das nicht, er gibt aber recht schnell nach.
Schon an der Tür bittet er, mir noch etwas am Computerspiel zeigen zu
dürfen, und geht dann ruhig und unbesorgt davon.«

Was ist geschehen? Mir scheint, daß die Therapie bis zum ersten »Bumm« in
klarer und entschiedener Differenzierung zwischen den Beiden verlief, das
heißt, ohne daß ein *potential space* zwischen beiden entstanden wäre, sondern jeder, die Therapeutin einerseits und Uri andererseits, verhielt sich ohne
Verbindung zum Anderen im Raum oder – sagen wir – im Universum. Uri
befindet sich in einer Phase, in der sich in ihm noch keine individuelle
Eigenart entwickelt hat; es handelt sich hier um ein Kind, das nur überlebt,
das nicht das Gefühl hat, es erschaffe die Welt, es erschaffe sich selbst. Daher bleibt ihm nur eins übrig: sich entweder machtlos dem konfrontiert zu
sehen, was ihn seinem Empfinden nach überflutet, ihn angreift, ihn verletzt,
oder seine Kräfte in grobem Mißverhältnis zum auslösenden Faktor einzusetzen, ein Umstand, der sich hauptsächlich in seinem aggressiven, zügel-
losen und gewalttätigen Verhalten äußert. Es scheint, daß Uri zu Beginn
dieser Sitzung tatsächlich diese beiden Zustände nacheinander durchläuft: Er
kommt ins Zimmer, als sei er ein Gegenstand, der ins Zimmer geworfen
wurde und dort wie in einem Raum ziellos herumläuft. Schließlich erwacht
sein Überlebenstrieb, und er richtet Ball und Pfeile gegen das Ziel, das ihm
im Weg steht: die Therapeutin. Die Wende, die die Therapeutin empfindet,
ereignet sich, als sie »Bumm« ruft und der Junge sagt: »He, du hast bumm
gesagt.«

Ich glaube, daß diese Wende aus einer einzigartigen kreativen und empathischen Begebenheit heraus entstanden ist, ausgelöst von der Therapeutin, die die innere Welt des Kindes in »bumm« übersetzt hatte. Zugleich schaut Uri quasi in einen Spiegel, entdeckt sich gewissermaßen selbst und erhält die Bestätigung seiner eigenen Existenz. Das Ping-Pong-Spiel ist nicht mehr eine Art Wettbewerb zwischen den Beiden, kein gegenseitiges »Fertigmachen«, denn im Spiel wurde ihr Getrenntsein aufgehoben, es entstand ein *potential space* zwischen ihnen, ein Raum, in dem es ein Einssein gibt. Uris Ausruf »bumm« war gewissermaßen seine psychische Geburt aus diesem Einssein heraus, er entdeckte sich selbst, entdeckte, daß die Welt doch auf ihn eingerichtet ist, ihn einerseits erwartet, daß es andererseits jedoch auch eine Welt ist, die er nun zu erschaffen beginnt. »Bumm« gehört nicht mehr ausschließlich der Therapeutin, ist nicht mehr etwas außerhalb des Jungen, das ihn überflutet, sondern gleichzeitig spürt er, daß er »bumm« erschaffen hat, also die Welt.

Es findet also eine eigentümliche kreative Betätigung statt, war doch die Therapeutin unbewußt kreativ, und Uri fühlte sich kreativ wie der Säugling, der während des Saugens ›denkt‹, er erschaffe die Welt. Deshalb hatte er auch keine Schwierigkeiten, sich am Ende der Sitzung von der Therapeutin zu trennen, denn er fühlte, daß die Welt nicht mit dem Ende der Sitzung zu Ende ist, sondern weiterexistiert – und er in ihr, mit ihr und ihr gegenüber ist.

Es gibt aber keinen Weg, junge Therapeuten zu lehren, sich so zu verhalten wie diese Therapeutin. Wir würden doch nur spöttisch lächeln, wenn jemand einem jungen Therapeuten sagen würde, daß es Fälle gibt, in denen man in dieser oder jener Situation einfach nur »bumm« sagen muß. Man kann jemanden lehren, genau nach den vorgegebenen Noten und Zeichen des Komponisten oder den Anmerkungen großer Interpreten zu spielen, doch reicht das nicht, um wirklich ein Musiker zu sein. Die Therapeutin kennt zwar die Entwicklungsstufen von Kindern, kennt sich in deren Psychopathologie und in den Prinzipien der therapeutischen Arbeit aus. Um jedoch ein solch bedeutsames Erlebnis wie in jener Stunde hervorzurufen, bedurfte es eines kreativen Funkens, sozusagen eines intuitiven künstlerischen Aktes, der seinen Ursprung nicht im kognitiven Bereich hat, sondern in etwas, das in ihrem Inneren mit Hilfe ihrer Informationen, die unbewußt auf sie wirken, entsteht und das mit dem Jungen fühlt und damit vorübergehend eins mit ihm ist. Das ist Psychotherapie als Kunst.

Psychotherapie als Handwerk dagegen impliziert das Getrenntsein von Therapeut und Patient und das Wissen, das der Therapeut in seine Tätigkeit einbringt. Die Beziehung besteht also aus zwei getrennten Personen, daher spricht man heute auch von *Zweipersonen-Psychologie* oder von einem inter-subjektiven Ansatz: Beide Personen beeinflussen einander zwar auf unter-schiedliche Weisen, aber an der Basis des Verhältnisses zueinander sind sie in diesem Ansatz voneinander getrennt, und je klarer diese Trennung ist, desto eher ist der Therapeut ein Handwerker, der sein Wissen und seine Ge-schicklichkeit in der durch die Situation vorgegebenen Weise anwendet. Ich zweifle nicht daran, daß dieser intersubjektive Ansatz ein äußerst wichtiges Moment der Wertschätzung und Anerkennung des Anderen enthält. Er ver-leiht dem Therapeuten keine übergeordnete, wohl aber eine professionelle Autorität, selbstverständlich unter der Bedingung, daß er über alles zugäng-liche und anerkannte Wissen der Fachwelt verfügt. Dennoch betont dieser Ansatz die Gleichheit zwischen den beiden Personen, Therapeut und Patient im Sinne der Respektierung der Würde des Menschen.

Ich will nun von einer Begebenheit berichten, die zwar nicht aus einer Therapie stammt, aber dennoch die Psychotherapie als Handwerk zu veran-schaulichen vermag:

Eine Gruppe von acht ca. Siebzehnjährigen im Heim Beit Hanna für Jugend-liche, alle als schwer psychisch gestört diagnostiziert, macht einen Ausflug mit einer Betreuerin. Sie wollen durch eine dunkle Höhle gehen, weshalb sie einige Kerzen dabei haben. Die Betreuerin geht an der Spitze der Gruppe in die Höhle. Als sie im Innern der Höhle sind, verlöschen die Kerzen. Nach einigen Sekunden sagt der Führer der Gruppe, jetzt sei die Gelegenheit, daß sie alle die Betreuerin vergewaltigen. Als diese die Androhung hört, sagt sie mit ruhiger, weicher Stimme: »Wir gehen jetzt alle ruhig aus der Höhle hinaus, ich gehe voran und wir verlassen einer nach dem anderen die Höhle.« Die Gruppe ging ganz ruhig mit ihr aus der Höhle.

Die psychologisch ausgebildete Betreuerin kannte das Problem der Jugend-lichen und wußte sehr gut, daß diese trotz ihres äußerlich sicheren Auftretens unter Ängsten, Minderwertigkeitsgefühlen und ihrem eingeschränkten, unge-festigten Selbst litten und Probleme hatten, sich auf sich selbst zu verlassen. Sie verstand sofort, daß sie sich in der völligen Dunkelheit in der Höhle de facto fürchteten, und kannte die üblichen Wege der Bewältigung solcher Zustände, etwa die Konfrontation der Jugendlichen mit ihren Ängsten durch deren Deutung oder die Nutzung der Angst durch die Drohung, was sie im Falle der Ausführung ihres Vorhabens zu erwarten hätten. Zwar machte die Betreuerin tatsächlich Gebrauch von ihrem fachlichen Wissen und Ver-ständnis der Situation, nutzte aber intuitiv auch ihre Fähigkeit, die Angst der Jugendlichen aufzunehmen und sie nicht darin zu bestärken, so daß sie sie ruhig aus der Höhle herausführen konnte. Sie reagierte auch nicht aggressiv mit Drohungen und dergleichen – was die Angst der Gruppe noch vergrößert hätte –, sondern konnte deren Furcht verarbeiten und es ihnen dadurch möglichen, sich an sie anzulehnen und auf ihre Fähigkeit zu vertrauen, sie zu schützen.

Hier handelte es sich in der Tat um eine Erfahrung, die auf dem Getrenntsein zwischen der Betreuerin und den Jugendlichen beruhte, und das Ende der Begebenheit verlief dank der Geschicklichkeit und der handwerklichen Fähigkeit der Betreuerin erfolgreich. Ihre therapeutische Aktivität beruhte somit auf ihrer kognitiven Fähigkeit, jedoch auch auf ihrer Gefühlswelt: ohne die Angst der Jugendlichen zu *spüren* hätte sie nicht so reagieren können, wie sie es tat. Hätte sie nur interpretiert, dann wäre das Ergebnis ein völlig anderes gewesen, und ich wage zu behaupten, daß sie dann auch zerstörerisch gewesen wäre. Die Jugendlichen empfanden wirklich große Angst und versuchten, ihr durch die Dunkelheit in der Höhle erschüttertes Selbst durch die sexuelle und aggressive Drohung mit Vergewaltigung wiederherzustellen. Sie begriff dies und konnte deshalb als nicht ängstliches Selbst fungieren und eben jene beruhigende Haltung übernehmen. Ihre Aufforderung, in Ruhe hinter ihr die Höhle zu verlassen, war eine andere Art der Deutung des seelischen Zustands dieser Jugendlichen.

Ich unterscheide also zwischen der Therapiestunde mit dem Ausruf »bumm« und Winnicotts Beispiel mit dem Ausruf »au« einerseits und dem Geschehen in der Höhle andererseits. Uri und Winnicotts kleinem Mädchen fehlten noch das Gespür für ihre eigene Existenz, die nur aus dem *potential space* entstehen kann. »Bumm« war die »große Zündung«, die es Uri aus der Erfahrung des Einsseins der beiden Beteiligten heraus ermöglichte, sich selbst als getrennte Einheiten zu erleben. Er war bis dahin noch nicht zu einem kohärenten und differenzierten Selbst gelangt, er unterschied noch zwischen den verschiedenen Faktoren, die auf ihn einwirkten und die er noch nicht integrieren konnte. Was er nun in der Stunde erlebte, entspricht dem »au« in Winnicotts Beispiel: *Vor* dem Ausruf »au« merkte Winnicott, daß das Mädchen sich zu seiner Hand so verhält, als sei sie *nicht* Teil der separierten Einheit, die Winnicott heißt, so wie es sich selbst nur als Teil von ihm erlebt. Ich betone noch einmal: Solange die Selbstwahrnehmung derart von anderen abhängt, ist das Leben nur ein Überleben im Sinne von bloßem Reagieren, und hat noch keine eigenständige, unabhängige subjektive Bedeutung. Winnicott schreibt:

»Mehr als alles andere ist es die kreative Wahrnehmung, die dem einzelnen das Gefühl gibt, daß das Leben lebenswert ist. Im Gegensatz dazu steht eine Form der Beziehung zur äußeren Realität, die sich als Angepaßtheit bezeichnen läßt; die Welt (und ihre einzelnen Teile) wird dann nur als etwas wahrgenommen, dessen man sich bedienen kann oder das Anpassung erfordert. Diese Anpassung bringt für den einzelnen ein Gefühl der Nutzlosigkeit mit sich und ist mit der Vorstellung verbunden, daß alles sinnlos und das Leben nicht lebenswert ist.« (1971a, S. 78)

Die psychischen Störungen, auf die wir heutzutage treffen, gehören eher in den Bereich der strukturellen Probleme, der fehlenden Entwicklung eines festgefügten und kohärenten Selbst, und weniger in den Bereich miteinander in Konflikt stehender Triebe. Deshalb muß sich auch die Therapie dieser strukturellen Störungen anpassen und es den Patienten ermöglichen, uns als subjektives Objekt zu erfahren, wie Winnicott sagt, oder nach Kohut als das Selbstobjekt. Denn wenn der Therapeut interpretiert, ist er objektives Objekt, er trennt sich vom Patienten, und das bedeutet, daß es keinen Sinn hat zu deuten, solange er vom Patienten als subjektives Objekt wahrgenommen wird. Wenn wir zu früh interpretieren, verzögern wir den therapeutischen Prozeß – in Winnicotts Worten: »Wir werden zum Nicht-Ich in den Augen des Patienten, und dann wissen wir zuviel…« (1963, S. 189)

Balint (1968) äußerte eine ähnliche Idee, als er sagte, daß in den verschiedenen Phasen der Therapie die Entfaltung der Beziehung zwischen Therapeut und Patient eine wichtigere therapeutische Zielsetzung als die Interpretation sei, auch wenn diese noch so richtig ist.

Giovacchini (2001) beschrieb die Therapie eines achtzehnjährigen jungen Mannes, der unter schweren Angstzuständen litt. Jedes Mal, wenn der Therapeut versuchte, die Ursachen seiner Ängste zu eruieren, hatte das aggressive Ausbrüche des Patienten zur Folge. Es war offensichtlich, daß jede Nachfrage, jeder Erklärungs- bzw. Interpretationsversuch wie ein Angriff wirkte, wie ein Eindringen in das Innerste des Patienten, der dann das Bedürfnis hatte, sich vor der herannahenden Gefahr zu schützen, die er fürchtete. Der Autor behauptet, der Patient habe den Therapeuten als zerstörerische Kraft wahrgenommen. Die erforderliche Therapie sei primär nicht verbal, da sie auf den Aufbau primärer Strukturen abziele, die der normale Säugling mittels der einzigartigen Berührung zwischen sich und der Umwelt, in der Regel der Mutter, erschaffe. Die Interpretationen des Therapeuten, seine Versuche, die Gründe der Angst zu eruieren und die Reaktion des Patienten zu verstehen, sie alle gehörten zu den Merkmalen der auf einem linearen und mentalen Ansatz beruhenden Therapie, wogegen die Traumata, mit denen wir uns hier befassen, von solch primärer Natur sind, daß nur ein im Einssein kreativer,

nicht linearer, empathischer Ansatz zur Schaffung kohäsiver innerer Strukturen beitragen kann. Ich möchte ein drittes Beispiel schildern, das dies
illustrieren kann.

*Nirit, eine Frau Anfang dreißig, befindet sich seit acht Monaten in psycho-
analytischer Behandlung. Zu Beginn der Sitzung macht die Therapeutin eine
Bemerkung zu der Barriere, die die Patientin zwischen ihnen aufrichtet. Im
folgenden sprechen sie über Nirits Gefühl, sie würde von der Therapeutin
angegriffen. Plötzlich sagt Nirit, es gäbe ein neues Thema, das sie beschäftige, aber »darüber kann ich nicht sprechen. Ich möchte sehr gern, aber
ich kann wirklich nicht«. Für die Therapeutin ist Nirits Not offenkundig, und
das Gespräch verläuft dann wie folgt:*

> Therapeutin: *Ich bin sehr beeindruckt, wie nachdrücklich Sie mir heute
> Ihren Wunsch vermitteln, mich an Ihren Anliegen teilhaben zu lassen!*
> Nirit: *Aber ich habe Angst vor den Geistern, die da herauskommen
> könnten.*
> T.: *Wie sehen diese Geister aus, wer sind sie heute?*
> Nirit: *Kann ich nicht sagen.*
> T.: *Hat das mit etwas zu tun, das Ihnen widerfahren ist, wobei Sie eine
> Rolle spielten?*
> Nirit: *Es hat etwas mit alltäglichen Dingen zu tun, wissen Sie.*

*Aus der Erfahrung der Vergangenheit und der Vertrautheit der Therapeutin
mit Nirit ist ihr klar, daß diese Schwierigkeiten hat, über alles, was mit dem
Alltag zu tun hat, zu sprechen, weil sie nicht glauben kann, daß die Therapeutin sich für solche Dinge interessieren könnte. Sie wird von Scham über-
wältigt wegen ihres Unvermögens, ihre Wünsche in die Tat umzusetzen. Der
Therapeutin ist klar, daß Nirit Angst hat, von ihr kritisiert zu werden und
glaubt, daß sie ohnehin schon an ihr verzweifele. Plötzlich begreift sie, worum
es geht und sagt mit sicherer Stimme: »Die Tagung, die Tagung!«*

*Nirit vermied bis heute die Teilnahme an jeglichen Tagungen oder gesell-
schaftlichen Anlässen. Sie sprach einmal über eine Konferenz, deren Thema
sie interessierte und an der sie gern teilgenommen hätte, aber sie hatte
schreckliche Angst davor. Am meisten fürchtet sie sich davor, in einer
Gruppe von Menschen zu sein; so sehr, daß sie, selbst wenn sie während der
letzten Jahre entschied, zu einer Veranstaltung zu gehen, schnell aus Angst
von dort weglief.*

*Als sie das Wort »Tagung« hört, antwortet Nirit mit einem Anflug von Er-
leichterung »richtig« und fügt hinzu »heute«. Und nach kurzem Schweigen*

sagt sie: »*Ich dachte zuerst, heute nicht zu kommen, daß das zuviel ist, aber heute Mittag hatte ich das Gefühl, daß ich doch kommen will. Das ist ein Zeichen dafür, daß ich Ihre Gegenwart spürte.*« Die Therapeutin fragt, wann die Veranstaltung beginne, und Nirit erwidert, daß die Eröffnung am heutigen Abend sei. Das Gespräch verläuft dann folgendermaßen:

T.: *Werden dort Leute sein, die Sie kennen?*
Nirit: *Bin nicht sicher.*
T.: *Ist das ein Ort, wo Sie gerne sind?*
Nirit: *Darum geht es überhaupt nicht, ob der Ort angenehm ist oder nicht. Das beschäftigt mich überhaupt nicht.*
Nirits Augen füllen sich mit Tränen, und die Verzweiflung ist ihrem Blick und ihren Worten deutlich anzumerken.
T.: *Ich fühle, daß Sie die Erwartungen Ihrer Umgebung, die all die Jahre an Sie gestellt wurden, sich doch besser in die Gesellschaft zu integrieren, bei einem solchen Anlaß besonders spüren.*
Nirit: *Richtig.*
T.: *Und dann, wenn Sie dann dort Leute treffen, erwachen diese Erwartungen mit voller Wucht: Sie sollen endlich aufhören, sich derart zu fürchten, sie sollen diese Zurückhaltung aufgeben und sich amüsieren.*
Nirit: *Ja (sie bricht in Tränen aus). Und auch die Kritik, die die Leute dort sicher an mir üben, und daß sie sehen, wie einsam ich bin.*
T.: *Und wie sie Sie im Innersten angreifen und Sie ihnen ausgeliefert und ungeschützt sind.*
Nirit: *Ja.*
T.: *Ich werde Sie begleiten! Wissen Sie, zu einem so ängstigenden Treffen geht man nicht allein! Ich werde ganz nah bei Ihnen sein.*
Nirit schaut sie verwundert und dankbar an.
T.: *Wir werden dort zusammen ankommen und hineingehen und zusammensitzen. Wo sitzen Sie normalerweise bei solchen Anlässen?*
Nirit: *An der Seite.*
T.: *Finde ich nicht so gut.*
Nirit: *Wo dann, in der ersten Reihe?*
T.: *Damit bin ich gar nicht einverstanden. Wie wäre es in der Mitte?*
Nirit: *Ja, in Ordnung. Aber Sie kommen doch nicht nur dieses Mal mit, sondern auch in Zukunft?*
T.: *Ich werde mitkommen, solange Sie mich brauchen. Richtiger, ich werde jedes Mal mitkommen, es sei denn, Sie bestehen darauf, daß ich es nicht tue.*
Nirit: *Gut.*

Einige Minuten lang herrscht Schweigen, dann spricht die Therapeutin.

T.: *Hilft es Ihnen, daß ich mit Ihnen dort bin?*

Nirit: *Es erleichtert die Sache. Die Schwierigkeit ist nicht behoben, aber es hilft. Wenigstens befinde ich mich nicht in einer Blase.*

T.: *Wissen Sie, woran ich denke? Ob Sie jemals jemand hatten, der Sie zum Kindergarten oder zur Schule begleitet hat, in schwierigen Zeiten.*

Nirit: *Das wäre entsetzlich gewesen, wenn Mutter mitgekommen wäre. Was die Lehrerinnen sagten, war immer das Richtige. Meine Mutter erzählte alle möglichen Dinge über mich, von denen ich nicht wollte, daß sie jemand erfährt, so Schwächen und so.*

T.: *Wissen Sie, ich glaube, daß Sie sich gefühlt haben, als habe man Sie weggeworfen. Und das Zusammentreffen mit einer Gruppe, so wie auf der Tagung, zu der wir gleich gehen werden, bedeutet, wieder so ausgeliefert und ungeschützt zu sein wie damals.*

Nirit: *Das stimmt.*

Die Sitzung ging zu Ende. Die Therapeutin bat Nirit, sie möge sie nach der Veranstaltung anrufen. Nirit tat dies und hörte sich so erfreut und glücklich an wie nie zuvor. Sie sagte, es sei zwar schwierig gewesen, aber in Ordnung. Die Therapeutin fragte, wo sie schließlich gesessen hätten? Und Nirit antwortete, daß man in Hufeisenform saß, und fügte hinzu: »Und wir haben an der Seite gesessen, aber das war in Ordnung.«

Was mich an dieser Therapiestunde am stärksten beeindruckte, war nicht das, was gesagt wurde, sondern was nicht gesagt wurde. Ich vermute, daß die Frage, die sich hier stellt, darauf abzielt, was eigentlich auf Nirit gewirkt hat, was ihr die innere Kraft gab, ihre Schwierigkeiten und ihre Bedrängnis an diesem Tag zu überwinden und an der Tagung teilzunehmen und zudem ihre neue Erfahrung in einer Aussage zusammenzufassen, aus der Zufriedenheit und Befriedigung spricht.

Die Antwort hat meines Erachtens zwei Teile: Zum einen weckte das emotionale innere Geschehen, das es Nirit erlaubte zu erleben, daß die Therapeutin wirklich bei ihr, genauer: *in* ihr ist, sie begleitet im wahrsten Sinn des Wortes, in ihr ein Gefühl für die eigene Existenz. Es ist schwierig, aus der Art dieses Erlebens zu schließen, was die Ursache wofür war, aber es scheint klar zu sein, daß etwas, das seinen Ursprung in der Empathie der Therapeutin hat, mit Nirits neuer innerer Erfahrung zu tun hat, und daß das Gespür, das die Therapeutin auf die Idee »die Tagung, die Tagung« brachte, eine Entdeckung repräsentierte, die beide miteinander verband. In diesem Ausruf lagen also sowohl eine Entdeckung als auch eine empathische Verbindung, die ein ungetrenntes Gemeinsames und ein temporäres Einssein schuf. Auf der Basis dieser emotionalen Verbindung konnte dann die professionelle Geschicklichkeit der Therapeutin greifen, die nun wußte, was sie Nirit sagen mußte.

Der zweite Teil der Antwort liegt in dem, was in jener Sitzung eben *nicht* gesagt wurde. Ich meine damit, daß die Therapeutin nicht ein einziges Mal etwas wie »so als ob« gesagt hat, was darauf hingewiesen hätte, daß ihr Zusammensein mit Nurit bei jener Veranstaltung ja nur virtuell, nur phantasiert ist, »so als ob«. Was die Therapeutin vorschlug, formulierte sie so, als sei es Realität, als sei es unnötig zu betonen, daß beide sich in einer Spielsituation des »so als ob« befinden, sondern verhielt sich wie Kinder, wenn sie »als ob« spielen. Das Kind, das ein Tier spielt oder in die Rolle des Vaters schlüpft, sagt ja auch nicht: »Ich tu jetzt mal so, als ob ich der Hund wär'«, oder »Nehmen wir an, ich bin jetzt der Vater und mache, was der tut«, es sagt: »Ich bin ein Hund«, »Ich bin der Vater«. Eine ähnliche Methode benutzte die Therapeutin, indem sie zu Nirit sagte: »Ich werde Sie begleiten! Wissen Sie, zu einem so ängstigenden Treffen geht man nicht allein! Ich werde ganz nah bei Ihnen sein. Wir werden dort zusammen ankommen und hineingehen und zusammensitzen.« Dieser Teil der kreativen Anwendung des Spiels ohne die Betonung »so als ob« bestätigte bei Nirit das Gefühl, daß eine emotionale Einheit mit der Therapeutin entstanden ist, die es ihr ermöglichte, die Sitzung zu verlassen und ohne große Schwierigkeit an der Tagung teilzunehmen.

Ich möchte die Aufmerksamkeit aber auf ein weiteres bedeutendes Phänomen lenken. Die Therapeutin fragte, ob Nirit ihre Anwesenheit bei der Tagung helfe. Nirit antwortete: »Es erleichtert die Sache. Die Schwierigkeit ist nicht behoben, aber es hilft. *Wenigstens befinde ich mich nicht in einer Blase.*« Hier handelt es sich somit um ein paradoxes Phänomen, denn einerseits hat sich hier eine »Blase« gebildet, in der sich die Therapeutin und Nirit befinden, und andererseits fühlt Nirit, daß sie sich gerade mit Hilfe dieser Blase aus ihrer eigenen befreit. Dieses Paradox ist meines Erachtens identisch mit dem Gefühl des Säuglings, er erschaffe eine Welt, die bereits vorhanden ist. Ich sehe in der Arbeit der Therapeutin eine ausgesprochene Fähigkeit, ihr Fachwissen, ihre handwerkliche Geschicklichkeit mit kreativem, künstlerischen Können zu kombinieren, die Nirit das Gefühl für ihre eigene Identität ermöglichten, ein Gefühl, dessen sie so sehr bedurfte.

Nun könnte man einwenden, analytische Therapie erfordere ein Einwirken auf die unbewußten Prozesse der Patientin, deshalb wäre es richtiger gewesen zu versuchen, ihre Schwierigkeiten und vor allem ihre Ängste vor der

Berührung mit Menschen zu deuten, selbstverständlich unter der Voraussetzung, daß die Therapeutin die unbewußten Motive Nirits kennt, auf denen sich ihre Furcht gründet. Gewiß, in der klassischen psychoanalytischen Behandlung müssen sich die Interpretationen auf die Übertragungsprozesse richten, die in der Patientin entstehen, und daß deren Versuche, die Therapeutin zum Handeln zu bewegen, um ihr so als unterstützende Person zu dienen, nichts als Reaktionen auf Übertragungsprozesse im Sinne der »Rollenübernahme« sind (Sandler, 1976). Hier aber haben wir es mit einer Patientin zu tun, deren Probleme auf einer unterentwickelten und ungefestigten Struktur des Selbst, das heißt auf einer Grundstörung im Sinne Balints (a.a.O.), beruhen. Daher steht zunächst nicht das getrennte Verstehen, sondern ein Erleben in einem Einssein im Vordergrund, aus dem sich ein getrenntes, gefestigtes Selbst entwickeln kann. Das Erleben geht also dem Verstehen voraus, wie Winnicott sagt. Ich bin überzeugt, daß im Laufe dieses therapeutischen Prozesses auch die Stufe des Verstehens kommen wird, aber Nirit benötigte zunächst eine Erfahrung, die ihrem Leben Sinn gibt, eine Bedeutung, die dem Verstehen vorausgeht.

Ich möchte nun zum zweiten Fall zurückkehren. Ich habe die Notwendigkeit der Trennung betont, um die Bedrohung und die Not, die diese Begebenheit hervorrief, zu bewältigen. Die Betreuerin spürte instinktiv, daß die Jugendlichen jemand brauchten, der von ihnen getrennt war, der auf sich nehmen kann, was sie in jener Situation nicht zu ertragen vermochten, also die existentiellen Ängste, jedoch ohne sie gegen sie zu wenden. Die Betreuerin begriff, daß sie diese Aufgabe erfüllen mußte, und in diesem Sinne war sie für sie wie ein Selbstobjekt, in dem zunächst deren Ängste untergebracht waren. Erst das Gefühl des Getrenntseins ermöglichte ihnen die Beziehung zu einer separaten, idealen, sie schützenden Figur und damit die Übertragung der Ängste auf sie.

Es ist also klar, daß in jeder therapeutischen Begegnung das Einsseins zwischen Therapeut und Patient mit dem unerläßlichen Getrenntsein kombiniert sein sollte. Jede einzelne therapeutische Situation setzt jedoch beide Systeme auf unterschiedliche Weise in Gang: in einem Moment ist das Einssein dominant, im nächsten ist es das Getrenntsein. Der Vorfall in der Höhle erfordert das Getrenntsein als dominant, auch wenn es in dieser Situation ein momentanes Einssein gab. In Nirits Therapiesitzung dagegen mußte letzteres vorherrschen. Die Szene in der Höhle beruhte im wesentlichen auf kognitiver Aktivität, auch wenn sie unbewußt erfolgte, wohingegen die Intervention in Nirits Therapiesitzung hauptsächlich auf intuitiven Elementen gründete, die sich nicht kognitiv erklären lassen.

Kunst und Handwerk ergänzen sich also in der Psychotherapie. Mit anderen Worten: Kreativität und professionelles Geschick sollten miteinander kombiniert sein – es gibt keine gute Psychotherapie, in der nicht beide Hand in Hand gehen.

XV. Die Angst zu lieben

Einführung

Dem Wort »Liebe« begegnen wir in der Alltagssprache sehr häufig. Sowohl als Begriff wie auch als Phänomen ist es Gegenstand endloser Erörterungen – sei es im Lebensalltag, in der Kunst, in philosophischen Abhandlungen oder in unserer Umgangssprache. Trotzdem scheint es, als sei das Phänomen Liebe sehr schwer zu verstehen. Mehr noch: die Fähigkeit und Bereitschaft zu lieben scheinen auf viele Probleme zu stoßen, Probleme, die mich schon seit langem sowohl in der analytischen Praxis wie auch in meiner Arbeit mit den Kindern in meinem Heim beschäftigen.

Den letzten Anstoß aber, mich mit diesem Thema systematischer zu befassen, verdanke ich dem Buch des englischen Analytikers Christopher Bollas, *Forces of Destiny* (1989), in dem er die Meinung vertritt, Psychoanalytiker beschäftigten sich eher mit den aggressiven und haßerfüllten Gefühlen des Patienten ihm gegenüber und erst in zweiter Linie mit der positiven Übertragung und der Liebe zu ihm. Bollas nimmt an, die Scheu der Analytiker, diese Gefühle anzusprechen, rühre von der Befürchtung her, dies könnte sonst so ausgelegt werden, als gewährten sie dem Analysanden damit eine Befriedigung. Anders als seine Kollegen möchte er die Aufmerksamkeit des Patienten auf dessen positive Gefühle für die Behandlung und den Analytiker lenken – als eine Art Bestätigung, wie angenehm es sei, mit Lust etwas zusammen zu machen. So sagte er zum Beispiel zu einem seiner Patienten:»Wir sind gar kein so schlechtes Team, nicht wahr?« (S. 90) Analytiker bemühten sich allem Anschein nach, so Bollas, alles zu vermeiden, was auf Bindungen oder Beziehungen hinweisen könnte, die über die allgemein akzeptierten Kontakte zwischen Patient und Analytiker hinausgehen. Deshalb fühlten sie sich sicherer, wenn sie sich mit den aggressiven Äußerungen des Patienten beschäftigten, selbst wenn ein solcher Fokus bedeutet, daß nur ein Teil der Persönlichkeit des Patienten angesprochen wird.

Ich habe mich jedoch gefragt, ob das nur ein Problem von Therapeuten ist, ob vielleicht gar nicht nur sie meinen, sich auf sicherer scheinendem Grund zu bewegen, wenn sie sich mit Haß und Aggression befassen. Könnte es sein, daß Menschen sich – so paradox das auch klingen mag – geschützter fühlen, wenn sie sich mit Äußerungen von Haß und Zurückweisung als mit Gefühlen der Liebe konfrontiert sehen? Könnte es sein, daß dieses Bedürfnis, sich zu schützen, damit zu tun hat, daß Liebe so verletzlich macht? Daß Haß und Destruktivität dagegen ein Gefühl von Stärke geben – auch wenn diese noch so trügerisch und in ihren Auswirkungen noch so desolat ist? Ich weiß, daß eine solche Vermutung absurd klingt, aber je länger ich darüber nachdachte, desto klarer wurde mir, wieviel Aufmerksamkeit wir der Aggression, dem Haß und der Destruktion in den Beziehungen in Gruppen, Gesellschaften und Völkern schenken.

Ich werde nun versuchen, das Wesen von Gefühlen der Liebe und liebevollen Bindungen, ihre Quelle und die Voraussetzungen zu untersuchen, die für ihre gesunde Entwicklung unerläßlich sind und um welche strukturellen und entwicklungsbedingten Faktoren es sich vermutlich handelt, die die Angst, zu lieben und geliebt zu werden, mitverursachen. Ich erkläre mir diese Angst als das Ergebnis eines Ungleichgewichtes zwischen zwei entgegengesetzten Kräften, die in allen Liebesbeziehungen miteinander kämpfen, erstens: individuelle Differenzierung versus Verschmelzung mit dem anderen; zweitens: Erweiterung der Selbstgrenzen versus Wahrung derselben. Mit Hilfe von Winnicotts Begriff *potential space*, der Voraussetzung für die Fähigkeit zu lieben ist, versuche ich, den Grund für dieses Ungleichgewicht am Fehlen eines solchen Raumes in den frühesten Entwicklungsphasen festzumachen.

Wie wir alle wissen, suchte Freud in den Naturwissenschaften nach Parallelen zu seinen innovativen Entdeckungen im psychischen Bereich. Daher verwendete er Termini wie Energie, Trieb und ähnliche, um psychische Phänomene zu erklären. Zugleich aber reservierte er einen Platz für psychische Themen und Termini, in denen die »Liebe« eine zentrale Rolle spielt. Es waren seine Schüler, die sich zunehmend scheuten, sich mit der Liebe und all ihren komplexen Zusammenhängen zu beschäftigen. Ein Echo davon gibt das bekannte *Vokabular der Psychoanalyse* von Laplanche und Pontalis (1967), in dem es keine eigene Definition von »Liebe« gibt, sie liegt begraben in den Definitionen der »Libido«, der »Lebenstriebe« und des »Eros«. Erst seit den späten siebziger Jahren sprechen Psychoanalytiker wieder über die »Liebe« als einem psychischen Phänomen, das Erklärung und Untersuchung verdient und benötigt.

Freud (1912d) stellte die These auf, der Lebenstrieb nötige den Menschen zu einer primären Bindung und sei für die Entstehung von Liebesbeziehungen zwischen den Menschen verantwortlich, das heißt Beziehungen, die von dieser primären Bindung herstammen, jene erotischen und sexuellen Bindungen, nach denen der Mensch sein ganzes Leben lang sucht. Freud sah in

Liebesbeziehungen daher den Ausdruck der Lebenstriebe und meinte, ein neues Liebesobjekt zu »finden« sei nur ein »Wiederfinden«, da der Mensch sich immer und immer wieder nach den Gestalten seiner ersten Liebe sehne. Aber das Thema ist sehr viel schwieriger. Selbst Freud ist in anderen Schriften der Meinung, die Liebe sei kein derart primäres und gestaltendes Element, wie seine oben angeführten Hypothesen nahelegen. In *Zur Einführung des Narzißmus* (1914c) vertritt er die Auffassung, die Liebe sei ein Höhepunkt der Entwicklung, wohingegen er in einer Arbeit ein Jahr später feststellt, die Liebe sei eine Art Abwehrmechanismus:

> »Man darf sagen, die schönsten Entfaltungen unseres Liebeslebens danken wir der Reaktion gegen den feindseligen Impuls, den wir in unserer Brust verspüren.« (1915b, S. 354)

Robert Bak (1973) vertritt die Auffassung, die Fähigkeit zu lieben hänge von der Trennung des Selbst aus der Dual-Union von Mutter und Kind ab. Mit anderen Worten, Liebe entstehe aus der Notwendigkeit, das, was das kleine Kind als Ergebnis des Trennungserlebnisses empfindet, zu berichtigen. Die Liebe will in der Tat die Uhr zurückdrehen und zu diesem Zustand des Vereinigtseins zurückkehren. Zuckerberg (1988) hat kürzlich eine ähnliche These aufgestellt:

> »Ein ständiger Wunsch des erwachsenen Menschen ist es, in symbiotischer Harmonie mit der Mutter wiedervereinigt zu sein – vielleicht ist dies die Grundlage der Liebe.« (S. 149)

Melanie Klein (1937) hielt die Liebe für eine Art Gegenreaktion oder einen Mechanismus, der angesichts des »Bösen« und Destruktiven im Inneren alles, was »gut« ist, schützen wolle. Diese Position wurde auch in einer Arbeit von Ethel Person (1992) vertreten: Liebe heile narzißtische Wunden. Sie sagt sogar, Liebe entstehe und entwickle sich umso stärker, je mehr die Gesellschaft die Einzigartigkeit und Individualität des Menschen betone.

Eine ähnliche Definition wie die von Bak (a.a.O.) ist bei Bergmann (1987) zu finden, der meint, Liebe sei »die Sehnsucht, für immer mit einer anderen Person vereint zu sein« (S. 259). Er faßt das psychoanalytische Verständnis der Liebe so zusammen: Zunächst gelte es, bislang verdrängte Aspekte der Eltern im Innern wiederzufinden, sodann Erinnerungen, wie vage auch immer sie sein mögen, an die früheste symbiotische Phase zu beleben und schließlich den anderen in die sich erweiternden Grenzen des Selbst zu integrieren und dabei bis zu einem gewissen Grad die Getrenntheit aufzuheben.

Trotz vieler Versuche, Liebe als ein Entwicklungsergebnis zu verstehen, stellen wir eine Verbindung zwischen Liebe und dem primären Erleben von

Bindung, Vereinigung und Verschmelzung einerseits und Trennung, Loslösung und Rückzug andererseits her, die, so Gediman (1981), das sadomasochistische Element erklärt, das allen Liebesbeziehungen innewohnt, worauf auch Kernberg (1993) hingewiesen hat. Das Schicksal der Liebe handelt von Hindernissen und Schwierigkeiten, die integrale Bestandteile dieses ständigen Dramas und charakteristisch für Liebesbeziehungen sind: die Spannung zwischen Annäherung und Rückzug. Im Gegensatz zu denjenigen Analytikern, die die Hindernisse (sadomasochistischer Art) in einer Liebesbeziehung ödipalen Ängsten zuschreiben und sie als Symbole des verbotenen Zugangs zum mütterlichen Objekt darstellen, wie Chasseguet-Smirgel (1986), sieht Gediman (a. a. O.) in der Errichtung von Verboten (wie etwa im Drama von Tristan und Isolde) auch die Äußerung eines präödipalen Kampfes, des Kampfes um die Wiederannäherung, des Kampfes zwischen dem Wunsch nach Bindung und Verschmelzung einerseits und dem Wunsch nach Trennung und Individuation andererseits.

Ich meine nun, Liebe lasse sich durch vier Strukturelemente kennzeichnen:

a) Die Liebe ist ein erotisch-gefühlshaftes, affektives Erleben, das sich auch aus physiologischen und kognitiven Faktoren (s.a. Kernberg, 1993) zusammensetzt und dessen Hauptziel es ist, mit dem geliebten Objekt zusammen zu sein, sei es ein Mensch, die Natur, ein unbelebter Gegenstand, ein ästhetisches Ereignis etc.

b) Die Ausgestaltungen dieses Erlebens verändern sich während des Entwicklungsprozesses. Dieses Entwicklungsprinzip hat der Säuglingsforscher Daniel Stern (1993) ausformuliert: »Meiner Beobachtung nach verlieben sich Kinder, und dies wiederholt im Laufe ihrer Entwicklung, die ihnen neue Fähigkeiten zu lieben eröffnet, immer wieder und immer ›tiefer‹. Die Form ist weitgehend festgelegt, aber neue Inhalte werden sie füllen.« (S. 178)

c) Dies Erleben beruht unter anderem auf einem ständigen Konflikt zwischen der Sicherung eines getrennten, eigenständigen Selbst und dem Verschmelzen mit dem Objekt der Liebe.

d) Die Liebe umfaßt einen ihr immanenten Kampf zwischen dem Wunsch, einerseits die Selbstwahrnehmung zu erweitern, zu bereichern, andererseits die Selbstdefinition und Identität in den bestehenden Grenzen zu bewahren. Im folgenden will ich mich vor allem mit den beiden letzten Punkten beschäftigen.

Der Konflikt zwischen Getrenntsein und Verschmelzung

Im Liebeserleben liegt der primäre Wunsch, in den fötalen Zustand zurückzukehren – einem Symbol für das Gefühl von Wärme und Geborgenheit, das im Mutterleib begann, ein Gefühl, nach dem wir uns ständig sehnen, ein Zustand, den Michael Balint als »harmonische einander durchdringende Verschränkung« (a.a.O., S. 81) definiert hat. Die Befriedigung dieses Wunsches aber birgt verschiedene Risiken: Sie kann zum Beispiel zur Infantilisierung, zur Entwertung und Entleerung des Selbst führen. Da die Liebe also ein komplexes und umfassendes Phänomen ist, schließt sie zahlreiche psychische Kräfte und Motivationen mit ein: libidinöse und aggressive Triebe, die Macht des Überichs und verschiedene Abwehrmechanismen. Störungen dieser Funktionen beeinträchtigen der Tendenz nach das notwendige Gleichgewicht und geben dem Kampf eine bestimmte Richtung. Jemanden zu lieben könnte zu einem übertriebenen Gefühl von Bindung – einer Art Vermischung – und zu einem »Einssein« führen, wie Kernberg (1977) es nennt, das das Risiko enthält, daß die Grenzen sich verwischen und die Individualität in der Liebesbeziehung verlorengeht, und deshalb ein heftiges Bedürfnis wachruft, das Selbstgefühl zu schützen, ein Bedürfnis, das letzten Endes dazu führt, enge Bindungen zu vermeiden oder sich auf nur wenige zu beschränken. Im Extremfall kommt es zum Stillstand im Beziehungsaustausch.

In diesem Zusammenhang ist es mir wichtig, Blass und Blatt (1992) zu erwähnen, die zwischen zwei Arten von »Union«, wie sie es nennen, unterscheiden, nämlich »Verschmelzung« und »Vermischung«. Erstere meint eine gegenseitige Bindung, also die normale Bindung zwischen Mutter und Kind, in der die Mutter die Tatsache respektiert, daß das Kind auch eine getrennte Einheit ist (Balints primäre »harmonische Verschränkung«), obwohl diese Bindung auf Union und Nicht-Individuation gründet. Im Zustand der Fusion (Vermischung) dagegen wird der andere als integraler Bestandteil des eigenen Selbst wahrgenommen. Mit anderen Worten, eine normale Entwicklung verlangt von der Mutter einen Umgang mit dem Kind, der von Anfang an durch Verbindung und nicht durch Fusion charakterisiert ist. Die Probleme, die sich daraus ergeben, zugleich mit zwei einander widersprechenden Tendenzen leben zu müssen – nämlich Getrenntsein und Verschmelzung –, illustriert das folgende Beispiel eines Kindes aus meinem Heim.

Roni

Der zehnjährige Roni ist der zweite von drei Söhnen sehr einfacher Eltern (Analphabeten). Der Vater arbeitet bei der Stadt und ist Alkoholiker. Er

neigt zu Wutausbrüchen und schlägt dann seine Frau und seinen Sohn Roni.
Die Mutter ist die Kusine des Vaters, den sie gegen ihren Willen unter dem
Druck der Familie heiratete. Sie ist eine sanfte und passive Frau, die früher
putzte, dann Friseuse wurde, derzeit aber nicht arbeitet. Roni kam früher zur
Welt als geplant, als nämlich der älteste Sohn erst ein Jahr alt war. Zwei
Jahre nach Roni kam der dritte Sohn zur Welt, dessen angeborener Herz-
fehler Notbehandlungen einschließlich dreier Angiogramme erforderlich
machte. Die Eltern waren nun vor allem mit diesem Kind beschäftigt. Im
Alter von drei Jahren traten bei Roni Verhaltensstörungen auf, die bei Schul-
eintritt noch gravierender wurden, so daß er noch öfter – meist vom Vater –
geschlagen (manchmal so sehr, daß er im Krankenhaus behandeltwerden
mußte) und hart bestraft wurde [...]. Mit sieben Jahren legte er selbst-
destruktive Verhaltensweisen an den Tag, rannte zum Beispiel plötzlich auf
eine verkehrsreiche Straße hinaus, lungerte in gefährlichen Gegenden herum
usw. Manchmal verließ er das Haus, streunte frühmorgens draußen herum
und nahm dabei seinen kleinen Bruder mit.

Zu dieser Zeit wurde er zur Behandlung in [unser Zentrum] überwiesen,
nachdem er bereits ein Jahr lang in eine Art Sonderschule gegangen war.
Beide Eltern waren außerordentlich erleichtert, daß Roni nun in einem Heim
untergebracht war, und zeigten keinerlei Ängste oder ambivalente Gefühle
darüber, im Gegenteil, sie schilderten detailliert die medizinische Behand-
lung für das jüngste Kind, obwohl sie auch dabei keinerlei Gefühle zeigten.
Während der Vater regelmäßigen Kontakten mit Roni aus dem Wege ging –
mit dem Argument, der Junge sei sowieso verloren –, besuchte ihn die Mutter
regelmäßiger, verhielt sich ihm gegenüber jedoch äußerst schwankend.

Als Roni ins Heim kam, bezeichneten die Erzieher ihn als wildes Kind, das
sogar noch positive Gefühle auf aggressive Weise zum Ausdruck bringe.
Alles – sei es eine Bitte, sei es Freude oder Ärger – drückte er auf aggressive
oder gewalttätige Weise aus. Anderthalb Jahre lang zeigte er Verhaltens-
weisen und Gefühle, auf die die Definition »Angst zu lieben« zutrifft. Auf
Frustrationen oder Zurückweisungen reagierte er häufig gewalttätig, be-
nahm sich aber auch dann ganz ähnlich, wenn man sich ihm persönlich und
individuell zuwandte. Er vermied jeglichen körperlichen Kontakt, kämpfte
heftig mit den anderen Kindern, provozierte sie und löste heftige Aggressio-
nen bei ihnen aus. Auch schaffte er es, daß die Erwachsenen lieber nichts mit
ihm zu tun haben wollten, denn sie hatten das Gefühl, daß alles, was man
ihm anbot, doch nur Widerstand, Rückzug und verbale wie physische
Aggression hervorrief. Sein Erzieher sagte, nachdem er ein halbes Jahr lang
mit ihm gearbeitet hatte, es gelinge Roni, einen derartigen Ärger und eine

solche Wut in ihm auszulösen, wie sie nichts mehr mit seinen üblichen Gefühlen dieser Art zu tun haben könnten. In vielen Mitarbeiter-Konferenzen wurde uns allmählich klar, daß Ronis Verhalten bei den Erziehern den Wunsch provozierte, ihn völlig zurückzuweisen. Es ist, als schreie er unablässig: *»Komm mir bloß nicht zu nahe!«*

Es ist offenkundig, daß Roni Intimität mit Aggression und Destruktion gleichsetzt. Letztere gibt ihm die Möglichkeit, seine Sehnsucht nach Zweisamkeit und Intimität auszudrücken, ohne daß er in der Lage wäre, zwischen Intimität und Destruktion, Gewalt und Zurückweisung zu unterscheiden. Man hat den Eindruck, je mehr er sich vor der Krise fürchtet, die er nicht in seine Persönlichkeit integrieren kann, desto mehr vermeidet er jegliche Intimität. Die folgenden Schilderungen entnehme ich einer Behandlungsstunde, die etwa ein Jahr nach dem Beginn von Ronis Psychotherapie stattfand.

Die Therapeutin holte ihn wie üblich an seinem Klassenzimmer ab. Roni versteckte sich hinter der Tür, und als die Therapeutin ihn fand, sagte er: »Weißt du, wo ich war? Ich hab mich vor dir versteckt!« Auf dem Weg zum Behandlungszimmer bat Roni die Therapeutin, sie solle ihn hochnehmen und tragen. Als sie das befolgte, zerrte er an ihren Armen und tat so, als falle er, und sie sollte ihm aufhelfen. Roni bat nun um den Schlüsselbund, um die Klinik aufzuschließen, in der sich sein Behandlungszimmer befand. Mittlerweile kam eine andere Psychologin dazu [...], aber Roni hielt sie hin, indem er sie den passenden Schlüssel suchen ließ. Nachdem sie dann die Klinik betreten hatten, ging er nach draußen und versuchte, die Tür zu verschließen, um seine Therapeutin drinnen einzusperren. Dieses »Spiel« erinnert an die Zeit, in der Roni zu Hause eingesperrt wurde, nun allerdings mit vertauschten Rollen. Danach gingen sie ins Behandlungszimmer, und Roni schlug sogleich ein Rollenspiel vor, in dem die Therapeutin sein Bruder sein sollte, auf den er schoß. Nach der Schießerei wurde der »Bruder« zum Arzt gebracht, wo er gut versorgt wurde. Aber dann war die medizinische Behandlung nicht mehr zum Aushalten, weil äußerst schmerzhaft, obwohl der »Patient« (die Therapeutin) schließlich geheilt wurde. Dann mußten alle beide bezahlen: der »Bruder« für die Behandlung und Roni für die Lust an den Schmerzen, die er diesem »Patienten« zugefügt hatte. Danach sollte die Therapeutin ihren »Freund«, nämlich Roni, besuchen und sich neben ihn legen, damit sie ihn umarme, wenn sie erfahren hatte, was ihm alles zugestoßen war. Plötzlich verwandelte sich Roni in eine »Zauberin«, die der Therapeutin die Schußwunde wegzauberte und sie an die Zimmerdecke klebte. Danach verzauberte er sich in verschiedene Tiere, auch in eine Schlange, die sich um die Therapeutin wickelte, so daß sie sich nicht mehr bewegen konnte. Und dann war Roni ein kleiner angeschossener Affe, den die Therapeutin verwundet auf der Straße liegend finden sollte. Sie heilte den kleinen Affen, der die Behandlung sehr genoß. Schließlich kam die Affenmutter und erfuhr die ganze Geschichte. Sie übergab den kleinen Affen der Therapeutin, und Roni sagte: »Dann läßt sie den Affen bei Dir, und Du bist glücklich.«

Diese Behandlungsstunde enthält offenkundig viele Niederschläge der abrupten Übergänge von Aktivität zu Passivität, vom Kind- zum Erwachsensein, vom geschlagenen, verwundeten zum umsorgten Kind usw. Aus allem aber geht offenkundig hervor, daß ein ständiger Kampf stattfindet zwischen Annäherung und Rückzug, zwischen der Verwirklichung des Wunsches, umsorgt zu werden und mit jemandem zusammen zu sein, und der Angst, daß dies ein Desaster verursachen würde, weil es Aggression und Destruktivität in ihm auslösen könnte.

Der Konflikt zwischen der Erweiterung der Selbstgrenzen und der Erhaltung ihres Status quo

Die Liebe wird umso komplexer, je mehr sie Gegenseitigkeit einschließt, sich auf menschliche Objekte bezieht und diese, im Sinne Freuds, ihr Ziel sind. Das könnte man die »romantische Liebe« nennen, zu der die genitale Sexualität gehören, die aber auch in nicht-sexueller Erotik gründen kann. Sie mag sowohl einem einzelnen Individuum gelten, aber nicht ausschließlich, als auch einer Gruppe von Menschen (einer Gemeinschaft oder einem Volk). Sie steht dann im Dienst des Wunsches nach einem erweiternden Erleben, das heißt des Wunsches, Beziehungen herzustellen, die immer reicher und komplexer sind. Er kommt auch im Verlangen nach ästhetischen Genüssen, in der Liebe zu einer bestimmten Landschaft etc. zum Ausdruck, also in all den von »libidinösen« Motiven getragenen Aktivitäten und Erfahrungen, die das Subjekt bereichern, seine Selbstgrenzen erweitern können bis hin zur Integration des Liebesobjektes in die eigene Identität, in das eigene Wesen.

Harold Davis (1988) meint, »eine Liebesbeziehung sei diejenige, in der das Selbst eines jeden Partners auch zur Entfaltung kommt und sich vergrößert, während es zugleich an eine gemeinsame Identität gebunden ist«. (S. 162) Aber dieser Wunsch nach Erweiterung und Bereicherung des Selbst kann nur befriedigt werden, solange die Liebe nicht festgelegt, »fixiert« ist. Wie Eileen Setzman (1988) sagt, »(kann die) Liebe, die frei ist von primitiven Bedürfnissen und Phantasien [...], ungeheure schöpferische Gefühle, Produktivität und reife Abhängigkeit und Gegenseitigkeit freisetzen« (S. 132). Ein Beispiel für dieses Prinzip ist der Vergleich zwischen Berlioz' *Symphonie phantastique* und Beethovens *Neunter Symphonie:* in beiden werden Themen wiederholt, aber in Berlioz' »Leitmotiv« geschieht dies unablässig ohne jede weitere Ausarbeitung, das Motiv ist gewissermaßen fixiert und treibt den Liebenden schließlich in die Hölle, wohingegen die Motive in der *Neunten Symphonie* sich erst im letzten Satz wiederholen, aber eben sehr elaboriert und komplex – was zur Schluß-Hymne *An die Freude* beitragen mag.

Eine ständige Selbsterweiterung birgt jedoch das Risiko des Verlustes an Individualität und Identität in sich. Im Individuum ist also auch eine entgegengesetzte Kraft wirksam, die darauf abzielt, den Status quo zu erhalten und ihn nicht zu erweitern und, vor allem, sicherzustellen, daß die Identität, das eigene Selbst, intakt und gut abgegrenzt bleibt. Manchmal aber führt der Kampf zwischen diesen beiden gegensätzlichen Kräften zu temporären oder auch andauernden Verlusten an individueller Identität.

Auf der individuellen Ebene kann dieser Zustand zu schizoiden Phänomenen führen, was bedeutet, daß jeder zwischenmenschliche Kontakt von Befürchtungen und Ängsten umlauert ist. Eine schizoide Persönlichkeitsstörung entwickelt tendenziell verschiedene idiosynkratische Charakteristika, die die Individualität der betreffenden Person wahren helfen sollen. Diese pathologischen Phänomene gehen einher mit aggressiven Handlungen, die nicht nur das Individuum von innen her sichern, sondern auch alles eliminieren sollen, was anders ist, und daher als Bedrohung von außen wahrgenommen wird. Hierher gehören natürlich alle rassistischen Bewegungen.

Ich halte es für erwähnenswert, daß die Angst zu lieben die erstaunlichen Vorgänge, die sich derzeit in Europa abspielen, möglicherweise auch etwas erklären hilft. Ich bin mir der Schwierigkeiten der Anwendung individuell gewonnener Erkenntnisse über innerpsychische Vorgänge auf gesellschaftlich politische Konstellationen völlig bewußt, möchte aber dennoch überlegen dürfen, ob es nicht auch so ist: je offener die Grenzen zwischen den Staaten werden, desto stärker sind wir mit mächtigen Bestrebungen konfrontiert, die eigene Nationalität zu definieren.

Übertriebene Selbst-Definition ist eines der pathologischen Ergebnisse in diesem Konflikt, miteinander auszukommen, sich »zu lieben«, aber wir sind auch mit dem anderen Extrem konfrontiert: der Überidentifizierung mit dem Liebesobjekt, wodurch das Individuum seine eigene Identität verliert. Hierher gehören die Selbstmorde, deren Motiv der Wunsch ist, sich mit wichtigen verlorenen Liebesobjekten wiederzuvereinigen (vgl. Volkan, 1981), sowie »Als-ob«-Persönlichkeitsstörungen oder Störungen, die darauf zurückgehen, zugewiesene Rollen übernommen zu haben. In diese Kategorie gehören natürlich auch verschiedene Suchterkrankungen.

Auf der gesellschaftlichen Ebene treffen wir auf diese Störungen bei Gruppen, die zu einer Religion konvertieren oder an Heilsbewegungen teilnehmen. Hierher gehört aber auch die totale und nicht mehr unterscheidungsfähige Identifizierung mit Sportler-Teams oder Musikbands, eine Identifizierung, die in extrem pathologischen Fällen zu Gewalttätigkeit, Sucht oder gar zu Selbstmord führt.

Die Angst zu lieben als Ergebnis des Ungleichgewichtes zwischen dem immerwährenden Wunsch nach Selbsterweiterung und dem Druck, dieses Selbst in bestimmten Grenzen zu wahren, zeigt der Fall aus meiner psychoanalytischen Praxis, den ich nun vorstellen will.

Dror

Dror, Ende dreißig, begann eine Behandlung, weil es ihm nicht gelang, eine Frau zu finden. Er war schon viele Beziehungen zu Frauen eingegangen, aber sie brachen immer ab, nachdem er sie eine Weile kannte, meist auf seine Veranlassung hin. Er hatte sehr bald das Gefühl, daß das Mädchen ihn nicht mehr interessierte, reduzierte dann die Verabredungen, bis sie ganz aufhörten. Auch wenn er eine neue Frau kennenlernte, wollte er sie nicht häufig sehen, und wenn sie den Wunsch äußerte, sich öfter mit ihm zu verabreden, versuchte er das zu vermeiden. Seine sexuellen Beziehungen empfand er keineswegs als problematisch, aber bei einer Frau zu schlafen machte ihm Schwierigkeiten, und er konnte sagen, was das alles für Schwierigkeiten waren: Er hatte Angst, er könnte sie mit seinen Bewegungen wach machen, sie könnte mit dem Kopf auf seinem Arm liegend einschlafen und was in seiner Wohnung liegenlassen. Das deutet darauf hin, daß er eine Trennung zieht zwischen einer sexuellen und einer Liebesbeziehung. Wenn aber über Liebesbeziehungen gesprochen wurde, zögerte er – wenn er gerade in eine solche verwickelt war – irgendeine Art von Zuneigung zu zeigen, sei sie körperlicher oder psychischer Natur. Sobald er Anzeichen einer sich entwickelnden Beziehung wahrnahm, fühlte er sich »wirklich stranguliert«.

Die meisten seiner Klagen galten seinen Eltern, die keinerlei Interesse an seinen Unternehmungen und Interessen, seinen Freunden oder Freundinnen bekundet hatten. Diese Art der Beziehung zwischen Eltern und Sohn dauert bis heute an, wobei die Mutter dem Prinzip folgt, man solle sich nicht in anderer Leute Angelegenheiten einmischen, einschließlich in die ihrer Kin-

der. Auch wenn Dror einen Anlauf nimmt und der Mutter über eine neue Bekanntschaft erzählen möchte, fragt sie überhaupt nicht nach, obwohl sie beunruhigt ist, daß er noch nicht geheiratet hat. Sie ist äußerst zwanghaft, womit sie, so vermutet der Patient, ihr Prinzip der Nicht-Einmischung schützt, ein Prinzip, das Dror als Desinteresse und Einander-fremd-Sein empfindet. Je mehr er sich nun mit diesem Thema befaßt, desto deutlicher wird ihm sein Kummer über den fehlenden körperlichen Kontakt. Er hat niemals irgendeine körperliche Nähe zwischen den Eltern wahrgenommen, noch haben sie mit ihm geschmust. Eine einzige Erinnerung zu diesem Thema tauchte auf: Als er ein kleiner Junge war, machte die Familie einmal einen Besuch im Ausland, wo er zum ersten Mal seine Tante kennenlernte. Sie umarmte und kitzelte ihn – ein einmaliges Erlebnis, das er niemals vergessen hat.

Es gibt unterschiedliche Erinnerungen an Situationen, in denen die Eltern ihm etwas gaben; das geschah im allgemeinen aber nur, nachdem er in Tränen ausgebrochen war. Wenn er etwas bekam, ließ er es schnell im Stich, als hätte er gar kein Interesse daran. Und so verhält sich Dror auch Frauen gegenüber: Nachdem er Kontakt mit ihnen aufgenommen hat, verliert er schnell das Interesse an ihnen. Versucht er, sich mit Mädchen anzufreunden, dann stellt sich nach dem ersten Treffen oft heraus, daß sie mit einem anderen Mann liiert sind. Dieses Muster wiederholte sich oft, bis klar wurde, daß er von Anfang an irgendwie ahnte, daß diese Frauen schon mit einem anderen Mann zusammen waren und dieser möglicherweise als ein »Schutzwall« gegen eine zu intensive Bindung diente. Sicherlich enthält das auch eine ödipale Thematik, aber mir scheint, das Problem ist ein anderes, denn hier handelt es sich um eine Wiederholung des Traumas »Ich habe keine Mutter«. Mit anderen Worten, er fürchtete, in jeder neuen Beziehung letztlich doch wieder dieselbe Erfahrung mit der Mutter zu machen.

Sein ganzes Auftreten ist sehr kontrolliert und eingeschränkt, getarnt als »gute Manieren«. Als ich ihn zum Beispiel darauf aufmerksam machte, daß er sich zur Erhöhung meines Honorars überhaupt nicht geäußert habe, sagte er: »Was soll ich denn machen? Ich könnte allenfalls mit der Therapie aufhören.« Das heißt, er nimmt jede Äußerung von Opposition, von Rebellion sofort als völlige Destruktion wahr, als gäbe es nur zwei Alternativen: völlige Unterwerfung oder völlige Zerstörung. Diese totale Selbsteinschränkung hat ihn – auch beruflich – in schwierige Situationen gebracht. Er vermittelte die versteckte Botschaft, daß er an allen möglichen Aufgaben, Kontakten, Positionen etc. überhaupt nicht interessiert sei. Einerseits sehnte er sich heftig nach Zuneigung, nach Anerkennung und Zweisamkeit, andererseits aber hatte er zu große Angst davor, diese Beziehungen könnten seinen

Widerstand stimulieren, der dann nur in Destruktion und Vernichtung enden würde. Er sagte: »*Ich habe eine Tendenz, andere über den Haufen zu rennen*«, *mit anderen Worten, es bestehe die Gefahr, daß er das Objekt vernichtet und schließlich allein bleibt. Deshalb sei es sozusagen besser, darauf zu verzichten, eine Beziehung einzugehen. Und in der Tat, als es ihm nach zweijähriger Behandlung möglich war, Liebe für eine Frau zu empfinden, fragte er sich doch, ob er sie vielleicht gar nicht wirklich liebe, sondern eher an ihr hänge; das heißt, er zog eine Parallele zwischen Liebe und der primären Form der Bindung.*

Es wurde ganz deutlich, daß zu jeder Beziehung von Dror zwei Gefühle gehörten: die Angst, Zuneigung beinhalte die Gefahr, überschwemmt zu werden – was wiederum Vernichtung bedeutet –, oder sie könnte seine zerstörerischen Tendenzen mobilisieren. Als er einmal von einer Frau gebeten wurde, bei ihr zu bleiben, klagte er, er fühle sich ungemütlich, weil ihre Wohnung ja »*nicht sein Bereich*« *sei; als er sie aber zu sich einlud, war er unsicher, ob er in seinem Schrank Platz für ihre Sachen machen sollte – als sei sie im Begriff, ein Teil von ihm zu werden. Unmittelbar nach dieser Situation sprach er von seinen aggressiven Ausfällen Kollegen gegenüber, die sich tatsächlich vor ihm zu fürchten schienen. Sein Verhalten ist ganz unmißverständlich ein Niederschlag des ständigen Kampfes zwischen der Sehnsucht nach Zweisamkeit und dem Wunsch nach Getrenntheit, der keinen Raum für seine Gefühle offenläßt; das heißt, er lebt noch immer in dem Gefühl, daß es nur die Möglichkeiten gibt, zu verschlingen oder verschlungen zu werden, ohne daß es zugleich Vereinigung und Getrenntheit gäbe. Zwei Episoden mögen diese Situation verdeutlichen:*

Nachdem er mir von seinen sexuellen Hemmungen seiner Freundin gegenüber erzählt hatte, erinnerte er einen Traum, in dem er ein Soldat war, der mit zwei Kameraden feindlichem Territorium entfloh. Sie näherten sich einer engen Schlucht, wo sie sicher sein konnten, ihre übrige Truppeneinheit wiederzufinden. Zu ihrer Überraschung aber stießen sie auf feindliche Soldaten, die sie gefangennahmen.

Die zweite Episode ereignete sich nach einer Reise mit der Freundin ins Ausland, wo sie deren Eltern und Verwandte besucht hatten. Er schilderte, wie schön dieser Besuch gewesen sei, obwohl es ihm oft recht peinlich war, daß alle nach ihren zukünftigen Plänen miteinander fragten. Am Abend, so erzählte er, seien sie schließlich allein miteinander gewesen und hätten sich noch lange unterhalten. Sie saßen auf dem Balkon, und zu seiner eigenen Überraschung griff er das Thema ihrer möglichen gemeinsamen Zukunft auf. Seine Freundin zögerte, wünschte aber auch, die Entscheidung nicht zu

lange aufzuschieben, da sie bereits über dreißig sei und noch Kinder haben
wolle. Auch er gestand sein Zögern ein; er sei nicht sicher, ob er sie liebe
und ob er die mit einer Ehe verbundenen Verpflichtungen eingehen könne.
Und schließlich meinte er, die Heiratszeremonien ängstigten ihn. Dieses
Gespräch dauerte lange, und er war in bedrückter Stimmung, als er in der
Analysestunde darüber sprach. Ich sagte ihm, es fiele mir auf, wie leicht er
das Wort Heirat aussprechen könne – vor dem er früher zurückgeschreckt
sei. Daraufhin veränderte sich plötzlich sein Gesichtsausdruck, und er sagte
ganz amüsiert, beim Aufstehen am Morgen habe seine Freundin witzig und
leicht zynisch gefragt: »So, Dror, heiraten wir nun?« Ich konnte ihm darauf-
hin zeigen, daß er leicht, gelassen und gelöst mit ihrer Frage umgehen
konnte, weil sie nicht ganz ernst und daher nicht ganz wirklich, das heißt
nicht so ängstigend war.

Zur Ätiologie der Angst zu lieben

In seiner Arbeit »The fear of break down« (1974) stellt Winnicott die These
auf, die Angst zusammenzubrechen stamme aus der frühesten Zeit des Lebens, sofern in diese Zeit schwerwiegende Ereignisse gefallen sind, aber
gerade deshalb und weil das Selbst ja noch am Anfang seiner Entwicklung
stehe, könne das Baby sie noch nicht als zu sich gehörig erleben. Wenn jemand Angst vor dem Zusammenbruch hat, dann ist er sich sozusagen nicht
bewußt, daß das traumatische Ereignis, das er befürchtet, bereits stattgefunden hat. Erst wenn er dies versteht und es ihm möglich ist, dieses Ereignis
oder Erlebnis in seine Persönlichkeit zu integrieren, kann er die Angst und
die dagegen aufgerichteten Abwehrmaßnahmen aufgeben. Wir nehmen an,
daß das Unbewußte das Trauma in der Tat erkennt, da es ja bereits schon
stattgefunden hat, aber, wie gesagt, nicht ins Selbst integriert und unter seine
Kontrolle gebracht werden konnte und es ihm so unmöglich war, es als Teil
seiner subjektiven Lebensgeschichte und damit als Teil seiner Identität zu
verstehen.

Ich möchte nun behaupten, daß die Angst zu lieben auch als Abwehrmechanismus gegen die Wiederholung eines traumatischen Ereignisses dient,
das lange Zeit zurückliegt, das aber nicht so wahrgenommen werden konnte,
als gehöre es zu einem selbst, als habe man es unter Kontrolle, als sei es
einem selbst widerfahren. Ich glaube, daß die Triebe, die auf eine primäre
Bindung drängen – archaische Liebe könnte man das nennen –, traumatisier-
ende Erlebnisse hervorrufen können, wie zum Beispiel mögliche Vernich-

tung, die sich an der Erfahrung schroffer Zurückweisung oder, umgekehrt, extremer Vereinnahmung festmacht, die die Entwicklung eines abgegrenzten und individuierten Selbst verhindert. Die Angst vor diesen beiden Möglichkeiten kann zu einem umfassenden Abwehrsystem führen, das das Entstehen wirklicher Liebesbeziehungen blockiert. Winnicott stellt in der oben zitierten Arbeit fest, daß Angstzustände der frühen Kindheit mit Ängsten zu tun haben, ins Endlose zu fallen, zu sterben oder in einen desintegrierten Zustand zurückzukehren.

Es ist übrigens interessant, daß in verschiedenen Sprachen Liebe mit diesen frühen Ängsten in Verbindung gebracht wird, im Englischen zum Beipiel mit »falling in love«, im Hebräischen in der Redewendung, die wörtlich übersetzt heißt: »Ich sterbe über ihm«; das heißt also, daß das Lieben solche archaischen Ängste auslösen kann.

Die Nicht-Integration des Traumas ins Selbst ist auch das Ergebnis eines zu abrupten Übergangs von einem undifferenzierten zu einem ausdifferenzierteren Zustand. Dieser [normalerweise allmähliche] Übergang wird durch ein Zwischenstadium, den schon erwähnten *potential space*, ermöglicht. Dieses Konzept, das Winnicott (1971b) geprägt und Ogden (1985) weiterentwickelt hat, erklärt den Beginn der Entwicklung so, daß Mutter und Kind sich einen solchen »Raum« erschaffen, in dem beide zugleich eine sowohl undifferenzierte als auch eine differenzierte Einheit bilden, ein phantasierter und ein realitätsgerechter Zustand also. In diesem Möglichkeitsraum lernt das Kind nach und nach, daß es, in den Armen der Mutter liegend, dennoch von ihr getrennt ist; daß es eine eigene Existenz hat, aber auch mit ihr vereint ist. Nur innerhalb dieses »Raumes« kann das Kind sein Selbstgefühl sicher integrieren. Ein abrupter Übergang jedoch von der undifferenzierten Union zum völligen Getrenntsein kann die Angst zu lieben auslösen, die Angst des Kindes nämlich, wieder in einen Zustand zu geraten, aus dem es so vorzeitig vertrieben worden war: als es sich in der Liebe seiner Mutter geborgen fühlte. Es gibt Kinder, denen es nicht gelingt, einen solchen »potentiellen Raum« mit der Mutter zu erschaffen, da diese zu sehr mit sich selbst beschäftigt war und die Notwendigkeit gar nicht wahrgenommen hatte, eine ganz eigene, den kindlichen Möglichkeiten und Bedürfnissen angemessene Art der Kommunikation zwischen sich und dem Kind zu »erfinden«.

Es kommt auch vor, daß eine Mutter ihr Kind als eine Verlängerung ihrer selbst erlebt und es ihm nicht gestattet, irgendeine Distanz zwischen ihnen herzustellen, innerhalb derer ein potentieller Raum sich entwickeln könnte.

Während Liebe in dieser Vorstellung eine Rückkehr in diesen Möglichkeitsraum enthält, in dem Einheit auch Getrenntheit ist und umgekehrt, gestattet es eine durch abrupte Übergänge geprägte Entwicklung dem Individuum nicht, Liebesbeziehungen einzugehen – und zwar eben auf Grund der Unmöglichkeit, seine Identität zu entwickeln.

Don Giovanni

Zum Abschluß möchte ich das Thema dieses Vortrages gerne mit einem Beispiel aus dem Bereich der Kunst, genauer gesagt, der Welt der Oper, illustrieren. In Wolfgang Amadeus Mozarts *Don Giovanni* begegnen wir dem berühmten Liebhaber, der, gemäß den Aufzeichnungen seines Dieners Leporello, viele Hundert Geliebte hatte. Trotzdem gibt es in der ganzen Oper aber nur ein Liebesduett, in dem es um Don Giovanni selbst geht. Es gibt jedoch die Kanzonetta, ein langes Liebeslied, das er unter dem Fenster der Zofe von Donna Elvira singt. Wenn wir uns das Libretto dieser Kanzonetta genau anschauen, stellt sich heraus, daß Don Giovanni darin ganz und gar mit sich selbst beschäftigt ist und mit den Vorteilen, die die Liebe dieses Mädchens für ihn hätte:

> Feinsliebchen, komm ans Fenster,
> erhör mein Flehen!
> Oh eile, meinem Schmerz Balsam zu spenden.
> Kannst meine Liebe Du grausam verschmähen,
> dann mag ein rascher Tod mein Leben enden.
> Dein honigsüßes Mündchen hold mir lachte,
> lieblich strahlt mir Dein Auge wie Maiensonne!
> Ach, daß in Liebespein ich nicht verschmachte,
> gönne mir einen Blick, Du meine Wonne!

In anderen Worten, das Mädchen existiert eigentlich gar nicht, es sei denn für ihn. Seine Art zu »lieben« besteht in der Inkorporation des anderen und der Verwandlung dieser Person in einen Teil seiner selbst. Aber auch das kann nur aus der Distanz geschehen, wenn sie nämlich hinter ihrem Fenster versteckt ist und er sich ihr draußen auf der Straße erklärt.

Don Giovannis einziges Duett – »Reich mir die Hand mein Leben« – singt er mit Zerlina, und ich denke, sowohl in den Worten als auch in der musikalischen Gestaltung ist meine These über die Angst zu lieben ausgedrückt: Als die beiden beieinander stehen, bittet Don Giovanni Zerlina, mit ihm auf sein Schloß zu kommen, dort werde er sie glücklich machen, das heißt, dort im Schloß, wo sie doch gerade hier im Freien sind. Erst ganz zum Schluß des Duetts vereint Mozart die beiden und läßt sie zusammen singen, aber beider

Text und Melodie ist ein und derselbe – »So Dein zu sein auf ewig, wie glücklich, oh wie selig« –, als seien sie miteinander verschmolzen.

Im Gegensatz dazu singen Don Ottavio und Donna Anna in ihrem Duett teils zusammen, teils getrennt, aber ohne eine derart offenkundige Symmetrie wie im Duett von Don Giovanni und Zerlina. Denn auch wenn Don Ottavio und Donna Anna gemeinsam singen, macht die Musik hörbar, daß ihrer beider Individualität gewahrt bleibt. Das kommt auch im Text der Arie des Don Ottavio zum Ausdruck: »Nur ihrem Frieden weih' ich mein Leben, nur ihre Freude kann Ruh' mir geben...«

Das Libretto dieser Arie zeigt, daß der Liebende sich als von seiner Geliebten Donna Anna getrennt erlebt und deren Eigenexistenz anerkennt; beide haben ihre Persönlichkeit, ihre Gefühle und eine eigene Individualität. Aber es ist auch ein Nachklang einer auf Verschmelzung beruhenden Bindung herauszuhören. Meiner Meinung nach sind die Texte dieser Arie wie auch des Duetts ausgezeichnete Beispiele dafür, daß Bindung und Getrenntheit gleichzeitig möglich und das eigentliche Kennzeichen einer Liebe sind, in der es keine Angst gibt.

Natürlich kann man sich fragen, warum Don Giovanni sich in Hunderte von Frauen verliebt. Mir scheint, daß diese Liebesgeschichten in all ihrer Unechtheit eine Abwehr der Angst sind, wirklich zu lieben. Die klinische wie die Alltagserfahrung zeigen, daß viele Menschen meinen, es könne ihnen nichts mehr passieren, sie nichts mehr verletzen, wenn sie nur wirklich liebten – und verlieben sich zu diesem Zwecke unablässig wie Don Giovanni. Ich halte dies für eine kontraphobische Reaktion gegen die Gefahr, sich wirklich auf eine Liebesbeziehung einzulassen, die in Wahrheit abhängig und verletzbar macht und ihn all den oben beschriebenen Konflikten aussetzen könnte. Indem diese Form der »Liebe« den anderen eigentlich gar nicht zur Kenntnis nimmt – wie Don Giovanni –, enthält sie zwangsläufig eine destruktive Tendenz – kein Wunder also, daß diese Art zu lieben so oft scheitert. Das erinnert an meine Frage zu Beginn: Ob wir Aggression und Destruktion den Vorzug geben, um uns vor den Konflikten und Verletzbarkeiten des Liebens zu schützten?

Donna Annas Vater wurde ermordet, weil er Don Giovanni beim »Sammeln« weiterer Liebesaffären, d.h. der angstmindernden Inszenierung seiner Abwehr, störte. Aber richtet sich Don Giovannis Destruktivität im ersten Akt zum Schluß nicht gegen ihn selbst? Denn was könnte ihn sonst getrieben haben, selbst den steinernen Komtur einzuladen, der ihn zur Reue auffordert und in die Hölle schickt? Vielleicht wollte Mozart sagen, daß ein Mann, dessen ganze Existenz auf einem trügerischen Liebesleben aufgebaut ist, der sich tief in seinem Innern in Wahrheit vor der Liebe fürchtet, kein lebendiger Mann ist. Ich glaube daher nicht, daß es stimmt, wenn wir sagen, »die Liebe ist so stark wie der Tod«; wir sollten vielleicht eher sagen, Liebe und Leben sind ein und dasselbe.

Literatur

Adler, G. (1985) *Borderline Psychopathology and its Treatment.* New York (Jason Aronson)

Aichhorn, A. (1925) *Verwahrloste Jugend.* Wien, Leipzig (Internat. Psychoanalyt. Verl.)

Appelfeld, A. (1999) *The story of a life.* Jerusalem (Keter)

Bak, R. (1973) Being in love and object loss. *Int. J. Psycho-Anal.* 54: 1-8

Balint, M. (1968) Reife Liebe des Erwachsenen. In: Ders.: *Therapeutische Aspekte der Regression. Die Theorie der Grundstörung.* Stuttgart (Klett) 1970, S. 89-93

Bene, A. (1979) The question of narcissistic personality disorders. *Bull. Hampstead Clin.* 2: 209-218

Bergmann, M. S. (1987) *Eine Geschichte der Liebe.* Frankfurt am Main (S. Fischer) 1994

Bettelheim, B. (1950) *Liebe allein genügt nicht.* Stuttgart (Klett-Cotta) 1997

Blass, R. B. und Blatt, S. J. (1992) Attachment and Separateness. *Psychoanal. Study Child* 47: 189-203

Blatt, S. J., und Shichman, S. (1985) Two primary configurations of psychopathology. *Psychoanal. and Contemp. Thought* 6:187-254

Bleiberg, E. (1984) Narcissistic disorders in children. *Bull. Menninger Clin.* 48: 501-517

Bleiberg, E. (1988) Developmental pathogenesis of narcissistic disorders in children. *Bull. Menninger Clin,.* 52: 3-15

Blos, P. (1979) *The Adolescent Passage.* New York (Int. Univ. Pr.)

Bollas, C. (1989) *Forces of Destiny.* London (Free Association Books)

Bowlby, J. (1988) *Elternbindung und Persönlichkeitsentwicklung. Therapeutische Aspekte der Bindungstheorie.* Heidelberg (Dexter Verlag) 1995

Cath, S. H. und Cath, C. (1978) On the other side of Oz. *Psychoanal. Study Child* 33: 621-640

Chasseguet-Smirgel, J. (1985) *Kreativität und Perversion.* Frankfurt a. M. (Nexus) 1986

Chasseguet-Smirgel, J. (1986) Die archaische Matrix des Ödipuskomplexes. In: Dies.: *Zwei Bäume im Garten.* München, Wien (Verl. Internat. Psychoanalyse) 1988, S. 88-118

Coates, S. W. und Moore, M. S. (1988) The complexity of early trauma: Representation and transformation. In: Di Ceglie, D. (Hg.) *A Stranger in my Body.* London (Karnac), S. 39-62

Cohen, E. (1999) Contemporary application of Ferenczi: Co-constructing past traumatic experiences through dream analysis. *Am. J. of Psychoanal.* 59: 367-384

Cohen, S. (2001) *On the sense of belonging* (unveröff.)

Cohen, Y. (1995) Zur psychischen Realität des Borderline-Kindes. *Zeitschrift für psychoanalyt. Theorie u. Praxis* 10: 233-247

Cohen, Y. (1997) Borderline-Kinder – Die Anwendung psychoanalytischer Konzepte in der Heimbehandlung (Residential Treatment) als eigenstänbdige Behandlungsmethode. *Zeitschrift für psychoanalyt. Theorie u. Praxis* 12: 22-57

Cohen, Y. (1998) Psychoanalytic Considerations on Indications for Residential Treatment. *J. Amer. Acad. Psychoanal.* 26: 369-387

Cohen-Sandler, R., Berman, A. L. und King, R. A. (1982) Life stress and symptomatology: determinants of suicidal behavior in children. *J. Amer. Acad. of Child Psychiatry* 21: 178-186

Colarusso, C. A. (1984) The borderline child. In: *The Cutting Edge*. San Diego (Univ. California), S. 106-122

Davis, H. B. (1988) The Self and Loving. In: Lasky, J. F. & Silverman, H.W. (eds.): *Love – Psychoanalytic Perspectives*. New York. New York Univ. Pr.)

Drews, S. (1994) Laudatio für Yecheskiel Cohen. *Zeitschrift für psychoanalyt. Theorie u. Praxis* 9: 3-8

Egan, J. und Kernberg, P. F. (1984) Pathological narcissism in childhood. *J. Amer. Psychoanal. Assn.* 32: 39-62

Emde, R. N. (1990) Mobilizing fundamental modes of development: Empathic availability and therapeutic action. *J. Amer. Psychoanal. Assn.* 38: 881-913

Erikson, E. H. (1950) Jugend und Identitätsentwicklung. In: Ders.: *Kindheit und Gesellschaft*. Stuttgart (Klett) 1965: 273-414

Erlich, S. H. (1978) Adolescent suicide – maternaö longing and cognitive development. *Psychoanal. Study Child* 33: 261-277

Eskelinen De Folch, T. (1983): We – Versus I and You. *Int. J. Psycho*-Anal. 64: 309-320

Fast, I. (1984) *Von der Einheit zur Differenz. Psychoanalyse der Geschlechtsidentität*. Berlin/Heidelberg/New York (Springer) 1991

Fast, I. (1985) *Event Theory: A Piaget-Freud Integration*. Hillsdale, N.J. (Lawrence Erlbaum Ass.)

Fast, I. und Chethik, M. (1972) Some aspects of object relationships in borderline children. *Int. J. Psycho-Anal.* 53: 479-485

Ferenczi, S. (1933) Sprachverwirrung zwischen den Erwachsenen und dem Kind. In: Ders.: *Schriften zur Psychoanalyse*. Bd 2. Frankfurt am Main (Fischer) 1972, S. 303-313

Fonagy, P. und Target, M. (1995) Understanding the Violent Patient. The Use of the Body and the Role of the Father. *Int. J. Psycho-Anal.* 76: 487-501

Frankenstein, C. (1966) *The Roots of the Ego*. Baltimore (Williams & Wilkins)

Freud, S. (1912d) Über die allgemeinste Erniedrigung des Liebeslebens. *G.W.*, Bd 8, S. 78-91

Freud, S. (1914c) Zur Einführung des Narzißmus. *G.W.*, Bd 10, S. 137-170

Freud, S. (1915b) Zeitgemäßes über Krieg und Tod. *G.W.*, Bd 10, S. 324-255

Freud, S. (1916-17g) Trauer und Melancholie. *G.W.*, Bd 10, S. 428-446

Gabbard, G. O. (1989) Two subtypes of narcissistic personality disorders. *Bull. Menninger Clin.* 53, S. 527-53

Gabbard, G. O. and Twemlow, S. W. (1994) The role of mother-son incest on the pathogenesis of narcissistic personality disorder. *J. Amer. Psychoanal. Assn.* 42:171-188

Galdston, R. (1981) The domestic dimensions of violence. *Psychoanal. Study Child* 36: 391-414

Gediman, H. K. (1981) On Love, Dying together and Liebestod Phantasies. *J. Amer. Psychoanal. Assn.* 29: 607-630

Giovacchini, P. L. (1983) *The Urge to Die*. Harmondsworth (Penguin Books)

Giovacchini, P. L. (2001) Dangerous transitions and the traumatized adolescent. *Amer. J. Psychoanal.* 61: 7-22

Golan, S. (1961) *The collective education*. Tel Aviv: Sifriat Hapoalom (Orig. in hebräischer Sprache)

Green, A. H. (1994) Impact of sexual trauma on gender identity and sexual object choice. *J. American Academy Psychoanalysis* 22: 283-297

Groen-Prakken, H. (1987) *The Hidden Symptom of Having Secrets*. (Unveröff.)

Grupper, E. und Eisikovits, R.A. (1986) Student self-governance in three Israeli youth villages: An ethnographic evaluation. In: Kashti, Y. und Arieli, M. (eds.): *People in institutions: The Israeli scene*. London (Freund)

Haber-Mosheiov, S. (2000) Michael – Psychotherapeutic treatment in the context of residential treatment. *Psychoanal. Study Child* 55: 238-251

Herman, J. L. (1992) *Trauma and Recovery*. New York (Basic Books)

Hoyt, M. F. (1978) Secrets in Psychotherapy: Theoretical and Practical Considerations. *Int. Rev. Psychoanal.* 5: 231-241

Ilan, E. (1963): The problem of motivation in the educator's vocational choice. *Psychoanal. Study Child* 18: 266-285

Jacobs, T. J. (1980) Secrets, Alliances, and Family Fictions: Some Psychoanalytic Observations. *J. Amer. Psa. Assoc.* 28: 21-42

Kernberg, O. F. (1975) *Borderline-Störungen und pathologischer Narzißmus*. Frankfurt am Main (Suhrkamp) 1978

Kernberg, O. F. (1977): Boundaries and Structure in Love Relations. *J. Amer. Psychoanal. Assn.* 25: 81-114

Kernberg, O. F. (1984) *Severe Personality Disorders*. New Haven (Yale Univ. Pr.)

Kernberg, O. F. (1993) Sadomasochismus, sexuelle Erregung und Perversion. *Zeitschrift f. psychoanalyt. Theorie u. Praxis* 8: 319-341

Klein, M. (1937) Love, Guilt and Reparation. In: Klein, M. und Riviere, J.: *Love, Hate and Reparation*. London (Hogarth Pr.)

Kohut, H. (1971) *Narzißmus. Eine Theorie der psychoanalytischen Behandlung narzißtischer Persönlichkeitsstörungen*. Frankfurt a. M. (Suhrkamp) 1973

Laplanche, J. (1987) *New Foundations for Psychoanalysis*. Oxford (Blackwell) 1989

Laplanche, J. und Pontalis, J. B. (1967): *Das Vokabular der Psychoanalyse*. Frankfurt am Main (Suhrkamp) 1972

Laufer, M. (1978) The nature of adolescent pathology and the psychoanalytic process. *Psychoanal. Study Child* 33: 307-322

Lieberman, A. F. und Pawl, J. H. (1984) Searching for the best interest of the child. *Psychoanal. Study Child* 39: 527-548

Mahler, M .S., Pine, F. und Bergmann, A. (1975) *Die psychische Geburt des Menschen*. Frankfurt am Main (S. Fischer) 1978

Makarenko, A. S. (1933) *The Road to Life*. Moscow (Progress Publ.)

Margolis, G. J. (1966) *Secrecy and Identity. Int. J. Psycho-Anal.* 47: 517-522

Masterson, J. F. (1975) *The Narcissistic and Borderline Disorders*. New York (Brunner-Mazel)

McDougall, J. (1989) The dead father: On early psychic trauma and its relation to disturbance in sexual identity and creative activity. *Int. J. Psycho-Anal.* 70: 205-219

Modell, A. (1975) A Narcissistic Defence Against Affects. *Int. J. Psycho-Anal.* 56: 275-282

Mohacsy, I. (1988) Sexual Abuse and its Consequences. *Contemporary psychoanalysis.* 24: 207-211

Ogden, T. H. (1983) The concept of internal object relations. *Int. J. Psycho-Anal.* 64: 227-241

Ogden, T. H. (1985) On potential space. *Int. J. Psycho-Anal.* 66: 129-141

Ogden, T. H. (1992) The Matrix of the Mind. London (Maresfield Library)

Ogden, T. H. (1994) *Subjects of Analysis.* Northvale, NJ and London (Jason Aronson)

Oz, A. (2002) A Tale of love and darkness. Jerusalem (Keter) (in hebräischer Sprache)

Parada Franch, N. J. (1996) Transference and Countertransference in the Analysis of a child with Autistic Nuclei. *Int. J. Psycho-Anal.* 77: 773-786

Paz, C. A. und Paz, T. O. D. (1992) Adolescence and Borderline Pathology: Characteristics of the Relevant Psychoanalytic Process. *Int. J. Psycho-Anal.* 73: 739-755

Peck, M. L. (1981) The loner: An exploration of a suicidal subtype in adolescence. *Adolescent Psychiatry* 9: 461-466

Person, E. S. (1992) Romantic love: At the Intersection of the Psyche and the Cultural Unconscious. In: Shapiro, T. und Emde, R. (eds.): *Affect: Psychoanalytic Perspectives.* Madison, Conn. (Int. Univ. Pr.), S. 383-412

Pfeffer, C. R. (1986) *The Suicidal Child.* New York: (Guilford Pr.)

Pfeffer, C. R. (1988) Suicidal behavior among children and adolescents: Risk identification and intervention. *Review of Psychiatry* 7: 386-402

Polsky, H. W. (1962) *Cottage six: The social system of delinquent boys in residential treatment.* New York (Russel Sage Foundation)

Racker, H. (1957): The meanings and uses of countertransference. *Psa. Quart.* 26: 303-357

Redl, F. und Wineman, D. (1957*): The Aggressive Child.* Glencoe, Ill. (Free Pr.)

Rinsley, D. B. (1974): Residential treatment of adolescents. In: Caplan, V.G. (ed.): *American Handbook of Psychiatry.* Vol. 2. New York (Basic Books)

Rinsley, D. B. (1980) Diagnosis and treatment of borderline and narcissistic children and adolescents. In: *Bull. Menninger Clin.* 44: 147-170

Rinsley, D. B. (1988) A review of the pathogenesis of borderline and narcissistic personality disorders. *Adolescent Psychiatry* 15: 387-406

Roiphe, H. und Galenson, E. (1981) *Infantile Origins of Sexual Identity.* New York (Int. Univ. Pr.)

Sandler, J. (1960) Sicherheitsgefühl und Wahrnehmungsvorgang. *Psyche* 15: 124-131

Sandler, J. (1976) Gegenübertragung und Bereitschaft zur Rollenübernahme. *Psyche* 30: 297-305

Sandler, J. (1990) On internal object relations. *J. Amer. Psychoanal. Assn.* 38: 859-880

Sandler, J. und Sandler, A.-M. (1978) Objektbeziehungen und Affekte. In: Dies.: *Innere Objektbeziehungen. Entstehung und Struktur.* Stuttgart (Klett-Cotta) 1999, S. 83-107

Schowalter, J. E. (1983) Some meanings of being a horsewoman. *Psychoanal. Study Child* 38: 501-518

Setzman, E. J. (1988) Falling in Love and being in Love: a Developmental and Object Relations Approach. In: Lasky, J.F. & Silverman, H. W. (eds.): *Love − Psychoanalytic*

Perspectives. New York (New York Univ. Pr.)

Smith, S. (1977) The golden phantasy. *Int. J. Psycho-Anal.* 58: 311-32

Steele, Brandt F. (1994) Psychoanalysis and the Maltreatment of children. *J. Amer. Psycho-anal. Assn.* 42:1001-1025

Stern, D. N. (1993) Acting versus Remembering in Transference Love and Infantile Love. In: Person, E. S. et al. (Eds.) *On Freud's »Observations on Transference Love«.* New Haven, London (Yale Univ. Pr.), S 172-185

Symington, J. (1985) The survival function of primitive omnipotence. *Int. J. Psycho-Anal.* 66: 481-488

Target, M. und Fonagy, P. (1996) Playing with Reality: II. The development of psychic reality from a theoretical perspective. *Int. J. Psycho-Anal.* 77: 459-479

Tausk, V. (1933) On the Origin of the »Influencing Machine« in Schizophrenia. *Psycho-anal. Quart.* 2: 519-556

Trieschman, A. E., Whittaker, J. K. and Brendtro, L. K. (1969) *The Other 23 Hours.* Chicago, Ill. (Aldine Publ.)

Tyson, P. (1989) Infantile sexuality, gender identity, and obstacles to oedipal progression. *J. Amer. Psychoanal. Assn.* 37:1051-1069

Volkan, V. D. (1981) *Linking Objects and Linking Phenomena.* New York (Int. Univ. Pr.)

Winnicott, D. W (1960) Die Theorie von der Beziehung zwischen Mutter und Kind. In: Ders.: *Reifungsprozesse und fördernde Umwelt.* Frankfurt am Main (S. Fischer) 1990, S. 47-71

Winnicott, D. W. (1963) Adolescence – Struggling through the Doldrums (1963). In: Ders.: *The family and individual development.* London (Tavistock) 1965

Winnicott, D. W. (1965) Die Frage des Mitteilens und des Nicht-Mitteilens führt zu einer Untersuchung gewisser Gegensätze. In: Ders.: *Reifungsprozesse und fördernde Umwelt.* Frankfurt am Main (Fischer) 1990, S. 234-252

Winnicott, D. W. (1969) Objektverwendung und Identifizierung. In: Ders.: *Vom Spiel zur Kreativität.* Stuttgart (Klett) 1973, S. 101-110

Winnicott, D. W. (1971a) Kreativität und ihre Wurzeln. In: Ders.: *Vom Spiel zur Kreativität.* Stuttgart (Klett) 1973, S. 78-100

Winnicott, D. W. (1971b) Der Ort, an dem wir Leben. In: Ders.: *Vom Spiel zur Kreativität.* Stuttgart (Klett) 1973, S.121-127

Winnicott, D. W. (1971c) Heutige Konzepte der Entwicklung Jugendlicher. In: Ders.: Vom Spiel der Kreativität. Stuttgart (Klett) 1973, S. 156-169

Winnicott, D. W. (1974) The Fear of Break down. In: Ders.: *Psychoanalytic Explorations.* Cambridge, Mass.(Harvard Univ. Pr.) 1989, S. 87-95

Winnicott, D. W. (1986) Schöpferisch leben. In: Ders.: *Der Anfang ist unsere Heimat.* Stuttgart (Klett-Cotta) 1990, S. 43-60

Winnicott, D. W. (1987) *Babys und ihre Mütter.* Stuttgart (Klett-Cotta) 1990

Wolfenstein, M. (1969) Loss, Rage and Repetition. *Psychoanal. Study Child* 24: 432-460

Zuckerberg, J. O. (1988) The Struggle of Love: Reflexions and permutations. In: Lasky, J. F. & Silverman, H. W. (eds.): *Love – Psychoanalytic Perspectives.* New York (New York Univ. Pr.)

257

Quellennachweis

I. Psychoanalytische Prinzipien der Behandlung von Kindern und Jugendlichen
Aus dem Hebräischen übersetzt von Bettina Igelbusch-Malka (Jerusalem)
Teile dieses Kapitels wurden der Arbeit »Borderline-Kinder – Die Anwendung psychoanalytischer Konzepte in der Heimbehandlung« in der *ZEITSCHRIFT für psychoanalyti-
sche Theorie und Praxis*,1997, 12: 22-57 [sowie dem Artikel »Psychoanalytic Considera-
tions on Indications for Residential Treatment« im *Journal of the American Academy of
Psychoanalysis and Dynamic Psychiatry*, 1998, 26: 369-387] entnommen. Abdruck der
Zitate mit freundlicher Genehmigung des Stroemfeld Verlags, Frankfurt am Main [sowie
des Verlags The American Academy of Psychoanalysis and Dynamic Psychiatry,
Bloomfield, USA].

II. Die »Goldene Phantasie« und die Gegenübertragung
Übersetzung aus dem Englischen von Regine Strotbek (Frankfurt am Main)
Erschienen unter dem Titel:»The ›Golden Phantasy‹ and countertransference – residential
treatment of the abused child« in: *The Psychoanalytic Study of the Child*, 1988, 43.
Veröffentlichung der Übersetzung ins Deutsche mit freundlicher Genehmigung von Yale
University Press, London.

III. Größenphantasien bei Kindern mit narzißtischen und Borderline-Störungen – eine ver-
gleichende Analyse
Aus dem Englischen übersetzt von Gabriele Remmelmann (Köln)
Abdruck der gekürzten und überarbeiteten Fassung mit freundlicher Genehmigung der
Zeitschrift *Analytische Kinder- und Jugendlichen-Psychotherapie*, Heft 102, 2/1999: 165-
186. Brandes & Apsel Verlag, Frankfurt am Main.

IV. Kindesmißhandlung und ihre Verheimlichung
Aus dem Englischen übersetzt von Sibylle Drews (Frankfurt am Main)
Erschienen unter dem Titel »Kindesmißhandlung und ihre Verheimlichung durch Kinder
mit Borderline-Persönlichkeitsstörungen.« *ZEITSCHRIFT für psychoanal. Theorie und Praxis*,
1993, 8: 275-288. Abdruck mit freundlicher Genehmigung des Stroemfeld Verlags, Frankfurt am Main.

V. Selbstmorddrohungen der Mütter – Verlassenheitsängste der Kinder
Originalbeitrag. Übersetzung aus dem Englischen von Regine Strotbek (Frankfurt am Main)

VI. Das mißhandelte Kind und seine kognitive Beeinträchtigung
Aus dem Englischen übersetzt von Ute Boldt
Gekürzte und vollständig überarbeitete Fassung eines Vortrages, der in Zusammenarbeit mit
Noa Haas verfaßt und auf der Tagung *Das Wohl des Kindes* 1996 in Jerusalem gehalten
wurde.

VII. Die Innenwelt des Kindes und die Behandlungsmöglichkeiten und ihre Grenzen
Originalarbeit, vorgetragen auf der Konferenz des Summit-Insituts zum Thema Kindesmißhandlung und ihr Einfluß auf den Heranwachsenden. November 1997.

VIII. Suizidale Handlungen bei Latenzkindern als Ausdruck ihrer inneren Objektbeziehungen
Übersetzung aus dem Englischen von Regine Strotbek (Frankfurt am Main)
Erschienen unter dem Titel:»Suicidal acts among latency-age children as an expression of
internal objectrelations« in: *British Journal of Psychotherapie*, 1993, 9: 405-413. Veröf-
fentlichung der Übersetzung mit freundlicher Genehmigung des Verlages Artesian Books,
Teddington, England.

IX. Traumatisierung in der frühen Kindheit und ihr Einfluß auf die Geschlechtsidentität in
der Adoleszenz
Übersetzung aus dem Englischen von Regine Strotbek (Frankfurt am Main)
Erschienen unter dem Titel:»Early childhood traumatic development and its impact on
gender identity« in: *The American Journal of Psychoanalysis,* 2001, 61: 21-39. Veröffentlichung der Übersetzung ins Deutsche mit freundlicher Genehmigung der Redaktion.

X. Konflikte mit der Geschlechtsidentität als Suizidmotiv bei Adoleszenten
Übersetzung aus dem Englischen von Regine Strotbek (Frankfurt am Main)
Erschienen unter dem Titel: »Gender identity conflicts in adolescents as motivation for
suicide« in: *Adolescence,* 1991, 26: 9-29. Mit freundlicher Genehmigung des Verlags Li-
bra Publishers, Inc., San Diego, USA

XI. Frühe Entwicklung und ihr Einfluß auf Migrationsprozesse
Überarbeitete und gekürzte Fassung eines Vortrags, gehalten vor der Ärztlichen Akademie
für Psychotherapie von Kindern und Jugendlichen e.V. in Brixen im Juli 1999.

XII. Überlegungen zum Konzept der Zugehörigkeit in Entwicklung und Therapie
Orginalbeitrag

XIII. Wie sieht der Jugendliche die Welt?
Übersetzung aus dem Hebräischen von Bettina Igelbusch-Malka (Jerusalem)
Gekürzte und überarbeitete Fassung eines Vortrages, gehalten auf dem Symposium über
Adoleszenz zum Thema»Wie sieht der Jugendliche die Welt?« vom14./15. 11. 2003 im Heil-
pädagogischen Zentrum Hinterbrühl/Österreich

XIV. Psychotherapie – Handwerk oder Kunst?
Aus dem Hebräischen übersetzt von Bettina Igelbusch-Malka (Jerusalem)
In hebräischer Sprache 2003 erschienen in *Sihot.*

XV. Die Angst zu lieben
Übersetzung aus dem Englischen von Sibylle Drews (Frankfurt am Main)
Erschienen in: ZEITSCHRIFT für psychoanalytische Theorie und Praxis, 1994, 9: 9-24.
Abdruck mit freundlicher Genehmigung des Stroemfeld Verlag Frankfurt a. M.

Zuwendungen zur Unterstützung des

B'nai B'rith
Residential Treatment Center
in Jerusalem

können als zweckgebundene Spenden gegen
Spendenbescheinigung auf das Konto der

Sigmund Freud-Stiftung
zur Förderung der Psychoanalyse e. V.

überwiesen werden

Bankverbindung:
Frankfurter Sparkasse
BLZ 500 502 01
Konto-Nr. 625 922

D 12986 F

ANALYTISCHE
KINDER-
UND
JUGENDLICHEN-
PSYCHO-
THERAPIE

Zeitschrift für Theorie und Praxis
der Kinder- und Jugendlichen-Psychoanalyse und
der tiefenpsychologisch fundierten Psychotherapie

ANGST UND DESTRUKTIVITÄT

Heft 121, XXXV. Jg., 1/2004

Brandes & Apsel Verlag

**ANALYTISCHE KINDER-
UND JUGENDLICHEN-
PSYCHOTHERAPIE (AKJP)**

Heft 119: Adoleszente
Zusammenbrüche und Suizidalität

Heft 120: Behandlung von
Säuglingen, Kleinkindern und deren
Eltern, Teil 1

Heft 121: Angst und Destruktivität

Heft 122: Behandlung von
Säuglingen, Kleinkindern und deren
Eltern, Teil 2

Name/Vorname

Straße/Hausnr.

PLZ/Ort

Ich möchte...

☐ ... die »AKJP« ab dem Heft 121 als Jahresabo 2004 für Euro 52,– bestellen.

☐ ... das Heft .... für Euro 14,50 bestellen.

☐ ... zum Kennenlernen erstmal ein Probeheft bestellen.
   (Zutreffendes ankreuzen)

Datum/1. Unterschrift

Inlandsporto und Versandkosten sind eingerechnet. Das Abonnement verlängert sich automatisch um 1 Jahr zum jeweils gültigen Bezugspreis, wenn ich nicht vier Wochen vor Ablauf schriftlich kündige. Diese Bestellung kann innerhalb von 7 Tagen (Poststempel) schriftlich widerrufen werden. Davon habe ich Kenntnis genommen.

Datum/2. Unterschrift

Fordern Sie auch unser Gesamtverzeichnis und die Prospekte *Psychoanalyse* und *Analytische Kinder- und Jugendlichen-Psychotherapie* an.

**Brandes & Apsel Verlag · Scheidswaldstr. 33 · 60385 Frankfurt am Main
Fax 069/957 301 87 · E-Mail: brandes-apsel@t-online.de**

272 Seiten, Hardcover, ISBN 3-86099-750-5

Anne Hurry (Hrsg.)

Psychoanalyse und Entwicklungsförderung von Kindern

Vorwort von A.-M. Sandler. Übersetzt von E. Vorspohl

Beiträge von T. Baradon, P. Fonagy, A. G.-Trieman, V. Green, A. Grotta, A. Harrison, A. Hurry, M. Target, M. Z. Woods.

Die AutorInnen zeigen, daß psychische Veränderungen aus der Internalisierung neuer Beziehungsmodelle resultiert, die in der Arbeit von Patient und Analytiker auftauchen und gemeinsam entwickelt werden.

Die Beiträge zeigen, dass psychische Veränderungen aus der Internalisierung neuer Beziehungsmodelle resultieren, die in der gemeinsamen Arbeit von Patient und Analytiker nach und nach auftauchen und entwickelt werden. Ein wegweisendes Buch!

352 S., vierf. Hardcover, ISBN 3-86099-237-6

Gustav Bovensiepen/Hans Hopf/
Günther Molitor (Hrsg.)

Unruhige und unaufmerksame Kinder

*Psychoanalyse des
hyperkinetischen Syndroms*

*Beiträge von D. Borowski, G. Bovensiepen, K. H. Brisch,
F. Dammasch, G. Häußler, J. Heinz, H. Hopf,
G. Hüther, K. C. Jany, G. Molitor, M. E. Pozzi, R. Seitz,
F. Timmermann, W. Zante*

Im Zentrum des Buches stehen die auf eine psychische und soziale Veränderung abzielenden psychoanalytischen Behandlungen. Darin bezeugen analytische Kinderpsychotherapeuten »die Wirksamkeit von therapeutischer Geduld, ohne den punktuellen Einsatz von Ritalin zu verteufeln. Und haben mehr als die Optimierung der Aufmerksamkeit im Blick. Nämlich das Wohlergehen des Kindes.«

(Elisabeth von Thadden, DIE ZEIT)